# 上海居民经济状况核对工作理论成果汇编

上海市居民经济状况核对中心　编

同濟大學出版社
TONGJI UNIVERSITY PRESS

## 内容简介

本书收录了居民经济状况核对领域的主要课题研究成果和历年核对机制建设征文活动优秀论文40篇，内容包括关于核对机制建设的思考和研究，核对视野下的相关政策研究，核对工作对象特征的研究，以及核对工作队伍建设和管理相关研究四个方面。

本书有助于民生保障领域从事相关工作的人员更好地理解核对机制、掌握核对工作方法，对进一步开展研究具有较强的指导性和实用性。

**图书在版编目（CIP）数据**

上海居民经济状况核对工作理论成果汇编 / 上海市居民经济状况核对中心编. -- 上海 : 同济大学出版社, 2019.11

ISBN 978-7-5608-8811-8

Ⅰ. ①上… Ⅱ. ①上… Ⅲ. ①居民收入—收入分配—核对—上海—文集 Ⅳ. ①F126.2-53

中国版本图书馆 CIP 数据核字 (2019) 第 255290 号

**上海居民经济状况核对工作理论成果汇编**

上海市居民经济状况核对中心 编

责任编辑 姚烨铭　　责任校对 徐春莲　　封面设计 陈益平

出版发行 同济大学出版社　　www.tongjipress.com.cn

（地址：上海市四平路1239号　邮编：200092　电话：021-65985622）

经　　销 全国各地新华书店、网络书店

印　　刷 上海市崇明堡港印刷厂

开　　本 787 mm×1092 mm　1/16

印　　张 18.5

字　　数 462 000

版　　次 2019年11月第1版　2019年11月第1次印刷

书　　号 ISBN 978-7-5608-8811-8

定　　价 98.00元

# 编 委 会

# 序 言

改革开放以来，在全面推进小康社会的历史进程中，中国特色的社会保障制度和社会福利体系也在不断发展完善，成为增进人民福祉、维护公平正义、促进社会和谐的重要支撑。进入 21 世纪以来，随着保障项目和政策体系的不断丰富，如何确保公共资源的公平、公正，实现“不漏一户、不错一人”，成为民生保障制度的新挑战。

作为中国改革开放的窗口，上海率先开展了现代保障和福利的探索实践，也较早地碰到了怎样开展核查、怎样加强精准等难题。面临“收入调查难”“财产核查难”等难点问题，上海大胆创新、敢为人先，于全国率先开展了居民经济状况核对工作的探索，并在财产“核查”、政策“准入”、人员“认证”等关键环节取得了突破和创新。在此基础上，不断发展完善符合上海超大型城市特点的经济状况核对机制，为推进新时代的民生保障制度奠定了坚实的基础，也为在全国全面推开经济状况核对工作提供了“上海经验”和“上海智慧”。

2009 年，在民政部和上海市委市政府的高度重视和大力支持下，上海市民政局正式成立了上海市居民经济状况核对中心，专门负责居民经济状况核对机制的建设和运行，运用电子信息比对手段审核居民家庭经济状况，改变了以往以单位出证、邻里访问等社会调查为主要手段的传统审核办法，从根本上提高了核查的效率和质量，成为确保公共资源公平分配、科学实施社会政策准入制度的一把尺子。

10 年来，上海积极探索居民经济状况核对机制创新，连续创造了三个全国第一：建立了全国第一个居民经济状况核对机构，开发了全国第一个核对信息系统平台，颁布了全国第一个居民经济状况核对办法，在民生保障制度的历史上具有里程碑的意义。

10 年来，上海市居民经济状况核对系统共建立电子比对专线 33 条，覆盖了民政、人保、税务、公积金、房管、人行、证监、银监等十多个部门的事项范围；核对项目扩展至保障性住房、医疗救助、城乡低保、养老服务等 15 个方面，成为上海公共政策准入中公认的“守门人”。

10 年来，上海市居民经济状况核对系统累计对 294 万户申请家庭、526 万人进行了经济状况核对，为政府节省财政资金 35.3 亿元，确保了有限的救助资金惠及真正的困难群体，有力维护了上海公共政策的公信力。

党的十九届四中全会对坚持和完善中国特色社会主义制度、推进国家治理体系和治理能力现代化作出重大战略部署，并从加强制度建设和治理体系的角度，对新时代开展民生保障制度作出了重要决定，也为今后上海市经济状况核对工作指明了发展方向。值此上海市居民经济状况核对中心成立10周年之际，编辑出版《上海居民经济状况核对工作理论成果汇编》，就是希望通过经验的总结和积累，不断完善经济状况核对的制度举措，通过强化标准的引领和技术的支撑，用改革的思维、创新的办法破解前进路上的难题，让各项民生实事更有效率，更好地方便群众。

十年发展谱华章，砥砺奋进再前行。希望上海的经济状况核对工作百尺竿头，更进一步，为建立完善与国际化大都市发展相协调的民生保障制度，为不断增进人民的福祉作出新的贡献！

上海市民政局党组书记、局长　朱勤皓

2019年11月

# 引 言

《上海居民经济状况核对工作理论成果汇编》（以下简称《理论成果汇编》）是继2015年《上海居民经济状况核对工作典型案例汇编》出版后，上海民政在核对工作领域凝聚的又一个智慧结晶，体现了上海民政核对人践行新时代民政“孺子牛”精神，从埋头实践探索、摸着石头过河的拓荒者到注重经验总结、在不断反思中改进和创新的引领者的转变。

《理论成果汇编》共辑录40篇文章，主要来自上海市民政局局属立项课题研究成果、民政部低收入家庭认定指导中心及上海市居民经济状况核对中心举办的核对机制建设征文活动中的优秀论文，分为三个部分：

第一部分是局属立项课题的理论研究成果。该部分收录了2009年以来，上海民政在核对工作领域开展的13个课题的研究报告，涵盖了对过去核对工作历史渊源及文化价值的研究，对现行政策制度、核对范围、核对模式、核对项目开发规程的研究，对未来核对工作面临的互联网金融新形态的核查研究等，以及依据核对大数据开展的收入分布及走势预测模型、经济状况影响因素和家庭经济状况特征分析等方面的研究。由于篇幅原因，编委会对课题报告内容进行了大幅度删减，因此只列明参考文献，未对引文进行具体标注。

第二部分是关于社会救助对象瞄准与核对机制建设相关的优秀论文。收录了2014年、2015年民政部低收入家庭认定指导中心举办的两次“社会救助对象瞄准与核对机制建设论坛”中，上海选送的《传统文化视野下的核对工作理念思考》《上海居民经济状况核对工作大数据研究初探》《居民经济状况核对员教育培训体系建设研究——以上海为例》《基于核对大数据视角的服务救助政策研究方法探讨——以上海“因病支出型贫困”救助政策研究为例》4篇获奖论文和3篇入选文章。这些文章，在全国各省市开始相继成立核对机构、建设系统平台的阶段，展示了上海民政在核对工作理论、数据分析挖掘、教育培训体系、业务管理研究方面的深度思考，引领了核对工作的发展方向。

第三部分是居民经济状况核对体系建设征文。收录了2016年、2018年上海居民经济状况核对机制建设征文活动的部分优秀文章。这些来自基层一线的实践探索是源源不断的新鲜血液，是上海核对人“刀刃向内”自我革新的生动写照，以鲜活的事例、质朴的语言，呈现了基层核对工作人员在实际工作中对政策法规、信息系统、业务规范、队伍建设和档案管理等的思考，文章中提出的建议和设想，对推动上海核对工作科学化、专业化、规范化、标准化发展起到了很大的作用。

2019年是上海市居民经济状况核对中心成立十周年。《理论成果汇编》是上海民政十年来深化核对工作领域理论研究和实践探索的珍贵资料，是来自市、区、街镇各级核对工作人员的宝贵的实践经验，对提升核对工作人员的理论研究水平具有指导作用。相信它的编辑出版一定能够提振上海民政核对工作者奋楫扬帆再出发的信心和决心，激励全市各级核对工作人员在实践中探索研究、在总结中改进完善。同时，也希望本书能得到兄弟省市同行的关注，和我们一同重视民政核对工作领域的理论研究，为推动全国核对事业持续快速发展作出新的贡献。

《理论成果汇编》编辑工作遵循尊重历史、贴近实践的原则，力求如实反映上海核对工作理论的发展变化历程以及核对工作人员在实际工作中的所思所悟，因此没有要求原作者对论文中的相关数据、表述，乃至现在看来有些不合时宜的观点进行更新或修改。

《上海居民经济状况核对工作理论成果汇编》编委会

2019年11月

# 目 录

## 第二篇　核对机制建设研究



## 第三篇　核对实践探索研究

# 第一篇　核对工作前瞻研究

上海民政在核对工作领域的前瞻性研究一直走在全国前列，全市核对工作人员开拓创新、勇于实践、积极探索，取得了一大批研究成果。这些研究成果，涵盖了对过去核对工作历史渊源及文化价值的研究，对现行政策制度、核对范围、核对模式、核对项目开发规程的研究，对未来核对工作面临的互联网金融新形态研究，以及依据核对大数据开展的收入分布及走势预测模型、经济状况影响因素和家庭经济状况特征分析等方面的研究，是创新性理论成果和实践经验。

# 上海市经济适用住房申请家庭收入分布及走势预测模型研究[1]

上海市居民经济状况核对中心　上海交通大学

**【摘要】**上海市是我国经济适用住房[2]制度实施最早和最具代表性的城市。为不断完善经济适用住房制度，使其惠及更多的中低收入家庭，深入研究城市经适房家庭现状，对经适房制度当前态势和未来前景作出准确判断成为当务之急。本课题对上海市居民经济状况核对系统中申请经适房的家庭数据开展研究，首先从基本统计分析、方差分析和空间分布格局等角度，全面分析了经济适用住房家庭收入的分布状况；进而利用相关分析、列联表分析、多因素方差分析等方法，对影响上海市经济适用住房家庭收入的主要因素进行了剖析；利用多项式回归技术确定出申请经济适用住房家庭数量与家庭人均收入准入标准、家庭人均财产准入标准之间的相互关系；利用聚类分析和横截面分析讨论了申请经济适用住房家庭数量与其他相关影响因素之间的相互关系，以期为制定更科学的经济适用住房政策提供决策参考，从而进一步强化政府对城市经济适用住房的实际支配能力。

**【关键词】**上海　经济适用住房　家庭收入　走势预测

时任党的总书记胡锦涛同志在党的十七大报告中明确指出："努力使全体人民学有所教、劳有所得、病有所依、老有所养、住有所居。"这表明住房问题是重要的民生问题之一。经济适用住房制度构建了面向住房弱势群体的城市住房保障制度，为破解城市低收入家庭住房难题，实现"居者有其屋"的理想提供了政策保障。同时，经济适用住房制度能够在一定程度上缓解房价过快增长，调整社会利益关系，促进社会公平，维持社会稳定，是推动构建社会主义和谐社会的重要举措。

上海市是我国经济适用住房制度实施最早和最具代表性的城市。上海市政府始终把解决城市低收入家庭住房困难作为改善民生的重要内容，以"政府主导、社会参与、市场运作"为指导原则，不断完善政策、健全制度、加大投入，坚持"应保尽保"，解决城市低收入家庭住房困难工作一直走在全国前列，为建立和完善全国的经适房制度进行了有益探索和经验积累。然而，面对不断飙升的房价和庞大的住房困难家庭数量，上海市经适房制度运行还是

---

[1] 课题研究时间为 2011 年，原报告近 5 万字，因篇幅原因，本文仅将主要内容加以介绍。

[2] 经济适用住房，简称"经适房"，后更名为"共有产权保障房"。

存在着一些问题，突出表现在经适房政策覆盖面仍然偏小、居民收入准入线的确定存在困难、经适房申请家庭收入情况核实和监督难度大、经适房房源严重紧缺等方面。因此，立足于经适房申请家庭经济状况基础数据，开展统计分析和建模研究，挖掘经适房工作的深层次规律并预测其发展趋势就成为一项重要而紧迫的基础性工作。

## 一、上海市城市经济适用住房家庭收入分布状况与影响因素分析

根据上海市居民经济状况核对系统中 2011 年 3 月 ~ 2011 年 6 月申请经济适用住房家庭数据及 2010 年 1 月 ~ 2010 年 6 月申请经济适用住房试点期家庭数据，我们首先从就业状态、家庭规模、文化程度和婚姻状况等几个方面对申请经适房家庭及个人的基本状况进行了简单的统计分析，并从区县和街镇两个层面研究申请家庭的空间分布状况，为下文进一步分析经济适用住房家庭收入影响因素打下基础；然后从年人均可支配收入状况和人均财产两个方面对申请经适房家庭收入分布状况进行基本统计分析；进而从就业状态、文化程度、婚姻状态、家庭规模和所处区县五个方面对申请经适房个人经济状况进行基本统计分析；最后利用多因素方差对影响经适房申请家庭个人收入分布状况进行了分析（由于篇幅所限，本文数据分析具体内容已省略）。

研究发现：在家庭规模层面，申请经济适用住房家庭的主体是三人户家庭和四人户家庭；在就业状态层面，申请居民以离 ( 退 ) 休、在职 ( 在岗 ) 和处于半工作状态的人员为主；在婚姻状况层面，以已婚者占据绝大多数；在文化程度层面，以具有初中文化程度的非在校成年人申请数量最多；而申请家庭在空间分布上集中在内、中环交界区县。申请家庭人均年可支配收入数据分布与正态分布相比，整体稍微右偏并带有一定长度的左尾，在接近申请准入标准时申请数量无递减趋势；人均财产数据分布几乎呈现均匀分布态势。从就业状态看，申请者中出租车司机、个体户和在职 ( 在岗 ) 人员年收入最高，而非正规组织负责人、内退和灵活就业人员人均财产最高；从文化程度看，申请者中大专、高职和博士年收入最高，而高中和初中文化程度的人员人均财产最高；从婚姻状态看，已婚人员年收入和财产均为最高；从家庭规模看，5 人户家庭人均年收入和人均财产均最高。影响申请家庭个人年收入和财产的三个主要因素是就业状态、婚姻状态和文化程度。

数据基本面的分析表明，本次经济适用住房申请工作对缓解低收入高龄离退休人员、低收入就业群体及工作不稳定群体的住房压力作出了积极的贡献；使高中及以下低文化程度的低收入成年人成为本次经适房的受益主体；并解决了相当数量的已婚家庭和未婚家庭的住房困难问题。而且在未来如果调高经适房家庭人均年收入和人均财产准入线标准，将仍然有相当数量的潜在家庭申请经适房。

申请家庭及个人收入分布的基本统计分析，为今后经适房准入标准制定所产生的社会效果将提供一定的参考。这些分析结果从一个侧面说明，如果只调高平均年可支配收入的准入线，出租车司机和个体户的申请人数占比将有一定程度的提高；如果只调高平均财产收入的准入线，初中、高中及博士文化程度的申请人数占比将会有一定程度的提高；如果只调高平

均财产收入的准入线，主要受益的仍然是已婚人群，而未婚人群能够申请经适房人数占比不会有显著提高。特别值得强调的是，单靠调高经适房准入线标准不是解决无业、高龄纳保(高龄无保障)、无记录、重残无业和现役军人等极低收入人群住房困难问题的有效途径，对这类极弱势群体政府应该在多个层面给予适当的倾斜政策。分析也表明，增加就业机会、提高居民的文化程度和就业技能培训是解决城市低收入家庭住房难问题的主要途径。

## 二、上海市经济适用住房申请家庭数量预测模型

根据上海市居民经济状况核对系统中 2011 年 3 月 ~ 2011 年 6 月申请经济适用住房家庭数据及 2010 年 1 月 ~ 2010 年 6 月申请经济适用住房试点期家庭数据，以二维申请家庭累积频数表、二人及以下户申请家庭和三人及以上户申请家庭累积频数表等表为基础，建立了上海市经适房申请家庭数量经验回归方程、二人及以下户申请家庭和三人及以上户申请家庭经验回归方程，进而验证了用混合经验回归方程拟合累积申请家庭数是较好的经验回归方程模型。在预测经适房申请家庭数量方面，建立了用加权最小二乘回归方法建立经适房申请家庭数量预测模型，并具体地给出了加权系数的确定方法。最后，通过试点期徐汇区的经适房申请家庭数据验证了加权最小二乘法所建模型在预测方面优于常规的最小二乘法所建模型的预测效果。

研究表明，经济适用住房申请家庭数量是人均年可支配收入准入线与人均财产准入线的二元二次多项式函数，且主要与人均年可支配收入准入线与人均财产准入线的乘积成正比关系，其次与人均财产平方成反比关系。

## 三、各区县经验回归方程模型及联系于内生变量的经适房申请家庭数量预测模型

我们建立了 13 个区县的经适房申请家庭数量经验回归方程模型。利用这些模型，采用聚类分析方法对 13 个区县进行了经适房申请家庭数量特征意义下的分类。在经适房准入标准确定时，探讨了经适房申请家庭数量与诸如城镇户籍人口、市已有居住房面积、GDP 及二手商品房价格等经济社会指标之间的回归关系式。探讨了经适房申请家庭数量经验回归方程模型中，人均年收入与人均财产系数、人均财产平方系数与这些经济社会指标的回归关系式。对未来经适房申请家庭数量预测工作中，在主要社会经济指标发生一定变化的情况下，提出了基于这些关系式的经适房申请家庭数量预测模型系数的微调整初步方案。

研究表明，当第一次经适房家庭人均收入和人均财产准入标准确定后，经适房申请家庭数量与城镇户籍人口数成正比，且城镇户籍人口每增加 1 万人申请数量增加 75 人；经适房申请家庭数量与已有居住房面积数成反比，且已有居住房面积每增加 10 万平方米申请数量减少 5.4 人左右；经适房申请家庭数量与城镇户籍人口数与 GDP 的乘积成反比，且这个量每增加 1 百亿个单位申请数量减少 1.4 人左右；经适房申请家庭数量与商品二手房的价格没有显著关系。另外，所建经验回归方程模型中最主要两个项的系数与这些社会经济指标存在

密切关系。

## 四、平行作业提前预测问题

### 1. 问题描述

上海市经适房第一次申请受理工作于 2011 年 8 月 10 日全部结束，紧接着需要开展第二次经适房的申请受理工作。由于第二次经适房受理工作同样需要预测经适房申请家庭的申请数量，而第二次申请数量的预测值一般需要在第一次经适房受理工作尚未完全结束时的某个时点 ( 比如 5 月 16 日左右 ) 获知。此时进行第二次经适房申请数量的预测困难在于，在 5 月 16 日这个时点上我们只知道通过房地审核部门审核的 13 个区县的申请家庭数量，而没有这 13 个区县通过房地审核的申请家庭具体数据集。因此不能建立上海市经适房申请家庭数量的预测模型，而只能依靠在试点期间获得的徐汇区和闵行区的两个预测模型帮助进行大致测算。这是一个十分有趣的问题，我们把它称为“平行作业提前预测问题”。

为便于操作，在 SPSS 软件中令 *rjsr* 为家庭人均年收入准入上限变量，令 *rjcc* 为家庭人均财产准入上限变量，*ljf* 为参加经适房申请的家庭数量，模型拟合的判定系数 $R^2$=0.985。那么我们根据经适房试点期间徐汇区申请家庭数据集获得的徐汇区预测模型为：

$$ljf = 109.838 - 0.013 \times rjsr - 0.004 \times rjcc + 0.0000006888 \times rjsr \times rjsr \\ - 0.00000005273 \times rjcc \times rjcc + 0.0000009895 \times rjsr \times rjcc \quad (1)$$

根据闵行区经适房试点期间获得预测模型为：

$$ljf = -2.683 - 0.000001207 \times rjsr - 0.00046669 \times rjcc + 0.0000001679 \times rjsr \times rjsr \\ - 0.00000002428 \times rjcc \times rjcc + 0.0000002739 \times rjsr \times rjcc \quad (2)$$

我们在此提出一种“类相似平行预测方法”，它以试点期间获得的徐汇区与闵行区两个预测模型为样板模型，再根据一些区县经济指标利用聚类分析技术将 13 个区县进行分类，然后根据已向房地部门申报的经适房申请家庭数量依一定的标准对分在同一类区县的模型系数进行区间估算，并建立相应的区县预测模型，最后汇总 13 个区县的预测结果作为上海市第二次经适房的预测结果，以备有关部门参考。

### 2. 类相似平行预测方法

在经适房试点阶段，徐汇区和闵行区预测模型的共同特点在于这两个模型都是关于年人均收入和人均财产的二元二次函数模型，即模型具有下列数学表达式：

$$ljf = a - b \times rjsr - c \times rjcc + d \times rjsr \times rjsr - e \times rjcc \times rjcc + f \times rjsr \times rjcc \quad (3)$$

其中，*a*，*b*，*c*，*d*，*e*，*f* 都是正数，式中人均财产与年人均收入乘积 *rjsrls*×*rjccls* 项对模型判定系数的贡献率高达88%左右，人均财产 *rjccls* 项对模型判定系数贡献率为8%左右，其余的各项对模型判定系数的贡献率都很小。

我们认为的一个合理的假设是：除徐汇、闵行两区以外的 11 个区县，其申请家庭数预测模型的基本数学表达式仍然具有模型式（3）的表达形式。现在的关键问题在于，怎样根据仅有的各区县经适房申请受理家庭数去确定模型式（3）的 6 个系数 *a*，*b*，*c*，*d*，*e*，*f*,

考虑对模型判定系数起主要贡献的是系数 $c$，$f$，我们可以将所有区县的模型中系数 $a$，$b$，$d$，$e$ 设定为和徐汇区相应参数一样的参数，而仅仅考虑（$c$，$f$）值的合理取值范围。要想在二维空间上计算所有（$c$，$f$）的可能值，使得模型的预测值等于第一次经适房申请家庭数，其工作量是巨大的。一个合理的解决方案是首先固定系数 $c$，搜索系数 $f$，使得当人均年收入为 35926 元，人均财产为 92912 元时，$ljf$ 等于第一次经适房申请家庭数。然后，固定系数 $f$，搜索系数 $c$，使得当人均年收入为 35926 元，人均财产为 92912 元时，$ljf$ 等于第一次经适房申请家庭数。这样，我们就获得了两个预测模型，二维系数（$c$，$f$）其余取值所得模型曲线被这两个曲线围住。

这里存在另一个问题：为了搜索系数 $f$，系数 $c$ 应固定在什么位置比较合理；为了搜索系数 $c$，系数 $f$ 应固定在什么位置比较合理。我们建议首先根据已有的徐汇区和闵行区模型中的系数 $c$ 和 $f$ 对（$c$，$f$）确定其余区县相应系数的大致范围。具体分为以下三个步骤。

（1）确定新的徐汇和闵行区经适房申请家庭数量预测模型

由于新的数据已经产生，我们需要对在试点期建立的徐汇区和闵行区两个模型进行系数的自适应微小调整，我们主要调整系数 $c$ 和 $f$，而且调整的幅度大体相当。就徐汇区而言，第一次经适房申请期（即全面铺开期）通过最终核对的家庭数估计值为 2931 户（加上了试点期的数据），调整模型式（3）中的系数 $f$，使得 $ljf = 2931$。这样得到了修正的徐汇区预测模型为：

$$\begin{aligned} ljf = {} & 109.838 - 0.013 \times rjsr - 0.0041 \times rjcc + 0.0000006888 \times rjsr \times rjsr \\ & - 0.00000005273 \times rjcc \times rjcc + 0.0000009694 \times rjsr \times rjcc \end{aligned} \tag{4}$$

类似地，修正的闵行区预测模型为：

$$\begin{aligned} ljf = {} & -2.683 - 0.000001207 \times rjsr - 0.00039 \times rjcc + 0.0000001679 \times rjsr \times rjsr \\ & - 0.00000002428 \times rjcc \times rjcc + 0.0000003235 \times rjsr \times rjcc \end{aligned} \tag{5}$$

（2）各区县系数 $c$ 和 $f$ 的大致估算

由于我们关心的各区县的数据都不能完全收集齐全，我们只能对能收集到的数据作基本分析。比如，我们收集了各区县有户籍的家庭数、二手房的价格、内环各区满足经适房面积准入标准的户数。经过相关分析和回归分析，发现这些因素与经适房家庭申请量有一定相关性，但相关性都不太强。户籍的家庭数与经适房家庭申请量的相关系数为 0.426，双侧显著性 0.147。二手房价格与经适房家庭申请量的相关系数为 − 0.384，双侧显著性 0.195。各区面积符合户数与经适房家庭申请数量的相关系数为 0.644，双侧显著性 0.044，说明显著相关，但很遗憾，这部分数据不包括闵行、宝山和青浦的数据。我们对 13 个区县进行聚类分析，结果变得非常复杂，不同的指标与聚类方法获得的聚类结果有所不同。但最适合目前建模需要的是以二手房价格和受理申请家庭户数为指标按欧氏距离进行的 Wald 聚类分析。

其中，二手房价格与受理申请家庭户数数据如表 1 所示，平滑散点图及聚类冰柱图如图 1 和图 2 如示。这样，我们可以将黄浦区、卢湾区、静安区、长宁区归为第一类，普陀区、虹口区、闸北区、杨浦区、浦东新区归为第二类，闵行区、宝山区、青浦区归为第三类。由

图 1，我们可以按照中位数插值的技巧设置三类区县模型中系数 $c$ 和 $f$ 的值，如表 2 所示。

**表1　二手房价格与受理申请家庭户数**

| 区名 | 二手房价格/元(2010年6月) | 经适房申请家庭数量/户 |
|---|---|---|
| 青浦区 | 20200.00 | 245.00 |
| 静安区 | 36700.00 | 707.00 |
| 闵行区 | 17000.00 | 1168.00 |
| 卢湾区 | 33500.00 | 1331.00 |
| 黄浦区 | 31000.00 | 1570.00 |
| 长宁区 | 30800.00 | 2133.00 |
| 宝山区 | 15700.00 | 2759.00 |
| 徐汇区 | 28200.00 | 3246.00 |
| 浦东新区 | 20700.00 | 3363.00 |
| 虹口区 | 22600.00 | 3844.00 |
| 闸北区 | 20200.00 | 4468.00 |
| 普陀区 | 22000.00 | 4888.00 |
| 杨浦区 | 21200.00 | 5071.00 |

**表2　系数 $c$，$f$ 的大致确定**

| 序号 | 变量<br>区名 | 系数 $c$ | 系数 $f$ |
|---|---|---|---|
| 1 | 黄浦区 | 0.0041 | 0.0000009694 |
| 2 | 卢湾区 | 0.0041 | 0.0000009694 |
| 3 | 静安区 | 0.0041 | 0.0000009694 |
| 4 | 长宁区 | 0.0041 | 0.0000009694 |
| 5 | 徐汇区 | 0.0041 | 0.0000009694 |
| 6 | 普陀区 | 0.002245 | 0.00000064645 |
| 7 | 虹口区 | 0.002245 | 0.00000064645 |
| 8 | 杨浦区 | 0.002245 | 0.00000064645 |
| 9 | 闸北区 | 0.002245 | 0.00000064645 |
| 10 | 浦东新区 | 0.002245 | 0.00000064645 |
| 11 | 闵行区 | 0.00039 | 0.0000003235 |
| 12 | 宝山区 | 0.00039 | 0.0000003235 |
| 13 | 青浦区 | 0.00039 | 0.0000003235 |

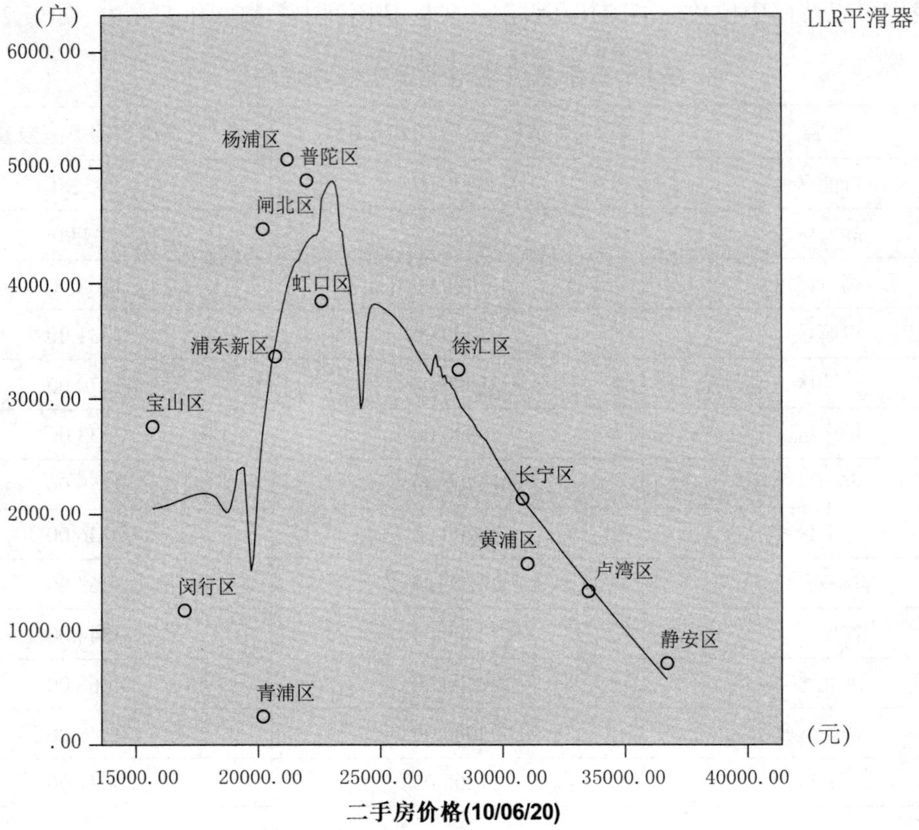


图1　二手房价格与经适房申请家庭数散点图

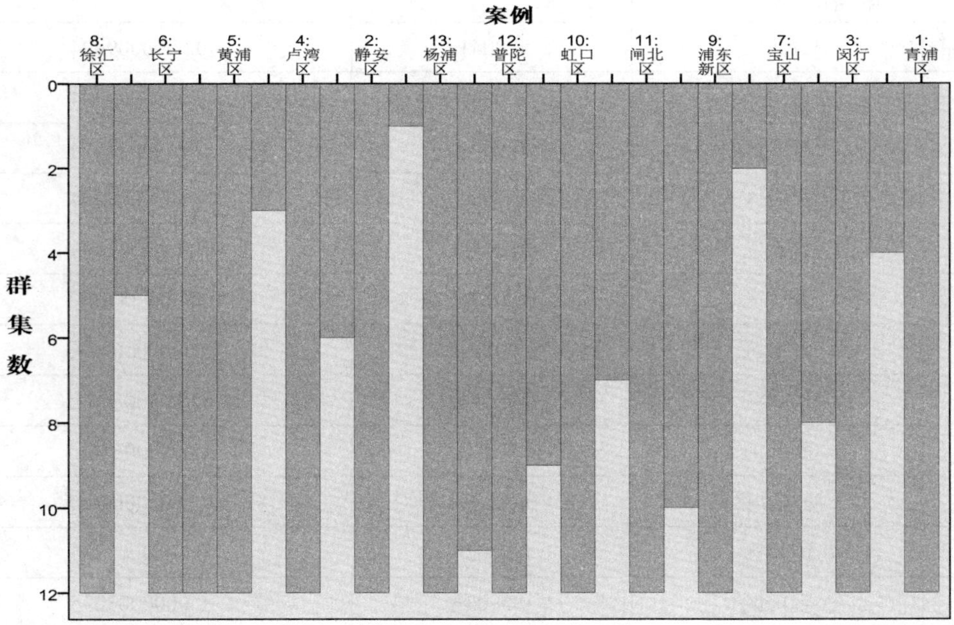


图2　聚类冰柱图

（3）各区县模型的构建

我们以黄浦区为例，演示构造该区预测模型的过程。如表 2 所示，黄浦区与徐汇区同属一类，可设黄浦区的模型系数 $c$ 和 $f$ 与徐汇区的一样，但这样毕竟导致一定的误差。为了加强模型预测的鲁棒性，我们先设黄浦区的模型为：

$$
\begin{aligned}
ljf = & 109.838 - 0.013 \times rjsr - 0.0041 \times rjcc + 0.0000006888 \times rjsr \times rjsr \\
& - 0.00000005273 \times rjcc \times rjcc + f \times rjsr \times rjcc \qquad (6)
\end{aligned}
$$

根据上报上来的数据，黄浦区通过面积审核的家庭数为 1525 户，估计核对中心审核通过的户数为 1525 × 0.916 = 1397 户。调整模型式（6）中的系数 $f$ 至 0.0000005096，可使得当人均年收入为 35926 元，人均财产 92912 元时，$ljf = 1397$。

然后，再设黄浦区的模型为：

$$
\begin{aligned}
ljf = & 109.838 - 0.013 \times rjsr - c \times rjcc + 0.0000006888 \times rjsr \times rjsr \\
& - 0.00000005273 \times rjcc \times rjccls + 0.0000005096 \times rjsr \times rjcc \qquad (7)
\end{aligned}
$$

调整模型式（7）中的系数 $c$ 至 0.020615，可使得当人均年收入为 35926 元，人均财产为 92912 元时，$ljf = 1397$。

按照以上类似的方法，我们分别获得了黄浦区、卢湾区、静安区、长宁区、普陀区、虹口区、杨浦区、闸北区、浦东新区、宝山区、青浦区、徐汇区和闵行区等各区的“两个模型”及相应的预测值。

将以上结果总结在表 3、表 4 中，可得在第二次经适房申请中，当人均年收入为 39600 元，人均财产 120000 元时，经适房申请家庭数量的预测值点估计区间为 [11097,11210]。特别值得一提的是，这个区间不是通常意义下的置信区间，而是具有容错意义的“点预测区间”。

（4）一致预测值点估计区间

在上面 13 个区模型的建立过程中，针对每个模型给出了预测值点估计值可能落入的区间，完全有可能发生下面的极端情况，即未来真实的值可能都落在预测值点估计区间全部左端点左侧，或都落在预测值点估计区间右端点右侧，因此有必要引入“一致预测值点估计区间”的概念。在表 5 中，作为 13 个区总预测值点区间的左端点是各区预测值中最小预测值之和。同样，总预测值点区间的右端点是各区预测值中最大预测值之和。总结结果列在表 5 中。

经过以上分析，在第二次经适房申请中，当人均年收入为 39600 元，人均财产 120000 元时，经适房申请家庭数量的预测值点估计区间为 [10103,12204]，其中中点值为 11153 元。可以将 11153 元作为预测值上报，而将 [10103,12204] 作为具有较大置信度的预测区间，这个置信度具体有多大，理论上可以做一个大致的估算，但很难计算其具体值。

**表3　调整系数 $f$ 所获得的预测值**

| 序号 | 变量 / 区名 | 核对通过量 | 本次累积预测值（户） | 本次预测值（户） |
|---|---|---|---|---|
| 1 | 黄浦区 | 1397 | 1845 | 448 |
| 2 | 卢湾区 | 1183 | 1541 | 358 |

续表

| 序号 | 区名 \ 变量 | 核对通过量 | 本次累积预测值（户） | 本次预测值（户） |
|---|---|---|---|---|
| 3 | 静安区 | 628 | 751 | 123 |
| 4 | 长宁区 | 1895 | 2555 | 660 |
| 5 | 徐汇区 | 2931 | 4030 | 1099 |
| 6 | 普陀区 | 4343 | 6017 | 1674 |
| 7 | 虹口区 | 3380 | 4646 | 1266 |
| 8 | 杨浦区 | 4459 | 6183 | 1724 |
| 9 | 闸北区 | 3888 | 5370 | 1482 |
| 10 | 浦东新区 | 2932 | 4009 | 1077 |
| 11 | 闵行区 | 1048 | 1401 | 353 |
| 12 | 宝山区 | 2443 | 3388 | 945 |
| 13 | 青浦区 | 217 | 218 | 1 |
| | 总计 | | | 11210 |

**表4　调整系数 $c$ 所获得的预测值**

| 序号 | 区名 \ 变量 | 核对通过量 | 本次累积预测值（户） | 本次预测值（户） |
|---|---|---|---|---|
| 1 | 黄浦区 | 1397 | 2049 | 652 |
| 2 | 卢湾区 | 1183 | 1772 | 589 |
| 3 | 静安区 | 628 | 1056 | 428 |
| 4 | 长宁区 | 1895 | 2692 | 797 |
| 5 | 徐汇区 | 2931 | 4030 | 1099 |
| 6 | 普陀区 | 4343 | 5703 | 1360 |
| 7 | 虹口区 | 3380 | 4533 | 1153 |
| 8 | 杨浦区 | 4459 | 5844 | 1385 |
| 9 | 闸北区 | 3888 | 5151 | 1263 |
| 10 | 浦东新区 | 2932 | 3887 | 955 |
| 11 | 闵行区 | 1048 | 1401 | 353 |
| 12 | 宝山区 | 2443 | 3394 | 951 |
| 13 | 青浦区 | 217 | 329 | 112 |
| | 总计 | | | 11097 |

**表5　一致预测值点估计区间**

| 序号 | 区名 \ 变量 | 核对通过量（户） | 本次最小累积预测值（户） | 本次最小预测值（户） | 本次最大累积预测值（户） | 本次最大预测值（户） |
|---|---|---|---|---|---|---|
| 1 | 黄浦区 | 1397 | 1845 | 448 | 2049 | 652 |
| 2 | 卢湾区 | 1183 | 1541 | 358 | 1772 | 589 |
| 3 | 静安区 | 628 | 751 | 123 | 1056 | 428 |

续表

| 序号 | 变量<br>区名 | 核对通过量（户） | 本次最小累积预测值（户） | 本次最小预测值（户） | 本次最大累积预测值（户） | 本次最大预测值（户） |
|---|---|---|---|---|---|---|
| 4 | 长宁区 | 1895 | 2555 | 660 | 2692 | 797 |
| 5 | 徐汇区 | 2931 | 4030 | 1099 | 4030 | 1099 |
| 6 | 普陀区 | 4343 | 5703 | 1360 | 6017 | 1674 |
| 7 | 虹口区 | 3380 | 4533 | 1153 | 4646 | 1266 |
| 8 | 杨浦区 | 4459 | 5844 | 1385 | 6183 | 1724 |
| 9 | 闸北区 | 3888 | 5151 | 1263 | 5370 | 1482 |
| 10 | 浦东新区 | 2932 | 3887 | 955 | 4009 | 1077 |
| 11 | 闵行区 | 1048 | 1401 | 353 | 1401 | 353 |
| 12 | 宝山区 | 2443 | 3388 | 945 | 3394 | 951 |
| 13 | 青浦区 | 217 | 218 | 1 | 329 | 112 |
| | 总计 | | | 10103 | | 12204 |

### 3. 小结

就经适房申请工作中提出的13个区经适房申请受理工作正在“平行作业”而需要“提前预测”第二次经适房的申请数量这一实际问题，我们提出了一种“类相似平行预测方法”。它以试点期间获得的徐汇区与闵行区两个预测模型为样板模型，再根据一些区县经济指标利用聚类分析技术将13个区进行分类，然后根据已向房地部门申报的经适房申请家庭数量依一定的标准对分在同一类区县的模型系数进行区间估算，并建立相应的区县预测模型，最后汇总13个区的预测结果作为上海市第二次经适房的预测结果，以备有关部门参考。

### 参考文献

[1] 盛小斌．中低收入家庭住宅设计及研究 [D]. 长沙：湖南大学，2010.

[2] 许云萍．廉租房制度推行的瓶颈与对策分析 [J]. 通化师范学院学报，2009, 30(7):37-39.

[3] 曹蕾，徐建华，李卓．上海市廉租住房家庭收入的分组预测 [J]. 统计与决策，2018(8):94-96.

[4] 王松桂，史建红，尹素菊，等．线性模型引论 [M]. 北京：科学出版社，2004.

[5] William M., Terry S. A second course in statistics-Regression Analysis(Sixth Edition)[M]. Pearson Education International, USA, 2003.

[6] 张红兵，贾来喜，李潞．SPSS 宝典 [M]. 北京：电子工业出版社，2007.

[7] 李涛，贺勇军，刘志俭．Matlab 工具箱应用指南——应用数学篇 [M]. 北京：电子工业出版社，2000.

[8] 上海市统计局 .2011 上海统计年鉴 [M]. 北京：中国统计出版社，2011.

[9] 上海市统计局．上海市第六次人口普查主要数据公报，http://www.sina.com.cn, 2011.5.30.

[10] 梁彦冰，崔雪松．SPSS 统计分析与实践应用宝典 [M]. 北京：中国铁道出版社，2010.

# 居民经济状况核对模式优化研究[1]

上海市居民经济状况核对中心　华东理工大学

【摘要】本课题对上海居民经济状况核对模式开展优化研究。首先，分析该模式是基于网络环境的“智能甄别联盟”，特点是核对内容的全面性、核对途径的多样性、核对工作的规范性。接着针对业务流程的合理性、制度规定的规范化、相关委办局反馈信息的准确性三个方面，对核对模式及流程进一步优化。在“年龄＋职业”的组合标准基础上，形成上海居民经济状况比对信息分类发送的优化标准。然后，以核对流程的优化为重点，通过流程优化拉动模式优化，其基本构想是“站桩固基、健体强身”，即按照“强腿、壮腰、健脑”的要求设计优化的核对流程。最后，设计“三层次匀称型”核对流程，并形成分两步走的方案：第一步是“匀态”方案，第二步是“闭环”方案。

【关键词】居民经济状况核对　模式优化

随着各项社会救助和社会保障工作的全面铺开，保障对象范围不断扩大、保障资金大幅提升，公平性与有效性的兼顾问题逐渐凸显出来。尤其是社会公众对于保障性住房分配中存在的不公平现象反响强烈，类似经适房沦为公务员福利房、大量经适房被出租或出售、在经适房小区出现许多高档轿车等负面报道屡屡出现，引起社会舆论一片哗然。由于当前居民的经济收入与财产的形式多样且相关信息由不同政府部门分别掌握，信息资源部门分割的现实状况导致信息的碎片化或不充分，不能满足对居民经济状况准确掌握和有效核实的需要，成为制约社会保障体系进一步规范发展的瓶颈因素。

2009 年 6 月，上海市居民经济状况核对中心（以下简称“核对中心”）成立；7 月，市政府公布《上海市居民经济状况核对办法》（上海市人民政府令〔第 14 号〕）。在市政府的高度重视与市民政局的大力支持下，核对中心的工作成效卓越。截至 2012 年底，核对中心共完成经适房申请家庭审核 55281 户，检出不符合申请条件的家庭 3756 户，不合格检出率为 6.8%。根据徐汇区核对中心提供的材料，若以每户经适房家庭财政投入 40 万元计算，则为财政节省资金约 15 亿元。

但由于居民经济状况核对工作（以下简称“核对工作”）是一项新事物，有必要在总结实践经验的基础上，对核对模式做进一步的优化和完善。本课题就是在这一背景下提出并实施研究工作，希望在业务流程的合理性、制度规定的规范化、相关委办局反馈信息的准确性

[1]　课题研究时间为 2013 年，原报告 12 万余字，因篇幅原因，本文仅将主要内容加以介绍。

等方面提出具有操作性的建议。

## 一、核对模式及核对流程分析

### 1. 核对模式特点

上海核对模式就是基于网络环境的“智能甄别联盟”，表现出以下三个主要特点：

（1）核对内容的全面性

核对内容分为“可支配收入”和“财产”两个大类，分别从动态和静态两个角度全面反映一个家庭目前的经济状况和未来可能支配的资金情况。“可支配收入”进一步细分为工资性收入、财产性收入、转移性收入、经营性收入四类；“财产”则进一步细分为存款、股票、基金、债券、保险、车辆、房屋、其他八类。细分的类别条目基本涵盖申请者所有存在的收入和财产类别。

经适房申请者在提交相关申请材料之后，核对中心对申请者家庭提出申请的每一个成员以一年为单位进行可支配收入、财产的核对，核对结果以家庭成员的平均可支配收入、平均财产来体现，运用“平均”的概念可以更为客观地反映每一个家庭的真实经济状况。

（2）核对途径的多样性

核对机构可以运用入户调查、邻里访问、信函索证以及调取政府相关部门信息等途径开展核对工作。其中，最有新意和价值的是“调取政府部门信息”这一途径，通过与诸多政府部门建立信息“比对专线”，尝试打破信息“碎片化”现象，及时获取申请者相关可支配收入和财产的信息并进行比对，有效地解决传统入户调查、邻里访问等途径存在的不足。

“调取政府部门信息”这一做法涉及众多政府部门。在“可支配收入信息”的获取中，工资性收入通过社保、税务部门调查就业和劳动报酬、各种福利收入，以及社会保险费、住房公积金、个人所得税的缴纳情况等得出；经营性净收入通过调查工商登记、企业或个体工商户的生产经营情况以及企业所得税的缴纳情况等得出；财产性收入通过银行调查利息、股息与红利、保险收益等得出；转移性收入通过社保、民政部门调查养老金、失业保险金、社会救济金的领取情况等得出。在“财产”信息获取中，实物财产通过公安、住房管理机构调查房产、车辆等情况得出；货币财产通过银行调查存款、有价证券持有情况、债权债务等情况得出。

（3）核对工作的规范性

核对中心对每一户申请家庭的每一个成员进行经济状况核对时，均需要经过街镇基层窗口、区（县）核对中心、市核对中心 3 个层面、5 个环节的核查，一般涉及 4 ~ 5 个核对人员。对不同层面的核对人员都有明确的制度约束，必须严格遵守相应的工作纪律，以保证核对工作的规范性和核对结果的公平性。

同时，为保障信息安全及保护核对对象的个人隐私和秘密，《上海市居民经济状况核对办法》规定，核对机构应当建立工作规范和责任制度，采取必要的措施保障核对信息系统的安全运行。核对机构进行入户调查、邻里访问、信息调取等核对工作时，应当派出至少 2

名工作人员，并出示相关证件。核对机构及其工作人员应当对在核对过程中获取的涉及核对对象的信息保密，不得向与核对工作无关的组织或个人泄露。

**2. 核对流程解析**

目前，对经适房申请者经济状况进行核对是核对中心的主要工作内容，因此，本课题以经适房申请者经济状况的核对流程作为解析的对象。

从整个经适房分配工作的宏观层面来看，经适房申请者经济状况核对是由住房保障机构委托核对中心开展的。住房保障机构在接受经适房申请者的申请后，首先进行户籍、住房面积和出售情况、婚姻状况三方面内容的核查，对于符合条件的申请者则委托核对中心进行家庭成员收入与财产的核查。核对中心在接受住房保障机构委托后具体的核对流程包括多个环节：委托确认、信息校验、一次审核、二次审核、一次审批、二次审批、核对抽查、报告签章、报告打印等环节（图 1）。

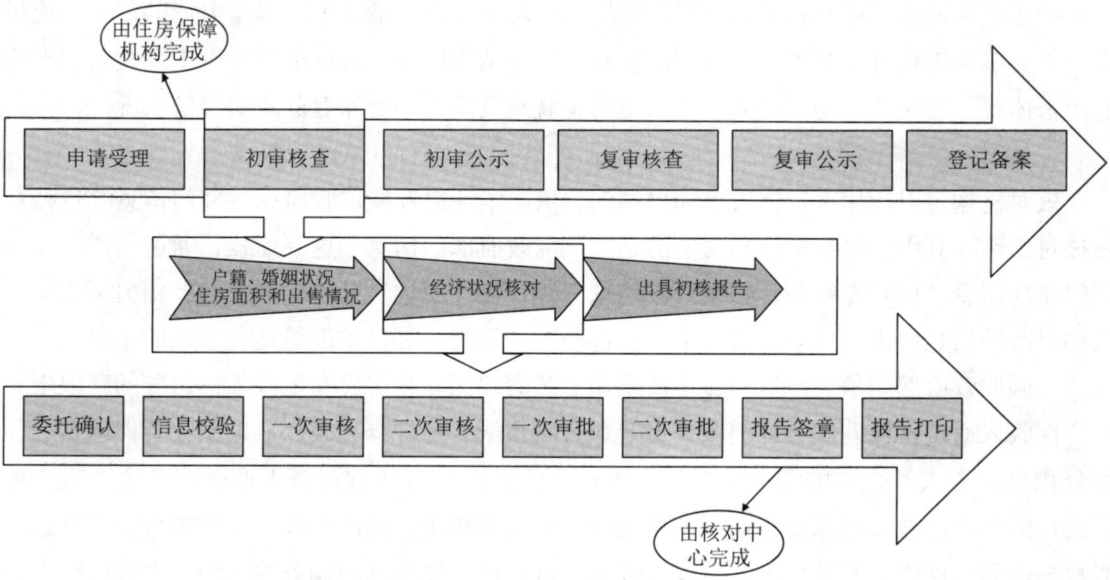


图1　核对中心横向核对流程

从经适房申请者经济状况核对的运作层面来看，由街镇基层窗口、区（县）中心、市中心三个层面共同完成。街镇基层窗口、区（县）中心、市中心之间有着明确的工作职责划分。

（1）街镇基层窗口

① 街镇基层窗口收集申请者填写的表格和相关证明的原始材料，将数据录入系统并进行信息校验。原始资料保存在街镇。② 信息校验确定后，在一定时间段内系统会自动将一批申请家庭成员的基本信息发送至各委办局，各委办局在 15 个工作日内将所需数据返回，并上传系统自动计算。待所有数据显示“已计算”之后方可下一步审核。③ 依据各委办局的反馈信息，街镇基层窗口对居民经济状况进行初审，确定申请者是否符合标准。若符合标准则根据“就高”原则计算出初步的收入和财产数值并提交区中心；若不符合标准则通知

申请者做相关处理。④ 处理由区（县）中心、市中心退回的材料，与申请者再次沟通交流。街镇基层窗口核对员向上提交材料后，由区（县）中心或市中心审核，如发现申请者收入或财产有误需进一步核查，或者存在瞒报必须中止等情况后，相关材料被退回街镇，由街镇核对员与申请者沟通，确认或补充相关材料。这一工作职责贯穿于整个核对流程的始终，无论在哪一环节发现问题均需退回，而退回的材料绝大部分由街镇的核对员处理。

（2）区（县）核对中心

对申请者材料复审，若合格则提交市核对中心；若不合格则退回街镇，重新走程序。此外，区（县）中心也承担一定的行政性工作，如口径的上传下达以及对街镇核对员的培训等。

（3）市核对中心

① 分成审批小组，一般每组 3 ～ 4 人，对材料进行一次审批。若有问题则退回街镇基层窗口核对员，若无问题则进行二次审批。② 审核小组组长对材料进行二次审批，若有问题则退回一次审批负责人，若无问题则完成审批流程。③ 对所有完成审批流程的材料进行抽查。④ 报告签章。⑤ 出具报告。

从整个核对流程来看，街镇基层窗口的核对员主要负责申请者申报信息的收集、与申请者就具体情况沟通（包括需提交的材料，如何开具材料，被中止后需补充怎样的材料等）和一次审核。区（县）核对中心主要负责申请材料的二次审核以及操作口径、政策内容等的上传下达。市核对中心则主要负责与其他委办单位的沟通并掌握最终的审批权限。

整个核对流程中一次审核和中心审批是最为关键的环节。其中，比对信息反馈的及时和准确不仅影响核对的效率，更可以避免街镇基层窗口核对员与申请者之间出现不必要的矛盾；一次审核及其相关部分是最为繁琐的环节之一，需要与申请者反复接触和沟通，这个环节的工作状况直接影响申请者对核对工作绩效的评价；市核对中心的审批环节则是核对结果的直接体现，拥有最终决断权。

**3. 核对模式存在的主要问题**

根据对上海核对模式及流程实际运作的分析，其主要问题集中在以下三方面，可进一步优化。

（1）业务流程的合理性

① 核对信息调取针对性不足。核对中心在调取政府相关部门信息时采用的是不加筛选发送比对信息的形式，即无论申请者当前的年龄、就业状况如何，涉及可支配收入的 4 项具体内容和财产的 8 项具体内容的全部信息都进行调取。由于不加筛选地发送比对信息，数据量十分巨大。然而不同类型的申请者群具有不同的特点，并不需要全部委办局的所有信息，而缺乏针对性的海量发送比对信息造成很多无用信息占用系统空间，影响运行速度，降低核对效率。

② 核对流程中审批内容设置重合。在实际审核过程中，每一户申请家庭信息的核对都需经过街镇、区（县）中心、市中心 3 个层面，由 4 ～ 5 个核对人员重复核对。而所有核对员对申请者信息进行核对、审核和审批的内容是一致的，并无各自的侧重，这一方面容易造

成核对员责任意识淡薄，过分依赖后续核对员发现问题，出现相互推诿的情况；另一方面也影响整个核对工作的效率。

（2）制度规定的规范化

① 操作口径上下不一致。在实际的核对业务开展中，由于申请家庭情况不一，会出现一些独特性、突发性的问题，并且这些问题会在实际工作中不断出现。针对这些特殊情况，目前主要是采取由市核对中心明确相关操作口径予以规范。在访谈中很多街镇核对员谈到，新的操作口径往往是通过口头形式传达，传达过程中理解的差异以及层层传达中可能存在的屏蔽，容易造成上下口径不统一的情况，影响政策理解和执行上的一致性并引发新的矛盾。

② 信息保密与工作效率不够平衡。目前的核对工作存在为保密性而对工作效率性形成制约的状况。由于街镇、区（县）中心的核对人员无法查看申请者相关财产情况的具体信息，一旦遇到大额支出以及理财产品等需要申请者进一步提供证明材料时，核对员往往不容易解释清楚，造成申请者误解认为核对员有意刁难，造成核对员工作困难，同时也造成相关信息在各层面多次往返的情况，影响核对的工作效率。

③ 对恶意瞒报弄虚作假家庭惩罚机制不健全。目前针对恶意瞒报弄虚作假家庭、单位的惩罚机制还不够健全，惩处力度不足，少数申请家庭存在侥幸心理。经适房制度要发挥应有的作用，关键在于申请者的诚信，而诚信不仅来自申请者对自身的要求，也来自外部的制度制约。只有对不诚信的申请家庭实施具有实际意义的惩罚并提高惩处力度，才能有助于提高申请家庭的诚信度；同时，对于协助申请家庭弄虚作假的单位也要进行必要的惩处。

④ 申请者对政策有意规避。随着核对业务的开展，越来越多的申请者对政策的了解越来越透彻，也在想方设法规避政策，这是影响核对工作公平性的制约因素。

（3）相关委办局信息的准确性

① 相关委办局比对专线不健全。在上海市层面上，如保险情况、少部分基金以及理财产品、房屋出租收益、彩票获奖等的核查需靠个人诚信申请，并没有相关的反馈约束机制。在全国层面上，申请者在其他省市的房产、车辆，是否有工资性收入等信息都无处可查。

② 相关委办局信息反馈不准确和不详细。信息反馈的不准确主要集中于个别银行，如：外币计算错误、余额反馈有差异等。信息反馈不详细主要包括：相关理财产品已经过期无现值；股票休眠、销户等无财产可计的证券账户状态信息的反馈不够详细等。

## 二、核对模式优化的重点问题分析

### 1. 比对信息分类发送的分类标准研究

为保证核对系统的稳定性和可比性，目前所采用的“可支配收入”的四个分类和“财产”的八个分类应该保持不变。重点是依据申请者的特征进行合理分类。申请者的特征可以分为许多要素，如：年龄、性别、文化程度、婚姻状况、居住地、职业等。课题组在对相关资料进行比较分析后认为，虽然以“年龄”要素为标准进行分类具有最大的普适性，也就是说在理论上能够穷尽现实中所有可能出现的情况，但就其应用价值而言，这更多的是一种自然意义的区分，而不具有完全的“分类”的本意，并且其数据量将是十分巨大的，不能满足系统运行的要求。因此，必须在以“年龄”作为标准的基础上再寻找其他标准相配合，形成组合式的“分类”标准。进一步研究后发现，与“性别”“文化程度”“婚姻状况”“居住地”等要素相比较，“职业”要素与申请者经济收入及财产状况的相关性更高。基于此，本课题在“年龄＋职业”的组合标准基础上，进一步研究更为合理和细化的分类标准。分“三步走”研究比对信息分类发送的优化标准：

（1）数据分析。对10%抽样样本的数据进行分析，按照“年龄＋职业”的组合标准进行细化分类。按照相关法律规定，我国法定劳动年龄为16周岁，法定退休年龄女性为55周岁，男性为60周岁，虽然目前现实中实际退休年龄较为复杂，但从统计的合规性要求角度，本课题以既有法定退休年龄作为标准（表1）。

**表1　“年龄+职业”组合分类**

<table>
<tr><td>年龄</td><td>15周岁及以下</td><td colspan="3">16周岁至55周岁（女）<br>16周岁至60周岁（男）</td><td colspan="2">55周岁以上（女）<br>60周岁以上（男）</td></tr>
<tr><td>职业</td><td>学龄前儿童及学生</td><td>正常在职在岗</td><td>失业无业</td><td>其他</td><td>70岁以下离退休</td><td>70岁以上离退休</td></tr>
</table>

（2）逻辑分析。根据各种细化分类之间的逻辑关系，做出合理推论及排除。

（3）政策确认。收集和整理相关政策文件，并依据政策文件的具体规定进行确认。由此，形成居民经济状况比对信息分类发送的优化标准。

**2. 收入和财产核对存在差异的申请人的特征**

为了分析收入和财产核对存在差异的申请人是否具有某种特征，本课题以收入和财产核对是否存在差异作为因变量，以与申请人代表关系、性别、年龄、婚姻状况、文化程度和职业等因素作为自变量，建立Logistic回归模型。

在与申请人代表关系中，考虑夫妻财产属于共有财产，因而把本人和配偶归为一类，再根据与申请人的亲疏关系，把子女、儿媳女婿归为一类，把其他人归为一类。在年龄方面，具体分为4类，即：15岁以下、16～29岁、30～59岁和60岁以上。在婚姻方面，由于样本问题，把离婚丧偶归为一类。在职业人口中，把在职在岗和出租车司机归为一类，学生归为一类，离（退）休（不分本地外地）、非正规就业、个体工商户、自谋职业和灵活就业归为一类，其他群体归为一类。

本课题以家庭为单位进行随机抽样，所获得有效样本总量为1474户，其中收入核对没有差异的为970户，占65.8%；有差异的为504户，占34.2%。利用SPSS17.0软件对样本数据进行分析。综合分析后发现，15岁以下人口收入或财产最不可能存在差异，30～59岁已婚人口收入或财产存在差异的可能性最大，应该属于重点核查对象。

**3. 收入或财产超限申请人的特征**

为了分析收入和财产核对超限的申请人具有的特征，以收入和财产核对是否超限作为因变量，以与申请人代表关系、性别、年龄、婚姻状况、文化程度和职业等因素作为自变量，建立 Logistic 回归模型。以家庭为单位，所获得有效样本总量为 1469 户，其中收入或财产核对没有超限的为 1230 户，占 83.7%；超限的 239 户，占 16.3%。

综合分析后发现，15 岁以下人口收入或财产最不可能超限，30 ~ 59 岁已婚人口且在职在岗并为申请人子女（女婿、儿媳）或申请人本人的，收入或财产超限的可能性最大，属于重点核查对象。虽然如此，其他群体仍具有超限的可能性，也需要核查。

## 三、核对模式优化的原则及设计

### 1. 核对模式优化的设计原则

（1）公平、效能与保密相统一原则

核对工作具有很强的政策性和社会性，既要求核对过程规范严密，保证公平性；又要求核对过程及时便利，体现效能性。同时，还要求核对过程中对申请者个人信息的保护，信息的保密性十分重要。公平性、效能性与保密性三者之间是相互统一、相互促进的，加强保密性有利于保证公平性，提高效能性有利于促进公平性，而核对过程的规范有序则有利于实现效能性和保密性。

（2）责任、权力与利益相一致原则

在核对流程的每一个层次都要求责权利的合理配置。根据管理学原理，在任何一个层次上如果责权利配置失衡，都会带来不负责任、相互推诿、消极怠工等现象，从而大大削弱整个系统的有效运作。由于核对工作涉及政府信用、社会公平乃至社会稳定，因此，必须根据市中心、区（县）中心、街镇基层窗口等三个层次的不同优势和功能，配置相应的权力，承担应有的责任，给予适当的激励，同心协力，形成整体合力。

（3）先进性与可能性相结合原则

在我国，核对工作是一项新的工作，既要学习发达国家的先进经验，吸收其有效做法，逐步缩小与世界先进水平的差距；又要考虑我国的实际国情和社会的认识程度，循序渐进，稳步推进。同时，在核对模式优化设计中，还要考虑已有模式的相对稳定性，以保证相关信息的可比性。

### 2. 核对模式优化的具体设计

核对流程优化的基本构想是“站桩固基、健体强身”，具体而言，就是按照“强腿、壮腰、健脑”的要求设计优化的核对流程。根据上述原则和构想，课题组设计“三层次匀称型”核对流程，并形成分两步走的方案，即：第一步实施“匀态”方案；第二步实施“闭环”方案。

（1）第一步“匀态”方案

主要是在两个方面进行优化（图 2）：

① 做强区（县）核对中心，使整个流程的“腰”部壮实。明确其功能定位：承上启下；赋予其管理职责：保证核对系统上下对接，全程贯通；配置相应权力：两次审核权、下放一定的终审权、街镇核对员的考核权等。

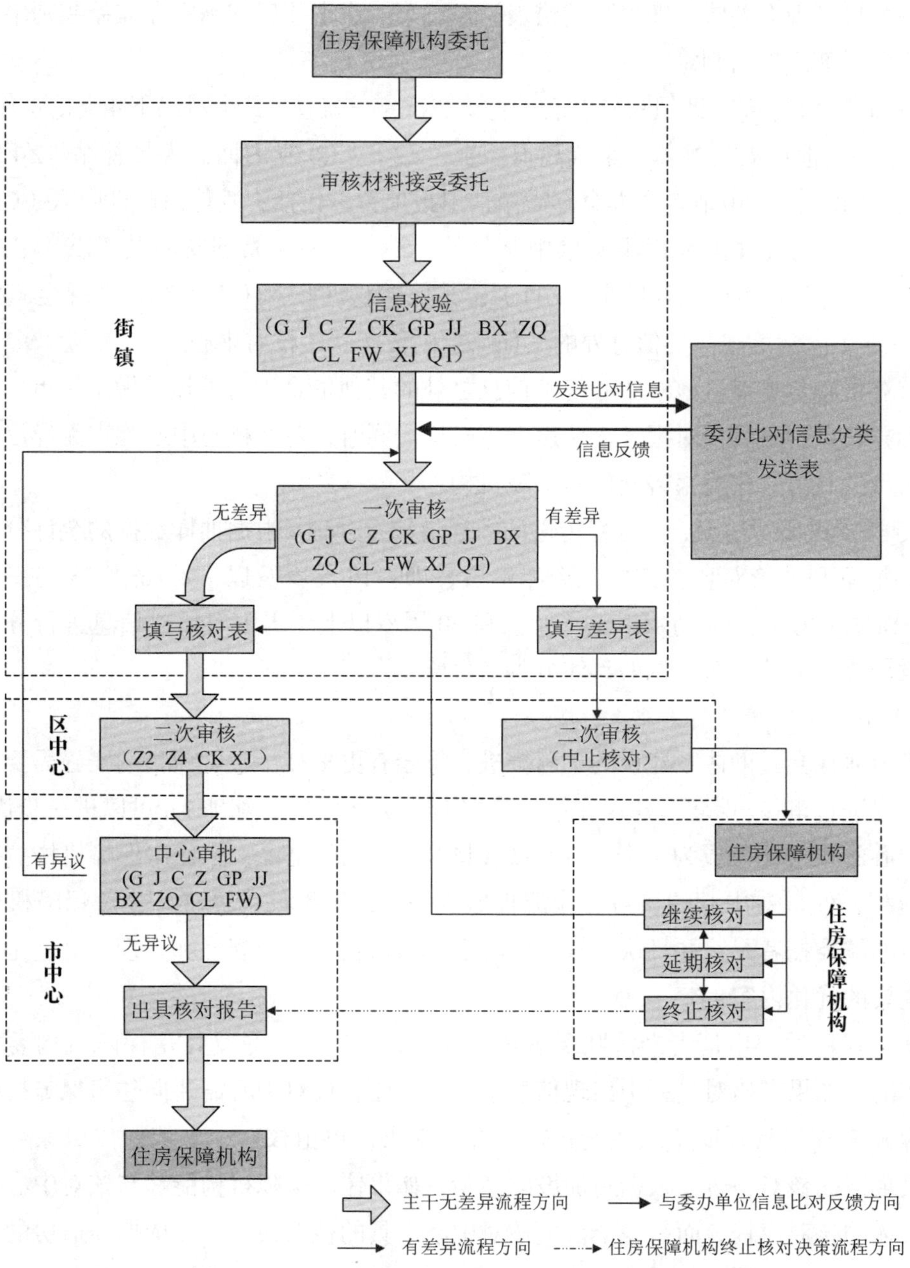


图2　核对流程优化“匀态”方案

在“匀态”方案的核对工作流程中：

街镇基层窗口负责申请者的审核材料接受委托和信息校验，包括所有的可支配收入和财产的信息。

区（县）核对中心负责分两次对申请者信息进行审核。对申请者所有信息做第一次审核后分两种情况处理：

——如果发现有差错，即填写差错表，经过第二次审核后如确定存在差错则中止审核，交由住房保障部门作出判定。

——如果没有差错，即填写核对表进行第二次审核确认，其中对以下4类信息作出终审：① 70岁以上离退休人员的养老金或离退休金（Z2）；② 支内回沪人员补贴（Z4）；③ 申请者存款（CK）；④申请者个人全部需诚信申报项目，包括：其他财产性收入（C6-Cn）、遗嘱补助金（Z7）、1万元以下彩票中奖收益（Z8）、赡养费或抚养费（Z9）、捐赠赠送收入（Z10）、义务兵自谋补助金（Z11）、其他转移性收入（Z12-Zn）、现金（XJ）和其他财产（QT）。除上述4类信息外的其他信息则传送到市核对中心。

市核对中心负责对区核对中心终审信息之外的其他信息进行审核并做出终审，如果对信息确认无异议，则出具核对报告交住房保障机构。同时，对区核对中心终审无异议的4类信息给予认可，并出具核对报告交住房保障机构。

② 分类发送比对信息，使流程传送的数据量趋于合理。根据抽样数据的统计分析结果，结合逻辑推论和政策对比，按照三个年龄段，即：15周岁及以下、16 ~ 55周岁（女）和16 ~ 60周岁（男）、55周岁以上（女）和60周岁以上（男）对比对信息进行分类，确定各年龄段需要发送的比对信息的具体分类及代码。

（2）第二步“闭环”方案

随着上海社会救助体系建设的不断推进，将会有更多社会救助项目的实施需要对申请者的经济状况进行审核。课题组建议在第一步“匀态”方案实施的基础上，可以进一步优化流程，使核对中心的核对流程成为一个闭环系统（图3）。也就是说，把住房保障机构拉出整个核对工作流程，使核对中心的核对工作流程形成一个封闭性的内循环。住房保障机构仅仅是进行核对的“委托者”，并且认可核对中心出具核对报告的合规性和合理性。这是“闭环”方案最主要的优化内容。

目前，在经适房申请者经济状况审核过程中，核对中心是受住房保障机构委托而开展核对工作的。如果在核对过程中出现信息不实的问题，核对中心需要向住房保障机构通报，由住房保障机构出具延期审核或终止审核等通知书，再由核对中心依据住房保障机构的通知书出具最终的核对报告。根据新加坡的经验，如果住房保障机构能够与核对中心相分离，不参与具体的核对流程，而是完全认可核对中心出具的核对报告，并依据经适房的相关政策对申请者的申请作出同意与否的结论。这样，可以省略住房保障机构出具延期核查或终止核查等通知书的环节，核对中心与住房保障机构之间也可以压缩信息流转过程，不仅有利于提高核对工作的效率，而且也有利于提高核对结果的准确度。

如果核对中心的核对流程能够形成闭环系统，就可以在此基础上进一步提升为“通用型模板”，以服务于不同社会救助项目的需要，使核对中心真正扮演“第三方”的角色，既有利于提高核对系统的使用效率，又有利于形成公平公正的社会共识。

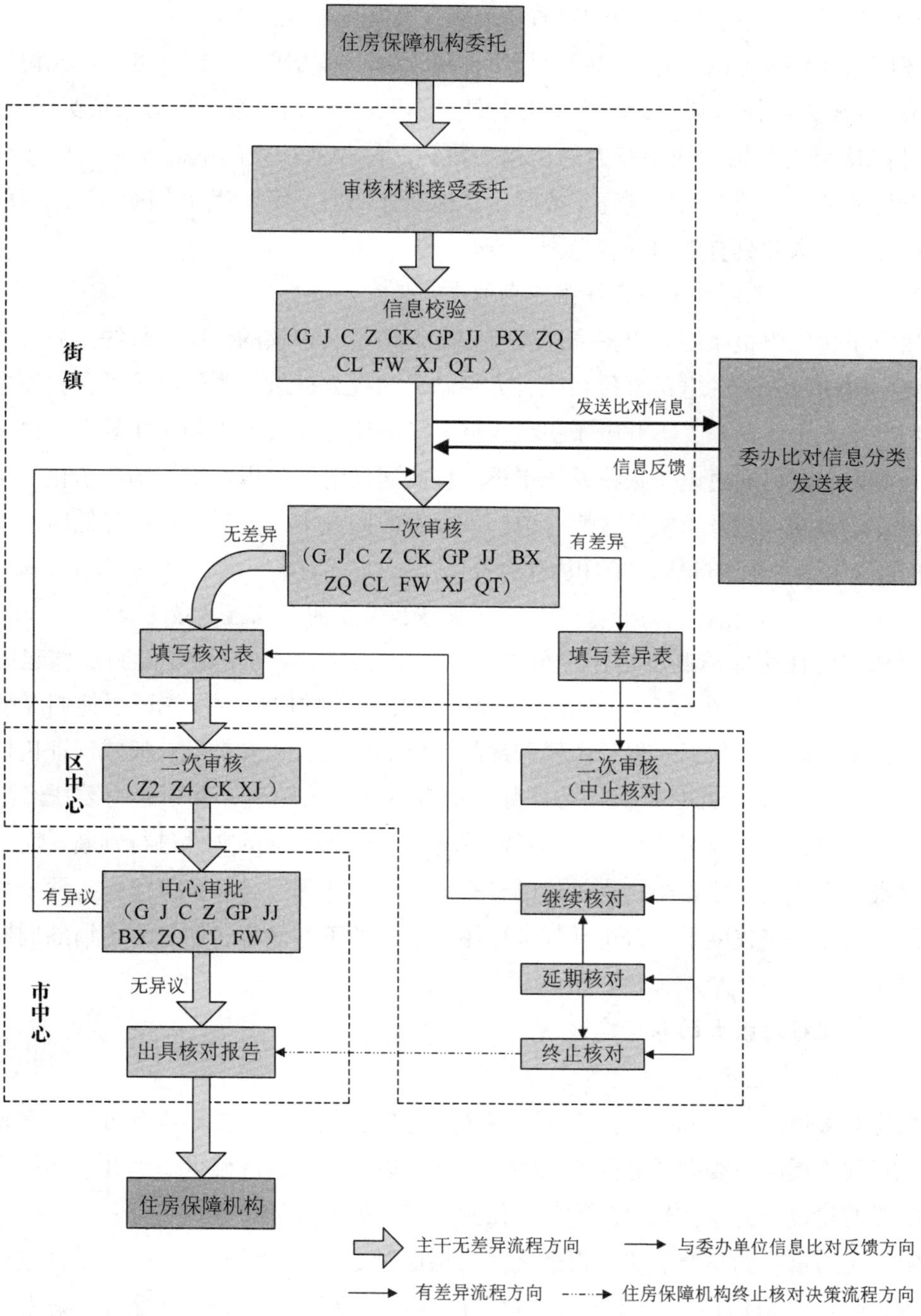


图3　核对流程优化“闭环”方案

## 四、核对模式的优化建议

### 1. 国外居民收入核对的经验借鉴

课题组分别收集美国、新加坡和中国香港地区有关居民收入核对的相关资料，对其具体做法进行详尽分析，总结出以下三个可供借鉴的重要经验。

（1）权威性。依托税务部门增强审核的强制性和权威性

上述国家和地区是以家庭为单位申报所得税，因而其居民收入核查可以依托税务部门的评税完成。在个人申报基础上，审核部门通过索取相关经济信息进行比对来核实居民的收入。以税务部门这个具有更大强制权力的机构为依托，使收入核查的准确度和效率都有相应保障。由于税务部门所处在的级别高于或等于其他委办部门，使得相互之间的信息索取、流转处在一种比较平衡和具有效率的状态之下。

（2）整合化。借助电子平台增强信息的准确性和及时性

使用电子化的申报系统可以提高居民家庭财产申报及审核的效率，节约人力成本及时间成本。美国国内收入署的电子报税系统官方网站为纳税人提供便利的电子平台，使得纳税人能够便利地建立个人账户，下载电子报税表格，了解税务申报流程和法律规定，得到报税结果反馈，如遇问题可通过电子报税系统申诉。提高居民财产申报及审核的电子化、信息化程度，能够有效提高申报及审核的效率，节约人力及时间成本，同时，可以降低居民主动申报财产的门槛，提高居民申报财产的积极性。

（3）专业化。委托部门与核查部门相分离增强审核的专业性和效率性

从新加坡的住房保障制度运作中可以看到，组屋的建设与申请是由新加坡建屋发展局（HDB）进行决策的。在整个组屋申请过程中，HDB 要求申请者提交证明他们经济情况以及收入的数据，而这些数据一般是由税务部门提供的评税表或者是具有权威认证机构认证的工资单等。也就是说，HDB 作为组屋建设和分配的主要决策者，并不参与委托经济收入核查这一环节，只需要对权威核查机构出具的描述居民收入情况的文件进行判断，而不需要专门委托权威核查机构，或参与核查机构的核查流程。委托部门与核查部门作为两个系统是相互独立的，这在一定程度上提升了新加坡建屋发展局的工作效率，使组屋申请的周期缩短，更加便捷。

**2. 完善优化核对模式的意见建议**

（1）完善信息比对专线

信息比对渠道的完整和畅通是提升核对模式运作有效性的重要条件。进一步完善信息比对专线，有利于提高与委办局之间信息的流转速率以及信息的准确度。因此，建议要加快信息比对专线的建设，力争在较短的时间内做到与相关委办局的“全覆盖”。

其中，尤为重要的是要加快与银行之间信息比对专线的建设和运用。从统计数据分析中可以看到，目前上海居民工资性收入和财产的变动大部分需要经过银行这一渠道，而从未来发展的趋势看，银行所掌握的与居民工资性收入和财产相关的信息将会更多并且更准确。因此，建议要把加快与银行之间信息比对专线的建设和运用作为重中之重，由市政府出面协调，商定统一的时限，强制性要求所有在上海开展业务的银行（包括外地银行和外资银行）必须与核对中心建立即时交换的信息比对专线，并保证比对信息的准确性。

（2）稳定核对人员队伍

核对工作质量的高低在很大程度上取决于核对人员的工作水平和能力，目前，核对人员

队伍的稳定性不高，其主要原因在于：

① 街镇核对人员队伍流动性较大。由于街镇核对员属于聘任制，无编制且工资较低，因此，一旦有更好的工作机会，核对人员就会流失。从调查中了解到，由于各街镇核对人员的流动性比较大，因而造成对核对工作及政策掌握的熟练度不一，既在很大程度上导致核对准确度的降低，也容易造成核对办法、核对工作内容的泄露。

② 临时借调人员对政策把握欠缺。市核对中心由于需要在规定时间内核查全市所有申请者家庭成员的收入财产情况，时间紧迫、工作量大，不得不借助于临时借调人员，而只经过短时间培训的借调人员对政策的理解及把握上存在欠缺，容易造成市中心、区（县）中心、街镇在工作衔接上出现误差和矛盾。

③ 街镇核对人员兼职造成职责不清晰。目前，许多街镇基层窗口的核对员同时兼任住房保障机构、救助机构等的相关职位。由于两个部门的工作实际上是由同一个人来做，造成职责不清晰，留下制度漏洞。

④ 核对人员的奖惩制度尚未建立。通过访谈了解到，目前核对中心尚未在全系统建立起统一的绩效奖励制度或职业发展体系，对核对人员而言，职业前景不明朗，发展空间不清晰，不利于核对人员工作积极性和主动性的发挥。

因此，建议明确对核对人员的专业归口管理，逐步形成一支具有较高稳定性的专业化的核对人员队伍，特别是对街镇基层窗口的核对员要明确其工作职责，并归口由区（县）核对中心进行培训和管理，核对员的工资、奖金等收入以及各项缴金由市、区两级财政予以保证。同时，建立有效的激励约束机制，奖优罚劣，提高核对人员的工作积极性和核对工作质量。

（3）下放一定管理权力

为降低核对系统传送的数据量、减少市核对中心的工作量，同时，为明确各层次的责权利关系，调动各层次工作主动性和积极性，课题组建议在核对流程优化过程中，向区（县）核对中心和街镇基层窗口下放一定的管理权力。

① 向区（县）核对中心下放一定的终审权。根据对抽样数据分析的情况看，有些核对项目的数据具有较强的稳定性，相关政府部门的反馈非常明确和精确，区（县）核对中心以及市核对中心在实际审核中很少出现退回的情况，同时，申请者对相关政府部门反馈的信息也很少提出质疑或表示不满，因此，这些核对项目可由市核对中心授权区（县）核对中心做出终审。

本课题建议目前 4 类核对项目可授权区（县）核对中心作出终审：

70 岁以上离退休人员的养老金或离退休金（Z2）；支内回沪人员补贴（Z4）；申请者存款（CK）；需申请者个人诚信申报的全部项目，包括：其他财产性收入（C6-Cn）、遗嘱补助金（Z7）、1 万元以下彩票中奖收益（Z8）、赡养费或抚养费（Z9）、捐赠赠送收入（Z10）、其他转移性收入（Z12-Zn）、义务兵自谋补助金（Z11）、现金（XJ）和其他财产（QT）。

在今后对统计数据进一步分析和判断的基础上，根据信息比对专线的覆盖程度，可不断优化调整项目终审权在市核对中心与区（县）核对中心的配置结构。

② 向区（县）核对中心下放一定的监督管理权。如，对街镇基层窗口服务质量的评审、对街镇基层窗口核对员工作绩效的考核等。

③ 向街镇基层窗口下放可以看到本街镇申请者相关反馈信息的权限。由于申请者申报的第一手资料主要集中或保管在街镇基层窗口，因此，事实上不存在这些申请者的信息对街镇基层窗口核对员保密的问题。如果街镇基层窗口核对员可以看到本街镇申请者的相关反馈信息，如银行存款信息、大额资金进出信息等，则有利于及时向申请者作出解释，避免不必要的重复及矛盾。

（4）调整部分具体安排

① 设置允许加急审核的程序。在实际工作中，住房保障机构会对一些申请者提出尽快出具审核报告的要求，而按照现实操作流程设置，核对员只能随机抽取进行每一户申请家庭的审核，不能满足加急的要求。建议在核对系统中可以针对需求较急的申请者做加急标志，以提示尽早完成该申请者的核对工作。

② 授予部分核对员解锁的权限。目前受制于硬件条件，整个核对系统的网速较慢且容易掉线，但是按照系统现行设定，不管什么原因造成，一旦核对员在操作中非正常退出，则在半小时内无法再登陆，这会影响街镇基层窗口核对员的工作进度，特别是在核对任务时间要求较急的情况下，只能被动等待。建议授予区（县）核对中心解锁的权限，同时，也可以授予街镇基层窗口部分核对员解锁的权限，由区（县）核对中心负责监督。

③ 整合多系统网络。为尽量避免信息重复传导或者重复输入可能造成的差错和延误，建议在条件成熟的情况下，对街镇社区事务受理一门式系统、核对系统与相关社会救助保障系统（如住房保障系统）的网络进行优化整合。

**参考文献**

[1] 杨灿，周国富 . 国民经济核算教程（国民经济统计学）[M]. 北京：中国统计出版社 .2008.

[2] 上海民政 . 上海市居民经济状况核对办法 > 政策解读 [J]. 社会工作（实务版），2011(3):9-10.

# 居民经济状况核对模式与政策研究：模式、流程优化与建议对策

## ——居民财产转移行为研究[1]

上海市居民经济状况核对中心　华东政法大学

【摘要】随着经济社会的发展，居民经济状况核对工作的开展过程中出现了越来越多规避法律的现象。部分申请人为了达到特定目的，在经济状况核对之前，将自己或者其家庭名下的财产转移到其他人名下，导致核对结果不能反映申请人的真实财产状况，严重干扰了正常的核对工作，破坏了社会保障的公平性。如何防止与解决此类规避法律的财产转移行为，便成为一个值得研究的课题。本课题通过深入研究，对居民经济状况核对工作中出现的居民财产转移行为提出有针对性的防范措施，从而有效维护和促进社会公平。

【关键词】居民经济状况核对　模式优化　流程优化　财产转移

财产转移行为是指在财产申报中，由申请人参与的、为虚假申报行为作辅助的申报财产与其实际财产价值有较大差异的行为。出现财产不实的情况，并不必然是由于财产转移行为引起。对财产转移行为的认定应当采取慎重原则，除非证据确凿，否则不能将一般的财产转移行为认定为财产转移行为；对于疑似财产转移行为，在处理时，如果证据尚不确凿可以暂缓确认。

居民财产转移行为的本质是申报人不正当减少申报人财产价值数额，由于客观实践的复杂性，申报人申报的财产价值必然在一定范围内与实际财产存在出入。居民财产转移行为的认定应当严谨，本课题通过对居民财产转移行为进行全方位分析研究，为今后如何在核对工作当中有效规避居民的财产转移行为提供意见和建议。

### 一、居民财产转移行为概述

财产转移行为表现为其申报的财产与实际调查所得的财产存在较大的差异。否则，不能将其定性为财产转移行为。其本质从价值上说应当是被否定的行为，但是我们不能因为其价值上应当被否定而简单地认定该行为在法律上无效。我们对居民转移财产的行为仅仅是不认同其所转移的后果及价值减损的后果。

---

[1]　课题研究时间为2013年，原报告近8万字，因篇幅原因，本文仅将主要内容加以介绍。

**1. 居民财产转移行为的特点**

（1）隐匿性。主要包括真实目的的隐匿、行为实施的隐匿、财产价值的隐匿。

（2）不正当性。主要包括行为的最终目的不正当、行为的结果不正当。

（3）财产变化的显著性。主要包括财产形态变化的显著差异、财产价值变化的显著差异、居民收入情况与财产价值的显著差异。

**2. 居民财产转移行为的分类**

在现实生活中，居民财产转移行为种类多样，形式变化多端，给核对机构的工作造成极大不便，也浪费了公共资源，加大了行政成本。因此，我们必须重视居民财产转移行为的分类，具体可将居民财产转移行为进行如下分类。

（1）善意的居民财产转移行为与恶意的居民财产转移行为

根据被核对人的主观动机，可分为善意的居民财产转移行为与恶意的居民财产转移行为。

其对于居民财产转移行为的认定的影响包括：

① 善意与恶意的区别直接可以认定被核对人的行为是不是居民财产转移行为。

② 善意与恶意对于居民财产转移行为认定工作的开展有着至关重要的作用。

（2）合法的居民财产转移行为与不合法的居民财产转移行为

此种分类的分类标准是居民财产转移行为的转移手段是否具有合法性，需要与居民财产转移行为的合法性原则结合。

其对于居民财产转移行为的认定有如下影响：

① 不合法的居民财产转移行为直接被认定为居民财产转移行为，因为其违反了最低要求——法律的相关规定。而合法的居民财产转移行为并不意味着就是合乎要求的行为，其还有着转移财产的嫌疑。

② 这种分类警示我们在对居民财产转移行为认定时辩证地判定转移财产的手段。

（3）不涉及他人的居民财产转移行为与借助他人的居民财产转移行为

此种分类的分类标准是主体差异。不涉及他人的财产转移行为指主体单一的财产转移行为；借助他人的财产转移行为指建立在共谋基础上的，存在多方主体的财产转移行为。

此种分类形式明确了财产转移行为的主体特点及行为模式，且与居民财产转移行为的主体构成要件挂钩，拓宽了核对机构核对的思路。因此建议将主体当做居民财产转移行为认定的一个突破点，即通常情况下，居民财产转移行为认定的主体即被核对人一人，但在特殊情况下，可以通过对多方主体的平行查证来认定居民财产转移行为，或是以被核对人为核对重点，第三人为辅助核对对象来核对。

（4）需登记的居民财产转移行为与不需登记的居民财产转移行为

此种分类方式的分类标准是转移财产的特点。需登记的财产转移行为指将变更登记作为生效要件的财产转移行为；而无须登记的财产转移行为指变更登记不发生法律效力的财产转移行为。

此种分类对于居民财产转移行为的认定有着很大的帮助。需登记的居民财产转移行为表明被核对人需提供公证书等证据材料，才能视为证据充分。不需登记的居民财产转移行为则表明被核对人一般不需要提供公权力机关的证明材料，而提供合同书、协议书等材料亦可证明。这实际是和居民财产转移行为的证据材料要素挂钩的，有助于我们加深对于证据材料的认识。

（5）价值减损的居民财产转移行为与价值不减损的居民财产转移行为

此种分类形式的分类标准是转移财产是否减损。价值减损的财产转移行为指财产在转移过程中发生价值减损甚至价值灭失的财产转移行为；而价值不减损的财产转移行为指财产在转移过程中不予减损的财产转移行为。值得注意的是，价值减损的财产转移行为并非指一定会发生价值减损，其实质是存在很大的失去转移财产的风险，其行为基础即信赖利益。若第三人存有恶意，被核对人会处于极其不利的地位。

此种分类形式实质上对应着发生率，即价值减损的财产转移行为必然发生率会小于价值不减损的财产转移行为。所以此种分类方式即明确了查证的重点，有的放矢，各有侧重，对居民财产转移行为的认定有极大的帮助。

（6）所有权变更的居民财产转移行为与所有权不变更的居民财产转移行为

此种分类方式的分类标准是转移财产的所有权是否发生变更。其对于居民财产转移行为认定的意义在于，其给核对机构的核对提供了一个新思路，即可以从权利变动的角度去探索财产转移的路径，亦即将权利变动作为财产转移与否的一个衡量标准。若是所有权合法变动，即是合理的，允许的行为；但若是所有权非法变动，或有充分证据资料证明所有权变动只是形式要件，以此掩盖非法的实质要件，即可将其定性为财产转移行为。

## 二、居民财产转移行为的认定

### 1. 认定原则

（1）合法性原则。合法性原则指被核对人在核对期限内所实施的一切与核对有关的行为都必须符合法律法规的规定，同时不得违背法律原则、法律精神，比如诚实信用原则。合法性原则是居民财产转移行为认定的基础，也是居民财产转移行为认定工作的起始点。具体说，就是被核对人的行为若被定性为违法，在没有充分理由说明及相关证据资料的情况下，即可直接被认定为居民财产转移行为。

（2）合理性原则。合理性原则是指被核对人在核对期限内所实施的与核对有关的一切行为要符合公序良俗、生活传统、生活经验。若合法性原则是从法律层面上对行为进行评价，那么合理性原则即是从道德层面上对行为进行评价。换言之，合理性原则是对合法性原则的深化，也是在合法性原则的基础上对行为进一步的评价。合理性原则与合法性原则是相辅相成的，二者是有机统一的整体，不可孤立的适用。

（3）证据充分原则。证据充分原则是一个补充性原则，包含两层含义。首先，被核对人必须按照要求，在规定期间内提供充分的、真实的证据，这是被核对人必须履行的义务。其次，核对机构必须在证据充分的基础上才可以调查，才有权要求被核对人进行相应的说明。

**2. 居民财产转移行为的构成要件**

（1）居民财产转移行为的主体是被核对人。需注意的是，被核对人可以是自然人个人，也可以是自然人家庭，但不能是法人。

（2）居民财产转移行为的客体是被核对人的财产。

（3）主观方面，被核对人必须存在财产隐匿或者转移的故意。

（4）在客观方面，被核对人的财产转移行为已经实施完毕，且有客观结果。

**3. 居民财产转移行为认定的关键要素**

居民财产转移行为认定的关键要素是在居民财产转移行为的原则及构成要件外，对居民财产转移行为认定的重要认定依据。

（1）期限要素

期限是一个法律行为必须具备的要素，也是信息披露必须披露的一个要素。居民财产转移行为的认定首先需要确定一个基准日，进而才能确定一个期间。一般为了方便核对，也为了不浪费必要的人力资源及行政成本，期间多定为一年。至于基准日则是由核对机构根据实践需要，自主确定并将信息提供于被核对人。通过核对基准日、通知公布日与申请起始日的有效设计，被核对人在核对基准日之后实施不当财产转移行为已经失去意义，有效地防范了被核对人的财产转移行为。

（2）证据材料要素

证据材料要素是和诉讼制度紧密结合的要素，这不仅要求被核对人对自己负责，对核对机构全面真实地提供证据材料，还要求核对机构必须依法定程序进行工作，必须在表明被核对人转移财产嫌疑的证据充分的基础上才能去对被核对人的财产进行调查、核对。

（3）价值要素

价值要素是对居民财产转移行为的一个定量分析。此处的价值要素是指经济价值，具体而言就是被核对人有转移嫌疑的财产的经济价值。价值要素的意思具体阐述就是：若被核对人转移的财产的价值可以忽略不计，可以不予认定其为居民财产转移行为。其暗含的意思是被核对人转移的财产的价值过大时，就已经充分证明其主观上为恶意，应予以认定为居民财产转移行为。

**4. 对各类财产转移行为的分析及认定**

（1）对存款转移行为的分析及认定

根据实践调研可得知，由于存款在居民生活中的重要性以及其自身的特点，实践中，涉及存款的财产转移行为较为经常发生。总的来说，存款转移行为主要有两类：一是将存折、信用卡里的存款变现提出，二是通过转账的方式将存款转移到他人账户。这两种转移行为虽然在方式上有所差异，但都会使存款价值减小，会造成居民财产状况认定的不实。因此，在对存款转移行为的认定中，民政部门应注意对这两种转移行为的认定。目前，随着电子查询技术在实践工作中的应用，民政部门可以通过银行反馈的申请人存款、转账等交易明细来实现对这两类行为的有效认定，了解申请人的存款状况，认定难度较小。

在居民经济状况的核对查实中，虽然存款转移行为的认定难度相对较小，但也存在一些问题。例如：

① 申请人得知财产申报期间，在申报期间之前进行取款、转账以规避核对规定的该怎么处理？笔者建议，如果申请人在申报期间以及申报期间之前一段时间进行大额取款、转账的，申请人都应提供相关凭证，并对该转账行为作出说明。

② 如果申请人在转账的时候进行小额分解以规避核对规定，该怎么计算？笔者建议对多次小额转账加总计算，看最终得出的总额是否符合规定。

③ 当申请人对大额取款、转账进行说明时，要考虑大额取款、转账的原因是否正当。笔者建议，如果转账是用于居民必要的日常基本消费以及属于有益于他人的正当行为，则为原因正当；否则，应对其取款、转账行为原因的正当性慎重考虑，以转移行为加以认定。

（2）对股票股权转移行为的分析及认定

根据实地调研，上海市不少市民都拥有股份公司的股票，因此对于股票的查证十分必要。我们需要查证股票的转让、变现、赠与是否正常合理。股票的赠与是申请者不可剥夺的处分物权的自由，因此赠与是允许的。但是这里的财产转移行为是指将股票赠与给亲戚或朋友等明显存在转移财产倾向的第三人。同理，股票出于利润最大化的目的，进行转让、变现都是允许的，但应当计入其他财产部分。此处将股票转让给有转移财产倾向的第三人或者变现后隐匿现金或者变现后赠与有转移财产倾向的第三人都是财产转移行为。股权的转让则需要提供转让合同，受让人信息以及公司股东名册等有效证明。

合法的股票股权转移行为，应由申报人说明股票股权的去处，不能合理说明的，应当否定该转移行为。若转移行为本身就是违法的，那么转移行为一般不会生效，这种情况下的转移行为同样予以否定。

（3）对债的转移行为的分析及认定

① 债券之债

所有在银行间、债券交易市场交易流通的债券均由中央结算公司统一托管；在交易所流通的公司债、企业债和国债均须在中国证券登记结算有限公司托管，其中国债和企业债属于“分托管”，即在中央结算公司进行总托管的同时，还须在中国证券登记结算有限公司进行分托管；在柜台市场流通的债券资产由中央结算公司一级托管的同时由四大国有商业银行作为二级托管人进行托管。所以，对于大部分债券的核对，核对机构可以委托中央结算公司、中国证券登记结算有限公司一级商业银行进行核实，或者由申报人出具相关证明。

但是，对于一些私募债券则较难核对，大部分的私募债券还是依靠申请人自己申报。申请人转让债券的，对于记名债券的转让，法律规定应当由债券持有人以背书方式或者法律、行政法规规定的其他方式转让的，申请人应当出具相关证明。无记名债券的转让，由债券持有人在依法设立的证券交易场所将债券交付给受让人即发生转让效力，申请人也应当说明理由、去处等。不能提出相应证明、说明理由的，即认定为转移债券行为。

② 普通之债

将资产通过借出的形式转化为不易证实的债权或通过共谋造成自己欠着债务的假象。申请人是有着自由处分自己财产的自由，所以他可以自由决定自己财产的借出与借入。有关部门应要求申请人提前说明，若是说明清楚充分，则不被认定为财产转移行为；若说明不充分且存在重大弄虚作假的嫌疑，建议以违背诚实信用原则及合理性认定为财产转移行为。

（4）对基金转移行为的分析及认定

非交易过户是指基金投资者不向基金管理公司办理赎回和申购，而直接进行基金单位的转让。开放式基金的注册登记机构一般只受理特定情况下的非交易过户，例如继承、司法强制执行等情况。具体的非交易过户情形会在基金契约、招募说明书或公开说明书中规定，办理时，还需要根据注册登记机构或销售机构的规定提供相应的证明文件等资料。基金的转让只能按规定的手续办理，由基金的注册登记机构确认，私下的转让是无效的。由此，基金的转移行为在银行或其他证券机构都是可以查询的，若是违法的、私下的转让无效，所以只要基金还在申报人名下，就可以认定为申报人所有的基金。

（5）对商业保险转移行为的分析及认定

此处所说的商业保险主要指带有储蓄性质的保险，类似于存款。商业保险的很多过程是要式的，且居民经济核对中商业保险的主要核对对象是人身保险，与人身性联系紧密，所以商业保险的转移可能性不大。建议核对机构加强和保监会的合作，最好建立信息平台，共享信息。同时，可提前要求申报者提供相关证明资料，比如保单、保险机构的证明等。

（6）对机动车辆转移行为的分析及认定

涉及机动车辆（含车牌照）转移行为的核实认定，民政部门可通过公安局车管所的信息反馈，按照登记的机动车辆车主进行认定，然后由机动车辆价格认定中心来完成价值评估工作，其评估完后将价值评估结果反馈给民政部门。由于电子查询系统的应用，目前核实认定申请人机动车辆（含车牌照）转移行为的难度较小。

如果民政部门根据公安局车管所的信息反馈，发现登记的机动车辆虽没有在申请人名下，但申请人涉嫌有如上转移行为的，可让申请人对该行为的合理性作出说明。否则，可对该转移行为进行认定。

（7）对房屋转移行为的分析及认定

涉及房屋转移行为的核实认定，民政部门一般可通过房管部门的信息反馈，按照登记的房产户主进行认定，然后由房屋价格认定中心去评估其价值，将评估的价值结果反馈给民政部门。如果民政部门根据房管部门的信息反馈，发现登记的房产虽没有在申请人名下，但申请人涉嫌有如上转移行为的，可让申请人对该行为的合理性作出说明。否则，可对该转移行为进行认定。

（8）对收藏品转移行为的分析及认定

由于在申请共有产权保障房的家庭居民中，拥有古董、艺术品等贵重财产的较少，如果拥有也不会对外公示这些财产或没有登记注册，认定该类财产转移行为有赖于个人申报和他人举报，可不作为重点考虑。

（9）对知识产权转移行为的分析及认定

涉及著作权的转移行为主要是指针对著作权所获得的财产，申请人对其实施了转移，实质上是对货币财产的转移。在实践操作中，民政部门可以比照存款转移行为的认定方式，通过向银行和税务机关了解申请人的账户和纳税情况来认定此种转移行为。

根据实践调研可得知，申请共有产权保障房的家庭中拥有知识产权的并不多见，在民政部门的实践工作中涉及知识产权转移行为的认定也鲜有出现。笔者建议对知识产权转移行为的认定，可不作为重点考虑。

## 三、境内外居民财产转移行为处罚机制

### 1. 境外居民财产转移行为处罚制度概况

通过对美国、英国、德国、日本、新加坡和中国台湾地区及香港地区等有关居民财产核查相关制度的分析研究，目前，境外没有专门财产转移行为的处理政策，其主要原因如下：

（1）对申请要求严格。首先，境外不仅有严格的审核制度，还有事后的动态监督机制；其次，以美国为例，申报的时候每个申请家庭必须提供至少五个保证人，这些人必须是认识申请人的但是又和申请人没有任何血缘、婚姻和领养关系，这就给申请人很大的约束和限制。房管局在进行申请人信息核对的时候，银行和其他金融机构、法院、征信机构、执法机构、福利机构、房东（过去和现在）、美国人事管理办公室、美国社会保障管理体制、国家就业安全机构、国家福利和食物邮票机构等都要进行配合，以便房管局能及时查到申请人的信息。境外的相关配套制度比较健全，在申请的时候就起到了一个很好的过滤作用。

（2）税收制度健全，核对是税务部门核对，税务部门的执法手段类似公安机关，也有类似公安机关的处罚手段，构成犯罪的其有权处罚。

（3）在境外没有对居民财产的专门调查，这涉及财产隐私。只对其收入进行调查，只对一定级别的公共人物要求财产公开（如何对公民财产的私密性进行保护），公务员申报财产也是有限的，只申报收入还有房产等。在我国的香港地区官员申报财产也是有一定的限度的，香港财产申报主体共分为两个层次：第一层次由香港特别行政区政府指定的 27 个主要职位构成，第二层次包括上述第一层职位人员的政务助理和私人秘书，以及第一层以外的所有首长级职位。

（4）境外有比较严厉的处罚制度。以美国为例，在美国申请人隐瞒虚报财产的成本是比较大的。首先是，如果申请人隐瞒虚报财产被发现会被纳入征信体系，美国的信用体系比较发达，这会对一个人产生很大的影响；其次是在美国申报公屋时，提供虚假信息或编造虚假信息的，除了申请公屋被拒外，还会承担很重的刑事责任。《美国法典》第 1001 条规定“明知且自愿地向美国任何部门或机构作出虚假陈述是重罪”，这一条法规也适用于在申请公屋时提供虚假信息的情形。

**2. 国内居民财产转移行为处罚制度概况**

通过对北京、青岛、深圳及广州等地关于居民收入和财产核对的流程、监督管理和法律责任的调查研究，总结如下：

（1）从国内各个地方的核对内容以及处罚措施可以看出，国内其他地方并未对居民财产转移行为做专门的规定，大部分地区的是居民隐瞒、虚报财产的行为。

（2）国内的其他地方对居民的收入和财产没有专门的核对机构，申请者所有的相关信息都是由一个部门来审核。北京是北京市住房和城乡建设委员会，青岛、深圳和广州都是国土资源管理局。外地很多地方都是街道或者乡镇政府起着辅助作用的，这样可以减轻整个审核的负担。

（3）各地进行居民收入和财产核对的方法也大致一样，信息比对和举报是最主要的方式。具体的调查手段大体包括入户调查、组织评议、邻里访问和信函索证等。

（4）与国内其他地方相比，上海重点在准入的审核制度，没有后续的动态监管，这和上海整个保障房的定位有关。例如，北京规定适用住房资格审核的城市低收入家庭每年应按期向街道（乡镇）住房保障管理部门如实申报家庭收入、人口、住房及资产等变动情况。

（5）对于申请者弄虚作假的惩罚措施各地略有不同，一般都包括对申请者的处罚、对单位的处罚和对有关部门的处罚。对申请者的处罚也大致包括了计入不良记录，申请的禁止、情节严重构成犯罪的移送司法机关处理。广州比较有特色的一点是，如果已经骗取了经适房须承担民事赔偿责任，还要求其按市场价向其计收从购买之日起至退出经济适用住房之日止的租金。

## 四、核对中居民财产转移行为的法律后果

居民财产转移行为的法律后果是指，在居民经济状况核对过程中，法律规则规定被核对人在实施了财产转移行为所应承担相应结果的部分。

在居民经济状况核对中，认定为具有财产转移行为的被核对人为主要责任承担主体，同时，担保人、不实举报人以及协助不实申报居民的相关主体等都应该根据其行为的社会危害性程度追究其责任。认定为具有财产转移行为的被核对人所承担法律责任主要以行政责任为主，对严重危害社会、构成刑事犯罪的移送司法机关，追究其刑事责任。

**1. 行政法律责任**

行政法律责任主要包括：警告、罚款、取消资格和终身禁止申报等。

（1）警告。警告等申诫罚在居民经济状况核对过程中主要是针对违法行为较轻，不至于产生待定性法律后果与否定性法律后果的行为，核对机构可对其予以警告、批评，令其悔过，既有利于居民经济状况核对工作目的的实现，又不对社会造成严重影响。一般情况下，申诫罚的执行力度较小，对被核对人不会产生严重后果，被核对人一般将其作为“耳旁风”式的惩罚。

（2）罚款。在居民经济状况核对过程中，对不符合要求的被核对人实施罚款行为主要

表现为以下三种：其一，对于不符合条件的申请人以隐瞒或其他不正当手段虚报财产真实状况，由主管部门处十万元罚款；其二，对于符合条件的申请人以隐瞒或其他不正当手段虚报财产真实状况，由主管部门处三万元罚款；其三，对于有关单位和个人为申请人出具虚假证明材料的，由主管部门对直接责任人员处三万元罚款，对责任单位处十万元罚款。

（3）取消资格。指在居民经济状况核对过程中，行政主体为达到对违法者的惩戒，避免其再犯，有效实施行政管理，维护公共利益和社会秩序，促进居民经济状况核对的实施，依法对违反行政法律规范行政相对人给予取消本次申请资格的法律制裁的行政行为。取消资格是一种对在居民经济状况核对中居民资格的限制，能够促使行政相对人审慎对待自己的权利，不得肆意妄为，否则将会丧失资格，这有利于提高行政效率与开展工作的质量。

（4）终身禁止申报。指在居民经济状况核对过程中，行政主体为达到对违法者的惩戒，有效实施行政管理，维护公共利益和社会秩序，促进居民经济状况核对的实施，依法对违反行政法律规范行政较重的相对人给予终身剥夺申请资格的法律制裁的行政行为。

**2. 刑事法律责任**

追究刑事责任，是指在居民经济状况核对过程中，被核对人严重危害社会经济管理秩序，违反刑事法律的犯罪行为而应承担刑罚处罚。刑法惩罚的对象只能是实施了犯罪行为的人，必须符合犯罪的构成要件。被核对人实施财产转移行为，骗取社会公共资源的行为的社会危害性比任何违反民法、行政法、经济法的违法行为的社会危害性都要严重。所以，仅仅用民事赔偿、行政处罚、经济处罚等手段惩罚犯罪是不够的，必须用最严厉的国家制裁方法，即当被核对人触及刑法时，须移送司法机关，追究其刑事责任。

**3. 信用机制的约束**

在居民经济状况核对过程中，大部分居民都能够如实地主动申报自己拥有的财产，并配合核对部门的工作。但是，在利益驱使下，也不排除有一小部分本身并不符合申报条件的居民，为了能够顺利通过审核，采取一些隐匿的、异常的、不正当的措施转移名下财产，使核对部门相信其符合相应条件，最终获得保障性住房的优惠政策。

要对上述行为进行遏制，除法律层面的考虑之外，可以从道德约束方面考虑。进行必要的政策宣传，鼓励居民诚实守信，如实申报，对失信行为进行道德谴责与社会负面评价，可以收到一定的效果。对于居民经济状况核对而言，国家、地方政府或者核对工作的牵头部门应当尽快完善居民征信制度以及征信制度在核对工作中的运用，加强道德感化与道德约束力，保证核对工作的开展与顺利进行。

**参考文献**

[1] 杜佳鹏 . 完善我国公务员财产申报制度的研究 [D]. 西安：西北大学，2011.

[2] 李菲 . 比较法视野下的我国内地财产申报制度研究 [D]. 杭州：浙江大学，2013.

# 上海市中低收入家庭经济状况影响因素分析[1]

上海市居民经济状况核对中心　同济大学

**【摘要】**当前，如何持续稳定增加居民收入，提高居民生活质量，尤其是如何提升中低收入阶层的收入水平已成为政府关注的焦点。针对中低收入家庭经济状况影响因素的研究和解决对于政府制定完善社会保障政策，促进和谐社会的建设都具有重要的现实意义。本课题首先收集整理国内外相关研究资料，梳理目前关于中低收入的界定方法，并了解国内外关于家庭经济状况的影响因素分析的主要研究结果和相关方法。然后充分利用核对中心的数据集和统计局的宏观数据，运用描述统计分析工具对上海市中低收入家庭经济状况的总体水平和群体特征进行总结、归纳。用最小二乘回归分析多重相关影响因素间的关系，在上述研究的基础上运用分位数回归分析不同层次收入阶层的影响因素，得到各因素对上海市中低收入家庭经济状况的具体影响程度。通过这些分析，并结合总结调查得到的关于上海市中低收入家庭的经济现状，为更好地服务社会保障政策实施、更好地服务于居民经济状况的核对提出一些对策建议和相关措施。

**【关键词】**中低收入　家庭经济状况　核对　最小二乘回归　分位数回归　因素分析

自2007年上海市建立居民经济状况核对机制以来，上海成功开发并试点运用居民经济状况核对系统。上海市居民经济状况核对中心通过与政府部门信息共享，运用信息化手段对申请家庭申报的收入和财产情况进行核实，以了解申请家庭的实际经济状况，公开、公正、透明地实施社会保障项目，如共有产权保障房（以下简称“共有产权房”）、廉租住房（以下简称“廉租房”）政策。截至2012年5月，上海市居民经济状况核对中心已累计向房管部门出具了63342份经济状况核对报告，并在全国率先将城市最低生活保障政策纳入经济状况核对模式。随着经济发展和经济结构的调整，城镇居民收入是动态变化的，而其家庭经济状况也随着家庭内部因素和外部宏观变量的影响而不断变化着。针对中低收入家庭经济状况影响因素的研究和解决对于实现社会主义共同富裕的目标以及实现社会主义和谐社会的建设，都具有重要的现实意义。

另外，当前关于家庭经济状况的研究一般集中于农民或牧民领域的笼统分析，较少有对城镇居民家庭经济状况的研究。同时现有研究对家庭经济状况没有一个明确的定义和评价标准，在实证研究方面的研究更是严重缺乏。居民家庭经济状况不仅在学术界有广泛的研究意

[1] 课题研究时间为2013年，原报告5万余字，因篇幅原因，本文仅将主要内容加以介绍。

义，同时更是政府制定政策制度的一个很重要的参考。本课题力图通过构建模型来系统研究家庭经济状况，运用计量经济模型及因素分析，不仅定性，更定量地研究分析居民经济状况的影响途径、机制以及程度。即要回答，家庭内部因素和外部宏观因素是如何影响家庭经济状况，通过怎样的方式影响，影响程度有多少这一系列问题。由此，为更好地服务社会保障政策（住房和低保）实施、更好地服务于居民经济状况的核对提出相应的对策建议，为政府相关工作提供一定的基础参考数据。技术路线图如图 1 所示。

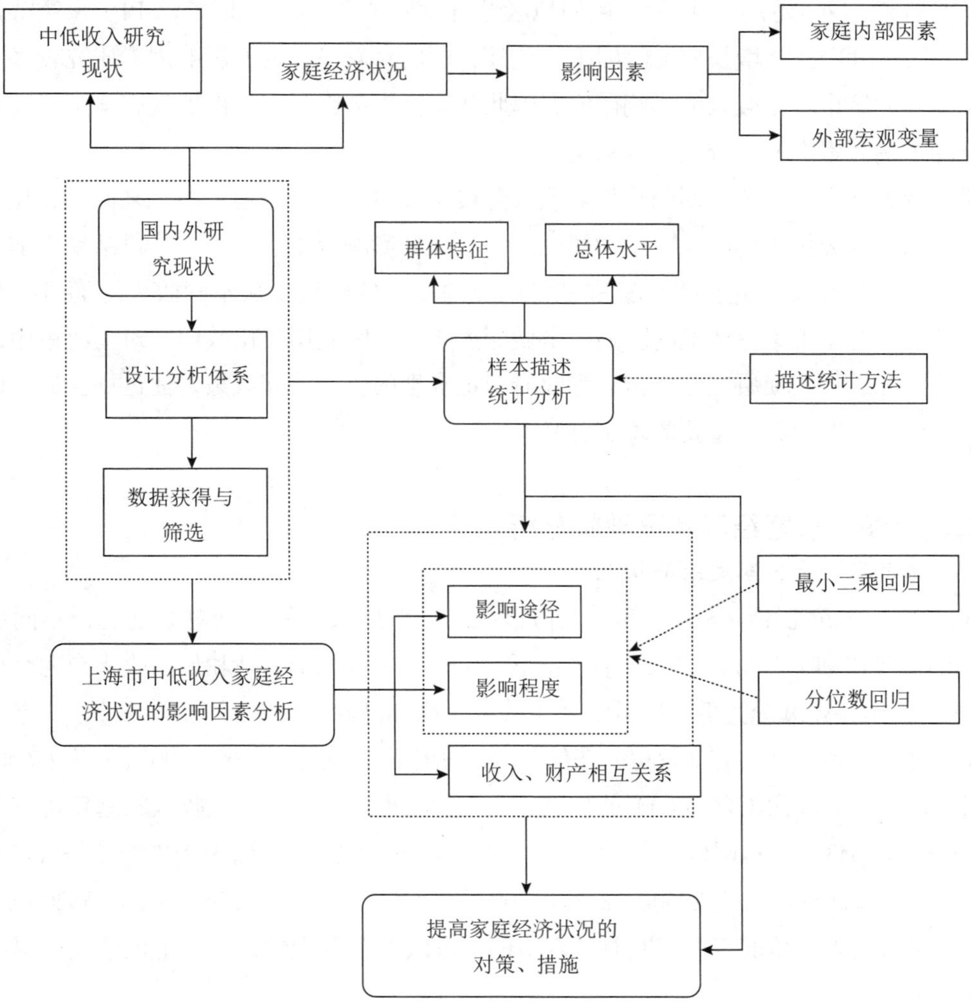

图1　技术路线图

## 一、家庭经济状况研究综述

家庭经济状况反映一个家庭的生活水平和生活质量，研究它对我国社会经济的发展具有重要的意义。目前国内外在对家庭经济状况的研究着重点相差较大，国内仍仅仅局限于对家庭收入的研究上，而国外已逐步关注到收入、财产等多重变量。

目前对于家庭经济状况到底是好是坏大多数仅仅是通过家庭的收入作为评价标准，对家庭经济状况的评价缺少一个系统的指标体系。关于家庭经济状况影响因素的研究，国内外学者站在不同视角，分析了家庭经济状况与自然资源使用状况的关系、不同收入与幸福感生活满意度的关系、家庭大小与家庭经济的关系、家庭住址对两口之家经济状况的影响及中国城镇居民收入分配对消费需求的影响等。

国内外关于研究影响因素的方法主要是通过回归模型来进行，而国内外关于研究家庭经济状况的影响因素的文献较少，国内研究家庭收入的影响因素也大多数单独从微观因素进行研究，没有考虑外部的宏观环境，例如地区经济发展水平、物价指数（CPI），经济景气情况（PPI），年度 GDP 增长速度等因素。此外，国内对农民收入的影响因素研究较多，几乎没有文献研究城市家庭收入的影响因素，因此从家庭内部因素和外部宏观因素来研究家庭经济状况的影响因素有着十分重要的意义。

研究者大多利用分位数回归技术对收入开展实证研究。与普通最小二乘回归相比，分位数回归特别适合分析不同收入阶层的居民经济状况的影响因素和大小，分析结果更加全面、深入。国内还较少使用此技术对家庭经济状况的微观抽样数据从不同收入层面进行深入探讨，尤其较少对城市家庭情况的影响因素做深入研究。因此用分位数回归对上海市中低收入家庭经济状况进行实证研究和分析，为政府制定合理的收入分配政策，促进社会的和谐稳定和经济的可持续发展具有重要的现实意义。

## 二、上海市家庭经济状况现状分析

### 1. 上海市不同层次家庭经济状况

根据《上海市统计年鉴》可知，上海市统计局按照收入的高低对家庭进行不同层次的划分，2003 年以前分为最低、低、中等偏下、中等、中等偏上、高和最高收入户七个层次，从 2004 年开始将家庭分为低、中低等、中等、中高和高收入五个层次。

2010 年上海市申请共有产权房的条件为：人均年可支配收入低于 27600 元（含 27600 元）、人均财产低于 70000 元（含 70000 元）。2010 年上海市三口之家中低收入家庭年可支配收入为 $21780 \times 3 = 65340$ 元；两口之家中低收入家庭，年可支配收入均值为 $21780 \times 2 = 43560$ 元。而申请共有产权房标准线为 $27600 \times 3 = 82800$ 元（3 人及以上）、$27600 \times 2 = 55200$（2 人及以下），仅从收入的角度来看，共有产权房的标准线有其合理性，基本上能包括中等收入以下水平的家庭。

数据显示，低收入与中低收入户占到了总户数的 40%，且平均每户家庭人口数较多，分别为 3.08 人和 2.95 人，比最高收入户的平均每户家庭人口数 2.75 人还要多，这说明中低收入家庭的平均人口数较多，相对的居住压力较大。其次，平均就业面中，低收入户与中低收入户分别为 48.4% 和 49.5%，均低于平均水平 55.2%，这说明中低收入家庭的就业面相对较低，相对的就业压力大。另外，平均每一就业者负担人数中，低收入户为 2.07 人，中低收入户为 2.02 人，均高于其他水平的家庭，成为负担最为沉重的群体。家庭人口多、人均收入低，使得中低收入家庭经济状况的前景不容乐观。

从上海市总体家庭的收入结构来看，2010 年全市年人均可支配收入为 31838 元，收入的主要来源以工资性收入和转移性收入为主，其中工资性收入比重最大，占到了 68.33%，作为家庭收入适当补充的经营性收入为 5.11%，而财产性收入仅有 1.6%。值得关注的是，作为最需要转移性收入的低收入家庭而言，他们获得的转移性收入却是五个类别家庭中最低的，这说明政府对低收入家庭的政策补助方面做得还不够，需要加强对这类人群的补助。

从上海市总体家庭的支出结构来看，交通和通信的支出占到了 17.57%，是除食品之外的又一大支出，这与上海市繁忙的交通和昂贵的交通费密切相关。居民的交通费和教育费用属于服务性消费中的“发展型”消费，教育费用也是逐年在增加。

五个类别的上海市家庭中工资性收入和转移性收入总和都占总收入的 80% 以上，而在五个类别的家庭中食品都是消费支出中比重最大的一项，对于低收入户和中低收入户而言，教育文化娱乐服务是除食品外一项较大的支出，说明教育构成了中低收入家庭一定的经济负担。

**2. 中低收入家庭界定标准**

如何更科学地来界定中低收入家庭以使保障性住房保障的范围更大更准确有着十分重要的意义，而目前为止各国以及各地区关于划分中低收入家庭的标准各不相同。

美国提出的一种方法是“中位数法”。按照美国的统计口径，非常贫困的家庭界定为少于本地区家庭收入中位数 50% 的家庭；低收入家庭的收入为本地区家庭收入中位数的 50% ~ 80%；中等收入家庭的收入为本地区家庭收入中位数的 81% ~ 100%。目前，美国中低收入家庭通常把年收入的 30% 用于住房方面的支出。

在中国，根据统计局的统计办法，用七分法将中国城镇居民的收入分为，最低收入户（10%）、低收入户（10%）、中等偏下户（20%）、中等收入户（20%）、中等偏上收入户（20%）、高收入户（10%）、最高收入户（10%）。中央和国务院的各种文件中所用的也是统计局的标准，如中低收入家庭所提的是中等偏下收入户以下收入的家庭，中高收入家庭是指中等以上收入的家庭。

各个国家关于中低收入家庭的界定方法不尽相同，而我国各地区的界定方法也不同。根据《上海市统计年鉴》可知，上海市统计局按照收入的高低对家庭进行不同层次的划分，2003 年以前分为最低（10%）、低（10%）、中等偏下（20%）、中等（20%）、中等偏上（20%）、高（10%）、最高收入户（10%）七个层次，从 2004 年开始将家庭分为低（20%）、中低等（20%）、中等（20%）、中高（20%）、高收入（20%）五个层次。

事实上，上海市的收入更偏向于服从右偏分布，所谓右偏分布是指概率密度函数满足众数＜中位数＜平均数的一种分布。对于概率分布密度类似于这种分布的收入，研究各收入水平的上线情况较复杂。

## 三、上海市中低收入家庭经济状况描述性统计分析

廉租房家庭、共有产权房家庭和低保家庭的数据符合中低收入家庭的划分标准。根据

上海市居民经济状况核对系统中 2009 年 10 月 ~ 2012 年 8 月上海市申请廉租房的家庭数据、2010 年 3 月 ~ 2012 年 6 月的共有产权房家庭数据及 2012 年的低保家庭数据，提取出 2012 年的相关数据，首先从家庭类型、家庭规模和居民性别、年龄、就业状况等几个方面对居民家庭的基本状况进行了简单的统计分析，并从区县层面研究家庭的空间分布状况；然后对中低收入家庭收入分布状况从年可支配收入状况和人均财产两方面进行基本统计分析。

研究发现：从年龄层面，申请居民在 35 ~ 50 岁的比重最高，这一年龄段的居民数量大、收入低、负担重，属于家庭的“顶梁柱”。从就业状态层面，申请居民以离（退）休、在职和处于半工作状态的人员为主，申请廉租房的居民中无业人员占 47%；在文化程度层面，以初等教育、中等教育文化程度的人申请数量最多，申请廉租房居民中仅有 6% 的居民为高等文化程度；共有产权房申请居民中 24% 的为高等文化程度。

从家庭空间分布来看，申请廉租房家庭较多的为黄浦区、浦东新区、普陀区、长宁区和闸北区，且相较于各区县人口，这些区县的申请人数也相对较高；低保家庭较多的为崇明县、黄浦区、浦东新区和宝山区。

申请家庭人均年可支配收入数据分布整体偏右，在接近申请准入标准时申请数量无递减趋势。申请廉租房家庭年平均收入 10867 元，在人均年可支配收入在 5950 至 6500 元间的人数有异常值，这主要由于这部分人有人均 5950 元的社会救济收入。共有产权房家庭年平均收入为 30605 元，比申请廉租房家庭有较大提升。而低保家庭收入数据分布非常不均衡，变化较为剧烈，没有呈正态分布，平均收入仅有 349 元。共有产权房家庭人均财产数据分布几乎呈现均匀分布态势，而申请廉租房家庭、低保家庭人均财产则普遍偏低。如表 1 所示。

数据基本面的分析表明，廉租房、共有产权房和低保申请工作对缓解低收入的退休人员、低收入就业群体及工作不稳定群体的压力作出了积极的贡献；使高中及以下低文化程度的低收入成年人成为受益主体。

**表1　上海市中低收入家庭人均收入及财产**

| 廉租房 | | | |
|---|---|---|---|
| | 均值 | 3人及以上 | 2人及以下 |
| 人均可支配收入/元 | 10867 | 11231 | 10243 |
| 人均财产/元 | 9210 | 10772 | 6542 |
| **共有产权房** | | | |
| | 均值 | 3人及以上 | 2人及以下 |
| 人均可支配收入/元 | 30605.50 | 30452 | 31695 |
| 人均财产/元 | 66034.23 | 67550 | 55215 |
| **低　保** | | | |
| | 均值 | 3人及以上 | 2人及以下 |
| 人均可支配收入/元 | 349 | 425.32 | 274.24 |
| 人均财产/元 | 18550 | 19350 | 17766.87 |

## 四、影响上海市中低收入家庭收入的主要因素分析

### 1. 影响上海市中低收入家庭收入的主要因素分析——普通最小二乘回归

（1）影响上海市中低收入家庭收入的各因素

影响家庭收入的因素包括外部宏观因素以及家庭内部因素，外部宏观因素包括地区经济发展水平、物价指数（CPI）、经济景气情况（PPI）和年度GDP增长速度等，鉴于数据的局限性，本研究只考虑家庭内部相关的因素，不研究外部宏观因素对收入变化的影响。选择影响上海市中低收入的有关变量是：性别、年龄、文化程度、所从事的行业、就业状态以及家庭人口数，对相关数据进行归类和预处理。

（2）申请共有产权房家庭的数据分析和模型的求解

本研究所运用的回归模型设定如下：

$$y = a_0 + a_1 x_{age} + a_2 x_{num} + a_3 x_{edu} + b_i S_i + c_j Q_j + d_k H_k + e_m J_m + \varepsilon \tag{1}$$

其中，$y$ 表示家庭人均收入；$x_{age}$ 表示年龄；$x_{num}$ 表示家庭人口数；$x_{edu}$ 表示受教育年限，其定量化方法如前所述；对于定性变量，引入虚拟变量，其中 $S_i$ 为性别的虚拟变量，$Q_j$ 为上海市区县的虚拟变量；$H_k$ 为行业的虚拟变量；$J_m$ 为就业状态的虚拟变量；$\varepsilon$ 为随机误差项。各个虚拟变量如下：$S_1$ 表示男性，$S_2$ 表示女性。将崇明县设定为地区的参考变量，女性设定为性别的参考变量，农林牧渔业设定为行业的参考变量，取无业为就业状态的参考变量。

根据所获得的数据，采用普通最小二乘法（OLS），利用Stata11.2软件求解得到回归结果及回归模型。数据分析结果显示，家庭人口数、家庭主要收入者的年龄、家庭主要收入者的性别以及家庭主要收入者的受教育程度在统计学上是显著的，且家庭人口数、家庭主要收入者的年龄的回归系数为负数，对家庭人均收入起负向作用；而家庭主要收入者的受教育程度的回归系数为正数，对家庭人均收入起正向作用；家庭主要收入者的性别回归系数为正数。

（3）申请廉租家庭数据的分析和模型的求解

本研究仍然采用回归模型（1），根据所获得的数据，采用普通最小二乘法（OLS），利用Stata11.2软件求解得到的回归结果及回归模型。分析结果显示，家庭人口数、家庭主要收入者的年龄以及家庭主要收入者的性别在统计学上是显著的，且家庭人口数、家庭主要收入者的年龄的回归系数为负数，对家庭人均收入起负向作用；家庭主要收入者性别的回归系数为正数；而家庭主要收入者的受教育程度的回归系数为负数，但是在统计学上并不显著。

### 2. 影响上海市中低收入家庭收入的主要因素分析——分位数回归

我们以家庭人口数、主要收入者年龄、受教育程度、性别、地区、所从事行业和就业状态为自变量，分别对经过处理得到的收入的10%、25%、50%、75%和90%的分位数进行回归，从而可以对申请共有产权房家庭的居民条件分布的不同位置进行分析。通过对不同分布点的差异做更详细地刻画，更深入地了解居民收入差异的真实原因所在。

下文将根据分位数回归原理，对经过处理得到的数据进行分位数回归模型拟合。利用Stata11.2 软件计算，计算结果见表 2。

**表2　分位数回归结果**

| 分位 \ 自变量 | 家庭人口数 | 户主年龄 | 教育 | 性别 | 拟 $R^2$ |
|---|---|---|---|---|---|
| 10% | −169.8756<br>（0.013） | −94.45225<br>（0.000） | 351.1861<br>（0.000） | 2073.845<br>（0.000） | 0.1953 |
| 25% | −516.4972<br>(0.000) | −122.1583<br>(0.000) | 464.5266<br>(0.000) | 2011.07<br>(0.000) | 0.1698 |
| 50% | −657.3629<br>(0.000) | −149.1623<br>(0.000) | 535.0107<br>(0.000) | 1625.417<br>(0.000) | 0.1423 |
| 75% | −1135.741<br>(0.000) | −133.1585<br>(0.000) | 656.812<br>(0.000) | 1274.336<br>(0.000) | 0.1179 |
| 90% | −2090.149<br>(0.000) | −173.7947<br>(0.000) | 790.9636<br>(0.000) | 1728.936<br>(0.000) | 0.1285 |

注：表中括号内为 $p$ 值。对于分位回归，$t$ 统计量通过自举法（Bootstrapping）获得。

通过分位回归，我们发现处于不同条件分布水平下的中低收入居民，家庭人口数的回归系数都很显著，家庭人口数的回归系数为负值，说明家庭人口数对家庭人均收入有着负作用；年龄的回归系数在各分位水平上也都高度显著，家庭主要收入者的年龄的回归系数为负值，家庭主要收入者的年龄越大，家庭人均收入越低；受教育程度对家庭人均收入的影响在统计学上都很显著，受教育是影响上海市申请共有产权房家庭收入的最主要、最直接的因素之一；性别的回归系数为正，且在各分位水平上均高度显著，说明家庭主要收入者为男性的家庭人均可支配收入高于家庭主要收入者为女性的家庭。性别的回归系数随着分位数的上升而减小，这表明处在条件分布（收入）底端的居民，存在着一定的性别歧视，随着平均收入向高水平位移，歧视逐渐较弱。在 90% 的分位回归，性别系数又有提高，说明进入高收入水平，相对而言男性的能力较强的事实又显现出来。

根据回归的结果，在 10% 的分位水平上，各区县的回归结果均不显著，这个现象说明处在条件分布（收入）底端的居民，各区县与崇明县的差异不是很显著。

对申请共有产权房家庭的数据进行分位回归，发现一个现象：所在位置为长宁区、黄浦区、静安区、浦东新区以及徐汇区的家庭的人均收入普遍高于其他地区，这五个区的回归结果从 25% 分位回归到 90% 分位回归都是显著的。如图 2 所示，随着分位数的增加，相对于基变量崇明县，这五个区对家庭人均收入的影响也由低向高变化。

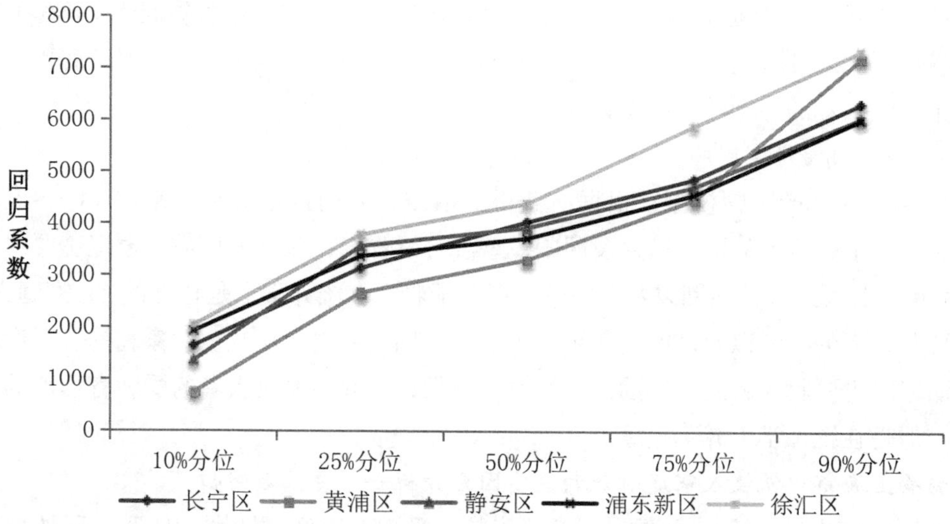


图2　个别区分位数回归

在行业变量中，申请共有产权房的家庭主要收入者所从事行业为：电力燃气及水的生产供应业（h2）、教育业（h7）、金融业（h8）以及卫生、社会保障和社会福利业（h15）的家庭总收入普遍高于其他行业，并且在各个水平上均显著，说明家庭主要收入者所从事行业为以上中的一个，其家庭的人均收入相对较高。此外，信息传输、计算机服务和软件业（h18）的回归系数分别为5817.127、4555.581、1751.901、468.6729和2543.235，其影响作用明显减弱，仅在10%和25%的水平上显著，在50%的分位回归中其影响作用不再显著。

在就业状态变量中，申请共有产权房的家庭主要收入者的就业状态为：退休（j5）、在职（j7）和支内回沪（j9）的家庭人均收入普遍高于其他状态，并且在各个水平上均高度显著。在某种程度上说明上海市对于退休的居民以及支内回沪的居民的保障力度较好。

## 五、影响上海市中低收入家庭财产的主要因素分析

### 1. 影响上海市中低收入家庭财产的主要因素分析——普通最小二乘回归

（1）影响上海市中低收入家庭财产的主要因素

本项研究选择影响上海市中低收入家庭居民财产的有关变量是：家庭人口数、收入者的性别、年龄、文化程度、所从事的行业、就业状态、家庭年可支配收入以及家庭所在地理位置。由于收入对财产有影响，一般情况下收入多的家庭财产会相对较多，故将家庭年可支配收入作为自变量进行研究。

（2）申请共有产权房家庭的数据的分析与模型的求解

采用类似于收入主要因素分析的方法，根据所获得的数据，采用普通最小二乘法（OLS），利用Stata11.2软件求解得到的回归结果及回归模型。数据分析结果显示，家庭人口数、家庭主要收入者的年龄、家庭主要收入者的性别、家庭主要收入者的受教育程度以及家庭的年

可支配收入在统计学上是显著的，且家庭人口数、家庭主要收入者的年龄、家庭主要收入者的受教育程度以及家庭的年可支配收入的回归系数为正数，对家庭的总财产起正向作用；而家庭主要收入者的性别的回归系数为负数。

（3）申请廉租房家庭的数据的分析与模型的求解

采用相同的财产回归模型，根据所获得的数据，采用普通最小二乘法（OLS），利用Stata11.2软件求解得到的回归结果及回归模型。可以看出，家庭人口数、家庭主要收入者的年龄、家庭主要收入者的性别以及家庭的年可支配收入在统计学上是显著的，且家庭人口数、家庭主要收入者的年龄以及家庭的年可支配收入的回归系数为正数，对家庭的总财产起正向作用；而家庭主要收入者的性别的回归系数为负数；家庭主要收入者的受教育程度的回归系数为正，但是在统计学上并不显著。

**2. 影响上海市中低收入家庭财产的主要因素分析——分位数回归**

我们以家庭人数、家庭主要收入者的年龄、受教育程度、性别、地区、所从事行业、就业状态以及家庭的年可支配收入为自变量，分别对经过处理得到的财产的10%、25%、50%、75%和90%的分位数进行回归，从而可以对申请共有产权房家庭的居民条件分布的不同位置进行分析。通过对不同分布点的差异做更详细的刻画，我们更深入地了解居民财产差异的真实原因所在。

通过分位回归，我们发现处于不同条件分布水平的中低收入居民，各变量的影响是不一样的。家庭人口数的回归系数在统计学上都很显著，家庭人口数的回归系数随着分位数上升而上升。年龄的回归系数也都很显著，年龄的回归系数在各分位水平上均为正数，家庭主要收入者的年龄越大，家庭累积的总财产越多。随着分位水平的提高，家庭主要收入者年龄的回归系数随之上升。受教育程度对财产的影响都很显著。受教育程度的回归系数随着10%、25%、50%、75%、90%的分位数为上升，说明对于不同条件水平的居民来说，受教育程度是非常重要的一个影响因素，对教育的投入有着可观的回报。家庭年可支配收入的回归系数都非常显著，其值随着10%、25%、50%的分位数上升。

性别的回归系数均在5%水平上显著，在75%和90%的分位回归中，性别差异的影响作用有所减弱。不管什么水平的家庭，家庭主要收入者是男性的家庭的总财产明显低于家庭主要收入者是女性的家庭的总财产，这说明女性相对男性更会理财，更能积蓄钱财，尤其是对处在条件分布顶端的上海市中低收入居民而言，存在明显的差异。在50%的回归中，回归系数为－10239.34，说明在保持其他变量不变的情况下，家庭主要收入者是女性的家庭总财产比家庭主要收入者是男性的家庭总财产高出10239.34元。

根据分位回归结果，申请共有产权房家庭的所在地理位置在10%、25%、50%以及75%的分位数均不显著，而在90%的水平时，长宁区、徐汇区以及浦东新区的$p$值小于0.05，在统计学上显著，这说明对于处在条件分布（财产）顶端的申请共有产权房家庭来说，在保持其他变量不变的情况下，家庭位置处于长宁区、徐汇区以及浦东新区的居民财产明显高于崇明县居民的财产。

根据回归结果，行业变量在各个分位数上均不是很显著，说明行业变量对申请共有产权房家庭的影响不显著。在 10% 的分位回归中，申请共有产权房家庭主要收入者的就业状态，只有出租车司机（j1）、退休（j5）以及在职（j7）状态显著。而这三种就业状态回归系数均为负数，说明在保持其他变量不变的情况下，家庭主要收入者的就业状态为这三种状态的家庭总财产均少于家庭主要收入者是无业状态的家庭总财产，出现这种情况的原因可能是对于处在条件分布（财产）底端的申请共有产权房家庭而言，无业状态可能获得的社会捐赠以及政府补助、政策优惠等比较丰厚，另一方面也跟数据库里面的就业状态的缺失值过多有一定的关系。

随着分位水平的提高，这种差异变得不显著，在 50% 的分位水平上，家庭主要收入者的就业状态是出租车司机（j1）的已经不显著；而在 25% 的分位水平上，家庭主要收入者的就业状态是退休状态的不显著，在 75% 的分位水平上，系数变成正数，意味着随着财产向高水平位移，在保持其他变量不变的情况下，退休状态（j5）的居民比无业状态居民的总财产要多；在 50% 的分位水平上，家庭主要收入者的就业状态为在职状态（j7）的开始不显著。

## 六、添加申请批次的上海市共有产权房家庭的研究

前文所有的回归均未考虑申请批次对数据的影响，这种考虑并不合理，它忽略了政府政策以及申请时间对申报共有产权房家庭的影响。从上海市每年发放的《经济适用住房准入标准和供应标准》可以看出，上海市中低收入家庭申请共有产权房的准入线每年都在调整，说明时间变量对收入存在着较大影响。故本节将加入申请批次变量，研究申请共有产权房家庭的经济状况的影响因素。

### 1. 上海市共有产权房家庭收入的影响因素——添加申请批次变量

增加批次变量后，在模型（1）的基础上建立新的回归模型。根据经过处理后得到的申请共有产权房家庭的数据，采用普通最小二乘法（OLS），利用 Stata11.2 软件求解得到的回归结果及回归模型。

数据分析结果可以看出：家庭人口数、家庭主要收入者的年龄、家庭主要收入者的性别以及主要收入者的受教育程度在统计学上是显著的，且家庭人口数和家庭主要收入者的年龄的回归系数为负数，对家庭人均收入起负向作用；而家庭主要收入者的性别的回归系数为正数；家庭主要收入者的受教育程度的回归系数为正，对家庭人均收入起正向作用。

### 2. 上海市共有产权房家庭财产的影响因素——添加申请批次变量

同样采用新的回归模型后，根据所获得的数据，采用普通最小二乘法（OLS），利用 Stata11.2 软件求解得到的回归结果及回归模型。

数据分析结果可以看出：家庭人口数、家庭主要收入者的年龄、家庭主要收入者的性别、主要收入者的受教育程度以及家庭的年可支配收入在统计学上是显著的，家庭人口数、家庭主要收入者的年龄、家庭主要收入者的受教育程度和家庭的年可支配收入的回归系数为

正数，对家庭的总财产起正向作用；而家庭主要收入者的性别的回归系数为负数。

## 七、总结与建议

### 1. 研究总结

如前文分析，本研究利用上海市核对中心数据库中申请共有产权房家庭、廉租房家庭以及低保家庭的数据进行研究，数据存在局限性主要体现在：①仅是上海市核对中心数据库中的数据，不足以代表整个上海市的中低收入家庭。②数据库中数据的部分变量缺失值较多，且存在重复数据。但是用这些数据来研究中低收入家庭的经济状况因素具有一定的合理性，因为这些家庭均是上海市的中低收入家庭，在难以获取整个上海市抽样数据的条件下，利用核对中心的数据进行研究也可以获得一定的研究成果。

提取家庭主要收入者的年龄、受教育程度、所从事行业、就业状态以及家庭的人口数、家庭的地理位置等因素来分析其对上海市中低收入家庭经济状况的影响。分别采用了普通最小二乘回归以及分位数回归来研究各因素对上海市中低收入家庭的收入及财产的影响程度，主要得到以下结论：

居民的受教育程度作为可以通过在教育投入而变化的变量，对不同收入水平、不同地区、不同行业的家庭的年可支配收入影响程度均高度显著，受教育水平是影响收入的最主要、最直接的因素之一。相对而言，受教育程度较低的居民收入较低，高收入的行业专业性强，要求的学历高，低学历的居民难以进入高收入的行业（例如：金融业、科学研究等）。

主要收入者的年龄对收入的影响也都十分显著，年龄也是影响收入的重要因素，在保持其他因素不变的情况下，主要收入者的年龄越大家庭的总收入越少。

从分位数回归的结果可以看出，对于处在条件分布（收入）底端的居民，存在着一定的性别的歧视，随着平均收入向高水平位移，歧视逐渐较弱。

某些行业，如金融业、教育业、电力燃气及水的生产供应业以及卫生、社会保障和社会福利业的家庭总收入普遍高于其他行业，并且在各个水平上均高度显著。这些行业基本上都是高学历要求行业，或者是紧缺资源行业，从分析结果也可以看出，上海市中低收入家庭从事这些行业的人数相对其他行业而言较少。

在家庭主要收入者的就业状态中，各个就业状态均显著区别于无业状态，在保持其他变量不变的情况下，家庭主要收入者的就业状态对收入有着较大的影响。

### 2. 政策建议

（1）居民经济状况核对的对策建议

居民家庭经济状况核对是社会救助体系建设的基础性工作，是共有产权房、廉租房、低保以及其他社会救助制度公平、公正实施的重要保障。目前，上海市居民经济状况核对的内容主要包括核对对象的可支配收入和财产。而廉租房、共有产权房及低保等的准入标准也主要关注家庭可支配收入以及人均财产。根据回归模型和回归结果的分析，我们对家庭经济状况的核对提出了一些建议：

① 关注申请家庭的文化水平。根据文章的回归结果，文化水平对不同行业的居民收入影响都很显著。个人收入的重要依据是教育水平，而且经济状况也决定着要将多少资源与资金投入个人教育以及家庭教育中。

② 关注申请家庭的年龄因素，回归结果表明，不同年龄的中低收入居民，年龄对其收入的影响存在较大的区别。在保持其他因素不变的情况下，主要收入者的年龄越大，家庭的总收入越少。

③ 关注申请家庭的就业状态。根据回归分析的结果，居民的就业状态对家庭的收入有着重要影响，因此要最大程度地保证居民的就业面。

④ 关注申请居民的性别。从分位数回归的结果可以看出，男女之间的收入存在着明显的差异，从某种程度上说明了对于中低收入的居民而言，存在着一定的性别歧视，尤其是对低收入水平的居民而言，性别歧视的现象较明显。

（2）完善社会保障政策的建议

上海市保障性住房制度和低保制度自建立发展至今，已然取得了不少的成绩，但由于经济和社会发展阶段及渐进式体制改革的路径限制，在制度建设方面还存在着一些问题。在我国保障性住房制度中，准入和管理是重要的管理环节。保障性住房政策执行中所出现的准入门槛过高、动态监管不到位等问题制约着保障性住房流转畅通、有序。

① 完善保障性住房的准入机制，确保保障提供的准确性

保障对象是保障性住房制度建立和实施的目标，对其的确认是保障性住房制度实施的首要环节，重要性不言而喻，这个环节应确保准确以避免保障提供的偏差。而如何科学合理划分家庭收入状况，并确定合理的最低收入标准需考虑以下几点：首先，政府要根据城镇职工最低保障线为最低收入线的划分依据，依据最低收入线来确定保障性住房的收入准入标准。明确保障性住房保障对象是整个保障性住房政策顺利执行的基石。其次，严厉把关住房资格审核制度。保障性住房主管部门根据申请家庭提交的申请材料，对住房困难家庭年收入情况、人均住房面积进行仔细审核，条件允许的情况下，让申请者互相监督彼此的生活状况，以免发生开着宝马租住保障性住房的现象。

② 完善家庭收入档案的建立，加强动态管理

保障性住房的管理是一项专业性很强的工作，从申请家庭的资格审核到承租家庭年收入变化的动态管理及怎么样核减租金补贴等需要由专门的管理机构和专门的工作人员细心负责才可。居民的家庭收入申报制度要具有强制性并建立对虚假申报的罚则，此项制度是以后各项经济及社会管理的基础性制度，此制度若不能有效建立，会严重影响社会管理、社会保障、社会公平等各个方面，进而影响和谐社会的构建。此制度建立应包括强制的家庭和个人收入财产申报、个人唯一信用账户和保障账户等配套制度。

③ 改变原有的保障对象确认办法，变“对象主动找”为“主动找对象”

这种转变其实是我国社会管理根本理念的革命，是符合构建和谐社会要求的，是建设民生体制、政府主动转型的基本理念创新。现今上海保障性住房实施仍是坚持“个人申报—机

构审查—资格确认—轮候”的程序，由于多方面原因，此程序会带来对象遗漏、错误，造成很多问题，甚至导致腐败现象的发生。以后应在前置措施实施的基础上，相关部门主动梳理、寻找应保对象，了解其保障需求类别，使住房保障更具人性化、多样化，更具效率。

**参考文献**

[1] HISHAM SE, ASHOK KM, MITCHELL JM. Determinants of economic well-being among U.S. farm operator households[J]. Agricultural Economics, 2007, 36:291-304.

[2] 罗菊花，金水高，翟凤英，等．家庭经济状况评价指标探讨 [J]. 卫生研究，1996(25):103-106.

[3] 周蜀溪，郭英．中学生学习动机与家庭经济状况的相关分析 [J]. 教育学术期刊，2009, 11:23-26.

[4] 陶红．我国高中生家庭经济状况调查 [J]. 教育与经济，2005(4):16-18.

[5] 梁前德．家庭经济状况与大学生消费的实证研究 [J]. 江汉论坛，2009(8):131-135.

[6] 包智明，郭亚明．蒙古族农村家庭经济状况影响因素的定量分析 [J]. 西北民族研究，2009(3):33-40.

[7] 王佳．我国城镇居民收入分配对消费需求影响的经济学分析 [D]. 成都：西南财经大学，2011.

[8] 黄静，葛斐，穆月英．中国农民收入影响因素分析——以新疆为例 [J]. 中国农学通报，2009(18): 489-493.

[9] 王琴英．北京市城镇居民不同收入家庭消费结构分析与预测 [J]. 预测，1999(25).

[10] PAUL W, BENJAMIN D, LEONARD C. Assets, activities and income generation in rural Mexico: factoring in social and public capital [J]. Agricultural Economics, 2002(27):139-156.

[11] LOUISE S, QIAN X, LOUISE P, et al. Effects of low income on infant health [J].CMAJ, 2003, 168(12): 1533-1538.

[12] CHIAKIMORIGUCHI. Top wage incomes in Japan, 1951–2005 [J]. Journal of The Japanese and International Economies, 2008, 12:301-333.

[13] RICHARD F, CHARLOTTA PA M, KEVIN M S.Talent, technology and tolerance in Canadian regional development [J]. The Canadian Geographer, 2010(3):277-304.

[14] 李鑫．我国农村居民家庭收入结构变化及影响因素分析 [D]. 天津：南开大学，2011.

[15] 段景辉，李建宝．我国城乡家庭收入差异影响因素的分位数回归解析 [J]. 经济学家，2009(9):26-53.

[16] 熊吉峰．基于偏最小二乘回归分析的农民收入影响因素研究 [J]. 统计与信息论坛，2005(20):30-32.

[17] 王宏杰．农户禀赋对家庭收入影响的实证分析 [J]. 经济论坛，2011(2):54-56.

[18] Koenker R, Gilbert B.Regression quantiles[J]. Econometrica, 1978, 46(1):33-50.

[19] 陈建宝，杜小敏，董海龙．基于分位数回归的中国居民收入和消费的实证研究 [J]. 统计与信息论坛，2009(7):44-50.

[20] 谢云．经济增长对中国保险需求的影响——基于分位数回归的实证分析 [J]. 知识经济，2010(3):66-67.

[21] 周耿．网上商品热销的影响因素探析——基于分位数回归的实证研究 [J]. 财经论丛，2011(5):100-105.

[22] 国家统计局 . 中国统计年鉴 2009[M]. 北京 : 中国统计出版社，2010.

[23] 上海市民政局 .《上海市经济适用住房申请家庭经济状况核对实施细则》. 2010.

[24] 张凯 . 我国城镇中低收入家庭住房保障制度建设研究 [D]. 昆明 : 云南财经大学，2011.

[25] 胡峥 . 经济适用住房对城市中低收入家庭福利状况影响 [D]. 武汉 : 华中农业大学，2009.

[26] REICO 专项报告 : 其他国家中低收入住房政策目标对象的确定 [R].
http://www.chinairn.com.2005-8.

[27] 福建省厦门市人民政府 .《厦门市高、中低、最低家庭收入标准划分试行办法》. 1999-8.

[28] 上海市财政局 .《关于落实本市中低收入家庭实行购房贷款贴息政策若干规定的实施意见》.

[29] 庄盈 . 市政府确定低收入家庭标准为人均月入 294 元内 [N]. 桂林晚报，2008-5.

[30] 广西壮族自治区人民政府 .《广西壮族自治区城市低收入家庭认定实施办法》( 桂政办发（2010）213 号 ). 2010-11.

[31] 长沙市人民政府 .《长沙市低收入家庭认定办法（试行）》（长政发〔2010〕3 号）. 2010-3.

[32] 陕西省人力资源和社会保障厅 .《陕西省城市低收入家庭认定实施办法》( 陕民发〔2009〕57 号 ). 2010-9.

[33] 南京市政府 .《南京市公共租赁住房管理办法》（宁政发〔2011〕209 号）. 2011-9.

[34] 西安市房管局 .《西安市各区县中低收入家庭标准及住房困难标准》. 2011-9.

[35] 钱江晚报 . 杭州低收入家庭标准出炉从 5 月 1 日起实施 [N]. 钱江晚报，2012-3.

[36] 杭州市住房保障和房产管理局 .《杭州市区经济适用住房 2012 年受理公告》. 2012-4.

[37] 陈朋 . 上海市中低收入家庭的住宅问题与社会住宅建设 [D]. 上海 : 同济大学，2006.

[38] 陈珍珍，游家兴 . 基于分位回归法的农民工收入影响因素分析 [J]. 统计研究，2009(6):79-84.

# “因病支出型贫困”家庭经济状况特征分析[1]

上海市居民经济状况核对中心

【摘要】贫困是人类面临的最严峻挑战之一，社会救助发挥着最后一道“安全网”的保障作用。伴随着国民收入的高速增长，低保、最低工资、养老金等保障标准逐步提高，贫困家庭的生活水平同步改善，上海市“收入型”贫困问题已经基本得到了解决。近年来，“支出型贫困”日益成为社会救助面临的突出矛盾。以上海为代表的部分省市，针对具有共性的因病致贫家庭实行帮扶，率先探索将“支出型贫困”群体纳入政府救助体系之中。本课题在理论研究的基础上，根据上海市居民经济状况核对系统中“因病支出型贫困”申请家庭的数据开展统计分析，归纳总结出“因病支出型贫困”申请家庭的总体经济状况特征，基于政策准入线的敏感性分析结果和区县调研的政策调整意见及建议，针对试行的救助办法，给出了政策调整和实施的具体对策和建议。

【关键词】因病支出型贫困　家庭经济状况特征　社会救助　准入线调整

2007年，“支出型贫困”的概念由上海市民政局在全国率先提出，我国开始高度关注该贫困群体。近年来，以上海为代表的部分省市陆续出台了针对支出型贫困的救助政策，但这些政策在制定及实施上差异明显，救助方式也并不统一。上海因病支出型贫困政策实施一年多来，救助申请数量较少，制度覆盖面较小，救助制度与领导的要求和百姓的期盼还有一定的差距，现有政策还需要准确把握救助群体的需求后不断修改和完善。因此，迫切需要对申请家庭的经济状况特征进行数据分析和挖掘，对政策实施情况进行走访和调研，从理论和实践两个角度对这一制度的覆盖群体、救助方式、救助流程等方面进行研究和讨论。

## 一、支出型贫困的理论研究

### 1. 支出型贫困的内涵

（1）概念

“支出型贫困”是指有一定的收入，原本可以维持正常生活，但因大重病、子女就学、突发事件等原因造成家庭“硬支出”（刚性支出）过大，超出家庭收入的承受能力，实际生活水平处于贫困状态的困难群体。学者和救助工作者普遍认为，支出型贫困救助的对象主要包括两类：一类是经过各种救助帮助后仍有突出困难的群体，另一类是现行救助政策未覆盖

[1] 课题研究时间为2014年，原报告近9万字，因篇幅原因，本文仅将主要内容加以介绍。

到的群体。

（2）基本特征

支出型贫困对象与家庭一般具有政治上的低参与性、经济上的低收入性、社会生活上的低质量性、权益上的低保障性、心理上的高危机性五个方面的特征。

（3）分类

从支出型贫困的致贫原因来看，具体可以分为因病致贫、因残致贫、因学致贫和因灾致贫等四类。以上海为例，因病致贫是当前造成支出型贫困的最主要因素（据 2012 年在上海市闸北、静安和浦东三个区试点情况，因病致贫在支出型贫困家庭中占 98% 以上），困难程度也远超出由教育和其他方面原因造成的困难。

**2. 支出型贫困的本质**

支出型贫困在我国产生的根本原因在于我们对贫困内涵界定过于狭隘。我国支出型贫困群体的出现并成为社会的"夹心层"正是因为我们之前对于贫困认识还停留在最初收入贫困阶段，并没有把健康、教育等需求作为基本需求，未把医疗和教育支出作为衡量贫困的指标。

另外，当前的收入型社会救助制度（即低保制度和各种专项社会救助项目）存在其自身的缺陷与局限性。这种缺陷和局限性主要表现在以收入为标准，基本上不考虑贫困家庭的支出情况，从而无法反映个体的实际支出情况。

**3."支出型"与"收入型"贫困救助制度的比较**

（1）救助理念不同。收入型贫困救助仅仅保证公民维持基本生存的最低生活需要；支出型贫困救助则不仅要解决公民的基本生存需要，还要关注其正常社会生活的能力。

（2）核贫机制不同。在判断一个家庭是否符合救助标准时，收入型贫困主要以贫困线为参考，而支出型贫困的救助充分考虑了不同类别困难群众的基本需求及其家庭刚性支出，构建新型的核贫体系。

（3）制度设计不同。收入型贫困救助的设计理念是按照贫困线"缺多少，补多少"的形式，而支出型贫困救助是"缺什么，补什么""按需补助"。

（4）救助目标不同。传统的收入型贫困救助关注的是生活水平消费的方面，目的在于维持贫困者的最低生活标准。而支出型贫困救助以风险预防为主要目标，改变过去那种事后补救的做法，这也是社会救助理念的一个重大改变。

## 二、上海支出型贫困救助发展及现状

**1. 上海支出型贫困救助的探索和研究**

上海着手研究探索支出型贫困的救助办法，大致经历了课题研究、试点探索和制度设计三个阶段。2007 年，上海市在全国率先提出"支出型贫困"的概念。2009 年，"支出型贫困"被列为上海市民政局的工作重点。2010 年开始，上海市民政局在静安、闸北、浦东新区三个区进行试点，对支出型贫困的研究进入试点探索阶段。试点过程中，主要对因病、因学、突发事件等原因造成家庭必需的刚性支出过大，实际生活水平低于最低生活保障标准的家庭给予基本生活保障。2013 年 7 月 24 日，上海市人民政府颁发《上海市因病支出型贫困家庭生活救助办法（试行）》（以下简称《试行办法》），9 月 1 日正式开始施行，提出对支出型贫困家庭进行救助，给予基本生活保障。上海以“因病致贫”为切入点，目的是切口小一点，先聚焦因病支出型贫困家庭。2014 年，上海市人民政府颁发新《上海市因病支出型贫困家庭生活救助办法（试行）》（沪府发〔2014〕61 号，以下简称《新试行办法》）并于 2014 年 10 月 1 日开始正式施行。

**2. 上海市因病支出型贫困救助政策分析**

《试行办法》对上海市开展因病支出型贫困家庭生活救助工作做了明确说明，我们从救助对象范围、救助标准、申请条件和申请审批及动态管理四个方面对政策进行详细的剖析和说明。

（1）救助对象范围

救助对象可以总结为本市城乡居民因患病导致自负医疗费用支出较大，实际生活水平低于本市最低生活保障标准的家庭。包括上海市户籍居民和家庭成员中非上海市户籍的患大病重病的配偶和子女等特定人员。对象范围考虑两个要素：①户籍限制。②现有低保家庭不纳入救助范围。

（2）救助标准

该救助政策针对生活救助。支出型贫困家庭是因为家庭的刚性支出过大，挤占了基本生活费用，实际生活水平低于低保标准。如果基本生活保障标准低于低保标准，则达不到保障基本生活的目的。因此，救助首先参照低保标准对其基本生活予以保障，主要解决吃饭问题。

（3）申请条件

申请因病支出型贫困救助，必须同时具备下列条件：

① 四种规定疾病限制

《试行办法》指出：“家庭成员必须有以下四种情况之一：住院治疗、急诊观察室留院观察治疗、门诊大病治疗和家庭病床治疗。”申请家庭在产生上述所列的自负医疗费用后，同期还有其他自负医疗费用的，可以一并计入。换句话说，如果申请家庭中有一名成员有这四种情况之一，家庭所有申请成员的所有医疗自负费用均可计入，包括门、急诊等；但若所有家庭成员均没有四种情况之一，则医疗自负费用不可计入。政策中不设具体病种限制，这与上海低保家庭申请医疗救助的规定一致。

② 收入限额

《试行办法》将申请家庭的收入标准设定为“提出申请之月前 12 个月家庭人均可支配收入，低于本市上年度城市居民人均可支配收入”。这是一个收入的总门槛，这个条件可以把上海大部分中低收入家庭计入救助范围。采用 12 个月的时间段，能够完整反映年度周期内申请家庭各类收入状况。

③ 收支差额

《试行办法》指出，申请之月前 6 个月内（复审为 3 个月），家庭自负医疗费用支出超过家庭可支配收入；或虽未超过家庭可支配收入，但家庭可支配收入扣除家庭自负医疗费用（不含自费部分）支出后，所剩余月人均可支配收入低于本市城乡居民最低生活保障标准，给予生活救助。收入核定时，参照低保收入核定办法，低保中所有不计入家庭收入的内容在因病支出型贫困生活救助中也不计入。自负医疗费用支出核定时，须扣除已经获得的各类报销、补助的金额。

④ 财产限额

《试行办法》明确，申请家庭的财产限额标准及不计入家庭财产的内容，依照“符合本市城乡居民最低生活保障申请家庭经济状况认定标准的相关规定”执行。这其中包括人均货币财产（存款和证券）低于 3 万元（两人及以下家庭低于 3.3 万元）、不得拥有生活用机动车辆、不得拥有非居住类房屋和不得拥有超过规定面积（上年度本市人均住房建筑面积）的 2 套以上住房等条件。通过收入和财产限额设定，可以将支出型贫困救助聚集在实际生活水平相对困难的群体。

（4）申请审批与动态管理

参照低保有关程序，审核与复审都引入经济状况核对机制。以家庭为单位向户籍所在地街镇社区事务受理中心提出申请，受理、审核、审批、救助金发放和档案管理等，参照上海市城乡居民最低生活保障制度的有关规定执行。对于享受支出型贫困救助的家庭采取定期复审制度。定期复审每 3 个月一次，符合条件的继续享受，且 3 个月为一个复审周期和低保复审周期一致，有利于救助工作顺利开展。

人户分离的支出型贫困家庭办理救助申请和受理手续，按照《上海市民政局关于做好本市城乡人户分离家庭申请社会救助有关事项的通知》的规定执行。

**3. 与其他城市支出型贫困政策比较（表 1）**

**表1　上海与其他城市支出型贫困政策对比**

| | 上海 | 河北廊坊 | 江西南昌 | 江苏南京 | 江苏海门 | 江苏无锡 |
|---|---|---|---|---|---|---|
| 救助类别 | 生活救助 | 综合救助 | 未明确 | 生活救助 | 生活+医疗救助 | 生活救助 |
| 救助对象 | 因病支出型贫困家庭 | 支出型贫困家庭 | 支出型贫困家庭+低保边缘户家庭 | 因病支出型贫困家庭 | 因病支出型贫困家庭 | 因病支出型贫困家庭 |
| 户籍限制 | 至少一人本地户籍 | 至少一人本地户籍 | 全部本地户籍 | 全部本地户籍 | 至少一人本地户籍 | 全部本地户籍 |
| 申请条件(1)关联当地低保标准 | 收支差额低于低保标准 | 收支差额低于低保标准 | 人均收入低于低保标准的1.5倍 | 收支差额低于低保标准 | 收支差额低于低收入标准 | 收支差额低于低保标准 |
| 申请条件(2)界定不救助范畴 | 有 | 有 | 有 | 有 | 有 | 有 |
| 申请条件(3)是否限定疾病和医疗支出范围 | 限定四种情况下的自负费用 | 未限定 | 限定15种重大疾病 | 自负费用 | 限定医疗救助的具体病种 | 三种情况下的自负费用 |

续表

| | 上海 | 河北廊坊 | 江西南昌 | 江苏南京 | 江苏海门 | 江苏无锡 |
|---|---|---|---|---|---|---|
| 救助标准 | 3个月差额或全额补助，不设最低起补线 | 6个月差额补助，不设最低起补线 | 未明确 | 3个月差额或全额补助，设最低起补线 | （农村3个月，城市每月）差额或全额补助，不设最低起补线 | 6个月差额补助，不设最低起补线 |
| 申请审批 | 引入经济状况核对机制 | | 引入经济状况核对机制 | | 引入经济状况核对机制 | |

## 三、上海市因病支出型贫困申请家庭经济状况特征分析

抽取核对系统中因病支出型贫困的1640户申请家庭数据，从可支配收入、医疗支出以及拥有的财产（货币财产、房屋）等角度，对这些家庭的经济状况特征展开比较研究，分析总体结果如下：

**1. 经济状况指标相关性分析**

观察各项指标的描述性统计分析和相关图表，可知这些指标均不服从正态分布，具有明显的偏态特征。为了分析它们之间相关性，我们给出了各项指标互相之间的Pearson相关系数（简单相关系数），并且绘制了几个主要指标之间的矩阵散点图。

申请家庭中，反映家庭经济实力的指标，如人均月收入、人均货币财产和人均建筑面积之间的相关系数都比较小，具有非常弱的相关性，其中人均货币财产和人均建筑面积具有一定的正相关。反映家庭医疗支出的指标，如人均自负支出和人均自费支出两者之间的相关系数为0.2459，呈正相关。反映家庭实际收支状况的指标，如人均收支差额（自负）和人均收支差额（自负+自费）两者之间的相关系数为0.6283，具有明显的正相关性。

人均可支配收入与人均收支差额（自负）呈较强的正相关；人均货币财产和人均自费支出呈弱的正相关。人均建筑面积和其他指标之间相关性都很弱。人均自负支出与人均收支差额（自负）和人均收支差额（自负+自费）均具有较强的负相关性，人均自费支出和人均收支差额（自负+自费）也具有较强的负相关性。人均收支差额（自负）和人均收支差额（自负+自费）具有较强的正相关性。

**2. 经济状况总体特征**

经统计，因病支出型贫困申请家庭人均可支配收入为377.33元/月，人均货币财产为34561.20元，户均产权房屋为0.36套，人均建筑面积为8.46平方米，人均自负医疗支出为705.71元/月，人均自负收支差额为– 328.37元/月，人均自费医疗支出为688.70元/月，人均自负自费收支差额为– 1017.07元/月。

（1）人均货币财产34561.20元高于政策标准（2013年版），人均可支配收入377.33元/月和人均建筑面积8.46平方米远低于政策标准。

（2）复审比例不高，持续申请家庭较少。

（3）老年人家庭比例较高，有儿童家庭比例较小。

申请家庭中，有 61.25% 的家庭有老年人。按照家庭年龄类别分类，纯老年人家庭比例过半，纯劳动人口家庭约占三分之一，有儿童的家庭比例很小。因此，试行政策更有利于纯老家庭的救助保障。

（4）申请家庭中，2 人户家庭占比过半，3 人户及以上家庭极少。申请人中男女性别比例大概相同，无明显差异。试行政策有利于纯女性家庭的救助保障。

总之，因病支出型贫困申请家庭大多不超过 3 人，以老年人和劳动人口为主，且纯老家庭比例过半，这是最明显的特征。申请家庭大多人均收入较低，有一定的货币财产积蓄，人均自负支出和自费支出较高，导致家庭扣除医疗支出后实际的收入很低甚至入不敷出，严重影响基本的生活需求。具体表现出以下特征：首先，复审家庭货币财产较低，新增家庭货币财产较高（高于复审家庭 3 倍以上），很大一部分新增家庭高出准入线标准。其次，纯老家庭都是 1 人户或 2 人户家庭，比例过半，收入最低，自负支出最高。纯劳动人口家庭约占三分之一，收入条件要好很多，但是自费支出最高。这两类人群是重点关注的群体。第三，纯男性家庭或纯女性家庭有一定的收入和货币财产基础，但是总体处于弱势，特别是这两类家庭的人均自负支出和人均自费支出都处于高位，最终导致他们多为入不敷出状态。

## 四、上海市因病支出型贫困家庭准入线调整分析

首先对符合标准家庭的可支配收入、医疗支出及拥有的财产（货币财产、房屋）等方面进行经济状况特征分析，并对符合政策标准的家庭和申请家庭总体的经济状况特征进行对比分析，接着对超标家庭的具体超标原因进行总结，最后就标准线调整方式敏感性做简要分析。

### 1. 符合标准家庭与申请家庭总体特征比较

将申请家庭和符合标准家庭的经济状况特征进行比较，既能够获得更多的特征信息，同时也能够为政策调整提供线索。数据分析显示，不论符合标准家庭还是申请家庭，均以新增家庭为主，以 3 人户（含 3 人户）以下家庭为主，以男女混合家庭为主，并且纯老家庭超过半数。

据统计，因病支出型贫困符合标准家庭的月人均可支配收入为 131.31 元，人均货币财产为 8398.65 元，户均住房套数为 0.36 套，人均建筑面积为 8.34 平方米，人均月自负医疗支出为 1197.59 元，人均月收支差额（自负）为－ 1066.28 元，人均自费医疗支出为－ 1002.78 元，人均收支差额（自负＋自费）为－ 2069.06 元。与申请家庭及本市低收入组家庭、中低收入组家庭和全市总平均的部分经济状况指标的对比如表 2 所示。

表2　不同家庭范围的主要指标对比

单位：元

| 指　标 | 符合标准家庭 | 申请家庭 | 本市低收入户 | 本市中低收入户 | 本市总平均 |
|---|---|---|---|---|---|
| 人均月可支配收入 | 131.31 | 377.33 | 1588.25 | 2299.75 | 3349 |

续表

| 指　标 | 符合标准家庭 | 申请家庭 | 本市低收入户 | 本市中低收入户 | 本市总平均 |
|---|---|---|---|---|---|
| 人均货币财产 | 8398.65 | 24561.20 | — | — | — |
| 人均建筑面积 | 8.34 | 8.46 | — | — | 33.9 |
| 人均自负医疗支出 | 1197.59 | 705.71 | — | — | — |
| 人均自负收支差额 | −1066.28 | −328.37 | — | — | — |
| 人均医疗支出（自负+自费） | 2200.37 | 1394.41 | 55.08 | 71.75 | 84.75 |
| 人均收支差额（自负+自费） | −2167.02 | −1017.07 | 1533.17 | 2228 | 3264.25 |

注：本市低收入组、中低收入组和总平均的人均数据摘自《上海市统计年鉴（2013）》，并将原年人均可支配收入换算为月收入，人均医疗支出以城市居民消费支出中的“医疗保健”消费支出作为参考。表中其他数据暂无法获得。

由表 2 可知，申请家庭、符合标准家庭的人均月可支配收入远低于本市低收入户的平均水平，而医疗支出远大于本市低收入户的平均水平（由于统计口径的不同，“医疗保健”的消费支出范围应该大于本文中的医疗支出）。

数据分析显示，符合标准家庭中，纯老家庭拥有较低的可支配收入，自负医疗支出也不是很高，纯劳动人口家庭拥有相对较高的可支配收入，但其自负医疗支出和自费医疗支出都很高，结果导致这两类家庭的人均收支差额（自负）和人均收支差额（自负＋自费）都很低。但是还可以看到，虽然纯劳动人口家庭的人均自负收支差额比纯老年家庭要高一些，但是计入自费医疗支出后，纯劳动人口家庭的人均收支差额反而要比纯老家庭还要低，达到－ 2451 元。因此，从“支出型”的意义上讲，若考虑自费医疗支出，纯劳动人口家庭的“支出”负担更重，更加需要制度性的政策保障；或者从另一视角来看，目前的“支出型”贫困政策仅将纯劳动人口家庭中医疗负担最重的一部分纳入进来。

分析发现，申请家庭中，纯老家庭的人均月收支差额最低。纯老家庭拥有较低的人均月可支配收入（104 元），自负医疗支出最高（796.87 元）；纯劳动人口家庭拥有较高的可支配收入（695.01 元），但其自负医疗支出（660.39 元）也不低，而自费医疗支出（1021.10 元）是纯老家庭的 2 倍，结果导致纯劳动人口家庭的人均收支差额（自负）（34.62 元）虽然显著比纯老家庭要高（－ 692.86 元），但是计入自费医疗支出后，纯劳动人口家庭的人均收支差额（自负＋自费）也要低很多（－ 986.48 元）。因此，若政策调整将自费医疗支出计入，则纯劳动人口家庭更为获益。

**2. 超标家庭及超标原因分析**

根据《试行办法》和《若干规定》，因病支出型贫困申请家庭的超标原因可以分为六大类：月人均可支配收入超标（只针对新增家庭）、人均货币财产超标、无规定疾病、收入与医疗支出差额超标、有效机动车辆超标和房屋超标（拥有非居住类房屋或人均建筑面积超标）。

由于机动车辆与非居住类房屋的特殊性，下文只针对有无规定疾病、月人均可支配收入、人均货币财产、收入与医疗支出差额和人均建筑面积五类超标原因进行分析，并就调整方向及敏感性做了简要分析。

（1）超标家庭基本情况

表3　超标家庭按照家庭分类的统计

| 家庭分类 | 申请家庭数量（户次） | 合格家庭数量（户次） | 超标家庭数量（户次） | 超标比例 |
|---|---|---|---|---|
| 总计 | 1640 | 569 | 1071 | 65.30% |
| 按核对类型 | | | | |
| 新增 | 1314 | 396 | 918 | 69.86% |
| 复审 | 326 | 173 | 153 | 46.93% |
| 按家庭类别（年龄） | | | | |
| 纯儿童 | 0 | 0 | 0 | 0.00% |
| 纯老年人 | 850 | 297 | 553 | 65.06% |
| 纯劳动人口 | 539 | 186 | 353 | 65.49% |
| 劳动人口和儿童 | 92 | 33 | 59 | 64.13% |
| 劳动人口和老年人 | 153 | 53 | 100 | 65.36% |
| 含老年人和儿童 | 6 | 0 | 6 | 100.00% |
| 按家庭类别（性别） | | | | |
| 纯男性 | 239 | 109 | 130 | 54.39% |
| 纯女性 | 330 | 162 | 168 | 50.91% |
| 男女混合 | 1071 | 298 | 773 | 72.18% |
| 按家庭规模 | | | | |
| 一人户 | 550 | 263 | 287 | 52.18% |
| 二人户 | 827 | 239 | 588 | 71.10% |
| 三人户 | 234 | 58 | 176 | 75.21% |
| 四人户 | 21 | 6 | 15 | 71.43% |
| 五人户及以上 | 8 | 3 | 5 | 62.50% |

由表 3 可知，按核对类型分类，新增家庭的超标比例明显高于复审家庭；按年龄分类，各类家庭的超标比例相差不大；按性别分类，男女混合家庭的超标比例要明显高于纯男性家庭和纯女性家庭；按家庭人数分类，1 人户家庭的超标比例最低。因此，新增家庭、男女混合家庭的超标比例要明显高于复审家庭，纯男性家庭和纯女性家庭的超标比例均明显低于平均水平。

（2）超标原因分析

据统计，在出具报告的1640户次申请家庭中，超出准入标准的家庭共有1071户次（以下称“超标家庭”），其中以无规定疾病、货币财产超标、收入与医疗支出差额超标三类原因为主。

五类指标均超标的家庭为4户次，有四个指标超标的家庭为16户次，有三个指标超标的家庭为82户次，有两个指标超标的家庭为231户次，单项超标的家庭为738户次。五类超标原因中，无规定疾病的超标家庭最多（占超标家庭的59.48%），其次是人均货币财产超标家庭（占超标家庭的41.18%），之后依次是人均收支差额（自负）超标家庭（占超标家庭的25.30%）、人均可支配收入超标家庭（占超标家庭的12.51%），人均建筑面积超标家庭最少（占超标家庭的2.87%）。

将超标原因总结如表4所示。

**表4　因病支出型贫困申请家庭超标原因统计表**

| 超标原因 | 户次 | 占申请家庭比例 | 占超标家庭比例 |
|---|---|---|---|
| 无规定疾病 | 637 | 38.84% | 59.48% |
| 货币财产超标 | 441 | 26.89% | 41.18% |
| 收支差额（自负）超标 | 271 | 16.52% | 25.30% |
| 可支配收入超标 | 134 | 8.17% | 12.51% |
| 货币财产和收支差额（自负）超标 | 96 | 5.85% | 8.96% |
| 货币财产和可支配收入超标 | 50 | 3.05% | 4.67% |
| 可支配收入和收支差额（自负）超标 | 112 | 6.83% | 10.46% |
| 以上三项均超标 | 45 | 2.74% | 4.20% |
| 建筑面积超标 | 47 | 2.87% | 4.39% |
| 超标家庭总数 | 1071 | 65.30% | 100% |

**3. 准入线调整的敏感性分析**

以上五类超标原因中，可支配收入和建筑面积标准线均以上年度的全市平均数据为线，可以覆盖大多数中低收入人群，同时从前文数据统计也说明，可支配收入超标和建筑面积超标的家庭比例不大，进行调整的意义不大。而无规定疾病、货币财产超标是导致申请家庭不符合标准的两个最重要的原因，同时基层救助工作人员和申请家庭对自费医疗支出纳入支出核算的呼声较高。由于依靠的数据仅限于核对系统中的家庭，有较大局限性，不能代表全市的统计抽样结果，因此只能对政策制定部门提供一定参考价值。

（1）四种规定疾病

据统计，申请家庭无四种规定治疗疾病的超标家庭为637户次，占超标家庭（1071户次）的59.48%，占申请家庭（1640户次）的38.84%；其中只有这一项单项超标的家庭为442户次，占超标家庭的 41.27%，占申请家庭的 26.95%。

因此，若放松有规定疾病限制，其他条件不变，则可增加符合标准家庭 442 户次，增幅为 77.68%。

（2）货币财产

以 10000 元为间距，对仅因人均财产超标的家庭绘制人均财产直方图。

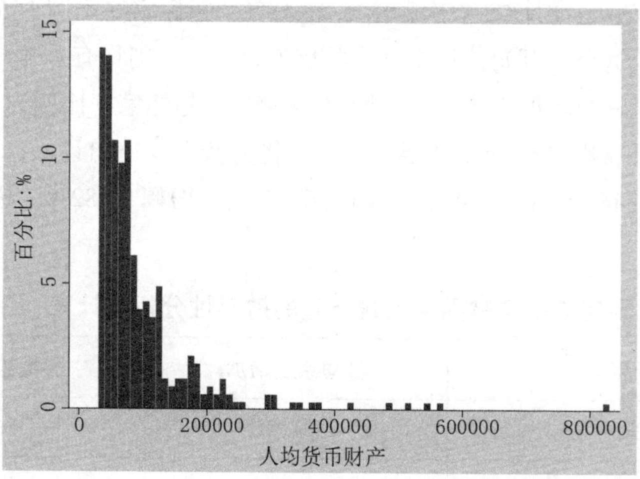


图1　申请家庭中仅财产超标家庭的人均货币财产直方图

由图 1 可知，人均财产低于 20 万元的家庭占绝大多数，共 1613 户次，占全部申请家庭的 98.35%，我们可以集中分析人均财产 20 万元以下的家庭。

在仅货币财产超标的家庭中，人均财产不超过 5 万元的家庭有 61 户次，人均财产不超过 6 万元的家庭有 90 户次，人均财产不超过 10 万元的家庭为 158 户次，人均财产不超过 15 万元的家庭为 198 户次，人均财产超过 20 万元的为 21 户次。

因此，若提高人均货币财产线至 5 万元，保持其他条件不变，则可增加符合标准家庭 61 户次，增幅为 10.72%。若提高人均货币财产线至 6 万元，保持其他条件不变，则可增加符合标准家庭 90 户次，增幅为 15.81%。若提高人均货币财产线至 10 万元，保持其他条件不变，则可增加符合标准家庭 158 户次，增幅为 27.76%。

（3）自费医疗支出

因病支出型贫困家庭的收支差额（自负）准入线挂钩本市城乡居民最低生活保障申请家庭经济状况认定标准中关于人均月收入的准入条件，这是由于因病支出型贫困政策定位于生活救助，因此即使收支差额标准随低保政策同步调整，在具体数值上的调整空间也极为有限，作用不明显，调整着眼点是自费医疗支出是否计算家庭医疗支出。

若计入自费医疗支出，人均收支差额（自负＋自费）不高于低保政策人均月可支配收入标准的家庭为 1419 户次，占申请家庭的 86.52%；超出标准的家庭为 221 户，占申请家庭的 13.48%。与只计入自负医疗支出相比，将增加 50 户次家庭收支差额低于低保标准（即收支差额单项符合标准)。进一步，在仅因人均收支差额(自负)超标的家庭中(且有规定疾病)，将有30户家庭纳入符合标准家庭。收支差额(自负+自费)未超标而由于其他原因超标的家庭为428户次。

(4)综合调整

若同时将财产标准放宽至5万元，且将自费医疗支出计入，则将有644户次家庭符合标准，比现有符合标准的家庭数增加75户次，增幅13.18%，超标家庭比例为60.73%。

若同时将财产标准放宽至6万元，且将自费医疗支出计入，则将有674户次家庭符合标准，比现有符合标准的家庭数增加105户次，增幅18.45%，超标家庭比例为58.90%。

若取消疾病限制，并将财产标准放宽至6万元，将自费医疗支出计入，则将有1137户次家庭符合标准，比现有符合标准的家庭数增加568户次，增幅99.82%，超标家庭比例为30.67%。如表5所示。

**表5　因病支出型贫困准入线调整的敏感性分析统计表**

<table>
<tr><th colspan="2">准入线条件调整</th><th>救助家庭增加</th><th>覆盖面增幅</th></tr>
<tr><td colspan="2">取消规定疾病</td><td>442户次</td><td>77.68%</td></tr>
<tr><td rowspan="3">人均货币财产</td><td>提高至5万元</td><td>61户次</td><td>10.72%</td></tr>
<tr><td>提高至6万元</td><td>90户次</td><td>15.81%</td></tr>
<tr><td>提高至10万元</td><td>158户次</td><td>27.76%</td></tr>
<tr><td colspan="2">自费医疗支出计入</td><td>30户次</td><td>5.27%</td></tr>
<tr><td colspan="2">人均货币财产提高至5万元<br>+自费医疗支出计入</td><td>75户次</td><td>13.18%</td></tr>
<tr><td colspan="2">人均货币财产提高至6万元<br>+自费医疗支出计入</td><td>105户次</td><td>18.45%</td></tr>
<tr><td colspan="2">取消规定疾病+人均货币财产提高至6万元<br>+自费医疗支出计入</td><td>568户次</td><td>99.82%</td></tr>
</table>

## 五、对策及建议

### 1. 政策调整建议

(1)建议取消疾病限制

以病种来限制救助对象对医疗救助的利用是极度不公平的，而且从前面的数据分析结果也可以看出，该限定条件是导致申请家庭不符合准入线，无法享受救助的首要原因。因此，《试行办法》中“四种疾病限制”已经成为制约申请人享受救助的重要障碍。从而建议扩展疾病救助范围，把门、急诊也计入救助范围，对符合条件的实际困难群体做到“应救尽救”。

(2)建议将自费纳入医疗支出范围

根据调研，自费支出过大是导致家庭致贫的首要原因。政策中所指的“支出型贫困”相比老百姓心中的“因病支出型贫困”概念在范畴上有差异，简言之，前者是狭义的，后者是广义的。根据前两节的数据分析结果，自负收支差额超标家庭为271户次，有80%以上的家庭符合该准入条件。

建议将自费纳入医疗支出范围，但可以考虑仅作为判断标准，而不是对自费的医疗费进行补偿。同时，我们建议不要盲目地将所有自费均纳入医疗支出范围。自费费用构成复杂，核对系统医保反馈信息数据中的自费费用概念不清晰，数值上也不一定与实际单据中的自费费用相符；同时要区分是否属于合理支出，结合试点期的经验，自费费用比自负费用一般要高很多，区县在实际核定操作上也有一定难度。因此考虑计入的同时，市、区、街镇各级部门对自费费用的定义和范围要统一，便于操作。可以考虑先只认可医保定点医院的正规发票，但外配药、增值税发票、商业发票不应认可（即使有处方也不行）。因此，建议调整医疗费用的核算范围，把自费医疗支出纳入救助范围，但不要把所有自费情况都计入医疗支出。

（3）建议适当提高货币财产限额

调研中发现，个别区县过半数以上的申请人是因为财产超标无法享受救助，建议提高财产准入门槛。如果继续严格按照低保申请家庭财产限额标准作为因病支出型贫困政策的财产限额，政策覆盖面可能过小而失去制度设计的意义。因此，货币财产的限制可以考虑适当放宽，我们建议考虑参照低收入人群申请的财产限额标准，将人均货币财产准入标准由现在的3万元/人均、3.3万元/人均提高到低收入群体认定标准中货币财产的限额。

（4）建议延长救助时间和复审时间

调研中，各区县普遍反映因病导致的支出型贫困家庭，往往负担较重，但生活救助的发放周期（3个月）过短，很多家庭复审不符合条件仅能享受一次救助。比如有的家庭因病开销20万元，接受救助3个月后家庭仍然非常困难，但3个月后的复审将前期医疗费用清零，此时可能已不符合救助条件。另外，根据现有的审核程序，走完审批流程一般都需要一个月。因此建议延长救助资金发放时间和复审时间，将每3个月改为每6个月复审一次，或者初次享受救助6个月后复审，以后再3个月复审。

（5）建议考虑设“起补线”，适当提高救助金额

由于这些家庭致贫的根本原因是因病，往往是重大疾病。调研中基层工作人员及申请人反映，经过烦琐的申请材料和申请手续的准备，可能只补助10元或20元，结果只是象征意义的救助。建议适当提高救助金额，在生活救助的前提条件下对因病支出型贫困群体最大限度的救助，可以仍然参照低保标准为最大补助金额给予救助，考虑设立有起补线（比如100元或150元）的救助金额，再根据差额的具体情况定下其他的补助标准。这样，不仅可以充分调动申请人的积极性，也可以给予他们真正意义上更大的帮助。

**2. 政策实施建议**

政策实施建议主要有五点：加强政策宣传力度，提高困难群众对救助政策的知晓率；加强部门信息共享，联手解决贫困根源；关注覆盖人群的动态变化，加大现有救助力度；做好与其他社会救助制度的有效衔接；广开渠道，整合社会救助资源提高救助水平。

**3. 新政策出台后的几点思考**

《新试行办法》充分考虑了 2013 年试行办法政策实施的情况，在最大限度上对原有政策进行了调整。结合核对系统中因病支出型贫困申请家庭的数据分析结果和上海市各区县调研反映的情况，针对新政策的实施，我们提出以下几点思考。

（1）简化办理，审批流程

救助专家提出，在实际制度设计中应充分考虑制度实施的难点，提高制度的可操作性。现有政策申请手续比较复杂，也可能程序没走完，申请人已因病去世。因此，对于申请这样一种“救急难”的救助对象来说，迫切需要尽快拿到救助资金，简化办理和审批流程就十分必要。建议最大限度减少递交的审核材料，特别是简化、标准化复审材料，（目前全市统一的复审表格也没有），还充分利用每个区县现有的平台简化流程，比如医保中心等。

（2）建议考虑设“起步线”，适当提高救助金额

建议可以仍然参照低保标准为最大补助金额给予救助，考虑设立有起补线（比如 100 元或 150 元）的救助金额，再根据差额的具体情况定下其他的补助标准，这样不仅可以充分调动申请人的积极性，也可以给予他们真正意义上更大的帮助。

（3）逐步完善医疗体制改革和医疗救助政策

希望逐步完善医疗体制改革和医疗救助政策，能够分类提高申请人的医疗救助比例，困难大的和困难小的救助标准不同。可以考虑根据家庭贫困类别、贫困程度等级和实际脱贫能力，设定对应的救助套餐和救助力度，比如在基本生活救助之前对特别困难家庭考虑提高相应的医疗救助金额，医疗救助比例因申请家庭困难程度进行分档规定，通过生活救助和医疗救助相结合的方式，有效地缓解因病致贫家庭的实际困难。另外，对不同分级的因病支出型贫困家庭，在生活救助、医疗救助的基础上设立“保基本、可叠加、多组合”的救助套餐，健全就业、保险、救助和慈善的“四环联动”，使困难家庭真正脱贫。

（4）建议延长救助时间和复审时间

由于因病支出型贫困的申请家庭在申请该项生活救助前可能需要走完各种合作医疗报销、医疗救助、商业保险等报销流程，可能会超过了 3 个月时间。因此建议合理化设置受理时间，比如参考社保受理的方式，在审核时设立预受理时间，以解决申请人申请时超过 3 个月时间的问题。

另外在核对期限 3 个月的基础上，建议延长救助时间，比如考虑初次享受救助 6 个月后复审，后续恢复 3 个月复审等。

（5）后续政策的进一步完善

建议动态关注救助群体的同时，继续完善后续的相关政策，比如：

① 在政策中适当考虑患大重病人的营养问题，往返医院的交通费等问题；

② 考虑以一定救助额度的形式把长三角区域的医疗支出纳入救助范围，原因是目前同样的病相同的治疗上海医疗费用可能比江苏、浙江的医院治疗费用偏高；

③ 考虑不断细化因病支出型贫困家庭救助政策，根据病种、医疗费支出金额等条件来

确定收入支出核对的周期及实施救助的期限等。

④ 另外，建议在政策实施上可以给区县更大的空间，提倡区县、乡镇、街道及时掌握本地区的因病支出型贫困困难家庭，变被动为主动，一旦发现，先给以部分临时救助，同时指导他们申请制度救助，临时救助和制度救助相结合或许可以达到更加理想的救助效果。

**参考文献**

[1] 中华人民共和国国务院令第 649 号 . 社会救助暂行办法 [Z]. 2014.

[2] BOOTH C. Labor and Life of the People: East London[M]. London: Williams and Norgate Press, 1989.

[3] ROWNTREE M. Poverty: A study of Town Life[M]. London: Macmillan Press, 1901.

[4] 阿马蒂亚•森 . 贫困与饥饿 [M]. 北京 : 商务印书馆，2001.

[5] 贝弗里奇 . 贝弗里奇报告 : 社会保障和相关服务 [M]. 北京 : 中国劳动社会保障出版社，2004.

[6] TOWNSEND P. Poverty in the United Kingdom[M]. [S.l]: University of California Press, 1979.

[7] 莫泰基 . 香港贫困和社会保障 [M]. 香港 : 香港中华书局，1993.

[8] 唐钧 . 社会救助的历史演进 [J]. 时事报告，2004, 3:57-61.

[9] 楚永生 , 石晓玉 . 宏观视角下贫困理论的演进及其意义 [J]. 理论学刊，2008, 2:5.

[10] 李享章 , 汪怡 . 贫困理论的发展轨迹和层次结构 [J]. 东岳论丛，1997(1).

[11] 赫希曼 . 经济发展战略 [M]. 北京 : 经济科学出版社，1991.

[12] 阿玛蒂亚•森 . 以自由看待发展 [M]. 任赜 , 于真 , 译 . 北京 : 中国人民大学出版社，2002.

[13] CONSTANCE FC, ROBERT TM. Measuring Poverty: A New Approach[M]. Pittsburg: National Academies Press, 1995.

[14] BRAITI-IWAITE J, GROOTAERT C, MILANOVIC B. Poverty and social assistance in transition countries[M]. New York: St. Martin's Press, 2000 .

[15] 耐特 , 等 . 中国城市的三类贫困 [J]. 中国研究，2007, 6:33-38.

[16] 世界银行 .1990 年世界发展报告 ( 中译本 )[R]. 北京 : 中国财政经济出版社，1990.

[17] 刘杰 , 鲁文静 , 李杨 . 中国社会救助制度前沿问题——第三届中国社会救助研讨会暨中欧社会救助政策比较研讨会会议综述 [J]. 社会保障研究 . 2014, 2:104-108.

[18] 沈琰 . 要重视“支出型贫困”[J]. 经济，2010, 5.

[19] 都芦花 . 关于支出型贫困家庭救助的相关思考 [J]. 社会民生，2014, 4:207-208.

[20] 曹艳春 . 城市贫困新类型及贫困程度评估与救助研究 [J]. 人口与经济，2010(4).

[21] 段培新 . 支出型贫困救助——一种新型社会救助模式的探索 [J]. 社会保障研究，2013, 1:172.

[22] 路锦非 , 曹艳春 . 支出型贫困家庭致贫因素的微观视角分析和救助机制研究 [J]. 财贸研究，2011, 22.

[23] 徐大慰 , 梁德阔 . 上海市对“支出型”贫困群体的综合帮扶研究 [J]. 西北人口 . 2012, 33(3):94-98.

[24] 曹艳春 , 戴建兵 . 支出型贫困家庭致贫因素的微观视角分析和救助机制研究 [C]. 上海 : 上海人民出版社，2010.

[25] 杨志勇 . 公共经济学 [M]. 北京 : 清华大学出版社，2008.

[26] 钟仁耀，段培新 . 我国支出型社会救助的理论分析 [N]. 中国社会报，2013.

[27] 国家统计局 . 中国城镇居民贫困问题研究 [R]. 1999.

[28] 徐大慰 . 上海支出型贫困家庭的救助模式和经验启示 [J]. 上海经济，2012, 26 (9):6-9.

[29] 吴孟，奚海娟，"支出型贫困" 家庭的救助思考 [J]. 中国社会报，2012, 12(5).

[30] 赖志杰 . "瞄偏" 与 "纠偏" : 社会救助对象的确定——以最低生活保障制度为例 [J]. 理论探索，2013, 2:74.

[31] 尹卫国 . 救助 "支出型贫困" 是可喜进步 [J]. 今日海南，2010, 8.

[32] 叶扩 . "上海式贫困" 是中国穷人的缩影 [J]. 观察与思考，2010, 4.

[33] 韩世雄 . 上海破解 "支出型贫困" 显成效 [J]. 中国扶贫，2010, 12:68-71.

[34] 邓大松，林毓铭，谢圣远，等 . 社会保障理论与实践发展研究 [M]. 人民出版社，2007.

[35] 曹扶生 . 上海城市贫困问题与反贫困对策研究 [D]. 上海 : 华东师范大学，2009:54.

[36] 谈燕 . 聚焦 "支出型" 贫困完善保障覆盖 [N]. 解放日报，2009-2-7.

[37] 王楠 . 帮困扶贫将有大动作，因病高支出也可享救助 [N]. 新民晚报，2009-02-21.

[38] 廊坊市人民政府 . 廊坊市支出型贫困家庭救助暂行办法 [EB/OL]. 2011, 5.

[39] 南昌市民政局 . 南昌市城乡支出型贫困家庭和低保边缘户家庭认定管理办法 [EB/OL]. 2013, 10.

[40] 南京市民政局、财政局 . 因病支出型贫困家庭临时生活救助试行办法 [EB/OL]. 2013, 12.

[41] 海门市人民政府 . 海门市因病支出型贫困家庭救助办法 [EB/OL]. 2013, 12.

[42] 无锡市滨湖区人民政府 . 滨湖区因病支出型贫困家庭生活救助暂行办法 [EB/OL]. 2014, 5.

[43] 张靖，王立剑 . 城镇低收入人群社会保障需求与供给研究综述 [J]. 西北人口，2011, 32(1):31-35.

[44] 李放，徐晨，轩东波 . 南京城镇低收入人群的分析及增收对策 [J]. 地方经济社会发展研究，2006, 9.

[45] 刘扬，赵春雨，邹伟 . 我国城镇低收入群体问题研究 [J]. 经济学动态，2010, 1:47-52.

[46] 哈密尔顿 . 应用 STATA 做统计分析 [M]. 重庆 : 重庆大学出版社，2011.

[47] 上海市统计局 . 上海市统计年鉴 (2013)[Z]. 2013.

# 核对工作历史渊源及文化价值研究[1]

上海市居民经济状况核对中心　上海师范大学

**【摘要】**开展居民经济状况核对工作，是全面贯彻落实党的十八大精神，完善困难家庭救助制度的重要基础性工作，也是推进社会救助工作规范化操作和科学化管理的重要手段。上海市在2006年率先在全国开展居民经济状况核对工作，虽然这是一项全新的工作，但中国的社会福利救济思想源远流长，可以追溯到非常久远的年代（西周甚至更早），而救助对象的认定工作正是如今核对工作的本源。本课题探讨了开展核对工作历史研究的背景；整理分析不同历史时期中的"核对词汇"及其内涵；从中国核对工作产生的自然、人文环境出发，结合我国特有的"民本思想"研究中国古代核对工作的萌芽和历史渊源；分别从我国历代农业生产、人口与户籍管理、赋役管理、社会救助以及官制五个方面梳理各历史时期的核对工作相关内容及发挥的作用；最后从百姓、官吏、国家三个角度阐述历史上核对工作的价值，并提炼出现阶段开展核对工作的文化价值理念。

**【关键词】**居民经济状况核对　核对历史渊源　文化价值

居民经济状况核对工作是上海市委、市政府和民政部交给上海民政的一项全新的工作，也是一项新的社会课题。2006年12月，上海开始探索居民经济状况核对工作机制。在民政部和上海市领导的关心和支持下，经过近十年的探索，目前已基本建立了经济状况核对新机制，形成了经济状况核对信息系统平台的基本框架，取得了一定的成效。但上海核对工作尚处于探索阶段，在发展过程中遇到了很多挑战。

"穷则变，变则通，通则久。"只有在不断的变革中才可以向前。借鉴历史，实现更革，以求社会的兴盛。中国传统社会形成的男耕女织、自给自足的小农经济，加之重视农业、重视民生的民本思想，是核对工作产生的历史渊源。我国从古代开始就有核对意识，从中国古代核对的过程中总结历史经验，结合当今社会的实际，为今后的核对工作提供借鉴，根据核对工作的历史沿革、自身特点及未来发展，结合时代特点，对探索提炼出可以使核对工作可持续发展、独具特色、内涵丰富的文化价值理念具有十分重要的意义。

当前，国内外对核对历史文化方面的研究尚未开始，本课题的研究弥补了此方面的空白。在新的历史时期，面临新形势、新挑战，核对工作和核对文化研究，将站在新的历史起点，在促进社会诚信、公平正义的实现，以及全面提高社会民生工作，政府依法行政，建设服务

[1]　课题研究时间为2015年，原报告近7万字，因篇幅原因，本文仅将主要内容加以介绍。

型政府等方面，发挥其作用。

## 一、中国历史上的相关核对工作

### 1. 历史时期“核对”的内涵

古代“核对”这一概念早就产生，类似的词语有“检核”“检覆”“检踏”“稽查”“勘查”“勘当”等，这些词语都有核对的意思。根据核对内容的不同，我们将“核对”的相关词语及其内涵分为农业生产、人口与户籍管理、赋役管理、社会救助以及官员管理五个方面。不同历史时期核对的相关词用语及其释义可如表 1 所示。

表1　历史时期“核对”的相关词用语及释义

| 内容 | 用语 | 释义 |
|---|---|---|
| 农业生产 | 括田、检田 | 检查田亩 |
| | 检覆、检核 | 检查核实 |
| | 度田 | 东汉核实各地的垦田数量和清查户口的措施 |
| | 经界法 | 南宋清查与核实土地占有状况的措施 |
| 人口与户籍管理 | 料民 | 计点人口，清查民户 |
| | 案比 | 又称案户比民，指汉代的户口登记与核查 |
| | 大索貌阅 | 清点户口，核对面貌 |
| | 检括 | 清查人口 |
| | 括户 | 又称括客，指通过检查户口，将隐漏不报和逃亡人口搜括出来 |
| 赋役管理 | 输籍定样 | 又称“输籍法”，是隋朝制定各户等级和纳税标准的办法 |
| | 方田均税 | 通过丈量田亩，整理地籍，以实现均平税收负担，增加财政收入 |
| 社会救助 | 验实、勘实 | 检查核实 |
| | 勘会 | 审问核察 |
| | 检踏、勘踏 | 实地检查 |
| | 检视 | 检验查看 |
| | 勘灾 | 勘定受灾程度 |
| 官员管理 | 按劾、纠劾 | 举发查验罪行 |
| | 检覆、检核、检覈 | 检查核实 |
| | 覆勘 | 审核 |
| | 勘当、勘会 | 审问核察 |
| | 三复奏、五复奏 | 死刑复奏制度 |

### 2. 核对的周期

中国历代王朝会定期对土地、人口与户籍、赋税、社会救助和官员等方面进行核查，以便根据情况的变化进行及时的调整，制定出相应的政策。其中，社会救助尤其是灾荒中的救助，对政府的核对周期提出了较高的要求。下面我们以宋代的社会救助为例，分析政府关于核对周期的规定。

两宋时期，灾害发生后，政府有一套较为严密的灾害救助程序，以确保受灾民户得到及时合理的救助，它主要包括“诉灾”“检放”和“抄札”三部分。正如宋朝臣僚所说：“今所在州县间遇歉岁，至八月则收状（指诉灾），至九月则检放，在十月则抄札。”

“诉灾”是宋代灾害救助的第一道程序，它是灾害发生后，民户向官府报告灾情的行为，也称之为披诉。对民户的诉灾时间，宋朝有明确限制。太祖开宝三年（970），“诏民诉水旱灾伤者，夏不得过四月，秋不得过七月”。太宗时更明确规定：“夏以四月三十日，秋以八月三十日为限。自此遂为定制。”南宋孝宗时亦规定：“诸官私田灾伤，夏田以四月，秋田以七月，水田以八月，听经县陈诉，至月终止。若应诉月，并次两月过润者，各展半月。诉在限外，不得受理（非时灾伤者，不拘月份，自被灾伤后，限一月止）。”不过后来，由于臣僚奏请晚禾成熟较晚，并且各地具体情况不同，使得民户诉灾日期推迟半月。不过，宋朝尽管有诉灾的期限规定，但一方面由于灾情有时紧急，救助灾民要紧；另一方面，在救灾过程中，会根据实际情况，还是有所变通的。

“检放”，包含两层含义：一方面检查灾情；另一方面根据灾情轻重，确定减免租税的工作就是检放。

当灾害发生后，地方官员要及时对灾情进行检查，确定受灾民户减免分数，然后政府才能实施救济。州县对灾情的检放有一定的时间限制，一般从官司受状到公布结果，不超过四十天。

“抄札”，是指灾情发生后，官府派人登记受灾人口情况，以备进行灾害赈济的工作。此项工作一般有县级官员、乡官和乡村保正等基层官员来进行和完成的。灾害发生后，为搞清民户受灾程度，往往要派官员抄札，这是灾害救助前最后一道工作程序。宋朝对民户抄札亦有时间限制，一般应在十月之前完成。

宋朝通过诉灾、检放和抄札这三道灾害救助程序，使官府较好地掌握了灾害发生的实际情况，为下一步采取具体的救助步骤创造了条件。

另外，宋代在平时的救助中也会做时间规定。比如关于救助老疾的生活标准和救助时间，仁宗朝规定：“每岁十月，别差官检视老弱疾病不能自给之人，籍定姓名，自次月一日给米一升，幼者半升，每三日一给，至明年二月止。”就是说救助的时间是从十一月开始到次年二月结束，每人每天给米一升，三日一给。后来又改为给米到三月结束。神宗时，有些地方因冬季严寒，有提前到十月份就开始支给米豆的。

## 二、中国核对工作的历史渊源

核对工作是国家各项政策、方针执行和贯彻的基础。中国的核对工作起源很早，夏商时期已有萌芽，当时核对工作的内容较为简单，周秦两汉时期，伴随“民本思想”与“重农思想”

的发展，核对工作内容进一步丰富，隋唐至宋元时期，核对工作已较为成熟，各部各司其职，有着较为明确的执掌，明清时期的核对工作则在中国古代历史中最为发达。

1. 中国核对工作产生的自然、人文环境

中国的核对思想源远流长，其产生与中国特殊的自然环境与人文环境密切相关：就自然条件而言，中国处于季风气候区，干湿、寒暖变化幅度大，且降水量不均，这就导致了中国有天然农牧带的划分且以农耕为主。历史时期，人类抵抗自然风险的能力较为薄弱，如何保证民众受灾后的再生产成为统治阶层思考的问题。就人文环境而言，传统社会以宗法为纽带，在“亲亲”的时代，原则上民众与其统治者有着各种血缘联系，如此重农思想与重民思想协同发展，早期核对便在这种情况下展开并逐渐丰富其内涵。

2. 中国核对工作的萌芽

核对工作最初的主要内容是核对田亩、人口，以便征收赋税、徭役，但由于抵抗灾害的能力较小，小农经济又具有脆弱性，中国古代逐渐产生了救荒思想，因此，除了日常核对田亩、人口的工作外，核对工作又增添了新的内容：检核受灾情况，根据具体灾情给予救助。

随着民本思想的逐渐深入，诸子对于君、臣、民角色的探讨，对于“仁政”等思想的阐发，乃至大同思想的深入人心，便产生了早期的社会救助、优抚思想，这更丰富了核对工作的内涵。民本思想体现在核对工作上，主要是增加了赈灾，优待老、小，救济鳏寡孤独、废疾等方面的核对工作。这一时期处于核对思想的发轫期，统治阶层在遇到灾荒时通过检核受灾情况，包括受灾地区、人群等予以救助；对于老、小则通过核对年龄进行优待；对鳏寡孤独、废疾等特殊人群也通过检核、认定来予以救济。

早期的核对工作究其原因都是为了维护国家机器的基本运行：征收赋税、徭役是为了保证国家机器有足够的运行成本，包括人力、财力、军力；实行荒政、社会救助、优抚是为了维持社会稳定，保证社会公平与再生产的顺利进行。此期的核对工作相对简单，多属于临时性的，并没有专门的部门掌管，尚处于萌芽时期。

## 三、中国历代核对工作的职能分工与主要任务

中国核对思想久远，核对工作开展很早，其机构设置也较早。历史时期的核对工作主要体现在五个方面：农业生产，人口与户籍管理，赋役管理，社会救助以及官制。

1. 中国历代农业生产中的核对工作

（1）执行机构与主要任务

先秦时期，农业生产中进行核对工作的主司执掌有极大变化。天子虽然有很大的权力，但统治国家的具体事务“使司牧之”，通过设置各种官职，分掌不同职务。商朝时，有掌管农业的籍臣，掌管畜牧业的“牧正”，汤时有“咎单作民居”，有学者认为是掌管土地的“司空”。西周时期，主管土地的是司徒。至春秋时期，汉文化圈内出现了“司空致地”的情况。

秦汉时期，农业生产中涉及核对工作的中央官吏主要是大司农。大司农，秦朝时名治

粟内史，汉景帝时改为大农令，武帝时更名为大司农，其属官除大司农丞和大司农部丞外，还有太仓令、均输令、平准令、籍田令、农监和盐官等。至东汉时，量田定租的萌芽出现。秦汉时期，涉及到核对工作的地方官员主要是郡守。郡守以下是县令长，负责各地区具体事务，其职责很多。其下又有乡里基层官吏负责具体事务的核对。隋唐时期，农业生产中涉及到核对工作的主要是户（民）部和工部，但由于工部掌管全国屯田及在京文武官的职田与公廨田，而屯田除在军事区域兴修外，多有名无实，因而涉及核对事务并不多。

唐代以后，三省六部制时有变化，但六部的基本执掌都保留下来，由此，中央官制而言，户部承担了农业生产中的田亩、赋税核查、核对工作。就地方而言，道、府、州、县的长官承担了总大纲，上承户部，下接乡里基层官员的责任。中国古代农业生产中涉及核对工作的主要机构由三公系统转向部司系统，分工更为明确，执掌更为清晰，内容更为丰富，但始终未有专司出现。

（2）核对工作的效用

① 农业生产中的核对工作以核对地亩为基础，并在此基础上产生了适应各个时期经济发展特点的土地制度。② 相关机构与官员检核土地的具体工作对于国家了解田亩状况，适时损益制度有重要作用。历史时期，几次大规模的“度田”“括田”“检田”便是具体的核对工作，对于以后的赋税、田制改革有重要作用。中国古代历朝在农业生产中的核对工作，是国家机器运行的前提，是赋税、徭役征发的前提，也是适时调整经济策略的前提，其作用不可小觑。

**2. 中国历代人口与户籍管理中的核对工作**

（1）执行机构与主要任务

审核人口，编入户籍，这项工作由来已久。户籍制度成立的时间，有明确记载的是秦献公时期。春秋战国时期，“司徒致民”，即司徒掌管国家的人口与户籍。西汉时期，开始了对民户的大规模普查、编户工作。检核人口与编订户籍是一项极为重要的事情，在中央由丞相统领；地方则由郡守、县令、长及其属吏负责；至乡里基层机构，则职属更为清晰、具体。魏晋南北朝时期，中央政权统辖范围较小，统一时间短，战乱频繁。魏晋政权的户籍也称“版籍”，其编订与审核的方法仍袭两汉。

隋唐时期实行三省六部制，户籍诸事的管理机构是户部。户部在隋初称度支部，主官为度支尚书，开皇三年改称民部，下辖度支、民部、金部及仓部四司。其中户部司掌全国计帐、户籍及公私田灾租调，有统计、核对之职能。唐初承隋而置民部，其后避太宗李世民之讳改称户部，嗣后至于鸦片战争前而未改。户籍之事中央由户部统领，地方则由郡、府、州、县长官分领，而乡里基层组织负责具体事务的执行。宋代前期，户籍管理与唐代相类似，户部主要负责管理户籍相关事宜。明清时期，中央机构中主管户籍工作的依然是户部下辖诸司，地方由长官统领，具体执司办理。

（2）核对工作的效用

人口、户籍的核对，有利于国家及时掌握人口情况，制定税赋政策，征发兵员、徭役等。

而自隋代正式确立户等以来，按照户等征收税赋便成为定制，而户等的评定，基础工作便是审核户口、资产情况。① 在社会优抚时审核民众年龄。② 核定户等，不同等第承担赋税不同。③ 户籍制度的更革以核对为前提。

**3. 中国历代赋役管理中的核对工作**

（1）执行机构与主要任务

中国古代的赋税征发与户籍制度关系甚为密切，鸦片战争以前，主管户口的机构同时掌管赋税的征发。概而言之，从中央建制而言，汉晋时期属司徒体系统领，由其下辖诸司分别掌管具体事宜，隋唐以后属户部统领，由户部下辖各司分领；从地方建制而言，由州、郡、府、道、省等一级行政区划长官承中央之治统领，县级行政单位上承一级区划长官，对其负责，其下安排乡里基层行政单位的具体事务。

中国古代的土地赋役政策可以划分为三个阶段：第一阶段是自夏商西周至井田制瓦解，其特点是税人与税地的合一，井田制及建立在其上的赋役征收方式是典型代表；第二阶段是自战国授田制到中唐均田制的瓦解，其特点是以人户为税基的赋税占主导地位；第三阶段是自两税法到清朝的“摊丁入亩”，其特点是以土地为税基的赋税逐步占据主导地位。

（2）核对工作的效用

中国古代对于黄、老、小的年龄规定决定了赋税、徭役的起征与复免年龄，因而对民户的年龄进行核对，确定黄、小、丁、老，对于征收赋税、徭役有重要作用。而对于户等的核定也直接关系到赋税、徭役征发的先后、多寡。① 对于老、小年龄的核对及以此为基础的优待。② 核定户等后，不同等第应承担不同义务。

**4. 中国历代社会救助中的核对工作**

（1）执行机构与主要任务

① 救荒中的核对

中国古代的“重民思想”使得我国很早便产生了社会救助思想。对于社会救助工作的具体执掌部门，起初并不明晰，魏晋以前统属于司徒、丞相体系，隋唐以后则由户部系统执掌。在具体救灾过程中也逐渐形成了一套科学的救灾体系：申报—勘灾—赈灾，并且常规性措施，如义仓制度等更为完善，已由最初的应灾救助而拓展成为平时预防、储粮备荒、临灾救助和灾后赈贷的完整救灾体系。

先秦时期，大司徒负责灾情的核对与救荒。两汉由丞相负责救荒事宜，州郡等地方长官负责上报灾情。魏晋南北朝时期，遇有灾害，帝王多遣御史巡行赈灾。唐宋以后，逐渐形成了一套报灾、勘灾、赈灾的完整救灾体系。至元、明代，救灾规定更为详尽。

② 平时救助中的核对

社会救助不仅仅指灾荒发生时，还包括平时对有困难的社会弱势群体以及贫困人口实施救助和抚恤。在实施这些救助时，各朝政府会进行一定的核查，根据检核情况，给予不同程度的救助。

然而在宋以前，官方对社会弱势群体的救助政策并没有形成体系，救助行为多是临时性的，不具有连续性，也没有完整的法律依据。从宋代开始，这种情况发生了改变，最主要的一个体现就是官办救助机构的设立。宋代设有福田院、居养院、养济院、广惠院、安济坊、慈幼局及漏泽园等救助机构，这些机构都有系统的救助制度，不仅对救助对象进行严格的核查，而且对官员的实施情况进行监督。

明清时期，救助制度已经较为完备，对救助中的核查也日益严格。养济院是明代重要的社会救助机构。清代顺治初年就有收养孤贫的记载。到清中后期，各收养机构在收养对象与名额以及孤贫的饮食起居、疾病丧葬等方面都依据相应的法规，进行规范化的管理，共同承担着“恤鳏寡孤独”的救助责任。值得一提的是，清代在实施救助时会借助保甲等基层组织的作用，对救助进行核查。保甲将鳏寡孤独者编在户籍的后面，开列姓名、年龄、面貌等以备核查，可以说保甲制在一定程度上承担了救助弱者的功能。协助社会救助机构对救助对象进行资格审查，在灾害赈济中进行灾民登记、协助发放粮食等都是保甲的基本职责。

（2）核对工作的效用

国家在救灾过程中必须对灾情进行勘验，报灾、勘灾本身就是灾情的核对工作，而赈灾则是在核对灾情的基础上进行的，核对工作在此就显得极为重要。它是国家进行社会救济的基础，核对工作的合格与否，关系到再生产能否顺利进行，更关乎政局稳定。

**5. 中国历代官制中的核对工作**

（1）执行机构与主要任务

职官制度中的核对内容极为丰富，它遍及官制的方方面面，涉及到官吏的选拔、叙用、俸禄、考课（考核）和监察等各个环节。

以考课为例。考核，即考课，即对官员工作的考核，本身便是一种核对工作。历代都根据官员考课情况予以升降黜置。由考课制度的发展历程可以看出，先秦至隋唐的考课制度较为简单；隋唐以降，各朝的考课制度多有差别，但其突出特点便是考课的内容更为具体，项目增多，主司考课的机构也更为复杂；宋以后常由多个机构合作进行，避免一司独掌而滋生腐败。

（2）核对工作的效用

官制中的核对工作是国家行政顺利进行的前提，而一个时期内的职官制度也是在核对的基础上制定与变革的。① 选官制度的制定与变化均是以核对工作为前提的。② 考课制度也是核对工作的一种形式。③ 监察制度中的核对工作，有利于整饬吏治，纠察官员的违法乱纪，避免官员授用不当。

## 四、中国核对工作的文化价值研究

**1. 核对工作的历史价值**

核对工作是中国传统的“民本”“均平”思想的具体实践，这一工作的实施有利民生；核对工作可以优化官吏队伍，提高行政效率；核对工作使国家及时准确地了解社会信息，有利于国家治理。

**2. 核对工作的现代价值**

当前全国开展得如火如荼的居民经济状况核对工作，能科学地辨别享受各类民生保障政策人员的家庭经济状况，确保公共财政惠及真正困难群体。通过建立专业、科学、权威的核对机制，不但能够培育公民诚信意识，完善社会诚信体系，促进社会和谐，同时还能确保社会保障审批机关依法行政，实现社会的公平公正。

（1）培养诚信意识，建设社会诚信体系

《社会信用体系建设规划纲要（2014 ~ 2020 年）》中指出：建立健全社会救助、保障性住房等民生政策实施中的申请、审核、退出等各环节的诚信制度，加强对申请相关民生政策的条件审核，强化对社会救助动态管理及保障房使用的监管，将失信和违规的个人纳入信用黑名单。构建居民家庭经济状况核对信息系统，建立和完善低收入家庭认定机制，确保社会救助、保障性住房等民生政策公平、公正和健康运行。

诚信在我国有着源远流长的历史传统，是中华民族传统文化思想中最重要的品质之一，被人们视为立足于社会的必备品质。诚信是社会主义市场道德建设的重点，也是治理好国家的重要法宝。核对工作的顺利开展，离不开申请者的积极配合。申请者要本着诚信的原则，不造假、不虚报，如实地反映自己的困难，给政府提供准确的信息。因此，这一工作的进行，有利于培养公民的诚信意识，建设社会诚信体系。

（2）促进公平正义，构建和谐社会

公平正义是人类社会文明进步的重要标志，是社会主义的本质要求。公平正义是衡量社会进步的重要尺度，是社会主义和谐社会的重要前提。公平正义是社会主义条件下人民群众创造活力不断迸发的真正源泉。它从最真实、最普遍的意义上体现着和谐社会的基本要求。

开展居民经济状况核对工作过程中，应加强核对，维护公平正义，以求避免“骗保”“开着宝马申请低保”等情况的发生，力图将社会救助惠及广大人民群众，特别是真正有需要的群体。

（3）促进依法行政，建设服务型政府

服务型政府是一个法治和有效的政府。依法行政是现代政府的一个基本特征，是建立合理的政府与社会、政府与市场、政府与公民关系的前提。中国政府就其本质来说，是依据宪法原则建立并按照宪法原则运作。宪法是中国的根本大法，只有尊重宪法并按照宪法原则办事，才能在全社会树立政府的权威，确立政府的社会公信力。一个依法行政的政府必然是一个有效政府，其公共政策才能得到认真的落实。建立服务型政府，核心是政府必须尊重宪法精神，按宪法原则办事，只有这样，人民才会相信政府，政府服务才能为群众所接受。依法行政是提高党和政府执政能力的关键环节。

依据《社会救助暂行办法》(国务院令第 649 号)，牢牢把住依法核对这条主线，以法治的思维开展核对、以法治的方式推进核对。坚持“先授权，后核对”的原则，所有核对工作应由申请人递交核对申请后方能启动，没有合法、正规的授权材料，核对机构不能开展核对；坚持“无委托、不核对”的原则，社会救助审批部门提出委托申请后核对机构才能开展核对，不能绕过审批机构自行确定核对内容，私自开展核对工作。核对机构只出具客观公正的核对报告，不参与认定意见。核对报告作为社会救助资格认定依据，从行政执法理论上讲，是行政执法的重要依据，具有合法性、真实性和关联性。在工作实践中，应严格依法行使核对职责，防止无委托乱核对、无授权乱核对等行为，做到法定职责必须为、法无授权不可为，使核对工作从始至终在法治的轨道上有序、有效运行。

总之，从本质上讲，核对工作提供的是一种服务，不仅服务政府，更服务社会、服务百姓。以良好的服务态度和优质的服务结果赢得社会各界的认可，从而更好地服务社会，促进服务型政府建设，促进良好社会诚信体系的建立，促进公平正义的良好秩序形成。

**参考文献**

（一）史料

[1] 周礼 [M]. 郑州：中州古籍出版社，2010.

[2] 论语 [M]. 沈阳：辽宁民族出版社，1996.

[3] 管子 [M]. 上海：上海古籍出版社，1989.

[4] 荀子 [M]. 上海：上海古籍出版社，1989.

[5] 司马迁 . 史记 [M]. 北京：中华书局点校本，2014.

[6] 班固 . 汉书 [M]. 北京：中华书局，1962.

[7] 范晔 . 后汉书 [M]. 北京：中华书局，1965.

[8] 陈寿 . 三国志 [M]. 北京：中华书局，1982.

[9] 房玄龄 . 晋书 [M]. 北京：中华书局，1974.

[10] 杜佑 . 通典 [M]. 北京：中华书局点校本，1988.

[11] 长孙无忌 . 唐律疏议 [M]. 北京：中华书局，1983.

[12] 李林甫 . 唐六典 [M]. 北京：中华书局，1992 年 .

[13] 吴兢 . 贞观政要 [M]. 上海：上海古籍出版社，1978.

[14] 刘昫等 . 旧唐书 [M]. 北京：中华书局，1975.

[15] 欧阳修，宋祁 . 新唐书 [M]. 北京：中华书局，1975.

[16] 司马光 . 资治通鉴 [M]. 北京：中华书局，1956.

[17] 宋敏求 . 唐大诏令集 [M]. 上海：学林出版社 1992.

[18] 王溥 . 唐会要 [M]. 北京：中华书局，1955.

[19] 王钦若 . 册府元龟 [M]. 北京：中华书局，1980.

[20] 脱脱 . 宋史 [M]. 北京：中华书局，1985.

[21] 宋濂 . 元史 [M]. 北京：中华书局，1976.

[22] 张廷玉 . 明史 [M]. 北京：中华书局，1974.

[23] 清史稿 [M]. 北京：中华书局，1976.

（二）专著

[1] 白钢 . 中国政治制度通史 [M]. 北京：人民出版社，1996.

[2] 陈锋、张建民 . 中国经济史纲要 [M]. 北京：高等教育出版社，2007.

[3] 邓拓 . 中国救荒史 [M]. 武汉：武汉大学出版社，2012.

[4] 风笑天 . 现代社会调查方法 [M]. 武汉：华中科技大学出版社，2005.

[5] 洪大用 . 转型时期中国的社会救助 [M]. 沈阳：辽宁教育出版社，2004.

[6] 郭文佳 . 宋代社会保障文化研究 [M]. 北京：中国文史出版社，2014.

[7] 李文海，夏明方 . 中国荒政全书 [M]. 北京：古籍出版社，2003.

[8] 刘翠霄 . 天大的事——中国农村社会保障制度研究 [M]. 北京：法律出版社，2006.

[9] 柳拯 . 当代中国社会救助政策与实务研究 [M]. 北京：中国社会出版社，2005.

[10] 孟昭华 . 中国灾荒史记 [M]. 北京：中国社会出版社，1999.

[11] 王子今，刘悦斌，常宗虎 . 中国社会福利史 [M]. 北京：中国社会出版社，2002.

[12] 王洪春 . 社会保障学 [M]. 合肥：合肥工业大学出版社，2008.

[13] 吴亦明 . 中国社会保障制度 [M]. 南京：南京师范大学出版社，2000.

[14] 张祖平 . 明清时期政府社会保障体系研究 [M]. 北京：北京大学出版社，2012.

[15] 张文 . 宋朝社会救济研究 [M]. 重庆：西南师范大学出版社，2001.

[16] 郑功成 . 社会保障学——理念、制度、实践与思辨 [M]. 北京：商务印书馆，2000.

（三）论文

[1] 洪大用 . 中国城市居民最低生活保障标准的相关分析 [J]. 北京行政学院学报，2003(3).

[2] 洪大用 . 完善社会救助，构建和谐社会——2005 年社会救助实践与研究的
新进展 [J]. 东岳论丛，2006(3).

[3] 顾笑笑 . 以人为本——人文关怀视野中的农村社会保障体系 [J]. 学理论，2011.

[4] 顾颖 . 用信息化手段保障社会救助体系的诚信与规范——南京市建设低收入居民家庭收入核对系统的探索 [J]. 改革与开放，2012(12).

[5] 姜 栋 . 论中国古代民本思想与吏治的互动关系 [J]. 法学杂志，2011(6).

[6] 李帮儒 . 论唐代救灾机制 [J]. 农业考古，2008(6).

[7] 李华瑞 . 北宋荒政的发展与变化 [J]. 文史哲，2010(6).

[8] 李瑾明 . 宋代社会救济制度的动作和国家权力 [J]. 中国史研究，2005(3).

[9] 高艳 . 社会公正：公共政策价值的理性回归 [J]. 理论月刊，2008(4).

[10] 高文敏 . 借鉴国外社会救助的经验完善我国城镇居民的最低生活保障 [J]. 理论探讨，2004(6).

[11] 民政部，国家发展和改革委员会，财政部，国家统计局 . 关于进一步规范城乡居民最低生活保障标准制定和调整工作的指导意见（民发〔2011〕80 号）.

[12] 徐靖诗 . 中国传统民本思想及启示 [D]. 西南大学，2009.

[13] 王卫平 . 唐宋时期慈善事来概说 [J]. 史学月刊，2000(3).

[14] 吴碧英，林志伟 . 我国建立农村最低生活保障制度思考 [J]. 经济纵横，2004(3).

[15] 唐钧 . 社会救助：从边缘到重点 [J]. 中国社会保障，2009(10).

[16] 童星 . 从救助入手——推进城乡统筹社会保障体系的建设 [C]. 首届中国社会救助研讨会论文集，2012.

[17] 张文 . 中国古代报灾检灾制度述论 [J] 中国经济史研究，2004(1).

[18] 赵宏欣 . 宋代政府对贫困人群的社会救助 [J]. 内蒙古农业大学学报，2008(2).

# 居民经济状况核对视角下的医疗救助制度研究 [1]

上海市居民经济状况核对中心　华东理工大学

**【摘要】**1990年，上海率先推出了全国最早的地方性医疗救助政策，对城镇常住居民在医疗中有特殊困难者，以救济性质酌情给予补助。二十多年来，上海的医疗救助政策不断演化和改进，救助范围逐步扩大、救助标准不断提高、救助病种逐渐增多。2014年10月，上海医疗救助工作引入经济状况核对机制，首先从住院医疗救助执行，逐步覆盖门急诊医疗救助。新的形势下，经济状况核对机制的引入对医疗救助的进一步完善将产生极大的推动作用，有利于科学甄别、判定申请家庭的救助资格。本课题在政策研究的基础上，根据上海市居民经济状况核对系统中医疗救助申请家庭的数据开展统计分析，归纳总结出申请家庭的总体经济状况特征，进一步分析目前医疗救助制度存在的问题，探索并提出恰当的完善机制和建议。

**【关键词】**医疗救助　家庭经济状况特征　核对

构建覆盖全国城乡的医疗保障体系是我国国民经济和社会发展十二五规划的核心内容之一。目前我国的医疗保障体系为“三险一助”模式，即新型农村合作医疗保险、城镇职工基本医疗保险、城镇居民基本医疗保险和城乡医疗救助制度。其中，医疗救助制度既是医疗保障体系的重要组成部分，也是社会救助体系的重要环节，对于缓解贫困群众就医难，实现病有所医具有重要意义。

上海市政府开展医疗救助的历史最早可追溯到1956年对贫苦市民实施的急病医疗补助，医疗救助政策的雏形初现。1990年，上海率先推出了全国最早的地方性医疗救助政策，即《上海市城市贫困市民急病医疗困难补助办法》。2014年10月，上海市医疗救助工作引入经济状况核对机制，首先从住院医疗救助执行，逐步覆盖门急诊医疗救助。新的形势下，经济状况核对机制的引入对医疗救助的进一步完善将产生极大的推动作用，有利于科学甄别、判定申请家庭的救助资格。

我们希望结合核对系统中的数据，对医疗救助项目申请家庭的信息进行数据挖掘，进一步分析目前医疗救助制度存在的问题，探索并提出恰当的完善机制和建议，供相关政府职能部门参考。具体研究的技术路线图如图1所示。

---

[1]　课题研究时间为2015年，原报告8万余字，因篇幅原因，本文仅将主要内容加以介绍。

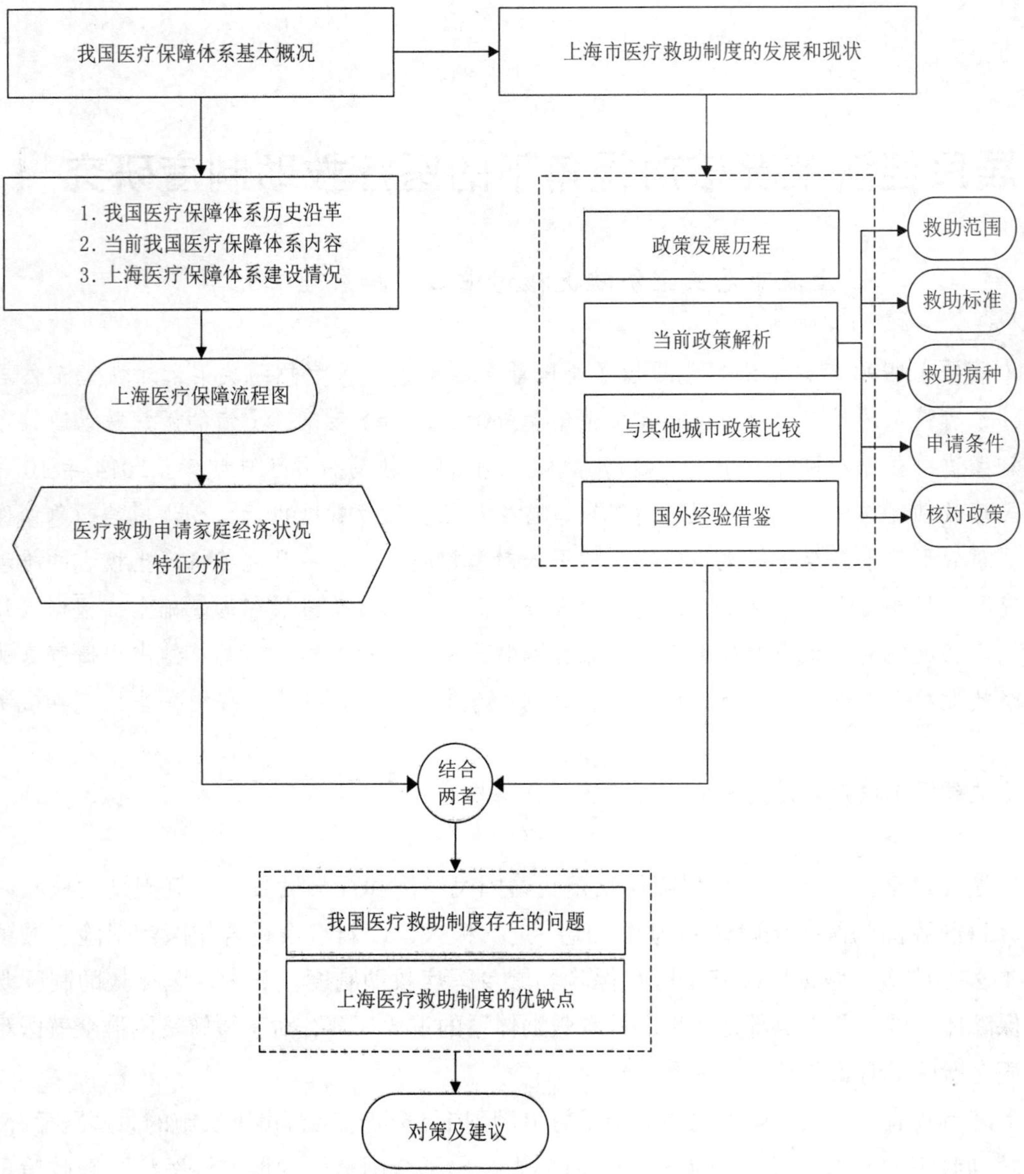


图1　技术路线图

## 一、我国医疗保障体系概述

我国医疗保障体系的发展主要经历了传统医疗保险制度（即劳保医疗、公费医疗和农村合作医疗）、医疗保险制度改革的初步探索阶段（1978 ~ 1992 年）、医疗保险制度改革的框架构建阶段（1993 ~ 2002 年）和医疗保险体系的全面建设阶段（2003 年 ~ 至今）四个阶段。

**1. 当前我国医疗保障体系基本内容**

随着“让人人享有基本医疗服务，建立覆盖全国城乡居民的医疗保障体系”目标的确立和“全民医保”制度的推进，我国已初步形成了“三纵三横”的医疗保障体系，即以基本医疗保险为主、各种形式的补充医疗保险为辅、医疗救助为扶持的多层次医疗保障体系的基本框架。基本医疗保险包括城镇职工基本医疗保险、城镇居民基本医疗保险以及新型农村合作医疗，至 2011 年，这三项制度参保（合）人数超过 13 亿，参保（合）率达到 90%，我国全民医保体系初步形成。

目前，医疗保障体系的不同组成部分覆盖社会中的不同群体：城镇职工、城镇居民基本医疗保险以及新型农村合作医疗，构成了我国医疗保障体系的基础部分，分别覆盖城镇就业人口、城镇非就业人口、农村人口；对于低收入或困难群体，主要是通过各种形式的医疗救助进行补充；针对更高医疗服务需求者，则通过各种形式的补充医疗保险来满足其医疗需求。

**2. 上海市医疗保障体系建设情况**

上海市政府及相关医疗管理部门在医疗保障工作中做了许许多多改革和尝试，形成了具有我国特色的医疗保障体系。根据上海市统计年鉴（2014 年）的相关数据，截至 2013 年末，上海市共有各级各类医疗机构 4929 家，其中医院 328 家，社区卫生服务中心等基层医疗卫生机构 4439 个，专业公共卫生机构 116 个，疗养院等其他卫生机构 46 个；卫生技术人员 15.64 万人，其中医生 5.81 万人；卫生机构床位数 11.43 万张，其中医院床位数 9.47 万张；每万人口医生数 24 人，每万人口医院床位数 39 张。

上海市的医疗保障体系是以基本医疗保险为主体，补充医疗保险为辅助，各种社会团体医疗救助为补充，民政部门的医疗救助为扶持的多层次结构。其中，基本医疗保险先后曾包括城镇职工医疗保险、小城镇医疗保险、新型农村合作医疗、城镇居民基本医疗保险和上海市综合医疗保险等多项内容。2011 年，原参加“小城镇社会保险”和“来沪从业人员综合保险”的从业人员被纳入城镇职工保险范围内。之后几年，上海先后多次以设置“过渡期”的方法对基本医疗保险政策的内容和项目进行整合和调整。目前基本医疗保险主要是城镇职工基本医疗保险、城镇居民基本医疗保险和新型农村合作医疗这三种。而且为适应社会保障体系和城乡一体化发展，将于 2016 年 1 月 1 日起实施《上海市城乡居民基本医疗保险办法》，将现有的城镇居民基本医疗保险和新型农村合作医疗合并，不再区分城镇户籍和农村户籍，建立城乡居民统一的基本医疗保险制度。

因此，2016 年 1 月 1 日后，上海的基本医疗保险政策主要是两大部分：城保和居保，即城镇职工医疗保险（简称“城保”）和城乡居民基本医疗保险（简称“居保”）。目前，上海医疗保险呈现出多种医疗保险模式相结合、高参保率、合理的纵向保障和细致化的政府管理方式等特点。

## 二、上海市医疗救助制度的发展及现状

**1. 上海市医疗保障政策解析**

随着经济的发展和城市建设的不断完善，上海市的医疗救助政策的救助范围逐步扩大、救助标准不断提高、病种范围适当调整和救助资金不断增长，具体内容如表 1 所示。

**表1　上海市医疗救助政策的演变**

| 年份 | 救助政策文件 | 救助对象 | 救助标准 |
| --- | --- | --- | --- |
| 1990年 | 《上海市城市贫困市民急病医疗困难补助办法》 | 本市市区和郊县城镇常住居民中的：<br>（一）“三无”人员；<br>（二）由民政部门给予定期定量救济的其他各类特殊救济对象；家中无人在业、无固定经济收入的社会困难户以及其他个别特殊对象 | 门诊救助：<br>第一类救助对象的门诊补助，挂号费自理，医疗费酌情补助大部或全部；第二类救助对象的门诊一般不予补助，有特殊困难者，可酌情补助<br>住院救助：<br>第一类救助对象的住院期间伙食费自理，所需医药费及住院费补助大部或全部；第二类救助对象的费用一般由本人自理，对数额较大，自理有特殊困难的，可酌情补助一部分，一般每次不超过200元，如情况特殊，可适当放宽 |
| 2000年 | 《上海市民政局、上海市财政局、上海市医疗保险局关于做好医疗救助工作的通知》（沪民救发〔2000〕33号） | 本市城镇居民中的：<br>（一）“三无”人员；<br>（二）最低生活保障家庭中丧失劳动能力的无业人员以及最低生活保障家庭中本人虽有医保待遇，但因患大病重病，在享受基本医疗保险待遇和其他补贴后个人负担医疗费仍有困难的人员；<br>（三）市人民政府规定的其他特殊贫困人员 | 门诊救助：<br>第一类救助对象的门诊补助，挂号费自理，医疗费酌情补助大部或全部；第二类救助对象门急诊医疗费用原则上自理；第三类救助对象，给予酌情补助<br>住院救助：<br>第一类救助对象的住院期间伙食费自理，所需医药费及住院费补助大部或全部；第二类救助对象的住院期间的基本医疗费用在扣除各项医疗保险可支付部分及单位应报销部分后，累计金额超过1000元以上的，其个人支付部分按四分之一比例的额度给予报销，全年累计医疗救助额度一般不超过5000元；第三类救助对象，给予酌情补助 |
| 2001年 | 《上海市民政局等三部门关于对医保对象中低收入人员患大病重病实施特殊医疗救助的通知》（沪民救发〔2001〕17号） | 参加医保的低收入家庭中因患尿毒症透析、精神病、恶性肿瘤等大病重病，经各种互助帮困措施后，个人自负医疗费仍有困难，且影响家庭基本生活的 | 个人基本医疗费用在扣除各项医疗保险可支付部分及单位（包括职工大病互助保障计划等）应报销部分后，其个人实际支付部分按25%～50%比例的额度给予补助。全年医疗救助额度累计一般不超过5000元 |
|  | 《上海市民政局关于对享受城镇最低生活保障的无业老人和未成年子女实施医疗救助的通知》（沪民救发〔2001〕18号） | 已享受城镇最低生活保障的无业老人和未成年子女。无业老人是指年满60周岁（含60周岁），没有职业且不领取养老金的老人。未成年子女是指年龄在16周岁（含16周岁）以下的青少年；年龄虽然超过16周岁，但仍在本市中学就读的在校学生也列入救助范围 | 门急诊医疗费用原则上自理；住院期间的基本医疗费用在扣除家属劳保规定承担部分和上海市中小学生、婴幼儿住院医疗互助基金等其他应支付部分后，其个人实际承担部分可按四分之一比例的额度给予补助，全年累计医疗救助额度一般不超过5000元 |
|  | 《上海市民政局关于对农村最低生活保障对象患大病重病实施医疗救助的通知》（沪民救发〔2001〕19号） | 农村最低生活保障对象（即农村贫困户）因尿毒症透析、精神病、恶性肿瘤等大病重病，经各种帮困措施后，个人自负医疗费仍有困难的，可申请给予医疗救助 | 基本医疗费用在扣除农村合作医疗保险、家属劳保规定承担部分以及上海市中小学生、婴幼儿住院医疗互助基金等其他应支付部分后，其个人实际承担部分可按四分之一比例的额度给予补助，全年累计医疗救助额度一般不超过5000元 |

续表

| 年份 | 救助政策文件 | 救助对象 | 救助标准 |
| --- | --- | --- | --- |
| 2005年 | 《上海市民政局、上海市财政局、上海市医疗保险局关于进一步加强医疗救助工作的通知》（沪民救发〔2005〕64号） | （一）“三无”人员；<br>（二）本市城乡低保家庭中因患大病重病，在享受基本医疗待遇和其他补贴以及各种互助帮困措施后，个人负担医疗费仍有困难的人员；<br>（三）本市城镇低收入家庭中患尿毒症透析、精神病、恶性肿瘤等大病重病，在享受基本医疗待遇和其他补贴以及各种互助帮困措施后，个人负担医疗费用仍有困难，且影响家庭基本生活的人员；<br>（四）市人民政府规定的其他特殊贫困人员 | 第一类和第四类救助对象的救助标准按原政策执行；<br>第二类、第三类对象的救助标准实行“分段计算、分类救助”的办法，对于个人全年实际支付属于基本医疗保险支付范围的医疗费，低于3万元（含3万元）的，按照非医保人员一般不超过25%、医保人员一般不超过50%的比例予以适当救助，全年累计救助总额不超过5000元；对于个人全年实际支付属于基本医疗保险支付范围的医疗费，超过3万元以上的部分，按照非医保人员一般不超过40%、医保人员一般不超过50%的比例予以适当救助，全年累计救助总额一般不超过1.5万元（含3万元以下部分救助额） |
| 2008年 | 《上海市民政局、上海市财政局、上海市医疗保险局关于进一步调整本市医疗救助政策有关事项的通知》（沪民救发〔2008〕22号） | （一）“三无”人员；<br>（二）本市城乡低保家庭中因患大病重病，在享受基本医疗待遇和其他补贴以及各种互助帮困措施后，个人负担医疗费仍有困难的人员；<br>（三）本市城乡低收入家庭中患尿毒症透析、精神病、恶性肿瘤等大病重病，在享受基本医疗待遇/新型农村合作医疗待遇和其他补贴以及各种互助帮困措施后，个人负担医疗费用仍有困难，且影响家庭基本生活的人员；<br>（四）市人民政府规定的其他特殊贫困人员 | 凡符合申请医疗救助条件的对象，其个人在本市基本医保目录范围内实际自负的医疗费用支出，统一按以下标准实施救助：<br>（一）凡全年实际自负医疗费3万元以下（含3万元）部分，救助比例统一调整为50%；<br>（二）凡全年实际自负医疗费3万元以上部分，救助比例统一调整为60%；<br>（三）全年累计医疗救助总额统一调整提高为5万元 |
| 2013年 | 《上海市民政局、上海市财政局、上海市卫生和计划生育委员会、上海市人力资源和社会保障局、上海市医疗保险办公室关于在本市开展城乡门诊医疗救助的通知》（沪民救发〔2013〕65号） | 在2008年政策基础上增加本市城乡低保家庭成员门急诊救助 | 在定点救助医疗机构发生的医疗费用，按其个人实际自负门急诊费用的50%给予补助。全年累计救助总额不超过600元/人。<br>参加本市城镇居民基本医疗保险的人员，其个人实际自负部分需扣除其可享受的门急诊起付线减免部分费用 |

**2. 当前上海市医疗救助政策解析**

《上海市民政局、上海市财政局、上海市医疗保险局关于进一步调整本市医疗救助政策有关事项的通知》（沪民救发〔2008〕22号）、《上海市民政局、上海市财政局、上海市卫生和计划生育委员会、上海市人力资源和社会保障局、上海市医疗保险办公室关于在本市开展城乡门诊医疗救助的通知》（沪民救发〔2013〕65号）对上海市医疗救助工作作了明确说明。

（1）救助对象范围

主要包含以下四类。第一类："三无"人员；第二类：本市城乡低保家庭中因患大病重病，在享受基本医疗待遇和其他补贴以及各种互助帮困措施后，个人负担医疗费仍有困难的人员；第三类：本市城乡低收入家庭中患大病重病，在享受基本医疗待遇 / 新型农村合作医疗待遇和其他补贴以及各种互助帮困措施后，个人负担医疗费用仍有困难，且影响家庭基本生活的人员；第四类：市人民政府规定的其他特殊贫困人员。

（2）救助标准

上述第一类和第四类对象酌情予以补助大部分或全部。上述第二、三类对象的救助标准实行"分段计算、分类救助"办法，个人全年实际自负属于基本医疗保险支付范围的医疗费3万元以下（含3万元）部分，救助比例为50%；个人全年实际自负属于基本医疗保险支付范围的医疗费3万元以上部分，救助比例为60%；全年累计医疗救助总额为5万元。

此外，本市城乡低保家庭成员在定点救助医疗机构发生的门急诊医疗费用，按其个人实际自负门急诊医疗费用的50%给予补助。全年累计救助总额不超过600元 / 人。参加本市城镇居民基本医疗保险的人员，其个人实际自负部分需扣除其可享受的门急诊起付线减免部分费用。

（3）救助病种

城乡低保：本市城乡低保家庭中患病住院以及门诊大病治疗的人员，可依据其住院自负医疗费用的实际支出情况，给予医疗救助。

城乡低收入：自2013年1月1日起，本市城乡低收入家庭成员患病住院治疗申请医疗救助的，不再限定病种。

（4）申请条件

一是城乡门急诊医疗救助：城乡门急诊医疗救助采取定点救助医疗机构就诊制度，定点救助医疗机构由区（县）民政部门会同卫生部门确定，一般为辖区内社区卫生服务中心、农村村卫生室及部分二级医疗机构。申请门急诊医疗救助对象就诊实行梯度就医、定向转诊制度。申请救助时个人实际自负门诊医疗费用一般应累计在600元以上。确因实际生活有困难但累计费用未能达到600元的可以随时办理，但每月只能申办一次。申请门急诊医疗救助的费用凭证，必须是本自然年度内，区县民政局指定的定点医疗机构或村卫生室就诊时发生的，属于本市基本医疗保险目录范围，并由医保或新农合计算机系统打印的医疗费用有效单据。

二是住院医疗救助：发生住院治疗、急诊观察室留院观察治疗、门诊大病治疗和家庭病床治疗时，可提出医疗救助申请。医疗救助的对象申报的医疗费用，应当是其本年度内发生的本市基本医疗保险支付范围内按规定由个人现金自负的累计医疗费用并扣除基本医疗保险（包括各种减负）、农村合作医疗等制度性医疗保障给付、各类互助保障形式兑付、家属劳保、商业保险和有关文件规定的单位应承付以及社会互助帮困资助的剩余部分。医疗救助申请受理一般以自然年度为限。申请医疗救助的费用凭证，必须是在本市医保定点医疗治疗期间发生的、属于基本医保范围并由医保计算机系统打印的有效单据。

（5）申请和审批

申请人首先需向户籍所在街道（乡镇）社会救助管理所提出书面申请，申请人提交申请材料，然后街镇初审，街道办事处（乡、镇人民政府）委托居民经济状况核对中心就申请家庭的经济状况进行核对，由后者出具核对报告，作为实施医疗救助审批参考；街镇初审合格后，由区民政局审批，审批通过的予以救助。已开展医疗救助“一站式”服务的区，也可通过医疗救助“一站式”服务平台实时结算。

（6）医疗救助时间

在医疗救助“一站式”服务开展之前，上海市的大病医疗救助实行事后救助。

2015年，上海市全面推广医疗救助“一站式”服务，一站式服务使医疗救助由事后向事前、事中转变。申请医疗救助“一站式”服务的家庭，在将有医疗支出但实际尚未产生任何医疗支出时，可以提出申请，核对中心经委托对其经济状况进行核对。因此，这类家庭在核对系统中是没有医疗支出的，这也是核对系统数据中一直会存在部分家庭经济状况的医疗支出为空的原因。

**3. 对应核对政策解析**

（1）医疗救助的核对内容

医疗救助的核对内容分以下两种情况。

① 申请事后医疗救助

低保家庭成员：正在享受低保的，其家庭经济状况不重复核对，只需核对其医疗费用、商业保险中有关医疗费用理赔等未核对的事项。

低收入家庭成员：需核对其家庭经济状况及医疗费用、商业保险中有关医疗费用理赔等事项；其中已获得医疗救助“一站式”实时结算资格的人员，不需要核对其家庭经济状况，只需核对其医疗费用、商业保险中的有关医疗费用理赔等未核对的事项。

② 申请享受医疗救助“一站式”服务

低保家庭成员无需核对，即可享受医疗救助“一站式”服务；

低收入家庭成员：核对家庭经济状况，同时每三个月进行复审。

（2）自负医疗费用的核定

审核医疗救助费用时剔除下列各项费用：① 按规定享受的基本医疗保险费；② 享受家属劳保可报销的费用；③ 职工单位和上级主管部门承担补助的费用；④ 参加总工会医疗互助保障计划给予的补充医疗保障核销资金；⑤ 单位或个人自主选择参加的商业保险机构赔

付的医疗保险金；⑥ 助残基金给予的医疗补助；⑦ 红十字会、慈善基金会和其他各类社会团体以及帮困基金的资助；⑧ 医保减负的费用；⑨ 医疗机构的减免费用。

（3）核对时限

家庭收入核对为申请之月前三个月的收入；家庭财产核对为申请之月上月末的财产；医疗费用支出为申请之月至所提供的医疗费用单据中时间最早那张单据所在月份。

**4. 上海医疗救助制度的优缺点**

（1）优点

上海市是我国最早探索建立城市医疗救助制度的城市，其医疗救助制度率先实现城乡一体化，并将对象界定引入经济状况核对机制，试行“一站式”服务，切实减轻申请家庭负担，使困难人群就医报销更加便捷。主要体现在：

① 救助制度率先实现城乡一体化。2008 年的一次政策调整，上海医疗救助制度中救助内容和救助水平基本实现城乡一体化。从 2015 年 4 月 1 日开始，实施本市城乡最低生活保障线统一；2016 年 1 月 1 日开始本市城镇居民医疗保险和新农村合作医疗合并为“城乡居民医疗保险”，城镇和农村的基本医疗保障水平差异化也将取消。

② 将对象界定引入经济状况核对机制。2014 年 10 月，上海市医疗救助工作引入经济状况核对机制，首先从住院医疗救助执行，逐步覆盖门急诊医疗救助。上海市居民经济状况核对中心作为独立的第三方，接受街道办事处（乡、镇人民政府）的委托，通过采集市人社局、市税务局等相关部门的信息，对申请家庭的收入、财产和自负医疗费用支出等方面进行核对，出具核对报告，作为实施医疗救助审批参考。

③ 试行“一站式”服务，切实减轻申请家庭负担。早在 2012 年，上海就在部分区县开始了医疗救助“一站式”服务的试点，区县内部区域的医院就诊试行实时结算，贫困家庭可以在就医时便享受到救助。2015 年，在总结了嘉定区、杨浦区、虹口区等地的试点经验后，全市全面推广医疗救助“一站式”服务，推进医疗救助由事后向事中、事前转变，实现困难人员信息共享，使困难人群就医报销更加便捷，切实减轻经济负担。

（2）不足

随着社会的发展和变化，经历了几次修改和调整的上海医疗救助政策取得了不错的成效，医疗救助工作走在全国前列，困难群体的看病难问题有了一定的缓解。但是，总体来说，上海市的医疗救助制度还有一些不足，需要进一步完善。主要体现在：①医疗保障体系整体运行效率有待进一步提升。一方面，目前的医疗资源分割，整体利用效率偏低；另一方面，保障资源的限制、弱势人群范围扩大及其医疗需求的释放、医疗费用的快速上涨给当前医疗保障体系的整体运行效率提出了更高的要求。②医疗救助“一站式”服务尚未在全市层面落实。③医疗救助对象缺乏广泛性。④医疗支出报销范围有待进一步拓展。⑤医疗救助尚未以法律的形式得到充分的肯定。

**5. 与我国其他城市的医疗救助政策的比较**

我国城市医疗救助制度的模式大致分为三种：大额医疗救助、综合医疗救助和资助参保。

大额医疗救助主要是对住院和大病的风险救助；综合医疗救助不仅为救助对象的大额医疗费用提供资助，而且对救助对象的门诊医疗费用提供一定补助；资助参保是利用救助基金资助救助对象参加基本医疗保险。

北京、天津、苏州、重庆和广州作为我国一二线城市的典型代表，在经济结构、人口状况等方面有着一定程度的相近性，香港"不让任何一个人因为贫穷而得不到医疗服务"被世界公认为近乎完美的公共医疗管理体制，其医疗救助制度也非常具有研究价值，这六个城市的医疗救助政策的比较分析如表 2 所示。

**表2　上海与其他城市医疗救助政策对比表**

| | 上海 | 北京 | 天津 | 苏州 | 重庆 | 广州 | 香港 |
|---|---|---|---|---|---|---|---|
| 救助模式 | 资助参保、门诊救助、患大病重病的住院救助 | 资助参保、门诊和住院救助、减免医疗费用、重大疾病救助、生育救助、住院押金减免 | 资助参保、就诊减免救助、门诊和住院救助、住院押金减免 | 资助参保、实时救助、年度救助、自费救助 | 资助参保、普通疾病门诊和住院医疗救助、重大疾病医疗救助 | 资助参保、门诊和住院救助、重特大疾病医疗救助、临时医疗救助 | 医疗费用减免 |
| 救助对象 | "三无"人员，城乡低保家庭，城乡低收入家庭，市人民政府规定的其他特殊贫困人员 | 特困供养人员，城乡低保人员和生活困难补助人员，城乡低收入人员，民政部门认定的其他困难人员 | 城乡低保人员，农村五保供养人员，城乡特困救助人员，其他特殊困难人员，重度残疾人，月人均收入低于城乡低保标准150%、领取物价补贴的低收入家庭人员 | 参加社会基本医疗保险的特困人员和个人医疗费用负担过重的大病重病人员（含低保人员、低保边缘人员、城乡五保人员、优抚对象、低保大学生、特困职工、重症残疾人、困难残疾学生、市政府确定的其他救助对象） | 城乡低保对象，城市"三无"人员，农村五保对象，城乡孤儿，在乡重点优抚对象，城乡重度残疾人员，民政部门建档的其他特殊困难人员，家庭经济困难的在校大学生 | 低保、低收入困难家庭成员，城镇"三无"人员、农村五保供养对象，社会福利机构收养的政府供养人员，持证重度残疾人，在本市大中专院校就读的非本市户籍困难学生，本市社会福利机构新收养的尚未办理户籍的弃婴（童），本市享受抚恤补助的优抚对象、因公牺牲或者病故人民警察的遗属，在定点医疗机构治疗疾病造成家庭经济特别困难、影响基本生活的本市居民，职业病病人，其他特殊困难人员 | 本港居民中的低收入人士、长期病患者及贫困年长病人等 |
| 户籍限制 | 有 | 有 | 有 | 部分人员无户籍限制 | 部分人员无户籍限制 | 部分人员无户籍限制 | 有 |
| 救助标准 | 50%～60% | 门诊和住院救助70%～100%；重特大疾病救助75%～100% | 门诊救助每人每年60～200元；住院救助60%～80% | 85%～95% | 门诊和住院救助40%～100%；重特大疾病救助50%～70% | 门诊和住院救助80%～100%；重特大疾病救助50%～100% | 不详 |

## 三、上海市申请医疗救助家庭经济状况特征分析

下面对市核对系统中2014年10月1日至2015年9月30日申请医疗救助的52346户次(合计 86886 人次)家庭(以下简称“申请家庭”)经济状况特征展开分析。

**1. 基本情况**

根据统计,全市 17 个区县医疗救助申请家庭共有 52346 户次,覆盖 86886 人次,其中出具报告家庭为 52222 户次,占总申请家庭 99.76%;差异处理家庭为 12 户次,占总申请家庭的 0.02%;终止核对家庭为 112 户次,占总申请家庭的 0.21%。

(1)区县分布。崇明县的申请数量最多,达到 25768 户次。浦东新区、金山区、松江区、黄浦区、奉贤区、青浦区、虹口区、闸北区和闵行区等区的申请家庭均超过了 1000 户次。宝山区、杨浦区、徐汇区、长宁区、嘉定区和普陀区等区申请家庭均超过 600 户次。静安区的申请家庭数量最少,只有 174 户次。需要说明的是,因医疗救助分事前和事后两种救助方式,部分区县虽申请家庭数量较多,并不代表当年真正需要救助的家庭。

(2)家庭规模。在申请家庭中,以 3 人户及以下家庭为主,共有 50407 户次,占总户次的 96.30%。其中,又以 1 人户最多,共有 26539 户次,约占 50.70%;家庭人数超过 3 人的共计 1939 户次,仅占比 3.70%。

(3)家庭性别类型。在申请家庭中,以男女混合家庭为主,共有 25269 户次,占比 48.27%。纯女性家庭为 15208 户次,占比 29.05%;纯男性家庭为 11869 户次,占比 22.67%。

(4)家庭年龄类型。在申请家庭中,以有老年人的家庭为主,共有 34857 户次,占比 66.59%。其中,纯老年人家庭 31266 户次,占比 59.73%;纯劳动人口家庭为 15304 户次,占比 29.24%。有儿童成员的申请家庭共有 1459 户次,占比 2.79%。既有老年人又有儿童的家庭只有 16 户次,占比 0.03%。

(5)学历类型。在申请人口中,以小学学历为主,共有 30983 人,占比 35.66%;其次是初中学历 21230 人,占比 24.43%;文盲或者半文盲排第三,共有 17807 人,占比 20.49%。

(6)交叉分析。在纯老年人家庭中,1 人户家庭共有 16509 户次,约占这类家庭的 62.50%;纯老年人家庭中人数最多为 2 人,并且以 2 人户的混合家庭最多,达 14615 户次;女性老年人家庭次之,达 11679 户次;1 人户男性家庭数量较少,只有 4812 户次。在纯劳动人口家庭中,1 人户家庭共有 9890 户次,约占这类家庭的 37.50%;1 人户家庭中男性家庭要远多于女性家庭,二者比例为 2.07 : 1。有儿童的家庭共有 1306 户次,其中主要分布在 3 人户家庭中,3 人户家庭中有儿童的户次占 66.90%,且大多有劳动人口共同居住。申请家庭中,同时有儿童和老年人的家庭为 15 户次,其中 3 人户家庭就有 13 户次。在 2 人户及以上家庭中,混合家庭占绝大比例,而纯男或纯女型家庭数量很少。3 人户以上家庭均为混合型。

**2. 可支配收入情况**

在全部 52346 户次申请家庭中,核对期间人均可支配月收入为 832.54 元,其中有收入

的家庭有 35387 户次，占比 67.60%。统计数据显示，家庭人均月收入在 2000 元以下的家庭为 50931 户次，占比 97.30%，而且 99% 的家庭人均月可支配收入在 3500 元以下，家庭人均月收入超过 5000 元的家庭只有 28 户次。收入最高的家庭，人均月收入达到 33368.78 元。

（1）区县分布。松江、浦东、奉贤、金山、青浦、嘉定和宝山等区的家庭人均月可支配收入较高，均超过了 800 元 / 月；崇明、静安和闵行等区县超过 500 元 / 月；徐汇、杨浦、普陀、闸北、长宁、虹口和黄埔等区均低于 500 元 / 月。数据分析结果显示，市区申请者平均工资较低，而郊区县的申请者平均工资较高，这主要是是因为市区申请者中收入为零的比例更高。

（2）家庭规模。3 人户及以下申请家庭中，3 人户家庭的人均月可支配收入最高，为 1148.65 元；其次是 2 人户家庭，人均月可支配收入为 936.8 元；1 人户家庭人均月可支配收入最低，为 422.78 元。

（3）家庭性别类型。在申请家庭中，男女混合家庭人均月可支配收入最高，为 1265.48 元；其次为纯男性家庭，人均月可支配收入为 756.92 元；而纯女性家庭人均月可支配收入最低，为 513.46 元。

（4）家庭年龄类型。在申请家庭中，含老年人和儿童的家庭人均月可支配收入最高，为 1345.68 元；其次是劳动人口和儿童家庭，为 946.36 元；纯劳动人口家庭为 894.3 元；劳动人口和老年人家庭为 845 元；纯老年人家庭的人均月可支配收入最低，仅有 258 元。

（5）交叉分析。总体上看，纯劳动家庭的人均可支配收入要远远低于其他类别家庭，随着家庭人口数增大，月人均可支配收入呈现上升的趋势，其中有儿童的劳动人口混合性别家庭的月人均可支配收入达到 1714 元。

**3. 货币财产**

申请家庭中，人均货币财产（即银行存款 + 证券市值）为 12879.2 元，有货币财产的家庭为 51046 户次，占比为 97.52%。家庭人均货币财产低于平均值 34561.20 元的家庭为 35785 户次，占比为 68.36%；在 60000 元以下的为 50693 户次，占比为 96.84%；人均货币财产大于 20 万元的家庭为 151 户次。

（1）区县分布。浦东新区的家庭人均货币财产最高，达到 10578 元；嘉定、宝山、奉贤、崇明、松江、静安和闵行等区县的家庭人均货币财产均超过 10000 元；青浦、金山、闸北、徐汇、杨浦和普陀等区的家庭人均货币财产均超过 5000 元；长宁区最低，仅为 875 元。

（2）家庭规模。在申请家庭中，3 人户及以下申请家庭中，1 人户家庭人均货币财产最高，为 26539 元；其次是 2 人户家庭，为 19999 元；3 人户家庭最低，为 3869 元。

（3）家庭性别类型。在申请家庭中，纯男性家庭人均货币财产最高，为 27953 元；其次为男女混合家庭，为 19867 元；纯女性家庭人均货币财产最低，为 18035 元。

（4）家庭年龄类型。在申请家庭中，劳动人口和老年人家庭人均货币财产最高，为 36574 元；其次是纯劳动人口家庭，为 34500 元；纯老年人家庭为 28031 元；劳动人口和儿童家庭为 18301 元；含老年人和儿童家庭的人均货币财产最低，只有 12054 元。

（5）交叉分析。从每一种家庭类型的性别看，纯老年人家庭中纯男性家庭的人均货币财产最多，纯劳动人口家庭中混合性别家庭的人均货币财产最多，劳动人口与儿童家庭中纯女性家庭的人均货币财产最多，劳动人口与老人家庭中纯女性家庭的人均货币财产最多。家庭人口越多，人均银行存款有增加的趋势。无论何种性别，纯劳动家庭的人均证券市值普遍高于纯老人家庭，这反映了老年人家庭金融知识的贫乏。

**4. 建筑面积**

在申请家庭中，人均建筑面积为1.77平方米，其中有居住类产权房屋的家庭为2921户次，占比5.58%；拥有居住类产权房屋的家庭人均建筑面积为31.68平方米。家庭人均建筑面积低于平均值1.77平方米的家庭为49429户次，占比94.43%；居住类产权房屋在30平方米以下的为51152户次，占比97.72%；有425户家庭人均建筑面积大于50平方米，有63户家庭人均建筑面积大于100平方米，最高的三户家庭分别为245.73平方米、299.93平方米、310.76平方米。

（1）区县分布。在申请家庭中，浦东新区家庭人均建筑面积最大，达到23.39平方米；虹口区次之，为18.06平方米；黄浦、长宁、闸北、崇明、闵行、宝山等区县均超过15平方米；嘉定、普陀、松江、杨浦、静安和徐汇等区县超过10平方米；青浦区最小，人均建筑面积仅为5.41平方米。

（2）家庭规模。在申请家庭中，3人户及以下申请家庭中，1人户家庭人均建筑面积最高，为42.58平方米；其次是2人户家庭，人均建筑面积为8.69平方米；3人户家庭最低，仅为2.66平方米。

（3）家庭性别类型。在申请家庭中，纯女性家庭人均建筑面积最高，为8.53平方米；其次为纯男性家庭，人均建筑面积为6.89平方米；男女混合家庭最低，为5.12平方米。

（4）家庭年龄类型。在申请家庭中，劳动人口和老年人家庭人均建筑面积最高，为9.24平方米；纯劳动人口家庭为5.21平方米；劳动人口和儿童家庭为7平方米；纯老家庭最低，为2.4平方米。

（5）交叉分析。纯劳动人口家庭中，女性家庭人均建筑面积高于混合性别家庭；劳动与儿童家庭纯女性家庭高于混合家庭；劳动与老人家庭中，纯男性家庭人均建筑面积高于混合与纯女性家庭。老人与儿童家庭的人均建筑面积最低。3人户以上家庭中，以混合性别家庭为主。总体上讲，1人户的纯劳动家庭和纯老年人家庭的居住条件比其他家庭要差。

非常遗憾的是，由于本次无法获取申请家庭的自负医疗支出和自费医疗支出等相关数据，从而无法提供收支差额和经济状况指标相关性分析。今后当医保专线更加完善后，我们会继续加强这方面的数据分析工作。

## 四、对策及建议

**1. 加强医疗救助和其他医疗制度的衔接**

为实现对弱势人群的高效保障，必须实现医疗救助与其他医疗制度的有效衔接，提升医疗保障体系整体运行效率。医疗救助制度和基本医疗保险制度都是医疗保障体系的重要组成部分，两个制度追求的目标具有一致性。基本医疗保险不利贫的制度缺陷需要医疗救助制度的存在，而医疗救助也需要通过与基本医疗保险制度的衔接来提高贫困人口的受益水平，同时还促进医院提供质优价廉的医疗服务，两种制度的衔接具有必要性，也是追求医疗保障公平性的必然要求。因此，将各种医疗救助项目与城镇职工基本医疗保险、城镇居民基本医疗保险以及新型农村合作医疗相衔接，提高贫困人口的医疗保障受益水平是十分必要的。而且，由于当前仍有部分人群未被医疗保险覆盖，且不同医疗保险制度实际保障水平仍然存在较大差异，作为“医疗兜底”机制的政府医疗救助制度，作为对基本医疗保险制度主体的扶持系统，除对绝对贫困群体给予持续的全面救助外，更需关注不同基本医疗保险制度对潜在贫困群体可能带来的不同影响，尽可能弥合由于人群本身弱势特征及制度差异所引起的不公平，以加强制度间的互补和衔接。

此外，随着本市经济的发展以及医疗制度的完善，可考虑适时将参加医保的外来从业人员中的贫困人员与本市户籍人口的医疗救助待遇相接轨。

**2. 继续拓宽救助人群范围，设计救助对象界定新标准**

全国各地普遍把城市低保人群作为医疗救助对象，部分城市把医疗救助对象扩大到低保边缘困难群体（一般为低保标准的120% ~ 150%），部分城市把家庭月可支配收入高于当地当年城市低保标准但低于最低工资标准的城镇职工基本医疗保险对象纳入了救助对象范围。然而，从贫困人口需要医疗救助的人群出发，还应包括更为广泛的人群。覆盖对象的划分可以借鉴国外许多国家的做法，即按照家庭经济收入，并考虑家庭实际医疗支出来加以界定。具体而言包括有：失业人员中未参加基本医疗保险者及其家庭，因非个人原因未参加基本医疗保险的就业人员及其家庭，低收入家庭的儿童与老年人、残疾人，已参加基本医疗保险但个人负担仍然较重的人员，同时还应包括非本地区居民但急需医疗救助的流动人口。

因此，建议上海市医疗救助政策下一步进一步扩大医疗救助对象范围，充分考虑边缘贫困人群的医疗救助问题，即将那些收入高于低收入家庭，但因患重大疾病后医疗费开支过大、造成其家庭收入严重赤字的正常收入群体和本市流动人口逐步纳入医疗救助范围，尽最大努力避免出现因病致贫、因病返贫的现象。

**3. 在现有核对机制基础上建立保障对象确定机制**

弱势群体并非单纯贫困人群，而是受很多因素综合影响。在今后医疗救助政策修订与完善时，应进一步将收入、支出、疾病、职业及年龄等因素一同纳入考虑，并逐步将这些因素交叉结合，综合权衡，以确定优先重点人群，提高救助效率和水平。建议在信息系统高速发展、资产核查手段不断加强的情况下，基于目前上海完善的居民经济状况核对机制，在医疗救助制度中逐步建立起救助对象医疗费用负担与其支付能力相匹配的救助机制，由单纯的“收入型贫困”向“支出型贫困”延伸，使其成为今后确定救助保障对象的发展方向。

**4. 建议将自费逐步纳入医疗救助报销范围**

经过调研发现，对现有困难群体来说，自费支出是目前最大的医疗负担。因此，建议将自费逐步纳入医疗救助的报销范围，并考虑市、区、街镇各级部门对自费费用的定义和范围要统一，便于操作。可以考虑先只认可医保定点医院的正规发票，但外配药、增值税发票、商业发票不应认可（即使有处方也不行）。因此，建议调整医疗费用的核算范围，把自费医疗支出纳入救助范围，但不要把所有自费情况都计入医疗支出。

**5. 加强医疗救助的配套设施和法制体系建设**

解决贫困人口的医疗救助难题不仅仅关系到民政部门，还涉及卫生、财政及社会保障等多个部门。因此，要确保贫困患病群体得到最基本的医疗服务，需要各部门的沟通协作和社会力量的共同支持，尤其是基本医疗保险与医药卫生体制改革的支持。要进一步理顺医疗保障与医药卫生体制间的关系，提高医疗救助对患病群体的服务可及性，进而使救助基金充分发挥其功能与效益。

此外，要不断加强医疗救助法律法规制度建设，使医疗救助有法可依。从国外经验看，凡是医疗救助事业发展较规范的国家，都有相对完善的法律法规制度保障，如新加坡的《穷人医疗救助法》、英国的《医疗救济法》等。应通过统一完善的立法建设，明确救助对象、救助方式、救助标准、救助主体及救助程序、资金来源渠道等相关实施细则，防止出现资金滥用、筹资困难、多头管理或管理瘫痪等不良现象。同时，确定医疗受助者的法律权利与义务，对骗取或挪用救助金的行为给予相应的法律处罚，进而避免有限救助基金的大量流失，促进医疗救助事业的良性运行与发展。因此，为了确保贫困医疗救助能够健康、稳定、可持续性的发展，有必要将贫困人群的医疗救助写入法律。

**6. 加强监管力度，杜绝行业腐败**

受市场化利益的驱动，公立医疗机构的公益性质日趋淡化，因此政府必须加大对医疗服务体系的监管力度，必须对医疗机构过度商业化、市场化的行为纠偏，必须对不法行为予以惩处。其重点是：第一，加强对药品和医疗器械使用的监管，规范医疗的服务收费、监督合理用药、规范内部收入分配，降低普通百姓的医疗消费。第二，健全和完善主管部门对医院的监管制度，规范其医疗行为。通过制定和实施相关的条例，加强对医疗机构的工作指导，对医疗行为进行必要的规范和制约。政府对医疗服务体系的监管，必须依靠政策导向，通过完善相关的法律、法规，从源头杜绝和根除医药行业的腐败。通过医疗制度的改革或降低公立医院的门槛，为贫困人群提供最直接、最便利和价格合理的医疗救助。虽然全社会不断地从人力、物力和财力等方面对社会贫困人群展开积极的救助，让他们感受社会的关爱和真诚，但并不能从根本上消除他们谈医色变的心理恐慌。政府应强化针对贫困人群的医疗救助制度和有效的医疗监管制度，才是解决“看病难、看病贵”问题的根本出路。

**7. 政府主导与社会力量相结合，多主体有机合作**

在医疗救助资金来源中，政府财政投入发挥着基础性地位的作用，而社会慈善机构、行业企业、社区等社会力量的参与也不可忽视。目前，上海市医疗救助是以政府的制度性救助为主，但制度性贫困救助深受政府财政的制约，它所能解决的问题比较有限，贫困人群的日常医疗的无力解决就是例证。因此，必须转变思路，寻找新的实施救助的途径，构建社会力量参与各种形式的医疗救助机制。

另外，要重视社区等机构在医疗救助中的基础作用，充分利用这些机构与市民零距离接触的优势，向包括弱势人群在内的社区居民提供方便、快捷、综合和价廉的基本医疗卫生服务，这既是开展医疗救助的一条有效途径，也是控制与降低医疗救助社会成本的有效措施。还可选择若干社区卫生服务中心作为医疗救助的骨干机构，由政府实施医院基本建设、日常运转管理、医务人员开支（含培训费用）的全额补助，并在医保等政策上予以倾斜，使弱势人群能凭核准的手续在那里享受较高减免甚至免费的基本医疗卫生服务。减免水平应随着经济发展水平的提高而逐步提高，最终实现没有任何市民因经济原因而无法享有基本医疗卫生服务的现象。

**8. 重视疾病预防和健康教育**

贯彻“预防为主”曾经是我国卫生工作的一项重要方针。目前世界各国都十分重视预防工作，将医疗保险与预防相结合作为第一道防线。实际上，如果经常性地把防病治病知识传授给困难群众，不仅规避了困难群众的医疗风险，而且要比单纯医疗花钱省得多。当前，我国由于人口结构的老龄化等原因，使得老年性、积累性、慢性病在整个健康问题中越来越突出。就此而论，疾病预防的重心也应当发生相应的转移，更重要的是以预防的方式及内涵需要有相应的转变。

依托社区等基层医疗机构，通过健康及预防服务可以大量减少医院医疗服务的需求，这一点已经被国内外的许多专家所公认。在社区中开展针对弱势群体所提供的医疗服务，一方面改善了基本医疗保健服务，即保障服务供给，提高服务质量，使所有社会成员都可以方便地获得质量可靠的服务；另一方面，则改善了基本医疗保健服务。因为基本的健康、预防与治疗同样属于基本性的民生需求，因此，社区预防和健康教育与医疗救助相衔接，不仅可以提高城市贫困人口医疗服务质量和医疗效率，还可以达到社会保障制度的综合性目标。

**参考文献**

[1] 颜令帅，吴忠．北京、上海、广州城镇居民基本医疗保险制度比较 [J]. 卫生经济研究，2012(12):30-34.

[2] 栾斌．北京市城镇贫困人口医疗保障制度研究 [D]. 北京：首都经济贸易大学，2007.

[3] 安妮，孟庆跃，张振忠，等．城市医疗救助对象的确定机制 [J]. 中国卫生经济，2003, 22(6):12-13.

[4] 徐雪艳，尹文强，张宜民，等．城市医疗救助费用控制模式的比较分析与适宜选择 [J]. 中国初级卫生保健，2010, 24(8):15-18.

[5] 尹文强，张宜民，徐雪艳，等．城市医疗救助费用控制适宜模式的路径设计与优化 [J]. 中国初级卫生保健，2010, 24(8):22-25.

[6] 丁陶，许丁才，熊林平．城乡医疗保障一体化实践比较分析 [J]. 中国卫生经济，2012, 31(1):20-22.

[7] 何辅成．城镇化推进中的上海市医疗保障体系现状分析 [J]. 产业与科技论坛，2015,14(15):127-128.

[8] 戴伟．城镇弱势群体的医疗保障研究 [D]. 武汉：华中科技大学，2004.

[9] 吴亮 . 对社会弱势群体的医疗救助——来自上海市四医联动制度的启示 [J]. 检察风云——创新社会管理理论专刊，2013(6):11-15.

[10] 凌燕 . 发挥政府社会管理职能实现对弱势医疗群体的保障 [J]. 检察风云——创新社会管理理论专刊，2013(6):7-10.

[11] 汤文巍，张金康 . 发展补充医疗保障体系的现实选择 [J]. 中国卫生经济，2001, 20(4):16-18.

[12] 马进，周云，方修仁，等 . 关于上海市弱势人群医疗救助的若干思考 [J]. 中国卫生资源，2006, 9(1):31-33.

[13] 王彦堂 . 国外医疗救助比较 [J]. 东北之窗，2007(9):20-21.

[14] 李小华，董军 . 国外医疗救助政策比较 [J]. 卫生经济研究，2006(10):17-19.

[15] 刘亚孔，李硕，袁立超 . 积极福利理念下的中国医疗救助反思与重构 [J]. 社科纵横，2015(3):42-46.

[16] 宋晓梧 . 建国 60 年我国医疗保障体系的回顾与展望 [J]. 中国卫生政策研究，2009, 2(10):6-14.

[17] 陈迪 . 京、沪、穗居民医保与医疗救助政策比较研究 [J]. 国际医药卫生导报，2011, 17(24):3106-3110.

[18] 郑灿表 . 京津沪三地医疗保险比较研究 [D]. 北京：北京交通大学，2014.

[19] 邢月潭，封松定，王挺，等 . 救助对象经济状况核对机制建设的实践与探索 [J]. 中国民政，2015(7):40-42.

[20] 刘畅，赵强，廖文强，等 . 浅析当前我国各地区医疗保障体系发展现状 [J]. 财经界，2013(9):254-256.

[21] 肖昆 . 浅析我国医疗保障体系的弊端 [J]. 劳动保障世界，2014(1):4-5.

[22] 任苒，宋喜善，周令，等 . 全民医疗保障制度的研究——中国多层次医疗保障体系发展阶段与目标 [J]. 中国农村卫生事业管理，2009, 29(9):659-662.

[23] 李新伟，张振忠，王云屏，等 . 上海城市医疗救助调查分析 [J]. 中国卫生经济，2007, 26(12):73-76.

[24] 张翠 . 上海城乡一体化的基本医疗保险体系研究 [D]. 上海：上海工程技术大学，2014.

[25] 胡敏，陈文 . 上海市城市弱势群体医疗保障制度的现状、挑战与对策 [J]. 中国卫生政策研究，2011, 4(3):10-15.

[26] 周海洋 . 上海市民基本医疗保障制度现状分析与发展探讨 [J]. 当代医学，2005(10):84-85.

[27] 应晓华 . 上海市贫困居民的卫生服务现状及医疗救助研究 [D]. 上海：上海医科大学，2000.

[28] 郑峻 . 上海市贫困人口医疗救助可持续发展政策研究 [D]. 上海：上海交通大学，2009.

[29] 甘颖莹 . 上海市贫困人群医疗救助制度研究 [D]. 上海：上海交通大学，2007.

[30] 周国训 . 统筹城乡基本医疗保障制度研究文献综述 [J]. 聊城大学学报，2011(2):285-287.

[31] 任玙，杨晓胜 . 完善城乡医疗救助制度之探索——以广东省汕头市为例 [J]. 医学与哲学，2015, 36(1):55-57.

[32] 马进，赵明 . 完善医疗救助体系构建和谐健康社会——上海市医疗救助近况调研报告 [J]. 中国卫生经济，2007, 26(17):12-16.

[33] 刘智勇，赵宁，李孜，等 . 我国城市贫困人口医疗救助现状及政策建议 [J]. 中国社会医学杂志，2009, 26(1):9-11.

[34] 吕静．我国城市医疗救助制度分析及其完善研究 [D]. 北京：首都经济贸易大学，2012.

[35] 朱贤晶．我国的医疗救助和捐赠体系调整 [J]. 北方经贸，2012(6):15-16.

[36] 段迎君，李林．我国多层次医疗保障体系及其衔接——基于 5 个典型城市的分析 [J]. 中国卫生事业管理，2013(1):29-31.

[37] 郑荣鸣，华俊．我国商业医疗保险与社会医疗保险发展协调度研究 [J]. 保险研究，2013(4):101-109.

[38] 李萍，陈玉文．我国医疗保障体系现状与完善对策 [J]. 中国药业，2013, 22(22):1-2.

[39] 崔壮，李长平，郑纺，等．我国医疗保障制度研究的现状分析与对策建议 [J]. 中国卫生事业管理，2010(9):599-601.

[40] 仇雨临，黄国武．我国医疗保障制度转型研究 [J]. 保险研究，2013(8):107-117.

[41] 宋悦，韩俊江，郭晖艳．我国医疗救助制度存在的问题及对策研究 [J]. 税务与经济，2013(1):46-49.

[42] 肖青，项莉．我国重大疾病医疗救助对象界定研究 [J]. 中国卫生经济，2012, 31(7):22-24.

[43] 张洪斌，谢慧玲．乌鲁木齐市城乡医疗救助制度运行情况分析 [J]. 医学与哲学，2015, 36(1):51-54.

[44] 沈悦．现行城市贫困人口医疗救助制度比较研究——以上海、武汉、重庆、西宁为例 [D]. 北京：中国人民大学劳动人事学院，2010.

[45] 章晓懿，沈崴奕．医疗救助对低收入家庭贫困脆弱性的缓解作用研究 [J]. 东岳论丛，2014, 35(8):10-16.

[46] 锁凌燕，冯鹏程．医疗救助制度的国际经验及对中国的启示 [J]. 中国卫生政策研究，2014, 7(9):9-13.

[47] 梁鸿，曲大维，赵德余．中国城市贫困医疗救助的理念与制度设计 [J]. 中国卫生资源，2007, 10(6):290-292.

[48] 梁鸿，赵德余，曲大维．中国贫困医疗救助模式的制度缺陷及其改进思路 [J]. 中国卫生资源，2008, 11(1):32-34.

[49] 孙翎．中国社会医疗保险制度整合的研究综述 [J]. 华东经济管理，2013, 27(2):33-37.

[50] 单大圣．中国医疗保障管理体制研究综述 [J]. 卫生经济研究，2013(1):7-12.

# 民生保障项目核对中收入和财产范围的界定[1]

上海市居民经济状况核对中心

**【摘要】**居民家庭经济状况核对机制是实现社会救助托底线、救急难、可持续的重要环节，是落实救助政策的前提条件和关键所在。2006年12月，上海在全国率先探索核对新机制。基于上海十年的核对工作经验，我们探索居民经济状况核对中可支配收入和财产的界定问题，力求做到“绣花”般的精准核对。本课题在理论研究的基础上，从核对内容、核对方式和途径详细介绍了当前核对工作中收入财产界定的相关内容；阐述了其他社会领域在收入财产界定方面的规则和范围；梳理不同核对项目中豁免项的变化及发展历程；结合核对工作中遇到的问题，总结出核对工作应该遵循的五大基本原则，为今后具体核对工作的开展提供技术支持，并对收入财产界定相关政策的调整和完善提供理论依据。

**【关键词】**居民经济状况核对　民生保障　可支配收入　财产　界定　基本原则

## 一、研究背景和意义

社会救助是民生保障的托底措施，关系着群众的基本生活和衣食冷暖。跨部门、多层次、信息共享的居民经济状况核对机制是落实民生政策的前提条件和关键环节，对编密织牢民生兜底保障网，不断提高救助工作水平具有重要意义。当前，城镇化步伐加快、人口流动性增强，就业多样化选择、生活方式改变，城乡居民收入结构及财产构成发生深刻变化，都对核对工作提出了更高要求。

2017年3月，习近平总书记在参加十二届全国人大五次会议上海代表团和四川代表团审议时两提“绣花”功夫，强调“城市管理应该像绣花一样精细”“脱贫攻坚全过程都要精准，有的需要下一番绣花功夫”。习总书记之所以强调要像绣花一样，就是要求我们更加精细精准地抓工作。做核对工作正是要像绣花一样精细精准，不能习惯于“大致”“可能”“也许”，不能满足于“差不多”“还凑合”“能将就”，要做到更加细心精心、聚焦聚力，力求细致极致、精益求精。

核对机构用大数据细查居民经济状况，主要包括收入和财产。收入、财产是人们日常生活中耳熟能详的词语。什么是收入？什么是财产？与收入相关的词语有很多，经常性收入、可支配收入、经常性可支配收入、纯收入、净收入、正常来源收入等，界定一个家庭具体经济状况的收入是这些收入中的哪一个？计算财产要不要减掉负债？收入、财产包含哪些内

[1] 课题研究时间为2016年，原报告近10万字，因篇幅原因，本文仅将主要内容加以介绍。

容？现有学术文献对个人收入分配方面研究较多，但针对居民收入、财产的构成和界定范围的分析很少，更缺乏对核对工作中居民收入、财产范围界定的研究。因此，对核对工作中收入和财产范围的界定开展讨论分析，首先在理论上就十分有意义。

另外，上海开展核对工作较早，核对项目也远多于其他省份，在核对工作中遇到的“个案”“难案”也较多。不同类型的民生保障项目对居民收入和财产的认定条件与标准不一，即使同一类型的项目在认定条件、豁免标准设置等方面也存在差异。对不同项目核对中收入和财产的认定展开探索，理清当前收入和财产认定中存在的困难和问题，探寻解决应对路径，总结出核对工作中收入财产认定应该遵循的基本原则，对进一步提升核对工作效率、促进核对工作科学化和规范化发展，为全国核对工作提供经验借鉴均有十分积极的意义。

本文具体研究技术路线图如图 1 所示。

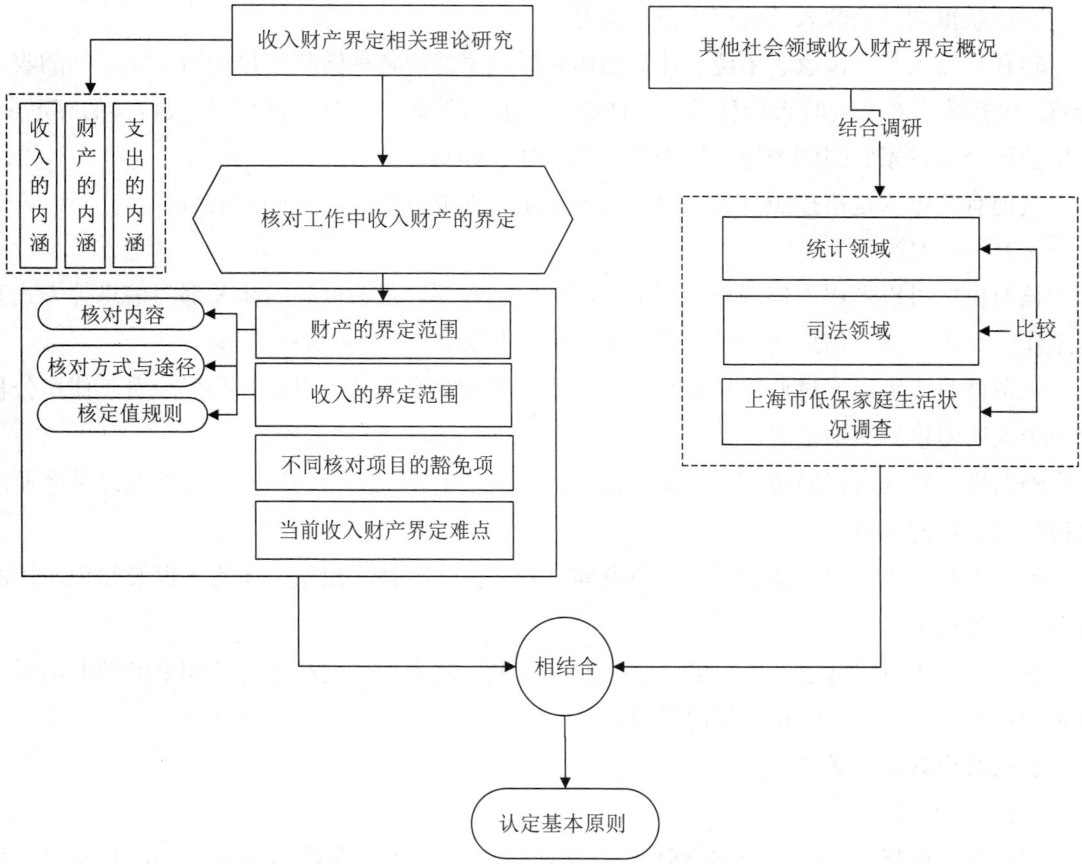


图1　技术路线图

## 二、核对中收入财产的界定范围

上海居民经济状况核对的内容包括核对对象的可支配收入、财产和支出。因支出目前仅涉及医疗支出，相对单一，本文仅讨论收入和财产相关内容，相关概念主要借鉴中国统计年鉴的分类口径及相关解释，结合具体核对工作给出。

**1. 核对中可支配收入的界定**

（1）核对内容

家庭可支配收入，是指申请家庭的总收入扣除缴纳的各项税金和社会保险费后的收入，包括工资性收入、经营性净收入、财产性收入、转移性收入和其他有关收入等。

工资性收入是指就业人员通过各种途径得到的全部劳动报酬，包括所从事主要职业的工资以及从事第二职业、其他兼职和零星劳动得到的其他劳动收入。

经营性净收入是指从事生产经营活动获得的净收入，即全部生产经营收入扣除生产经营成本和税金后所得的收入。

财产性收入是指家庭拥有的动产（如银行存款、有价证券）、不动产（如房屋、车辆、土地及收藏品等）所获得的收入，包括出让财产使用权所获得的利息、租金、专利收入；财产营运所获得的红利收入、财产增值收益等。

转移性收入是指国家、单位、社会团体对居民家庭的各种转移支付和居民家庭间的收入转移，包括政府对个人收入转移的离退休金、失业保险金等；单位对个人收入转移的辞退金、住房公积金等；家庭间的赠送、赡养费、抚（扶）养费等。

其他有关收入是指按照有关法律、法规规定，能够以公允价值确定的收入。

（2）核对途径

核对机构可以运用入户调查、邻里访问、信函索证以及调取政府相关部门信息等方式开展工作。其中，电子信息比对主要按照下列途径开展：

工资性收入可以通过调查就业和劳动报酬、各种福利收入，以及社会保险费、住房公积金、个人所得税的缴纳情况等得出。

经营性净收入可以通过调查工商登记、企业或者个体工商户的生产经营情况以及企业所得税的缴纳情况等得出。

财产性收入可以通过调查利息、股息与红利、保险收益、出租房屋收入以及知识产权的收益情况等得出。

转移性收入可以通过调查养老金、失业保险金、社会救济金和住房公积金的领取情况，以及获得赠与、补偿、赔偿的情况等得出。

**2. 核对中财产的界定**

（1）核对内容

家庭财产包括货币财产和实物财产。具体内容包括：银行存款和现金、有价证券、债权、商业保险、居住类和非居住类房屋、机动车辆（含车辆牌照）和其他有较大价值的财产。

（2）核对途径

实物财产可以通过调查房产、车辆，以及古董、艺术品等有较大价值实物的拥有情况等得出。

货币财产可以通过调查存款、有价证券持有情况、债权债务情况等得出。

## 三、收入财产认定的基本原则

通过对核对工作中可支配收入、财产的构成及内涵的总结和梳理，结合上海近几年十二个核对项目的核对工作中不同项目的豁免项的逐步演变，我们追寻可支配收入和财产的核对进程，找出相关规律，探索可支配收入及财产认定的基本原则，为今后的核对工作的开展、具体个案的处理和相关政策的完善提供理论支持。

**1. 依法客观公正原则**

收入财产核对认定工作首先要遵循的基本原则是依法、客观、公正原则。自 2009 年 9 月 1 日起施行的《上海市居民经济状况核对办法》（上海市人民政府令第 14 号）是上海开展核对工作的指导性文件，办法中第三条就明确指出，核对工作应当坚持依法和客观、公正的原则，保护核对对象的合法权益。

依法，即按照法律。客观公正，是指按实物的本来面目去反映，不掺杂个人的主观意愿，也不为他人意愿所左右。依法行政是约束工作人员避免出现违法行政，以免对社会、人民造成严重后果，同时也是在公平、公正、公开的情况下保护广大群众的根本利益，二者是对立统一的。

如《上海市共有产权保障住房（经济适用住房）和廉租住房申请家庭经济状况核对实施细则》（沪民救发〔2014〕75 号）第七条和《上海市低收入困难家庭经济状况认定办法》（沪民救发〔2016〕52 号）第四条均规定：“可支配收入中，工资收入低于最低工资标准的，属于在法定工作时间或依法签订的劳动合同约定的工作时间内提供了正常劳动的，按照社会保险费缴纳地的最低工资标准认定；疾病休假工资或者疾病救济费低于国家有关规定的，按照国家有关规定认定；协保人员和大龄失业人员自谋职业者的收入，应当不低于本市最低生活保障标准。”从中可以看出，虽然申请人拿到的具体收入可能比国家强制要求的低，但为了体现国家的立法精神和立法原则，核对相关收入时必须按照国家规定并强制要求的标准来计算。

另外，核对工作在工作方法、工作内容、工作流程等方面都体现了依法、客观、公正：核对前必须获得行政机关的委托和申请人的授权；核对人员依据政策规定，细致认真核定每一项金额，确保客观地反应申请家庭实际经济状况；核对报告中客观反馈比对信息，供审批机构参考；谁首核谁负责的“首核责任制”；遇到与核对对象有相关利害关系时的主动回避制度；确保核对准确客观的抽查责任制等许多方面都有所体现。《上海市居民经济状况核对办法》第十八条、第十九条明确了核对机构及其工作人员的保密义务和客观公正开展核对工作的要求。

通过建立调查、核实的工作规范和责任制度，建立严格统一的管理制度，上海核对工作 8 年来信息零泄漏，不仅保证了信息系统的安全运行，也保障了核对工作的及时、准确、公正。2013 年，上海市居民经济状况核对中心起草的《上海市经济适用住房申请家庭经济状况核对实施细则》（沪民救发〔2010〕92 号）获得上海市人民政府评选的上海市优秀行政规范性文件一等奖，为进一步推动本市行政机关依法行政能力和水平的提高做出了自己的一份贡献。

**2. 据实认定原则**

收入财产核对中第二个重要原则便是据实认定原则。据实，即依据实情。虽然上海是全国核对工作开展最早的省份，比对专线最多、反馈数据最全，但离完全掌握申请人所有的经济信息还有差距。而“真正做到据实认定”，特别是要做到习总书记所说的像“绣花”一样精细精确，是核对人追求并为之奋斗的目标。

据实认定体现在收入财产认定的方方面面。每一项收入财产的认定都是根据申请人申报值、委办反馈值、申报证明材料等据实核定每一项金额，确保最后核定的具体数额符合每一户家庭的实际情况。使救助最后落实到真正需要帮助的人身上，惠及最困难群体。

核对认定办法和核对项目相关实施细则均对据实认定做出了明确的规定和说明。如《上海市共有产权保障住房（经济适用住房）和廉租住房申请家庭经济状况核对实施细则》（沪民救发〔2014〕75号）中第七条关于收入的规定和第八条关于财产的规定。再如，《上海市低收入困难家庭经济状况认定办法》（沪民救发〔2016〕52号）中第四条关于收入的规定和第六条关于财产的规定。还有《关于本市社会救助工作若干问题的规定》（沪民救发〔2015〕33号）第一条中的（一）~（七）条关于可支配收入特殊情形的认定，每一条都规定要据实认定。

首先，根据调查、核实后认定便充分体现了据实认定的原则。其次，据实认定原则还体现在以上条款中收入、财产认定的方方面面：如房屋出租收入按合同认定；抚养费按照调解书、判决书或者协议书确定的金额认定，若未按以上约定执行的按实际情况认定；银行存款按余额认定；股票按当前股票市值和账户余额总和认定；机动车辆和房屋通过有资质的第三方价格认定机构鉴定后认定相关价格；相关财产依据资金流转凭证或者法院判决书、公证书等有效凭证后据实认定等。

**3. 实名认定原则**

实名，即真实姓名，指在身份证、户口簿等有效证件上使用的姓名，与笔名、化名、曾用名或其他虚拟名称相对。实名制是建立在实名基础上的制度，目前实名制的形式多样，涵盖了网络实名制、火车票实名制、门诊实名制、手机实名制、账户实名制及财产实名制等。其中，账户实名制目前并没有统一的定义，但就账户实名制本身来讲就是用真实的姓名、名字、名称及有关实名证件开立账户。而个人金融财产实名制是指凡涉及公民个人所有的金融财产，包括存款、记名式债券、保险单等，要依照所有权人的真实姓名、身份持有的经济金融制度，国家据此依法保护个人金融财产的所有权和继承权。

我们这里说的实名制是指经济状况核对中涉及可支配收入、财产认定关键点的实名认定问题。

在街道一门式申请各项民生保障项目时，申请人需提供个人身份证复印件或同等身份证件，工作人员将申请人身份信息，包括证件号码、姓名等输入核对系统。市核对中心按规定形式分批次将申请人证件号码和姓名发送给各委办局，相关委办局根据申请人证件号码和姓名等关键字段在其对应的信息系统中开展信息比对查询工作，并照实反馈相关收入、财产数据信息。一旦证件号码和姓名出现错误，将无法比对。因此在核对收入财产的前期阶段，必须遵循实名认定原则。

居民可支配收入金额结合人保、公积金、税务、工商和银行等相关信息认定，核对方法也是根据这些委办局反馈的申请人名下的数据信息依据相关政策进行认定（文件规定的可支配收入豁免项除外）。

财产认定中，实名认定原则更为重要，相关文件也都有明文规定。《上海市低收入困难家庭经济状况认定办法》（沪民救发〔2016〕52号）中第六条和《上海市共有产权保障住房（经济适用住房）和廉租住房申请家庭经济状况核对实施细则》（沪民救发〔2014〕75号）中第八条均规定："银行存款、有价证券和商业保险等货币财产所有权按照实名认定；机动车辆按照车辆购置登记人认定；房屋按照《房地产权证》或者《租用居住公房凭证》《房屋所有权证》《土地使用权证》《宅基地使用证》等记载的权利人或者承租人认定。"

可以明显看出财产核对遵循的基本原则便是实名认定，即登记在申请人存款账户、保险、房产证和车辆购置登记名下的财产认定为申请人所有，应计入其财产（文件规定的财产豁免项除外）。

在改革开放过程中，人们个人财富的累积程度不断提高，社会成员之间的财富关系也日益复杂化，仅仅靠道德或血缘关系等来规范已经远远不够。实名认定原则，不仅可以保护权利人的权益，在核对工作中也可以简洁方便、合理地认定具体申请人的可支配收入和财产的相关金额，且不容易引起纠纷。

可能从某种意义上来说，现阶段的实名登记制度只能证明持有人的真实身份，并不能完全决定财产所有权的归属。也就是说，凭证上的名字有时并不能代表实质财产所有人的真实意思表示，完全以凭证上的名字来确定财产归属往往造成法律事实与客观事实的冲突。但是到目前为止，也没有一种可简单有效地判断其真实性且不变的定律。针对复杂的财产关系，个人财产公证或登记制度或许不失为一种确定财产所有人真实意思表示的简单而行之有效的方法。

**4. 科学化和人本化相结合原则**

（1）科学化原则

核对工作还应遵循科学化和人本化相结合的原则。其实，对救助申请家庭经济状况开展核查是一道世界性的难题，开创核对这项全新的工作，必须遵循科学化的原则，把握先进的核对手段与方法，逐步提高核对的工作技能，做好相关的技术支持，完善相关核对管理等措施。

我们强调核对专业化、科学化，把建立跨部门的居民家庭经济状况信息核对平台作为核对工作体系的关键环节便能很好地说明这一点。上海市居民经济状况核对系统自建立并使用8年来，充分整合和利用各部门数据资源，实现信息共享，进行科学比对，准确核算申请人家庭收入和财产状况，取得了核对实效。据统计，截至2016年底，上海市仅共有产权保障房、廉租住房两项住房保障项目就为国家公共财政节省资金约 25 亿元。

因此，通过科学化、精细化的核对工作，破解了长期以来因为家庭收入“核实难”而困扰社会救助工作的难题，为确保社会公共资金合理有效使用奠定了坚实的基础。使民生保障工作在客观、公正、合理的收入认定下“准入”、在实时动态的监管中“准确”、在严格规范公正的程序中“制约”，真正做到了“应保尽保、应退尽退、应补尽补”，实现了社会救助在阳光下运作。

（2）人本化原则

在做好核对科学化的同时，以人为本，做到人本化也同样重要。核对工作最终的服务对象落实在老百姓上，这就不仅要求核对机构在宏观层面上对整个民生保障公平有序肩负起更全面的保障责任，而且要求其在微观层面时刻为百姓着想，切实承担起为申请人服务的义务。

核对工作中的“以人为本”体现在方方面面。

① 核对机构是在申请人自我申报的基础上通过科学化的操作手段对申报的收入、财产进行信息比对，获取该申请人的真实经济状况。

② 核对流程设置两个重要的环节：“核对中止”和“复核”。核对中止的意思是，当信息比对中发现影响申请人核对结果的重要收入、财产信息委办局有反馈，但申请人未申报或申报差异值较大时，核对流程暂时中止；但此时不会简单认定申请人不诚信或直接出核对结果，而是告知申请人其有未申报或不实的相关情况，请其补足相关证明材料后继续核对。这个环节可以给申请人一个自我修正和补充材料的缓冲。另一个环节为复核，即再次核对，当申请人对某项或某几项核对结果有异议时，可以申请对有异议的核对内容重新核对。虽然是核对流程中两个简单核对环节的设置，但从中就充分体现了人本主义关怀的思想。

③ 逐步优化核对流程，便于为困难群众提供及时救助。如：想方设法减少需要老百姓提交的证明材料；住房保障项目中“两级三审制”；住房户籍核查与经济状况核对“并联审核”将审核时限从最初的 45 个工作日缩短至 35 个工作日以内；通过缩短银行比对周期，新增银行电子比对专线等手段，将救助业务核对工作时限从 20 个工作日缩短至 15 个工作日。这些措施都大大提高了核对效率。

④ 上海核对工作中的四大便民措施也处处体现了服务于民的思想。四大便民措施是加快核对系统建设，提高核对工作效率；完善拓展比对专线，解决老百姓出证难；优化核对工作流程，缩短核对工作时限；加大政策咨询力度，促进核对公开透明。

**5. 收入核对豁免认定基本原则**

通过分析相关政策对可支配收入和财产的具体豁免项的规定，发现财产一般按照截止时点的申请人财产结合实名制据实认定，豁免项较少；而收入因种类复杂，不同项目之间的豁免项区别较大。此处，我们主要对收入核对的豁免认定基本原则总结如下：① 鼓励、倡导、表彰性质；② 申请人原有权益损害赔偿；③ 军人抚恤优待；④ 特殊用途的一次性收入；⑤ 临时性救助帮困；⑥ 特殊人群（老人、儿童、残疾人等）福利政策；⑦ 鼓励就业困难人员就业措施；⑧ 国家上级文件规定的不计入内容；⑨ 申请该项目发放救助金不计入等。

## 四、结语及思考

本文基于上海8年来的核对工作实践经验，结合其他社会领域中收入财产的界定情况，阐述了当前核对工作收入和财产的界定范围，包括核对内容、核对方式及途径和核对规则等，最后总结出收入财产认定应该遵循的几项基本原则。下面，我们对一些问题加以回答和说明。

**1. 经常性收入、可支配收入、经常性可支配收入、纯收入、净收入和正常来源收入等这些收入相关的词语，哪一个是界定一个家庭具体经济状况的收入**

结合近几年的核对工作情况，我们认为应该用“家庭可支配收入”这一名词来阐述申请民生保障项目家庭的相关收入最为恰当。而在核对实施过程中，偏向于经常性的家庭可支配收入，对一般的偶然所得、一次性或临时性的补贴大都给予豁免了。

**2. 计算财产要不要减掉负债？财产是家庭所有财产还是家庭净资产**

目前，从申请人的利益出发，结合据实认定原则，财产核对中采取扣除负债的原则，即财产是家庭净资产。比如某户申请人有一套房子，但本人提供证明其在银行有房贷，则在计算财产时是将房子评估后的价格减掉该人在银行仍需还款部分后计入其家庭总财产。这种家庭净资产的财产计算方式得到申请人的一致认可。

**3. 随着社会的进步和发展，收入、财产的相关内容还需进一步扩展和研究**

居民获得收入方式众多、情况复杂，有全职收入、兼职收入，报税的收入、不报税的收入（如打零工、养殖收入）等，其中农业劳动人口的实际收入更难以收集、计算。而许多申请救助的人员大多学历不高，打零工现象普遍。随着银行、保险、公安和证券相关比对专线不断完善，目前财产认定过程中遇到的困难相对较小。但不可否认的是，当前互联网金融发展迅猛，如支付宝、余额宝和银行机构的类似产品已经成为居民财产的重要投资渠道。为了更好地反映居民货币财产的情况，还需要对此进一步开展研究工作，使得核对机制能够进一步发展和完善。

最后，核对工作自开展以来，相关核对细则一直在不断地修改和完善中。在收入、财产豁免项上，目前救助项目已基本统一标准，而因住房保障项目（共有产权保障房和廉租住房）的特殊性，在豁免内容上虽大多与救助保持一致，但仍有部分区别。今后，我们还需进一步探索统一所有民生保障项目豁免项的可能性，使相关政策的实施更加一致。

### 参考文献

[1] 曹立前．社会救助与社会福利 [M]. 青岛：中国海洋大学出版社，2006.

[2] 曹明睿．社会救助法律制度研究 [M]. 厦门：厦门大学出版社，2005.

[3] 高鸿业．西方经济学：微观部分 [M]. 第三版．北京：中国人民大学出版社，2004.

[4] 高敏雪，王丹丹．“群众”所拥有的财产收入 [J]. 中国统计，2008, 1:24.

[5] 国家统计局，住户收支与生活状况调查方案（2016年度）. 2015.

[6] 纪晓丹．我国居民收入及收入结构变动研究 [D]. 上海：上海师范大学，2009.

[7] 金建峰．家庭收入的评估核定机制研究 [J]. 通州社科论坛，2012, 1.

[8] 李国军 . 社会救助对象的收入核定问题研究 [J]. 南京鼓楼区民政局，2011, 3.

[9] 李济广 . 居民财产收入的范围、统计及其对个人收入的影响 [J]. 中国地质大学学报（社会科学版），2010, 6:106-112.

[10] 刘广平 , 陈立文 , 张敬 . 经济适用房保障对象家庭收入考核范围界定研究 [J]. 科学发展 2014, 4:65-72.

[11] 刘喜堂 . 社会救助制度的基本情况及未来发展 [J]. 群言，2012, 1:10-11.

[12] 罗宾逊 . 现代经济学导论 [M]. 北京 : 商务印书馆，1982.

[13] 芮桂杰 . 城市低保对象收入核定及管理问题思考 [J]. 中国乡镇企业，2009, 4: 7-8.

[14] 宋旭光 . 中国收入经济属性的核算解析 [J]. 财政研究，2013, 9:56-59.

[15] 孙宪忠 . 中国物权法总论 [M]. 北京 : 法律出版社，2003.

[16] 王卫国 . 现代财产法的理论建构 [J]. 中国社会科学，2012, 1:140-162.

[17] 许宪春 . 财产收入与其他几种类型收入的区分问题 [J]. 财贸经济，2013, 2:13-17.

[18] 殷文涛 , 谭诗斌 . 收入贫困的界定与测量 [J]. 脱贫与致富，2003, 9.

[19] 赵人伟等 . 中国居民收入分配研究 [M]. 北京 : 中国社会科学出版社，1994.

[20] 张道根 . 中国收入分配制度变迁 [M]. 南京 : 江苏人民出版社，1999.

[21] 钟仁耀 . 社会救助与社会福利 [M]. 上海 : 上海财经大学出版社，2005.

[22] 周彦文 , 陈莉霞 . 试论财产收入的概念、性质和功能 [J]. 中南财经大学学报，1998, 1:12-18.

# 基于核对数据的上海养老服务补贴政策研究[1]

上海市居民经济状况核对中心　上海海事大学

**【摘要】**本文基于上海核对系统中老年救助申请人的相关数据，开展养老服务补贴政策研究和数据挖掘，研究分析救助群体，探索提出政策完善机制和实施建议。概述了养老服务补贴相关理论研究成果，梳理了全国各省份养老服务补贴政策的基本情况，对上海养老服务补贴政策进行了详细的剖析和说明，对上海核对系统中所有老年救助申请人的相关经济数据开展数据分析和挖掘。结合前期理论研究、政策分析与比较、核对数据分析结果和全市 16 个区县调查问卷，对上海养老服务补贴政策的实施和今后开展相关核对数据分析提出了对策和建议。

**【关键词】**养老服务补贴　核对　数据　统计分析　对策建议

上海的人口老龄化程度一直位列全国之最，人口老龄化已经是上海经济社会发展过程中十分突出的重大问题。深度老龄化带来的是日益突出的养老服务问题。近年来，上海不断完善养老服务政策措施，初步构建起社会化养老福利服务体系，以居家为基础、社区为依托、机构为支撑、医养相结合，资金保障与服务提供相匹配的社会养老服务体系初步建立。

2015 年初，上海市居民经济状况核对中心接受市民政局老龄工作处委托开展部分养老数据的统计分析工作。2016 年 3 月，养老服务补贴项目（前期核对系统暂时名为“老年照护”）引入核对机制。如何加强对困难老人的实际帮助，扩大养老服务补贴制度救助群体覆盖面并提高救助水平，切实保障困难老人的基本生活是非常值得研究的问题。引入经济状况核对机制将对政策的进一步调整和完善起到极大的推动作用，有利于科学判定申请家庭的救助资格。因此，结合核对系统中的数据，对申请家庭的信息进行数据挖掘，依据申请家庭资产、收入等经济状况，确定享受政府基本养老服务补贴的标准和条件，对分析救助群体，制定及调整享受财政养老服务补贴的标准提供数据支持，探索提出恰当的完善机制和建议供政府职能部门参考等方面均具有一定意义。课题研究技术路线图如图 1 所示。

---

[1]　课题研究时间为 2016 年，原报告 12 万余字，因篇幅原因，本文仅将主要内容加以介绍。

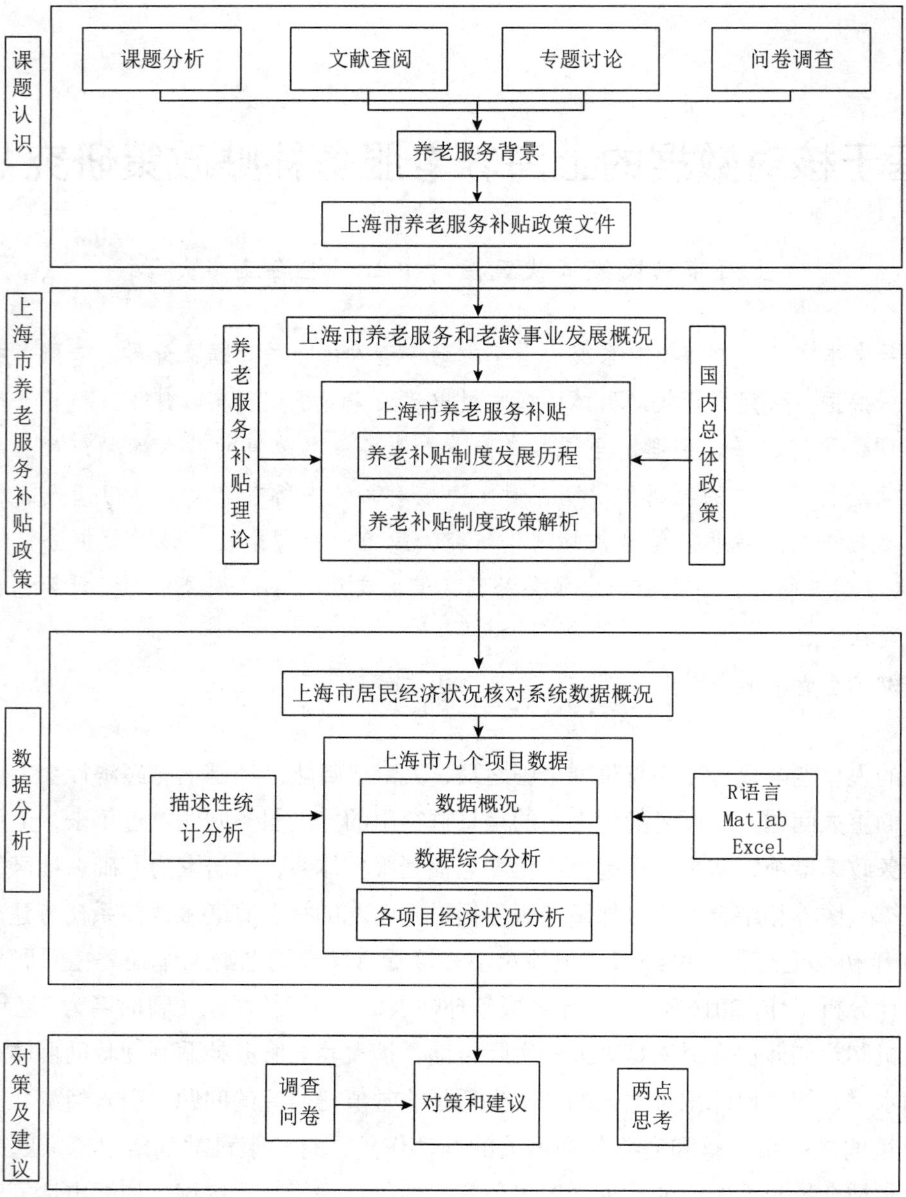


图1　技术路线图

## 一、养老服务补贴理论及政策概述

### 1. 养老模式及问题

20 世纪 80 年代以来，社会人口老龄化问题逐渐成为世界各国的关注焦点，进入老龄化较早的国家对此做了很多探索。在长期应对老龄化的实践中，各国家结合自身的人口结构、经济基础、社会组织基础及家庭结构等客观情况，形成了许多不同的养老模式。现在社会主要的养老模式有：家庭养老、居家养老、机构养老、异地集中养老、以房养老、互助养老和旅游养老等。

现阶段，我国现存的各种养老模式尚存在一些弊端，如家庭养老模式功能弱化；机构养老模式发展受限；社区养老模式发展不成熟，服务内容单一，服务质量较差；以房养老风险大等问题。

**2. 养老服务的发展现状**

（1）养老服务体系

在长期应对人口老龄化的实践中，很多西方国家逐渐形成了以政府引导，构建多元参与、多层次的养老服务体系。我国的养老服务的参与主体仍为政府，大多数养老机构均为国家设立的，并且政府财政会对这些养老机构给予相应的补贴。近些年，由于人口老龄化程度不断加深，受财政等问题的限制，政府也开始鼓励市场企业、个人等社会力量参与养老服务。例如，北京在民政五年规划中提出将全面放开养老服务市场，支持各类市场主体参与养老服务。

（2）养老服务方式

发达国家养老服务模式大体上主要有居家养老、社区养老和机构养老三种类型。我国的养老服务形成了以家庭养老为基础、社区养老为依托、机构养老为补充的养老格局。由于我国老龄化人口的数量不断增加，养老体系不健全以及政府财政的限制，导致我国社区养老模式的发展还不成熟，存在大量的缺陷，因此，家庭养老模式在我国养老服务体系中仍居主体地位。

（3）养老服务的法律法规

养老服务体系方面的法律、法规直接关系到国家经济的发展、社会的稳定和老年人权益的保障。民政部也出台了一系列相关的法律政策，但与发展时间长、发展程度较为完善的西方国家相比，我国在养老方面的法律和法规还有待完善。因此，尽快制定出相对完善的法规政策，从立法的层面上规范养老服务，使我国的各种养老模式的实施有法可依是我国的当务之急。

（4）志愿者队伍

与欧美国家相比，我国志愿者人数较少；一些志愿者专业素质较差，缺少相关的培训；志愿者参与渠道不畅，一些有服务积极性的人找不到合适的途径参与到居家养老服务工作中来。因此，我国应该积极开展多项目的养老服务，扩大志愿者队伍，减低养老服务成本，逐步形成完善的社区居家养老服务，使老年人可以得到妥善的照顾。

**3. 养老服务补贴制度**

养老服务补贴制度是指对于低收入的高龄、独居、失能等养老困难老年人，经过评估，采取政府补贴的形式，帮助他们入住养老机构或者接受社区、居家养老服务提供支持的一种制度。养老补贴在养老服务中的作用主要体现在以下几个方面：

（1）建立养老服务补贴制度有利于进一步界定养老服务的目标人群；

（2）建立养老服务补贴制度有利于推动养老服务机构的机制改革；

（3）建立养老服务补贴制度有助于养老服务产业化发展。

**4. 建立合理的养老服务补贴核对制度**

养老服务的补贴方式通常分为两种：一种是直补供方，定点定人委托服务；一种是直补需方，定点定项目委托服务。在养老服务补贴的发放中最易发生补贴对象错位、补贴不能及时发放等现象，使得部分贫困、失能且真正需要财政帮助的老年人不能及时得到政府的补助，支付能力仍然达不到养老机构的收费水平，而那些经济条件较好且身体较健康的老年人却享受着政府的财政补贴。

在养老服务补贴政策的实施过程中，相关数据信息的准确性对于政府部门的工作人员或者补贴受惠人员来说都至关重要，准确的信息是养老服务补贴制度顺利实施的保障。因此建立合理的数据核对制度对养老服务补贴工作的实施具有重大意义，具体表现为：

（1）建立数据核对制度能保障养老服务补贴工作的顺利实施；

（2）建立数据核对制度有利于提升养老服务补贴的工作效率；

（3）建立数据核对制度是有利于实现业务处理的规范化和决策的科学化。

对于养老服务补贴数据核对制度的实施，首先应该完善养老服务补贴工作的管理制度，加强对各数据统计工作的领导。其次，应该健全数据管理系统，严格管理数据收集、数据录入等环节，为数据的核对做好基础性工作。最后，应该确保数据核对的质量，数据核对应该采用高效、合理的方法，并且相关工作人员应该具备专业的知识技能及较高的专业素养。这样，才有助于养老服务补贴数据核对制度的顺利实施，提高数据核对的效率。

#### 5. 全国层面的养老政策相关情况概述

近年来，国家陆续出台了很多指导性相关政策文件，各地贯彻落实中央文件精神，紧密结合当地实际，在省级层面出台了经济困难的高龄、失能等老年人补贴政策。这些政策对于健全老年人福利制度、保障养老服务资金、提升老年人生活质量，具有十分重要的意义。

目前，在养老服务补贴方面，北京、天津、山西、辽宁、吉林、上海、江苏、浙江、安徽、山东、河南、湖南、广东、海南、重庆、四川、贵州、西藏、青海及新疆 20 个省（区、市）出台了相关的补贴政策。

在护理补贴方面，北京、天津、山西、辽宁、吉林、黑龙江、上海、江苏、安徽、山东、河南、广东、重庆、四川、贵州、西藏及新疆 17 个省（区、市）出台了相关的补贴政策。

在高龄津贴方面，北京、天津、河北、山西、内蒙古、辽宁、吉林、黑龙江、上海、江苏、浙江、安徽、福建、山东、河南、湖南、广东、海南、贵州、云南、西藏、陕西、甘肃、青海、宁夏及新疆 26 个省（区、市）出台了相关的补贴政策。

全国各省地补贴种类主要有养老服务补贴、护理补贴和高龄津贴等，其中北京、上海、天津、江苏、广东、山东、吉林、辽宁、山西、河南、安徽、贵州、新疆和西藏 14 个省（区、市）补贴种类比较周全。其他省市没有出台完整的补贴政策，如，湖北、广西、江西和台湾等省没有出台信息。

## 二、上海市养老服务补贴政策解析

#### 1. 当前的上海市养老服务补贴政策解析

《关于调整本市养老服务补贴政策有关事项的通知》（沪民老工发〔2015〕7 号）对上

海市养老服务补贴最新政策做了具体说明。我们从补贴对象及梯度、补贴标准、经济状况核定标准及使用范围等方面，力求对政策进行详细的剖析和说明。

（1）基本原则

需求导向，保障基本；形成梯度，健全机制；稳步投入，分级负担；加强统筹，稳慎推进。

（2）补贴对象及梯度

经老年照护等级评估（试点区为“老年照护统一需求评估”），有照护需求且符合下列条件之一的60周岁及以上本市户籍老年人，可申请养老服务补贴并享受相应待遇：

① 城乡最低生活保障家庭中的老年人，享受全额的养老服务补贴。

② 本人及其配偶家庭人均收入高于本市城乡最低生活保障标准、低于本市城乡低收入家庭标准的老年人，享受80%的养老服务补贴。

③ 80周岁及以上、本人月收入高于本市城乡低收入家庭标准、低于本市上一年度城镇企业月平均养老金的老年人，享受50%的养老服务补贴。

④ 上述II、III两类对象中，无子女或90周岁及以上高龄的老年人，在以上待遇基础上再叠加享受20%的养老服务补贴。

（3）补贴标准

补贴标准根据老年人的照护等级确定，由服务时数及服务单价构成。

照护等级为轻度、中度、重度（分别对应试点区采用的“老年照护统一需求评估标准”中“一级”“二级、三级”“四级、五级”）的，月服务时数分别为30小时单位、40小时单位、50小时单位。

照护等级为轻度、中度、重度的服务单价逐步实行统一单价，以当年度本市最低小时工资标准为准，并随全市最低小时工资标准的增长逐年同步调整。

2015年，照护等级为轻度、中度的服务单价为18元/小时，重度的服务单价为20元/小时。

（4）使用范围和补贴形式

养老服务补贴以非现金的“服务券（卡）”形式，用于兑换各类养老服务，包括：助老服务社等社区居家养老服务组织提供的居家上门照护服务，社区老年人日间服务中心、长者照护之家等社区托养机构提供的养老服务及其他项目化服务，养老机构服务收费（伙食费除外）等。

养老服务补贴用于兑换社区居家养老服务的，除最低生活保障家庭以外的其他对象，需支付相应比例的服务费用。

**2. 经济状况核定标准**

本市城乡最低生活保障标准和低收入困难家庭标准，按照当年度发布实施的相应标准执行。

根据《上海市人民政府办公厅关于印发市民政局等六部门制订的〈上海市城乡居民最低生活保障申请家庭经济状况认定标准〉的通知》（沪府办发〔2014〕16号）以及《关于调整本市城乡居民最低生活保障标准的通知》（沪民救〔2016〕15号）文件，最低生活保障准入条件为：3 人户及以上家庭人均货币财产低于 3 万元（含 3 万元），2 人户及以下家庭人均货币财产低于 3.3 万元（含 3.3 万元），家庭月人均收入低于 880 元。

根据《上海市民政局关于印发〈上海市低收入困难家庭申请专项救助经济状况认定标准〉（试行）的通知》（沪民救发〔2014〕50 号）、《上海市民政局关于发布，〈上海市低收入困难家庭经济状况认定办法（试行）〉的通知》（沪民救发〔2014〕51 号）和《上海市民政局关于调整本市低收入困难家庭申请专项救助收入标准的通知》（沪民救发〔2016〕13 号）文件，低收入困难家庭准入条件：3 人户及以上家庭人均货币财产低于 5 万元，2 人户及以下家庭人均货币财产低于 5.5 万元，家庭月人均可支配收入低于 1760 元。

本市上一年度城镇企业月平均养老金标准，以上海市人力资源和社会保障局在部门官网上发布的数据为准。2015 年，本市城镇企业月平均养老金为 3283 元。

## 三、上海市核对系统老年人经济状况数据分析

养老服务补贴项目于2016年3月在核对系统上线，因种种原因数据量过少，没有代表性。课题组导出上海市居民经济状况核对系统中已开展的九个项目自上线至 2016 年 6 月 30 日涉及 60 岁以上老年人的所有明细数据，对所有申请家庭中老年人的社会形态、所在家庭结构、收入及财产经济状况等相关数据开展以描述性统计为主的数据分析工作，力求客观反映中低收入老年人的基本现状，进而反映出他们的养老需求，为意见和建议的提出提供数据支持。各项目中老人申请人次占申请人次总数的比重较高，很多项目几近半数，一定程度上能够反映当前老人们的需求，可以为养老服务补贴项目作参考。为便于讨论，本节中最低生活保障简称“低保”，养老服务补贴简称“老年照护”，因病支出型贫困家庭生活救助简称“支出型贫困”。

### 1. 各项目数据综合分析

（1）剔除重复申请人后的数据分析

数据分析显示，申请单个项目的老人占绝大部分，也有一部分老人同时申请多个项目。

① 申请单个项目的老人数据细则显示，男女比例基本相持，政策没有明显的性别倾向。

② 申请两个项目的老人数据细则可以得出，除了老年照护因数据量小，因而包含这个项目的两项目申请者为 0 外，其他各项目搭配都存在老人同时申请。其中同时申请低保和医疗救助项目的老人人数最多，高达 4374 人次，占总申请两项人数的 35.3%；其次是同时申请低保和廉租住房项目的老人，达 3019 人次，占总申请两项人数的 24.3%。

③ 申请三个项目的老人数据细则分析可知，同时申请低保、廉租住房、医疗救助这三项的老人最多，达 278 人次。其次是同时申请低保、共有产权保障房、廉租住房这三项的老人，达 164 人次。

④ 申请四个项目的老人数据细则分析得出，同时申请低保、共有产权保障房、廉租住房、医疗救助这四项的老人最多，达 15 人次；其次是同时申请低保、廉租住房、临时救助、医疗救助这四项的老人，达到 13 人次，并且申请人中男性占主导位置。

（2）申请各项目老人数量及性别分析

综合各项目申请人数比例和男女比例及男女的总比例不难看出，申请人数多的项目，如临时救助、共有产权保障房，男女比例相当，差距较小；申请人数少的项目，如老年照护、医疗救助，男女比例相差比较大。

（3）申请各个项目老人年龄分布情况

对各项目年龄统计分析，得到申请老人分项目及总体年龄区间分布图10个，并从图表中可以看出：

① 老年照护项目中60 ~ 70岁以及80 ~ 90岁的老年人在此项目中申请的人数占各年龄层的主导地位。

② 五个项目——残疾人生活补贴、教育救助、临时救助、医疗救助和支出型贫困的申请老年人人数分布随着年龄增加而递减，主要申请该项目的老年人年龄范围在60 ~ 80岁之间。

③ 廉租住房项目的老年人人数分布随着年龄增加而递减，尤其第一个年龄段到第二年龄段的递减速度很快。不难知道，主要申请该项目的老年人年龄范围在50 ~ 60岁之间，事实上这个年龄段申请人数高达12000多人，是第二年龄段的近3倍。

④ 低保及共有产权保障房项目的老年人人数分布随着年龄增加而递减，申请这两个项目的老年人年龄范围也主要在50 ~ 70岁之间，前者人数高达20000多人，后者人数高达40000余人。尤其低保第一、第二年龄段申请人数相当，共有产权保障房第一、第二年龄段申请人数相差不大。

⑤ 总体样本类似低保老年人年龄范围，第一、第二年龄段申请人数相当，第三和第四年龄段申请人数也相当。

表1是剔除重复数据后各年龄段各项目综合分布表。

**表1　剔除重复数据后各年龄段项目综合分布表**

单位：人

| 年龄段/项目 | 50~60岁 | | | 60~70岁 | | | 70~80岁 | | | 80~90岁 | | | 90岁以上 | | |
|---|---|---|---|---|---|---|---|---|---|---|---|---|---|---|---|
| | 人数 | 男 | 女 | 人数 | 男 | 女 | 人数 | 男 | 女 | 人数 | 男 | 女 | 人数 | 男 | 女 |
| 低保 | 11769 | 8368 | 3401 | 11793 | 7086 | 4707 | 7427 | 3211 | 4216 | 6636 | 1900 | 4736 | 1791 | 289 | 1502 |
| 共有产权保障房 | 22798 | 12463 | 10335 | 20360 | 11757 | 8603 | 14309 | 5889 | 8420 | 6756 | 2477 | 4279 | 505 | 158 | 347 |
| 廉租住房 | 12214 | 7488 | 4726 | 4190 | 2514 | 1676 | 2090 | 795 | 1295 | 652 | 120 | 532 | 45 | 4 | 41 |
| 残疾人生活补贴 | 208 | 101 | 107 | 3972 | 2026 | 1946 | 2200 | 1083 | 1117 | 887 | 313 | 574 | 178 | 27 | 151 |
| 教育救助 | 60 | 38 | 22 | 565 | 297 | 268 | 242 | 121 | 121 | 61 | 21 | 40 | 21 | 2 | 19 |
| 老年照护 | 0 | 0 | 0 | 28 | 12 | 16 | 6 | 3 | 3 | 27 | 7 | 20 | 7 | 1 | 6 |
| 临时救助 | 944 | 525 | 419 | 7409 | 3708 | 3701 | 4038 | 1856 | 2182 | 2416 | 855 | 1561 | 438 | 82 | 356 |

续表

| 项目＼年龄段 | 50～60岁 | | | 60～70岁 | | | 70～80岁 | | | 80～90岁 | | | 90岁以上 | | |
|---|---|---|---|---|---|---|---|---|---|---|---|---|---|---|---|
| | 人数 | 男 | 女 | 人数 | 男 | 女 | 人数 | 男 | 女 | 人数 | 男 | 女 | 人数 | 男 | 女 |
| 医疗救助 | 3809 | 1997 | 1812 | 24019 | 11696 | 12323 | 17718 | 8264 | 9454 | 10694 | 3541 | 7153 | 1722 | 321 | 1401 |
| 支出型贫困 | 533 | 272 | 261 | 1942 | 1002 | 940 | 903 | 446 | 457 | 398 | 132 | 266 | 73 | 6 | 67 |
| 总计 | 52335 | 31252 | 21083 | 74278 | 40098 | 34180 | 48933 | 21668 | 27265 | 28527 | 9366 | 19161 | 4780 | 890 | 3890 |

4）申请者区域分析（图2）

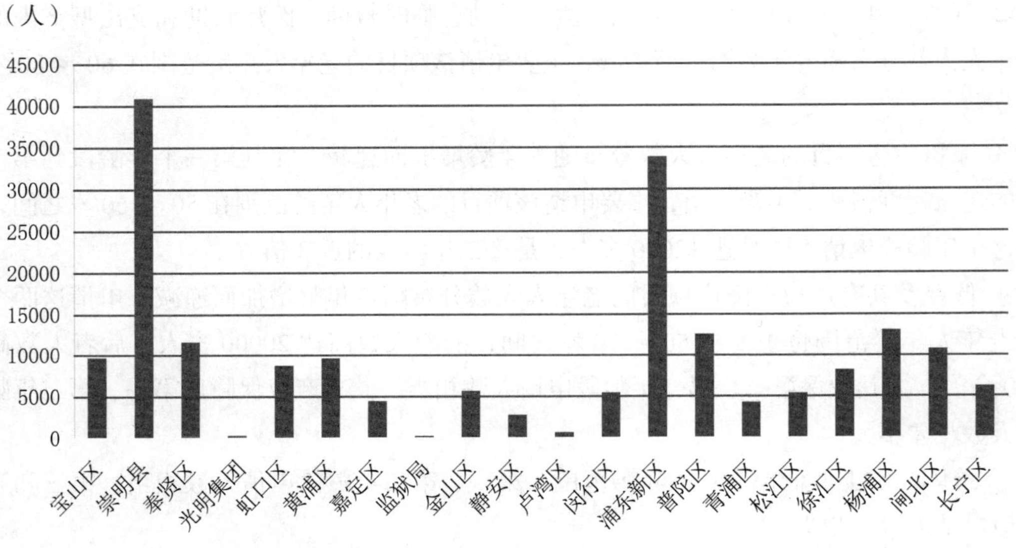


图2　所有项目区县总分布直方图

**2. 经济状况分析结果**

（1）有关低保的数据分析

① 家庭结构。低保家庭中，最少的为 1 人户，最多的为 9 人户。

② 家庭类型。从数据可看出，家庭类型包括残疾、孤老和一般。

③ 区域分布中，崇明县所占的百分比最高，达到了 34.66%；而光明集团和监狱局最少，占比为 0.47%。

④ 个人月收入中，低保个人月收入均值为 236.30 元，有超过 75% 的人处于均值以下。3 个月人保反馈合计均值为 1468 元，有至少 25% 是没有人保反馈的，最小值为 0，最大值为 15360 元。

⑤ 货币财产中，个人货币财产最小值为 0，最大值为 3798 万元，均值为 13570 元，有至少 75% 的人低于均值。

⑥ 机动车数量。没有机动车的有 177310 人次，有一辆机动车的有 200 人次，有两辆机

动车的有 16 人次，有三辆机动车的有 3 人次，其中没有机动车的占 99.88%。

⑦ 房屋。在低保房屋老接口中，没有非居住类房屋的有 150794 人次，有 1 套非居住类房屋的有 81 人次，有 2 套非居住类房屋的有 7 人次，其中没有非居住类房屋的占 99.94%。没有居住类房屋的有 135128 人次，有 1 套居住类房屋的有 14406 人次，有两套居住类房屋的有 1157 人次，有 3 套或 3 套以上的有 103 人次，最多的有 6 套居住类房屋。其中没有居住类房屋的占 89.56%，有 1 套的占 9.55%

老接口中 2 套以上人均建筑面积最小值为 3.7 平方米，均值为 46.26 平方米，最大为 173.82 平方米；有 25% 在 3.7 ~ 27.36 平方米之间，有 50% 在 3.7 ~ 41.62 平方米之间，有 75% 在 3.7 ~ 58.01 平方米之间。新接口中 2 套以上人均建筑面积最小值为 12.15 平方米，均值为 64.42 平方米，最大值为 254.99 平方米。有 25% 在 12.15 ~ 39.11 平方米之间，有 50% 在 12.15 ~ 56.69 平方米之间，有 75% 在 12.15 ~ 77.29 平方米之间。

（2）有关共有产权保障房的数据分析

主要从人均可支配收入、人均财产、养老金或退休金这三项进行分析。

① 年人均可支配收入。申请共有产权保障房的老人年人均可支配收入主要都在 80000 元以下。从相关统计表中我们能看出，申请共有产权保障房的老人年人均可支配收入为 31771 元，有 25% 的老人年人均可支配收入在 22498 元以下，有 50% 的老人年人均可支配收入在 29664 元以下，有 75% 的老人年人均可支配收入在 38672 元以下。从中位数与平均数以及偏度与峰度来看，这些老人的年人均可支配收入的分布比较均匀。

② 区域分布。共有产权保障房在杨浦区所占的人次最多，为 2053 人次，占 42.89%；在黄浦区和静安区人次最少，都为 2 人次，各占 0.04%。

③ 人均财产。25% 的老人人均财产在 34152 元以下，有 50% 的老人人均财产在 67443 元以下，有 75% 的老人人均财产在 104620 元以下，均值为 73259 元。

④ 年养老金。申请共有产权保障房的老年人年养老金的平均数与中位数几乎相等，也就是说几乎有一半的人达到了平均水平。有 50% 的老人年养老金在 2 万 ~ 3.1 万元之间，差异也不是很大。

（3）有关廉租住房的数据分析

主要从人均可支配收入、人均财产和养老金或退休金这三项进行分析。

① 年人均可支配收入。大部分申请廉租住房的老人年人均可支配收入在 6 万元以下，从相关统计表中我们可以看出，廉租住房的老人年人均可支配收入的均值为 17674 元，中位数为 17174 元，这两个数值几乎相等，说明该分部是相对均匀的，有一半的人都达到了平均水平。

② 区域分布。黄浦区人次最多，为 3763 人次，占 15.65%；崇明县人次最少，为 83 人次，占 0.35%。

③ 人均财产。绝大多数老人的人均财产在 20 万元以下，从相关统计表中我们可以看出，申请廉租住房的人均财产平均数为 21259 元，远远大于中位数 7768 元，其峰度高达 172，

偏度也达到了 8，说明该分部严重往右偏，也就是说申请廉租住房的老人人均财产大部分都集中在均值以下。

④ 年养老金。老人的年养老金几乎所有都在 5 万元以下，从相关统计表中可以看出，申请廉租住房的年老年人养老金的平均值小于中位数，说明有一半以上的养老金或退休金大于均值。该分部的峰度为－1，负的峰度系数说明观测量不那么集中。

（4）有关残疾人生活补贴的数据分析

主要从家庭结构、区域分布、收入和财产几个方面进行具体分析。

① 家庭结构。2 人户最多，为 4914 人次，所占百分比为 65.63%；6 人户及 6 人户以上的为 15 人次，所占百分比为 0.20%。

② 区域分布。残疾人生活补贴人次最多的为浦东新区，为 4572 人次，占 61.07%。人次最少的为长宁区，27 人次，占 0.36%。

③ 个人月收入。大部分都集中在低值端，有 25% 在 6.2 元以下，有 50% 在 778.7 元以下，有 75% 在 964.2 元以下，均值为 841.9 元，极差为 37710 元。

④ 货币财产。至少 25% 无个人财产，有 50% 是在 1190 元以下的，有 75% 是在 2637 元以下的，均值为 1458 元，极差为 17170 元。

（5）有关教育救助的数据分析

主要从家庭结构、区域分布、收入和财产几个方面进行具体分析。

① 家庭结构。教育救助家庭中，最少的为 1 人户，最多的为 6 人户。其中 2 人户最多，为 385 人次，所占百分比为 39.57%；6 人户最少，为 15 人次，所占百分比为 1.44%。

② 区域分布。教育救助人次最多的为嘉定区，为 384 人次，占 39.47%。人次最少的为长宁区，1 人次，占 0.1%。

③ 个人月收入。大部分都集中在低值端，有 25% 在 15.85 元以下，有 50% 在 790.2 元以下，有 75% 在 1168 元以下，均值为 1026 元，极差为 12710 元。教育救助 3 个月人保反馈合计中有至少 25% 是没有人保反馈的，有 25% 在 2252 ~ 2428 元之间，其均值为 471.6 元。

④ 货币财产。大部分集中在低值端，有 25% 在 1975 元以下，有 50% 在 1975 ~ 15340 元之间，均值为 52380 元。

⑤ 车辆和住房。在 973 个样本中有 1 辆机动车的有 4 人次，其余都为没有机动车的。有多套居住类住房的 1 人次，两套以上人均建筑面积为 48.27 平方米。

（6）有关老年照护的数据分析

从该项目的个人月养老金来进行分析，分为城保和居保两类。根据 73 个数据，可以看出需要老年照护的人有接近一半是没有个人月养老金的。在有个人月养老金的老人当中 1000 元以下和 5000 元以上各占 8.22%，而 1000 元以下的老年人的个人月养老金全都是由居保提供的，5000 元以上全都是由城保提供的。

在家庭人口中，根据所给的 73 个数据，其中 1 人家庭的有 43 个，占 58.90%；2 人家庭的有 30 个，占 41.10%。

（7）有关临时救助的数据分析

主要从家庭结构、家庭类型、区域分布、收入和财产几个方面进行具体分析。

① 家庭结构。临时救助家庭中，最少的为 1 人户，最多的为 7 人户。2 人户人次最多，为 9007 人次，占 46.06%；6 人户以上最少，为 23 人次，占 0.12%。

② 区域分布。奉贤区临时救助人次最多，为 8335 人次，占 42.63%；青浦区临时救助人次最少，为 4 人次，占 0.02%。

③ 个人月收入。主要集中在低值端，有 25% 个人月收入在 0.1 元以下，有 50% 个人月收入在 3.2 元以下，有 75% 个人月收入在 397.1 元以下，均值为 1311 元，极差为 435023.2 元。

④ 货币财产。个人财产大部分集中在低值端，有 25% 在 1774 元以下，有 50% 在 1774 ~ 94410 元之间，均值为 86320 元，极差为 18310000 元。

⑤ 车辆。个人机动车数量最多为 5 辆，最少为 0 辆。99.18% 都是没有机动车的，两辆及以上仅占 0.09%。

⑥ 房屋。临时救助家庭中居住类房屋最多为 5 套，最少为 0 套。87.88% 是没有居住类房屋的，有 9.81% 有一套居住类房屋，3 套及以上仅占 0.44%。临时救助两套及以上人均建筑面积最小值为 10.18 平方米，最大值为 392 平方米，均值为 58.26 平方米。有 25% 在 10.18 ~ 32.91 平方米之间，有 50% 在 10.18 ~ 49.61 平方米之间，有 75% 在 10.18 ~ 71.23 平方米之间。

（8）有关医疗救助数据分析

主要从家庭结构、区域分布、文化程度、劳动能力和就业状态进行具体分析。

① 家庭结构。医疗救助家庭中，最少的为 1 人户，最多的为 9 人户。2 人户最多，为 66188 人次，占 60.21%；6 人户及以上最少，为 365 人次，占 0.33%。

② 区域分布。崇明县最多，为 63749 人次，占 57.99%；最少是光明集团和监狱局，为 92 人次，仅占 0.08%。

③ 文化程度。文化程度为小学的最多，为 50244 人次，占 45.71%；本科及以上最少，为 51 人次，占 0.05%。

④ 劳动能力。缺失值占了 69.84%，除了缺失值，无劳动能力人次最多，为 13277 人次，占所有人次的 12.08%；最少的为完全丧失劳动的，为 2790 人次。

⑤ 就业状态。就业状态为其他的所占比例最高，为 58.96%，无业的占 19.11%，最少的为非农就业占 0.11%。

（9）有关支出型贫困的数据分析

主要从家庭结构、区域分布、收入和财产几个方面进行具体分析。

① 家庭结构。支出型贫困家庭中，最少的为 1 人户，最多的为 8 人户。2 人户最多，为 3562 人次，占 65.24；其次是 1 人户，占 26.50%；最少为 6 人户及以上，仅占 0.13%。

② 区域分布。崇明县最多，为 1291 人次，占 23.64%；闵行区和青浦区最少，各为 2 人次，各占 0.04%。

③ 个人月收入。个人月收入绝大部分都集中在低端值，均值为 1163 元，有 75% 在 784.4 元以下。收入合计最大值为 50084 元，均值为 16853 元。

④ 货币财产。大部分还是集中在低值端，个人货币财产均值为 47040 元，有 50% 在 8701 元以下。

⑤ 车辆。个人机动车数量有 0、1、2 辆三类，其中没有机动车的有 5438 人次，占 99.60%；有一辆机动车的有 21 人次，占 0.38%；有 2 辆机动车的有 1 人次，占 0.02%。

⑥ 房屋。

I. 家庭非居住类房屋。没有家庭非居住类住房的有 5451 人次，占 99.83%；有 1 套家庭非居住类房屋的有 8 人次，占 0.15%；有 2 套家庭非居住类房屋的有 1 人次，占 0.02%。

II. 家庭居住类房屋。没有家庭居住类房屋的有 4241 人次，占 77.67%；有 1 套家庭居住类房屋的有 977 人次，占 17.89%；有多套家庭居住类房屋的有 242 人次，占 4.43%。支出型贫困两套及以上居住类房屋人均建筑面积最小值为 10.83 平方米，有 25% 在 10.83 ~ 28.44 平方米之间，有 50% 在 10.83 ~ 38.33 平方米之间，有 75% 在 10.83 ~ 56.04 平方米之间，均值为 43.90 平方米，最大值为 135.90 平方米。

## 四、对策及建议

在前期养老服务补贴研究理论和政策分析的基础上，基于数据分析结果和通过调查问卷从全市各区县搜集到的建议和意见，我们对目前上海养老服务补贴的政策实施、核对工作等提出具体建议。

### 1. 基层核对工作人员反馈的意见和建议

为了更好地了解养老服务补贴制度，特别是该政策引入核对机制后的基本情况，我们特向全市 16 个区的基层核对工作人员发放了调查问卷，从核对角度搜集政策开展的相关情况。共发放调查问卷 80 份，回收有效问卷 32 份。

从回收问卷的情况来看，区、街镇反映的意见和建议相对比较集中，主要体现在以下几点：

（1）基层建议最集中的是建议扩大核对范围。他们认为，一个月养老金数据不能反馈实际收入，有时候遇到补发工资月份，就超标，建议查月均；征地养老、镇保的相关收入无反馈；单纯核对养老金，而不核对财产，无法作为依据等。

（2）核对系统有时不稳定，希望完善。有部分基层工作人员指出，他们在养老服务补贴核对工作开展过程中，有时会遇到系统不稳定导致的一些问题，比如：无法看到核对报告、出现对象核定错误等，希望市中心能够逐步优化系统。其中，宝山区反映系统问题比较普遍，这也和宝山区较早开展该项目核对有关。

（3）建议增加基层工作人员操作权限。核对系统中有些操作不方便，如核对系统当申请方委托有问题时，基层工作人员无法进行任何操作，如取消委托等。希望能够逐步增加区或街镇工作人员的操作权限，使得操作更人性化。

（4）有的核对人员认为养老服务补贴项目没有具体的实施细则，核对时有些项目很不明确。

（5）建议加强养老与民政工作人员的沟通。

（6）建议添加手机提醒功能，提高工作效率等。

**2. 对策和建议**

（1）补贴对象建议采用多元指标评定

养老服务补贴的对象的评定，应该是个复杂的过程。老人的行为、思想、教育背景、经济背景、家庭情况及地域背景等各不相同，如何把补贴工作做到实处，给老人们真正的帮助，合理科学的评定应该是这个补贴政策的一项重要内容。到底使用哪些指标来进行评定，应该既要考虑科学合理，又要考虑切实可行。

我们建议在上海养老服务补贴对象认定方面，扩大对申请老人的核对项目和核对范围，也就是采用多元指标评定，把老年人的非养老金收入、财产（包括银行存款、证券、基金、保险、房屋和车辆）等全面反映老年人具体经济状况的指标引进核对内容。

关于确定养老服务补贴应该考虑的指标，我们建议，一方面可以从本市的其他与老人相关的项目进行借鉴，如医疗救助、最低生活保障、廉租住房等目前核对系统中老年人申请数量排名前三的项目；另一方面，可以借鉴如长沙市等全国其他城市的做法，考虑失能、失独及收入情况，根据不同情况将老人分成三类并给予不同等级的补贴；还可以结合考虑年龄因素对老人进行帮助。

多个指标的考虑可以对老人们的具体的情况做比较清楚的了解，能够尽可能地帮助老人们过好老年生活，更好地发挥补贴的作用。指标的选择也有多个方面的借鉴，一旦多个指标确定数据比较全了，可以继续研究如何有效的选择指标、多个指标情况下如何综合评价老人们的总的需要补贴的程度，从而也更有助于提升补贴的合理性，也能够更好地服务老人，让他们过好老年生活。

（2）建议建立养老服务对象信息化管理制度

全面掌握养老服务的需求信息，是完善社会养老服务体系的关键。要花大力气把老年人基本情况，包括身体状况和经济状况摸清楚，建立数据库。虽然上海在这方面已经开始探索，但离真正的信息获取差距还很大，这也不是民政部门一个单位可以解决的问题，需要多个部门协商，共同出力解决。老年人在身体状况或经济状况发生变化后，服务需求随之改变，信息系统要随时进行更新，动态调整。养老服务补贴标准也随之调整。这样，为老人提供的养老服务才有针对性，政府财政资金的精准率才能提高，真正把资金用到有需要的困难人群身上。

（3）要建立可持续的财政资金为主渠道的保障机制

保障困难老人享有基本的养老服务是政府的职责，因此必需有可靠的财力保障，并加强对现有相关服务补贴制度的整合。事实上，这些年我国各级政府已经试点实施了就特殊困难老人养老服务补贴政策。作为全国第一个实施养老服务补贴的省市，上海的养老服务补贴的救助工作也一直走在全国的前列。国家的每项救助工作基本都是先试点、再推广的模式，因此各项救助政策经常是地方做得更超前一些。

全国养老服务事业发展初期仍显示出各救助制度的碎片化状态，制度的碎片化会损害制度的公平性、完整性及其有效性的发挥。对此，全国层面也要做好整合、提升工作，逐步形成统一的养老服务补贴制度。

（4）切实加强服务设施和组织队伍建设

护理服务需要专业设施的支撑。我们应调整粗放式的笼统补床位数的政策，宜在床位数补贴中增加护理床位数的补贴，引导、鼓励社会力量增强增设护理床位或护理院建设。同时，要建立完善组织机构和队伍建设。民政部门是养老服务体系建设的职能部门，要自上至下建立相应的管理机构，配置力量，提高业务素质，做好服务补贴的审批和发放工作，加强服务的质量监管，维护老年人基本权益。乡镇(街道)要有专门的工作人员，做好养老服务信息系统的管理、服务补贴的申请、服务质量检查等工作。要加强对从业护理人员的教育和培训，切实提高他们的政治、经济待遇；同时，引导养老服务机构加配专业医生、护士和社会工作者，不断提高养老服务质量。

（5）建议开展可持续性理论研究

① 逐步形成一支专门的研究队伍；

② 不断优化研究内容；

③ 坚持可持续研究；

④ 加强对外交流合作。

（6）养老服务借鉴国外经验

有些国家的养老服务及其研究起步比较早，尤其是英国和日本，养老服务发展比较成熟，他们的经验值得借鉴。但我们应立足本国实际，取长补短、西为中用，发展出适合本地的、具有中国特色的养老服务模式。

**参考文献**

[1] 杜鹏，翟振武，陈卫．中国人口老龄化百年发展趋势 [J]. 人口研究，2005, 29(6):90-93.

[2] 安徽省财政厅社会保障处课题组．推进社会养老服务财政政策研究 [J]. 经济研究参考，2013(33).

[3] 李晋．城市居家老年人生活状况及其对社区养老服务的需求研究 [D]. 上海：华东理工大学，2013.

[4] 刘益梅．人口老龄化背景下社会化养老服务体系的探讨 [J]. 广西社会科学，2011.

[5] 科技智囊专题小组．新时期推进我国社会养老服务体系建设的战略部署——“全国社会养老服务体系建设推进会”核心议题 [J]. 科技智囊，2010.

[6] 张淑谦，傅建敏，张铁山．国内外养老服务业发展研究综述 [J]. 新西部旬刊，2014 , 9:171-171.

[7] 徐晓明．苏州市老年人健康状况及养老模式研究 [D]. 苏州：苏州大学，2010.

[8] 苏州市民政局．完善养老模式体系政策研究．2009.

[9] 焦涛，吴清，刘星．住房逆抵押贷款主要风险分析及防范研究劳动保障世界 [J]. 劳动保障世界，2011.

[10] 陈静，吴清，韩静．上海推行住房逆抵押贷款认同度的调查分析 [J]. 劳动保障世界，2013.

[11] 李宇嘉．“以房养老”要经历多少坎 [J]. 齐鲁周刊，2014.

[12] 王磊彬．河南老龄产业：资本机会行将来临农村 [J]. 农民 (A 版)，2012.

[13] 张锦冬，王婷．北京市养老产业发展的对策建议 [J]. 现代商业，2013.

[14] 刘婉娜，胡成．法国居家养老服务业的发展及启示 [J]. 宏观经济管理，2012.

[15] 民政部政策研究中心课题组．上海养老服务发展研究 [J]. 科学发展，2016.

[16] 周晓红．从日本老年服务业现状谈我国养老行业的发展 [J]. 科技创新与应用，2012.

[17] 韩会娟．老年社会需求与长期护理制度构建——以衢州市为例 [D]. 石家庄：河北经贸大学，2012.

[18] 董红亚．中国养老服务补贴制度研究 [J]. 社会科学辑刊，2012(1): 55-60.

[19] 上海市民政网：http://www. shmzj. gov. cn/ .

[20] 张世斌．数学建模的思想和方法 [M]. 上海：上海交通大学出版社，2015.

[21] WARD J H. Hierarchical grouping to optimize an objective function[J]. Journal of the AmericanStatistical Association, 1963, 58: 236-244.

[22] WISHART D. An algorithm for hiearchicalclassifications[J]. Biometrics, 1969, 25: 165-170.

[23] FISHER R A. The use of muliple measurement in taxonomic problems[J]. Annals of Eugenics, 1936, 7: 179-188.

[24] WELCH B L. Note on discriminant functions[J]. Biometika, 1939, 31: 218-220.

[25] 许义平，何晓玲．现代社区制度实证研究 [M]. 北京：中国社会出版社．2008:198.

[26] 吴玉霞．政府购买居家养老服务的政策研究——以宁波市海曙区为例 [J]. 中共浙江省委党校学报，2007(2).

[27] 窦玉沛．加快建立健全社会养老服务体系 [N]. 中国社会报，2010-11-12.

[28] 窦玉沛．贯彻落实国务院常务会议精神实现社会养老服务体系建设目标 [J]. 社会福利，2013(9).

[29] 郅玉玲．三角洲地区居家养老服务的发展 [J]. 学海，2010(4).

[30] 程伟．居家养老服务券的实践与思考 [J]. 中国民政，2007(4).

# 核对项目开发规程标准化研究 [1]

上海市居民经济状况核对中心

【摘要】本文从起步、探索、拓展和完善四个阶段梳理并总结了上海核对工作的发展历程；详细阐述有代表性的四类核对开发方式：以廉租住房、最低生活保障、因病支出型贫困家庭生活救助和养老服务补贴为代表的开发方式；并对目前所有项目的核对模式进行总结和分类，详细说明两种模式的特点和区别。根据前面的研究和分析，总结出核对项目开发过程中的基本环节，分析其中的重点工作，说明开发过程中可能会遇到的困难和问题，并给出相应的解决方案；最后提炼出核对新项目开发流程的标准化机制。

【关键词】核对　项目开发　标准化

2009 年 6 月 30 日，上海市居民经济状况核对中心正式成立。上海在全国率先探索社会救助和社会保障领域的核对机制，标志着社会救助体系建设跨入一个新的阶段。中心成立八年多来，陆续开展了廉租住房、共有产权保障房、最低生活保障、因病支出型贫困家庭生活救助、医疗救助、临时救助、教育救助、农村危旧房改造、特困人员救助供养、就业援助、养老服务补贴和困难残疾人生活补贴等 12 个项目的核对工作，为全国探索居民经济状况核对工作积累了重要经验。我们还将继续根据上海市市政府关于社会救助“9 + 1”的工作布局和上海市民政局的工作部署，进一步拓展核对项目。

已经开展核对的这 12 个项目在当时是如何引入核对机制的？引入一个新的核对项目，需要开展哪些具体工作？其中哪些工作是重要环节或需优先的环节？开展的各项工作顺序是怎样的？这些问题都迫切需要回答。而要解决这些问题，需要我们对 10 年来开展的具体工作进行梳理和归纳。因此，理清新项目开发需要开展的一系列工作并将其标准化，了解其中可能会遇到的困难和问题，探寻解决应对路径，有助于进一步提升核对工作的效率、科学化和规范化，为全国各地区的核对工作提供经验借鉴。

## 一、上海核对工作发展历程

按照核对项目的引入顺序和核对工作的进展情况，上海核对工作可以分为 4 个阶段：第一阶段起步（2006 年 10 月 ~ 2009 年 11 月），是指上海以廉租住房为切入点，一切从零开始一点一滴开拓核对新事业。最初仅以筹备组的名义开展试点工作两年半后，正式的核对

[1] 课题研究时间为 2017 年，原报告近 10 万字，因篇幅原因，本文仅将主要内容加以介绍。

中心才挂牌成立。第二阶段探索（2009 年 12 月 ~ 2012 年 2 月），将共有产权保障房项目引入核对机制。通过两年多的核对实践，各项工作已基本成型，核对系统和比对专线都已基本建成，可以考虑引入新项目。第三阶段拓展（2012 年 3 月 ~ 2016 年 2 月），将核对机制从两个单纯的住房保障项目进一步拓展到最低生活保障这个民政救助项目，以该项目为模板开发新的核对模式和核对报告，后来继续拓展到其他社会救助项目，2013 年到 2015 年连续三年引入因病支出型家庭生活救助、医疗救助、临时救助和教育救助等四个核对项目。第四阶段不断完善（2016 年 3 月 ~ 至今），开展的核对业务逐渐增多，核对工作在快速发展和不断完善中。根据市政府关于社会救助“9 + 1”的工作布局和市民政局的工作部署，越来越多的项目需要开展经济状况核对。2016 年有养老服务补贴、困难残疾人生活补贴和农村危旧房改造等三个项目，2017 年上半年有特困人员救助供养和就业援助两个项目引入核对机制。

## 二、不同核对项目的开发方式

### 1. 四类开发方式

根据开发时间、开发特点及开发方式的不同，大致可以将所有项目的开发方式分为四类。

（1）以廉租住房为代表的开发方式

廉租住房项目的开发可以说从 2006 年底开始探索核对机制，核对模式不断补充、不断发展、不断完善，一直到 2009 年考虑引入共有产权保障房之前，项目开发才基本结束。主要开展的工作有：确定收入核对是一项怎样的工作；解决核对工作的合法性问题；确定主要核对内容，包括核对对象中家庭成员的确定、核对内容的确定、可支配收入和财产等核对内容的认定、核对金额的确定；建设收入核对系统，逐步增加电子比对专线；科学设计廉租住房申请审核表，确定工作流程；不断开展调研，完善相关工作；逐步优化核对流程，健全信息安全网等。

这个项目的开发最早也最难，经历时间最长，随后上线的共有产权保障房基本依照廉租住房的基本模式进行核对开发。

（2）以最低生活保障为代表的开发方式

这是第一个引进核对机制的民政救助项目，核对内容、核对报告、核对模式都与前面的两个住房保障项目有本质不同。主要开展的工作有：与市民政局救济救灾处反复沟通协调；出台核对实施细则；确定委托机构和核对流程；熟悉准入政策，确定核对内容；开发新型核对报告和核对系统等。

（3）以因病支出型贫困家庭生活救助为代表的开发方式

虽借鉴了最低生活保障的相关模式，但这个项目第一次将支出纳入经济状况的核对内容，需要完善与之相匹配的比对专线、核对内容和核对报告等工作。主要开展的工作有：赴市医保办、市卫计委、市总工会、市红十字会、市保险同业公会及街镇社区事务受理服务中心医保窗口等单位开展调研，摸清医疗支出统计口径；摸清项目特点，确定核对内容；

出台核对相关政策文件；根据业务需求，新增信息比对专线等。

（4）以养老服务补贴为代表的开发方式

这是第一个引入核对机制的社会福利项目。主要开展的工作有：与市局老龄工作处前期沟通协调；熟悉相关政策，确定核对内容；明确统一的受理委托机构、设计便捷科学高效的核对流程及开发该项目的核对系统等。

为调动区核对中心工作主动性和积极性，为逐步覆盖社会福利领域及其他有需要的领域挖掘服务潜力、提高服务效能探索路径、积累经验，市核对中心探索将养老服务补贴项目的出具核对报告权限下放至区核对中心。选取它作为首个下放出具报告权限的项目是有其特点和原因的：该项目具有任务量较小、核证难度较低、工作时限要求较宽裕等特点，有利于区中心循序渐进逐步适应新工作、新职责。据统计，自该项目启动一年后，各区核对中心认真出具核对报告，并未发生出错报告的情况。

**2. 核对模式和核对报告**

（1）精细化核对模式

核对工作探索初期，结合廉租住房的项目特点，设计出了一套“精细化核对模式”，即对申请家庭成员的每项经济指标逐一核对，并出具定量核对报告。在此定量核对报告中，并不出现申请家庭成员的明细数据，只有最后核对后的家庭人均可支配收入和人均财产两个具体数值。此后，又将此模式运用于共有产权保障房项目。

多种因素决定了廉租住房和共有产权保障房采用这种核对模式。这种精细化核对模式的特点是：出具结果型的核对报告；业务审批部门无须关注申请家庭的具体经济状况明细数据，仅根据核对报告的计算结果就可以审批，便于使用；但核对人员要根据不同核对项目的政策口径，结合比对信息和申请人提供的证明材料反复验证，才能计算得出每一项的数值，最后综合得出最终审核数据结果，人工干预非常多，需要配备的核对工作人员相对较多，工作量很大；对核对人员业务政策和核对口径的掌握要求非常高；为了便民，人性化设计了“中止环节”，但导致核对周期较长；业务部门仅看结果，那么核对机构责任风险相对就比较大；仅适用于“含金量”较高、申请对象较少的审批项目。

目前，精细化核对仍仅应用于两个住房保障项目，即共有产权保障房和廉租住房。具体核对流程是：申请人向业务主管机构或街道、乡镇政府提出救助申请后，业务主管机构或街道、乡镇政府委托核对机构开展经济状况核对工作，核对机构向其出具核对报告，由其做出最后是否救助的审批决定，中间过程均为电子流转，无纸化办公，具体如图 1 所示。

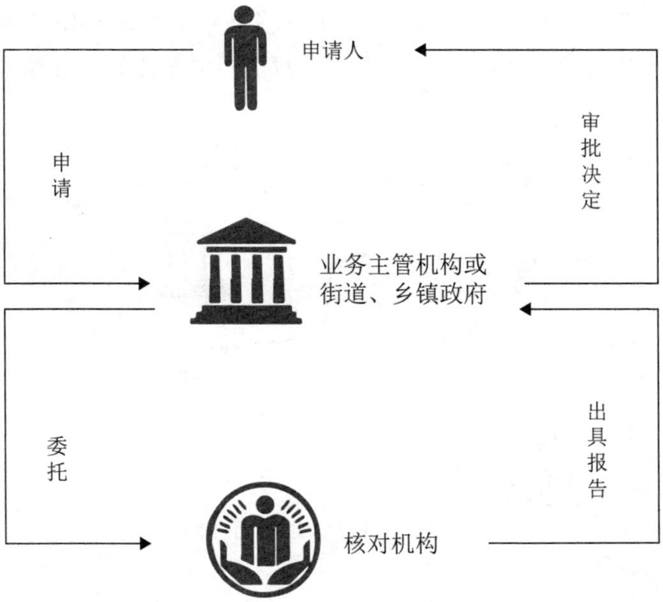


图1 精细化核对工作流程图

（2）简约化核对模式

2012年最低生活保障项目引入核对机制时，考虑到最低生活保障项目不同于已开展的住房保障项目，市核对中心根据相关实施细则的规定，在上海市民政局救济救灾处的指导下，为最低生活保障项目打造了一套全新的“简约化核对模式”，即不对申请家庭成员的每项经济指标逐一核对，仅出具报表型核对报告，由委托机构结合申请人申报信息和报告内容进行认定。

最低生活保障项目是引入核对机制的第一个非住房保障类项目。综合核对量大、复核周期短、审批时限短和操作口径复杂等因素，最低生活保障采用的是简约化模式。这种模式的特点是：出具报表型的核对报告；核对系统将各委办局反馈的所有相关信息根据政策口径进行整理后，分类反映在核对报告中；业务审批部门需要根据核对报告中提供的申请家庭具体经济状况明细数据进行审批和认定，在使用时有点困难；核对人员不需要人工计算每一项的数值，只需要关注系统运行和反馈、自动计算情况，人工干预少，需要配备的核对工作人员不多，工作量比住房保障少很多；对核对人员业务政策和核对口径的掌握要求不高，但对使用的基层人员的业务政策和核对计算口径的掌握要求非常高；没有“中止环节”，一般不会有延期的情况，核对周期较短，可以适应救助项目的需要；不提供最后的认定类结果数据，核对机构责任风险不大；仅适用于“含金量”较低、申请对象较多、准入条件中否决性指标清晰的审批项目。

目前，简约化核对应用于除两个住房保障项目外的十个核对项目。具体核对流程是：申请人向业务主管机构或街道、乡镇政府提出救助申请并提供相关证明材料，并向街镇救助所提出核对申请；街镇救助所委托核对机构开展经济状况核对工作，核对机构向街镇救助所出具核对报告，由街镇救助所向申请人出具相关证明；最后再由业务主管机构或街道、乡镇政府做出最后是否救助的审批决定，中间过程仍为电子流转，无纸化办公，具体如图 2 所示。

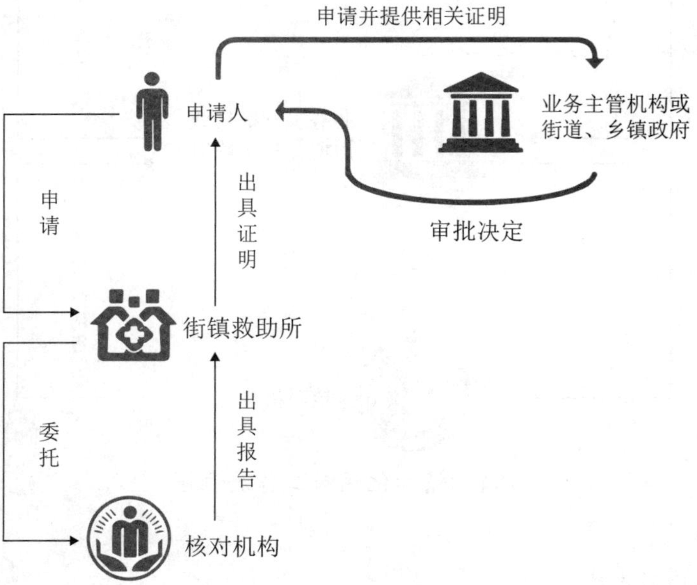


图2　简约化核对工作流程图

（3）两种核对模式的区别和特点

两种模式的特点对比如表 1 所示。

**表1　两种模式对比表**

| 模式特点 | 精细化核对模式 | 简约化核对模式 |
| --- | --- | --- |
| 代表项目 | 住房保障项目 | 最低生活保障、低收入项目 |
| 报告形式 | 出具结果型核对报告 | 出具报表型核对报告 |
| 核对环节 | 正常流程需经过8个环节；如遇中止（延期）流程，最长需12个环节 | 正常仅需4个环节；<br>无中止（延期）流程 |
| 核对周期 | 核对周期长，正常需30～35个工作日；如遇中止（延期）核对，最长需100天 | 核对周期相对较短，正常需15～20个工作日；<br>无中止（延期）核对 |
| 日均<br>出报告量 | 由于需要计算最终结果，核证员人工干预多，按40分钟/份计算，8小时工作时间内每名核证员出报告量为12份。目前20人每天最多可出具报告240份 | 不需要计算最终结果，报告由系统自动生成，且全天都能出具报告，按1分钟/份计算，24小时最多可出具报告1440份 |
| 报告使用 | 结果一目了然，但使用缺乏灵活性 | 需结合申报信息再认定，但使用的灵活性较大 |
| 适用范围 | 适用于“含金量”较高、申请对象较少的审批项目 | 适用于“含金量”较低、申请对象较多、准入条件中否决性指标清晰的审批项目 |

根据上面的分析可以看出，住房保障项目更适合精细化核对模式，其他社会救助项目更适合简约化核对模式。近期针对基层反映救助项目核对报告内容较为杂乱、使用不便的问题，市核对中心对报告内容进行优化整合，在原有罗列式报表的基础上，对部分内容较为复杂的反馈信息进行数据加工，并对是否拥有车辆、房屋等否决性指标进行提示，形成一份内容精简易读的"核对情况简表"。同时，考虑到基层使用习惯以及认定的实际需要，报告中将仍然保留原有的"核对情况详表"，供审批机关进行参考使用。

今后市核对中心计划结合现有两种模式的优点，研发一套更为便捷高效的核对模式。该套模式的初步设想为：由街镇核对员接受核对委托并进行可视化材料扫描，待信息反馈后，由区核对中心进行核对并出具核对报告，并由市核对中心按一定比例进行抽查。但考虑到目前各区人员配置和业务水平差异较大，部分区中心目前仅有 1 名业务人员，所以我们建议在即将开展的新项目中选取一个申请群体规模适中、开发时间相对宽松的项目先行试点，待区中心适应一段时间后，再逐步扩展到其他项目。

虽然目前核对报告可以根据两种不同的核对模式大概分为两类：简单结论数据类和详细明细数据类，但根据各自准入标准和委托机构的不同需求，12 个核对项目的核对报告略有不同。其中，根据业务需要，部分项目核对报告还分为一般核对报告、复核核对报告和特殊核对报告等不同情况。

## 三、核对项目开发标准化流程分析

### 1. 新项目开发过程中的工作内容及环节

（1）与相关行政部门反复沟通协调

首先，相关行政职能部门提出某项目引入核对机制构想。2009 年 9 月正式施行的《上海市居民经济状况核对办法》（市政府令第 14 号）是上海开展居民经济状况核对工作的指导性文件。根据办法相关条款规定，提出引入核对机制的相关行政部门，首先需要了解该办法中的具体规定，特别是认定拟引入核对的项目是否符合核对工作的适用范围。

另外，在整个核对新项目开发过程中，基本上每个阶段的相关内容都需要相关部门介入，经过与核对机构反复沟通、协调后确定。

（2）出台相关政策文件

要出台该项目的核对实施细则或其他政策文件，近几年新引入的项目都没有出台对应的核对实施细则，但一般相关文件中写明按最低生活保障和低收入相关规定执行。因此，需要有具体的政策文件指出其引入核对的合法性并对核对工作具体如何开展作出明确说明。

（3）熟悉准入标准，研究相关政策

通过对项目的救助政策、覆盖人群、准入标准、救助内容、申请程序及审核审批程序等内容的熟悉和了解，可以全方位地掌握拟引入核对机制项目的基本内容，对相关行政职能部门提出的核对需求可以更有针对性地提出制定和修改意见。

（4）确定核对内容、核对期间

需根据不同项目的具体特点，确定核对项目的核对内容和每项内容的核对期间。

（5）确定受理主体、核对工作时限和核对流程

项目引入核对时，主管行政职能部门需要明确核对的委托方和项目的受理主体，也就是到底由谁委托核对机构开展核对工作，谁是最后的审批机关，是街道救助所还是其他行政部门。总体来说，结合核对合法性、操作方便性和便民利民的多方面因素才做最后确定。

（6）确定核对模式，设计核对报告

相关行政职能部门可以在充分了解两种已有核对模式的基础上，选取更适合该引入项目的核对模式。当然，今后可能会研究更优的核对模式以供选择。但是核对模式一旦确定后，核对报告是结果型还是报表型就基本确定下来。另外，新项目开发时，还要根据项目特点确定是由市核对中心还是区核对中心出具核对报告。

（7）开发该项目的核对子系统

当前期工作都基本完备之后，最后就要提出系统开发需求，让后台的技术人员进行该项目的核对系统开发，准确地说，应该称之为核对子系统或核对系统中的该项目模块。核对机构将业务流程、业务规则等需求提交系统软件开发公司进行开发。期间，要配合开发公司进行需求调研、需求确认、用户测试等工作，测试成功后系统才正式上线投入使用。如果时间紧张，该项目的开发查询统计功能相关模块可以在项目上线后再行开发。

**2. 核对项目开发过程中可能遇到的困难和问题**

（1）行政职能部门核对需求不清晰

在以前的核对项目开发过程中，曾多次遇到相关行政职能部门对核对需求不明确、不清晰的情况，从而影响项目的开发进度。核对需求包含许多方面，比如核对内容、核对期间、工作时限、受理主体和核对流程等。其中有一点不明确、不清楚，核对工作就都无从开展。

（2）缺少文件依据

核对办法中明确说明的项目现已全部引入核对，但其他社会救助、社会福利等制度，应当经市人民政府批准后实施。有些项目上线前出台了相关的核对实施细则、认定标准或实施意见等相关文件，并经市政府转发，就说明这个项目开展核对已经过批准，引入核对的先决条件已具备。在这些政策文件中，需要对核对内容、核对模式和核对期间作出说明和规定，从法律层面明确核什么、怎么核，这样会减少很多后续问题（比如后期核对审计）。

（3）项目开发经费问题

核对工作是依照政府相关职能部门的委托开展的，每年 4 月份申报次年核对系统的信息化开发经费。而相关职能部门经常无法提前一年预测到次年要将项目引入核对工作，致使核对系统新项目的开发经费常不能通过日常经费申报途径解决，只能搭载在其他项目经费中，此问题会导致新项目无法申请到后续的维护费用。

（4）系统开发周期过紧

核对系统的开发周期受多种因素的制约和影响。在核对需求清晰，核对内容、核对流程、核对期限、受理主体和工作时限等相关内容都明确的基础上，开发一个新项目的子系统有

很多的工作要做，要把上面的各项内容都一一落实在系统的各个模块功能中，还有给各级核对工作人员分配对应的工作权限等零碎的工作。而且，除了核对工作人员的相关职责外，实际进行系统开发的是后台工作人员，是由合作的技术公司负责开发子系统，若他们因人手紧等原因导致系统建设慢，便会与提出委托的行政部门的需求产生冲突。此外，新项目经常是在政策文件出台后，立即需要投入使用，留给项目开发的时间太短，可能会影响到项目开发质量。

（5）新增字段系统空缺，需开发新比对专线

有些项目的准入标准中涉及一些当前核对系统的比对专线中没有的字段，这时就需要开发新的比对专线，会耗费相当长的时间。而且，核对工作可能会随着政策的修改不断完善，是否需要建立新的比对专线，能否获取相关数据信息等相关工作都需要充分调研后才能开展。

**3. 新项目开发中的重点工作**

我们将新项目开发过程分为三个阶段：决策期、实施期、评估期。决策期的主要任务是确定需求，包括对外解决项目合法性、可行性问题以及对内明确职责分工和内部流程；实施期主要任务是对确定的需求进行开发以及组织业务培训；评估期是对开发项目的总结。

（1）决策期重点工作

① 对外工作。向行政职能部门详细介绍具体核对工作相关情况，使其对核对有具体充分的了解，职能部门需要在项目开展前确定谁来受理、如何对接、核对哪些内容、核对多长时间段及几天出具报告等问题，并以文件形式予以明确。

② 对内工作。包括明确内部职责，根据分工设计内部核对流程，根据政策文件的要求确定核对业务流程、核对系统方式、核对业务规则等。

（2）实施期重点工作

具体包括跟进核对子系统开发，开展业务培训等。

（3）评估期重点工作

项目启动后，还需要密切关注项目开展情况，具体包括：

① 对系统在实际操作环境中的运行进行跟踪评估，观察每个节点的衔接是否正常、有无报错；处理速度如何，整体运行是否顺畅。

② 通过检出率、差异率的变化曲线，了解核对介入后的效果。

## 四、新项目引进核对机制的标准化流程

目前，从相关行政职能部门提出引入核对构想到项目正式在核对系统上线一般需要三个月左右的时间，其中最耗时的是核对子系统开发工作，这项工作就需要两到三个月，这主要由新项目的开发难易程度决定。但是需要指出的是，有很多工作时限不是核对机构可以控制的，比如前期的需求确认，一旦某一方面内容没有确定，后续工作便会搁置，无法继续开展，这在前面项目开发过程中可能遇到的困难和问题中已着重强调过。特别是当需要增加核对字

段、开发新的比对专线时，新项目的开发时间将相应延长。

具体流程如图 3 所示。

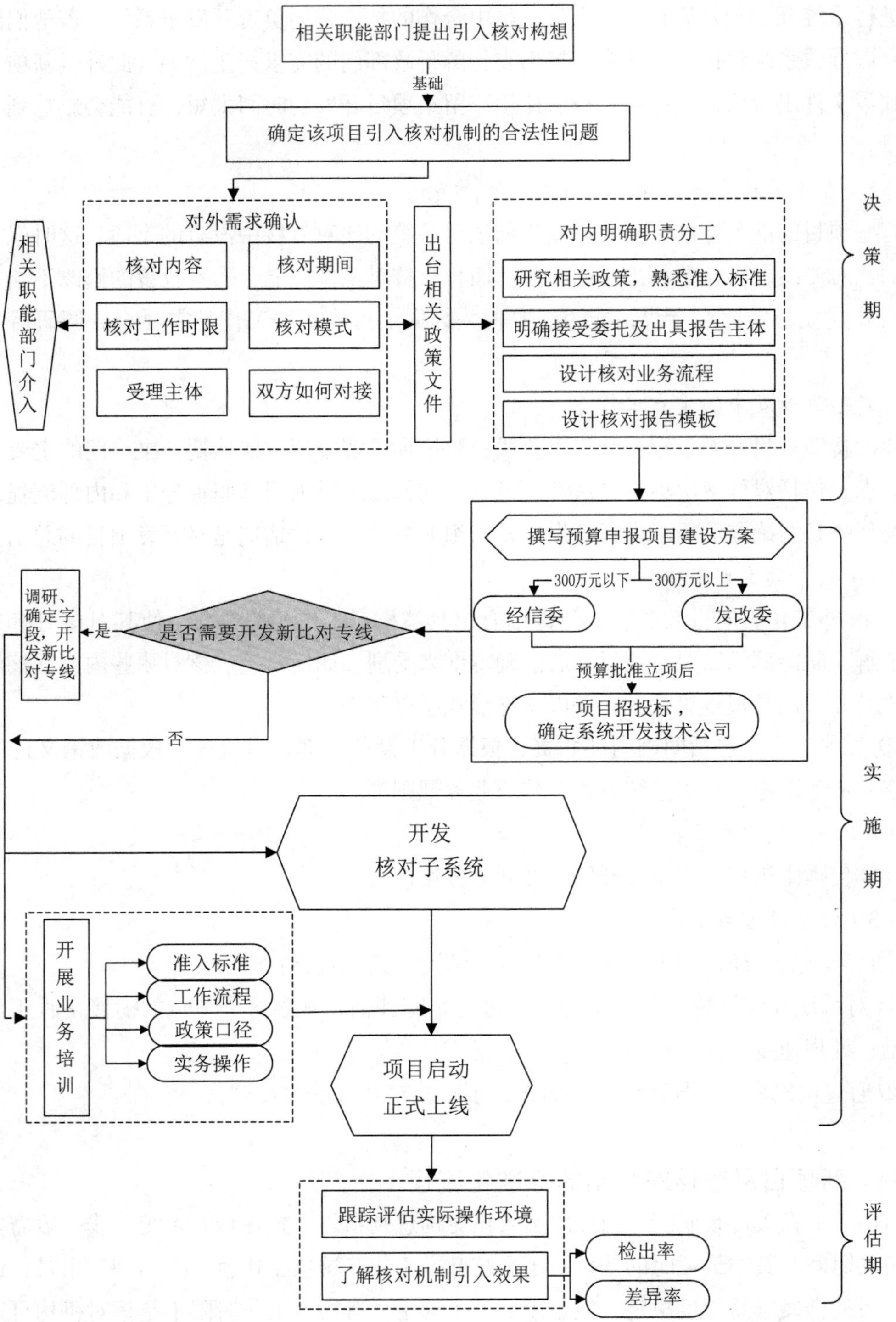


图3 项目引入核对机制标准化流程图（开发时间：3个月）

## 五、总结与展望

通过此次研究，我们梳理并总结了上海核对工作的发展历程；根据现有 12 个项目的核对特点，详细说明有代表性的四类不同核对项目的核对开发方式；对目前所有项目的核对模式进行总结和分类，详细说明两种模式的特点和区别；总结出核对项目开发过程中的所有需要做的工作和基本环节；找寻新项目需要引入核对机制时的重点工作和开发流程，提炼出核对新项目开发流程的标准化机制，绘制新项目引进核对的标准化流程图，为未来新项目以及核对系统提供了参考流程。

为有效地开展经济状况核对工作，保证能够准确、高效完成经济状况信息的核查和比对，我们需要继续对核对工作不断开展研究分析工作。我们要以习近平总书记要求的“绣花”精神来严格要求核对工作，力争做到“准确”“精确”，消除信息传递过程中的“噪声”干扰，挖掘出真实收入信息，核查、比对并计算出申请家庭的实际人均收入、人均财产和相关支出。

我们也将继续对兄弟省份和有代表性的城市开展调研，了解其在新项目开发方面好的做法，完善此研究报告，不断探寻促进上海核对工作走向进一步辉煌的途径，让上海的核对工作不仅是全国的先行者，还一直是全国的排头兵。

**参考文献**

[1] 魏文智 . 社会救助基层组织能力建设研究 [D]. 太原 : 山西财经大学，2015.

[2] 徐敏宁 . 互联网 + 全科政务服务模式的苏省个案 [J]. 改革，2017(7):97-106.

[3] 周立刚 , 李平 , 童金玲 . 探索建立自然灾害救助标准化的有益尝试——湖北省宜昌市夷陵区创新自然灾害救助工作标准化建设 [J]. 中国减灾，2013, (7):42.

[4] 向荣 . 南京市栖霞区着力提高社会救助综合水平 [J]. 中国民政，2015, (6):52.

[5] 杨银美 . 大理市社会救助信息管理系统设计与实现 [D]. 成都 : 电子科技大学，2012.

[6] 张书 , 郭宁 . 我国社会救助标准化现状及对策研究 [J]. 中国标准导报，2014(3):57-59.

[7] 江华锋 , 吕静 . 我国现代民政工作标准化建设 [J]. 河北大学学报 ( 哲学社会科学版 )，2014, 39(01):101-105.

[8] 李卫湘 , 康进 . 实践为先 , 需求为本 , 扎实提升服务能力——广东省公共危机社会工作服务队培训探究 [J]. 中国社会工作，2017(15):10-11.

[9] 徐敏宁 . 互联网 + 全科政务服务模式的苏省个案 [J]. 改革，2017(7):97-106.

[10] 任丽君 . 河南汝阳县 : 着力“三化”建设 构建大救助格局 [J]. 社会福利，2013(12):35-36.

[11] 郭炯 , 刘昉 . 基于标准化流程的图书馆宣传工具箱模式探索 [J]. 图书馆论坛，2016, 36(11):58-63.

[12] 马辉民 , 刘潇 . 我国共有产权住房政策的探索与实践 [J]. 中国行政管理，2016(1):145-149.

[13] 焦阳阳 .“共有产权”住房保障模式的研究 [D]. 大连 : 东北财经大学，2016.

[14] 卢睿 , 米佳 . 互联网公安情报工作标准化流程研究 [J]. 中国人民公安大学学报 ( 自然科学版 )，2012, 18(04):29-32.

[15] 庄明来 , 蒋楠 . 论我国会计系统标准化流程的构建 [J]. 中国管理信息化，2008(5):4-7.

# 居民经济状况核对视角下的廉租住房政策研究[1]

上海市居民经济状况核对中心　上海海事大学

【摘要】本文基于上海市廉租住房申请家庭的核对数据对廉租住房政策进行研究，探索提高核对工作效率、推动核对工作新发展的有效途径。首先对上海市廉租住房政策以及相关核对工作进行概述。接着开展以描述性统计为主的数据分析，从整体上把握廉租住房申请人的基本现状，获取其基本经济特征；开展以 Logistic 回归及因子分析为主的统计分析，了解收入财产各属性的重要度以及各属性与最终是否获得补贴的关联性大小。然后通过对数据进行解读，探索促进核对工作开展的有效途径。最后介绍了当前廉租住房核对工作中面临的六大困难和问题，并提出了六点对策建议和一些思考。

【关键词】廉租住房　经济状况核对　描述性统计分析　Logistic 回归及因子分析　有效途径

党的十九大报告强调，要坚持房子是用来住的、不是用来炒的定位，加快建立多主体供给、多渠道保障、租购并举的住房制度，让全体人民住有所居。廉租住房政策是我国保障房体系中的重要组成部分，是保证低收入家庭“居者有其屋”的一项有效途径。1999 年，建设部颁布了《城镇廉租住房管理办法》（中华人民共和国建设部令第 70 号），上海市成为全国首批廉租住房试点地区之一，开始了建立住房保障制度的探索，廉租住房保障体系逐步建立、完善。为了配合廉租住房审批，上海市居民经济状况核对中心从 2007 年 3 月开始开展廉租住房核对工作。核对机制的引入，为科学地判定廉租住房申请人是否符合申请条件、能否获得住房保障资格提供了坚实的保障。

到 2017 年，廉租住房核对工作已经开展十年有余。核对系统中累积了大量的、有价值的廉租住房申请人家庭经济信息，如何科学、有效地解读数据，探寻进一步提高核对工作效率的有效途径是非常值得研究的问题。因此，结合核对系统中的数据，对申请家庭的信息进行统计分析及数据挖掘，分析出廉租住房申请家庭的核对数据特征；通过重要度及关联性分析，了解收入财产构成各因素所占比例，解读收入、财产核对中需要着重注意的内容和方向；从单位证明材料中探索如何减少申请人提供的证明材料，减轻申请人的负担；从银行申报与反馈数据探索部分未反馈数据原因，进一步提高核对质量；从中止核对比例及中止原因，探寻优化核对工作流程，缩短核对工作时限的有效途径等，对于优化核对工作、提高核对工

[1] 课题研究时间为 2017 年，原报告 12 万余字，因篇幅原因，仅将主要内容加以介绍。

作效率，更好地服务民生、服务百姓均具有十分重要的意义。

## 一、上海市廉租住房政策及相关核对工作概述

### 1. 上海市廉租住房政策概述

上海市廉租住房制度自 1999 年开始实施以来，解决了一大批低收入家庭的住房保障问题。上海市委、市政府一直十分重视住房保障工作，廉租住房制度也经历了多次调整。核对机制的引入，为上海市廉租住房政策发挥了重要作用。

为进一步完善本市住房保障体系，有效整合住房保障资源，提高政府资金和房源使用效率，廉租住房申请家庭需要符合的收入及财产等准入标准经历了多次政策调整，廉租住房受益面稳步扩大。上海市廉租住房政策采用实物配租和租金配租两种形式，随着社会经济的飞速发展和政策的不断调整变化，享受廉租住房政策的家庭待遇也相应地改变。具体来说，配租面积和租金配租标准动态化调整更符合经济社会发展变化，也更符合廉租住房受益人的生活实际，使受益人享受的待遇越来越好。由于篇幅所限，上海市廉租住房政策发展历程和当前上海市廉租住房政策解析等内容在此不再赘述。

### 2. 上海市廉租住房核对工作进程

2006 年 12 月，上海开始探索居民经济状况核对工作机制。核对工作最先从廉租住房项目入手，2007 年 3 月，在卢湾、浦东两个试点区开始廉租住房核对工作；2007 年 9 月，卢湾、浦东全区推开，其他区县选 2 个试点街（镇）推行；2008 年底，经济状况核对工作覆盖全市所有街镇。截至 2016 年底，上海市居民经济状况核对中心共完成廉租住房核对量 104673 户次。其中，完成核对量在 2013 年达到顶峰，有 28678 户次（图 1）。近几年，完成核对量趋于平稳，每年约 1 万 ~ 1.5 万户次。

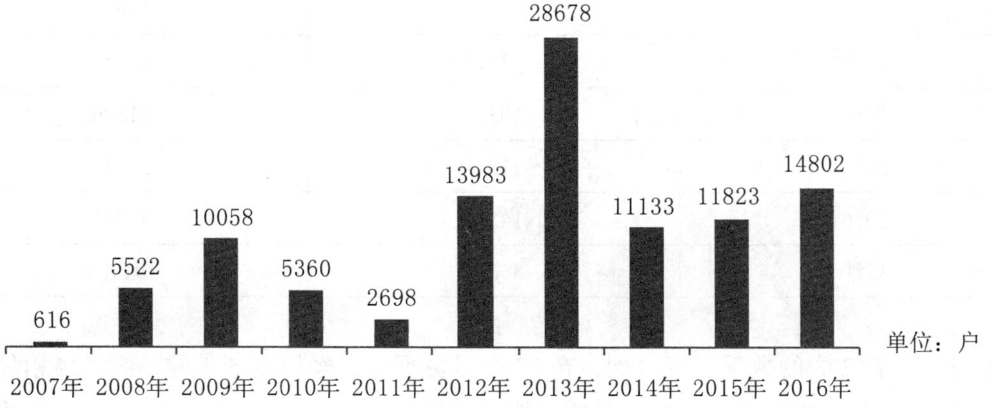


图1　上海市廉租住房历年完成核对量

## 二、上海市廉租住房申请家庭经济状况数据分析

由于核对政策、准入标准和核对口径的变化，核对系统中廉租住房申请家庭的数据可

以分为三大类：第一类，2007 年 3 月 30 日 ~ 2010 年 3 月 30 日，廉租住房申请家庭的可支配收入核对期间是 2 个月，这段时间的数据简称为 2 个月数据；第二类，2010 年 3 月 31 日 ~ 2011 年 11 月 17 日，核对期间是 6 个月，这段时间的数据简称为 6 个月数据；第三类，2011 年 11 月 18 日至今，核对期间是 12 个月，这部分廉租住房数据简称为 12 个月数据。

其中，2 个月数据的数据总量小，信息相对不完全，不具有代表性，因此，我们将 2010 年 3 月 31 日 ~ 2016 年 12 月 31 日期间的廉租住房申请家庭的明细信息（6 个月数据、12 个月数据）作为数据样本进行数据分析。

### 1. 申请家庭经济概况

本节对廉租住房申请者的个人信息，例如性别、年龄、婚姻状况、所属区县和家庭数量结构进行描述性统计分析，更好地了解廉租住房申请者这一群体的基本信息特征。

**表1　廉租住房申请者家庭数量和人数统计频数表**

| 数据 | 时间段 | 家庭数量/户 | 人数/人 |
|---|---|---|---|
| 6个月 | 2010.3.31 ~ 2011.11.17 | 4866 | 11464 |
| 12个月 | 2011.11.18 ~ 2016.12.31 | 81828 | 180436 |
| 总体 | 2010.3.31 ~ 2016.12.31 | 86694 | 191900 |

**表2　每年廉租住房申请者家庭数量和人数频数表**

| 年份 | 家庭数量/户 | 人数/人 |
|---|---|---|
| 2010 | 2656 | 6358 |
| 2011 | 3828 | 8454 |
| 2012 | 14549 | 33698 |
| 2013 | 28972 | 66943 |
| 2014 | 10319 | 21306 |
| 2015 | 11831 | 24240 |
| 2016 | 14539 | 30901 |
| 总计 | 86694 | 191900 |

由表 1、表 2 中的数据可以看到，在 12 个月数据中，经历近 5 年的时间，廉租住房申请家庭数量和人数都有了大幅度的激增。按年份进行统计，从 2010 ~ 2013 年，廉租住房申请家庭数量和人数每年均持续递增，尤其是 2012 年和 2013 年，增长速度非常快，并在 2013 年达到峰值。但在 2014 年，首次出现较大降幅，申请家庭数量和申请人数几乎锐减到 2013 年的 30%，在之后的 2015、2016 年，申请家庭数量和人数又继续递增，但不如降幅之前的速度快。截至 2016 年年底，累计申请家庭数量达 86694 户，覆盖申请人数 191900 人。

（1）性别分布

总体来看，廉租住房申请者中男性 104180 人，女性 87720 人，分别占 54.29%、45.71%。6 个月和 12 个月数据中，廉租住房申请者男女比例也有相同特点。

不同性别申请人在婚姻状况上，总体数据中，男性离婚比例达 67.27%，高于女性离婚比例 32.73%；女性丧偶比例高达 80.46%，明显高于男性丧偶比例；处于已婚状态的男女比例相当。12 个月数据与 6 个月数据相比，男性离婚率增加近 10%，其余婚姻状态变化情况不大。

（2）年龄分布

总体数据中，40 ~ 50 岁、50 ~ 60 岁这两个年龄段申请者人数最多，其中 40 ~ 50 岁申请人数达到 40455 人；50 ~ 60 年龄段申请者最多，高达 50516 人。且无论是在 6 个月还是在 12 个月数据中，两者比例之和近 50%。与此同时，数据还显示 40 岁以下的青年群体与 60 岁以上的老年群体的申请者比例较 40 ~ 60 岁的中年群体明显减少。12 个月数据与 6 个月数据相比，各年龄段比例变化不大，基本都在 5% 内浮动。

（3）家庭人口数量分布

总体数据显示，家庭人口在 1 ~ 9 范围之间，家庭数量结构主要由 1 ~ 3 口构成，占绝大部分，比例达 92.41%；4 口以上的家庭数量占比很小，仅有 7.59%。

另外，根据廉租住房申请准入条件，将家庭数量人口分为两种类型，2 人及以下和 3 人及以上。总体数据显示，2 人及以下和 3 人及以上家庭数量分别为 49168 户，37526 户，占比分别为 43.29%、56.71%；3 人及以上家庭数量人口比例稍高一点。12 个月数据与 6 个月数据相比，3 人及以上家庭数量人口比例增加，2 人及以下比例减少。

**2. 申请家庭可支配收入基本情况**

本小节只对“出具报告”的家庭数据进行可支配收入和财产数据分析。

（1）核定人均月可支配收入的总体分布

6 个月数据中，核定人均月可支配收入主要集中在区间 500 ~ 1000 元，累计所占比例 69.19%。其中，500 ~ 600 元区间的人数最多，达 17.40%。

12 个月数据中，核定人均月可支配收入主要集中在区间 400 ~ 1600 元，累计所占比例 66.73%。其中，400 ~ 800 元阶段的人数最多，达 27.48%。

总体数据中，核定人均月可支配收入主要集中在区间 400 ~ 1600 元，累计所占比例 67.50%。其中，400 ~ 800 元阶段的人数最多，达 28.67%。核定人均月可支配收入低于 400 元的家庭数量不多，占 10.87%，高于 1600 元的家庭数量累计达 21.63%。

（2）每年核定人均月可支配收入的变化情况

2010 ~ 2015 年，每年廉租住房申请者整体的核定人均月可支配收入都有明显提高。2016 年同比 2015 年，申请者整体的核定人均月可支配收入变化不是很大，申请者在不同层次的核定人均月可支配收入的分布比较均匀。2010 ~ 2013 年核定人均月可支配收入的离散程度在不断增大，说明这几年核定人均月可支配收入越来越分散，而 2014 ~ 2016 年核定人均月可支配收入的分散程度变化程度不大。2010 ~ 2016 年每年核定人均月可支配收入较为集中。

（3）两种家庭人口类型每年核定人均月可支配收入变化情况

2010 ~ 2016 年 2 人及以下和 3 人及以上两种家庭人口的核定人均月可支配收入均值分别为 627.48 元、657.74 元，799.20 元、816.02 元，897.15 元、882.91 元，1015.09 元、1010.26 元，1160.08 元、1126.53 元，1332.11 元、1327.60 元，1340.35 元、1327.28 元，可以看到，不论家庭人口是 2 人及以下还是 3 人及以上，从 2010 ~ 2015 年，核定人均月可支配收入均值逐年增加。2016 年相比 2015 年，3 人及以上家庭人均月可支配收入均值首次出现微小幅度降低，并且，2 人及以下家庭人均月可支配收入均值不如历年升高幅度大。

对比两种家庭人口类型，2010、2011 年，2 人及以下家庭人口类型的核定人均月可支配收入略低于 3 人及以上家庭人口类型；而从 2012 年起至 2016 年，2 人及以下家庭人口类型的核定人均月可支配收入稍高于 3 人及以上家庭人口类型。这从某种程度上证明了家庭人口多未必人均可支配收入多，究其原因，可能是 3 人及以上家庭中包含了没有劳动能力的小孩和老人，拉低了人均收入。

**3. 申请家庭财产基本情况**

（1）核定人均财产的总体分布

6 个月数据中，核定人均财产集中在 1000 元以下，累计所占比例 71.42%。其中，500 元以下这个区段的家庭数量最多，达 60.38%。核定人均财产高于 4500 元的家庭数量占 18.34%。

12 个月数据中，核定人均财产主要集中在区间 0 ~ 25000 元，累计所占比例 72.28%。其中，在 10000 元以下这个阶段的家庭数量最多，达 58.46%。核定人均财产高于 55000 元的家庭数量占 20.80%。

总体数据中，核定人均财产主要集中在区间 0 ~ 25000 元，累计所占比例 73.44%。其中，在 10000 元以下阶段的家庭数量最多，达 60.00%。核定人均财产高于 45000 元的家庭数量占 23.59%。核定人均财产高于 120000 元的家庭数量占比很少，仅占 6.73%。

（2）每年核定人均财产的变化情况

2010 ~ 2013 年，核定人均财产逐年增加。同比前一年，2014 年整体核定人均财产减少，2015 年整体核定人均财产增加，2016 年整体核定人均财产减少。2010 ~ 2012 年核定人均财产越来越分散，2013 年、2014 年、2015 年核定人均财产的分散程度相差不大，2016 年的核定人均财产最为分散。

（3）两种家庭人口类型每年核定人均财产变化情况

2010 ~ 2016 年 2 人及以下和 3 人及以上两种家庭人口的核定人均财产均值分别为 2856.44 元、2715.09 元，13315.52 元、14031.70 元，22014.53 元、22292.43 元，32282.36 元、32961.46 元，31617.81 元、30040.58 元，34363.53 元、34106.70 元，33793.25 元、33846.41 元。2010 ~ 2016 年，2 人及以下家庭和 3 人及以上家庭核定人均财产相对与前一年变化都同步，

即要么都增加，要么都减少。2014 年和 2016 年，相比于前一年，2 人以下家庭和 3 人以上家庭核定人均财产均有所降低；其余每年，两种家庭人口类型核定人均财产均值相比于前一年都在增加，且在 2011 年两者的增幅最大。

对比两种家庭人口类型的历年人均财产，呈现出逐年交替领先的趋势。2010 年、2014 年、2015 年，2 人及以下家庭核定人均财产高于 3 人及以上家庭；2011 年、2012 年、2013 年、2016 年，2 人及以下家庭核定人均财产稍低于 3 人及以上家庭。

**4. Logistic 回归分析**

我们分别利用 6 个月、12 个月和总体数据，建立二元 Logistic 回归模型，筛选出通过检验的四个 Logistic 回归分析，分别是 12 个月家庭数据、12 个月个人数据、总体家庭数据和总体个人数据（篇幅所限，详细分析已省略），挑选具有 95% 以上显著性水平的各项因素，按回归系数的大小将其划分等级，设权重最大的因素为 1 级因素，权重次大的因素为 2 级因素，权重最小的因素为 3 级因素，综合 6 个月、12 个月和总体数据得到各因素权重等级，取各个模型中公共因素的权重并求其均值作为该因素的权重，整理成表 3 和表 4。

**表3　因素权重等级划分1**

| 因素类型 | 1 | 2 | 3 |
|---|---|---|---|
| 个人特征 | 家庭人口<br>−1.534159 | 性别<br>0.288262<br>就业状态<br>−0.13129<br>婚姻状况<br>−0.276412<br>区县等级<br>0.124053 | 年龄<br>−0.01756 |
| 收入类型 | | 核定月可支配收入<br>−0.0520545 | |
| 财产类型 | 核定个人财产<br>−1.3419 | | |

**表4　因素权重等级划分2**

| 因素类型 | 1 | 2 | 3 |
|---|---|---|---|
| 个人特征 | 家庭人口<br>−1.5593921 | 性别<br>0.271028<br>就业状态<br>−0.117<br>婚姻状况<br>−0.2638304<br>区县等级<br>0.10852185 | 年龄<br>−0.01697 |
| 收入类型 | | | |

续表

| 因素类型 | 1 | 2 | 3 |
|---|---|---|---|
| 财产类型 | 核定个人存款<br>−0.95946795<br>核定个人股票合计<br>−0.68869285 | 核定个人基金总市值<br>−0.1736417<br>核定个人车辆现值<br>−0.1971296<br>核定个人现金金额<br>−0.14002785<br>财产扣除金额<br>0.2326217 | 核定个人债券总价值<br>−0.053 |

根据廉租住房申请者是否发放补贴的相关因素及其权重，在对申请者的各项信息审查时可以做到有所侧重，以减少审查时的工作量。

## 三、由数据解读促进核对工作开展有效途径

本节通过数据解读，把握申请家庭经济状况核对中可支配收入和财产的众多因素的重要性程度，了解单位证明材料中实发收入的准确性，了解各区中止比例和中止原因，为完善核对工作提供数据支持。

### 1. 家庭可支配收入、财产的核对重点

在参照准入条件政策的前提下，课题组采用粗糙集理论方法对上海市廉租住房申请人数据信息中各个条件数据进行挖掘与推理，把握申请家庭经济状况核对中可支配收入和财产的众多因素的重要性程度，掌握家庭可支配收入、财产的核对重点因素。

分析结果显示：可支配收入核对重点是工资性收入、经营性净收入、转移性收入。财产的核对重点是个人存款、个人股票合计、个人保险现金价值和个人现金金额。

### 2. 单位证明材料数据分析

由于6个月数据中有单位证明材料的数据量很少，分析的意义不大，因此本小节只分析12个月数据的有关情况。

数据显示，12个月数据中，廉租住房申请180436人中有单位证明材料的申请人有32388人次，约占17.95%。从各区的情况来看，杨浦区有单位证明材料的信息量最大，占有单位证明材料信息总量的17.24%。其次是黄浦区，占13.74%。普陀区、浦东新区、闸北区有单位证明材料的信息量占总量的比重均在10%以上，其他区占比较少。

### 3. 各区中止核对比例及原因分析

总体数据中，86694户次家庭中有29444户次中止核对过，中止核对比例为33.96%。可以理解为，大约有三分之一左右的申请人因为种种原因曾中止核对过。

杨浦区中止核对比例、中止核对的户次均为各区之首，宝山、普陀、金山、静安和徐汇等区中止比例也高于总体平均水平，应予以重点关注。

同一户家庭的中止核对原因可能不止一个，因此各种中止核对原因占比的总和超过100%。

提及最多的中止核对原因是需要中止核对的其他情形，比如，离婚家庭有小孩涉及赡养费的等这类原因占比约68.42%。其次是人均可支配收入或者人均财产超过准入标准，占比约26.16%。社会保险费的缴纳与申请材料填写的情况不相符合的，占19.85%。

拥有商业保险未申报的、拥有机动车辆或者房屋未申报的、拥有理财产品未申报的、拥有经营实体或其股份未申报的及有转移财产嫌疑的占比相对较少。

## 四、对策和建议

### 1. 廉租住房核对工作困难和问题

一是核对工作用时过长；二是核对流程环节过多；三是基层工作负担过大；四是审批机关在使用报告时灵活性降低；五是委办反馈信息准确性存在问题；六是收入和财产认定中难点问题较多。

### 2. 对策和建议

（1）完善比对专线，进一步缩短核对工作时限

因廉租住房项目核对特点，整个核对流程的工作时限需要35个工作日。今后通过优化核对比对专线、提高信息交换频率等方法，也有可能将核对周期进一步缩短。关于核对报告，今后如果随着住房保障部门需求的变动，结果式核对报告也可能会有所变动，增加相关明细数据。

（2）优化核对流程，进一步减少居民提供证明材料

当前廉租住房最长需要12个工作环节，但共有产权保障房项目只需10个环节。今后，建议参考同为住房保障项目的共有产权保障房，实现与住房保障系统的全联通，将信息录入和报告打印环节从工作流程中去掉，直接从住房系统中发送和接收信息，切实减轻基层工作负担，改变街道基层核对员工作任务繁重的问题，同时做到全程电子化办公，实现电子流转。

前文通过对单位证明材料开展数据分析，找寻出具单位证明材料方面诚信度较高的单位和行业，为今后进一步减少居民提供的证明材料提供数据支持。我们还可以通过增加比对专线字段等手段减少居民提供的证明材料。

（3）关注中止环节，进一步提高核对工作效率

我们对廉租住房项目中各区曾中止过的家庭数据开展分析，研究全市各区的中止核对比例，在今后的基层指导和培训工作中，加强中止环节的关注度，向各区通报其中止核对家庭比例及最多的中止原因有哪些。通过指导和培训，有针对性地补足短板，最大限度地减少中止比例。

（4）进一步提高委办反馈数据的准确性

房管反馈数据方面：一是通过与房屋状况信息中心加强沟通，首先保证现有比对数据的及时性和准确性，做好现有信息的保密工作；二是关注民政部低收入家庭认定指导中心与住

建委在国家部委层面的比对专线建设情况，积极通过救济救灾处和市局协调，在恰当的时候对需要的核对项目增加反馈房屋信息的详细数据，以便减轻基层工作人员的工作负担。

银行反馈数据方面：在积极增加银行比对专线、调整每周银行比对的频率和周期的同时，专职工作人员进一步加强现有商业银行反馈数据的抽查和监督，及时将出现的问题反馈相关银行工作人员，并与其沟通解决，这些措施都有助于进一步提高银行比对专线的准确性。

**3. 几点思考**

（1）关于可支配收入、财产的界定

随着社会的进步和发展，收入、财产的相关内容还需进一步扩展和研究。居民获得收入方式众多、情况复杂，有全职收入、兼职收入，报税的收入、不报税的收入（如打零工、养殖收入）等，其中农业劳动人口的实际收入更难以收集、计算。而许多申请救助的人员大多学历不高，打零工现象普遍。而由于银行、保险、公安和证券相关比对专线不断完善，目前财产认定过程中遇到的困难相对较小。但不可否认的是，当前互联网金融发展迅猛，如支付宝、余额宝和银行机构的类似产品已经成为居民财产的重要投资渠道。未来要更好地反映居民货币财产的情况，还需要对此进一步开展研究工作，使得核对机制更加完善。

（2）关于豁免认定问题

自2007年开展廉租住房的核对后，政策文件中对相关细则或计入口径一直在不断地修改和完善中。在收入、财产豁免项上，目前救助项目已基本统一标准；而因住房保障项目的特殊性，在豁免或计入口径上虽大多口径与救助保持一致，但仍有部分区别。其中，关于社会福利、社会救助收入是否应该豁免的问题，在核对口径中，申请某救助项目并获得救助后，再次申请该救助项目时，原享受的本项目发放的相关救助金不计入收入，但其他非本项目发放的救助金需要计入申请人的收入。今后，我们还需进一步探索将所有民生保障项目统一的可能性，使相关政策的实施更加一致。

习近平总书记要求社会救助工作做到精准，十九大报告中对弱势群体予以特别关注，强调要加强社会保障体系建设，强调我们是社会主义国家，要让改革发展成果更多、更公平惠及全体人民。想让社会救助政策惠及真正困难群体，其中最重要的一环便是做好核对工作，在“绣花般”精准核对的道路上我们还有很多工作要去做。

**参考文献**

[1] 常志朋，李郁，吴晓毅．基于模糊集合的廉租房保障家庭柔性划分模型 [J]. 工程管理学报，2014, 28(2): 132-137.

[2] 邱俐韵．基于新公共管理视角的上海保障性住房制度研究 [D]. 上海：华东政法大学，2013

[3] 廖宝超，王晓慧，张魁，等．基于一类优化 BP 神经网络模型的中国廉租房条件（家庭贫困）界定研究 [J]. 数学的实践与认识，2014, 44(10):1-7.

[4] 肖磊，李丽，肖佳文．廉租房补贴政策的效用比较与福利分析 [J]. 昆明学院学报，2011, 33(2):55-58.

[5] 诸瑛．廉租房制度建设研究 [D]. 上海：华东理工大学，2012.

[6] 王小龙 . 上海市廉租房供给模式研究 [D]. 南京 : 南京理工大学，2013.

[7] 李彧子 . 上海市廉租房制度的运作机制研究 [D]. 上海 : 上海工程技术大学，2014.

[8] 徐丹 , 冯苏苇 . 上海市廉租房准入标准对保障规模的影响分析 [J]. 中国人口 · 资源与环境，2011, 21(12):178-181.

[9] 张利 . 上海市商品住房和保障住房协调发展研究 [D]. 上海 : 华东师范大学，2013.

[10] 杨斯绮 . 廉租房保障体系中的政府责任研究——以上海地区为例 [D]. 上海交通大学，2011.

[11] 李园 . 上海廉租房制度研究 [D]. 上海 : 华东师范大学，2006.

[12] 姚韵萍 . 上海廉租住房补贴及政策性衔接之研究 [J]. 上海房地，2011, 6:35-37.

[13] 周蕾 . 住房补贴政策的消费促进效应及其影响因素研究 [J]. 上海经济研究，2010, 4:90-98.

[14] ROBERT I, KABACOFF R. 语言实战 [M]. 北京 : 人民邮电出版社，2013.

[15] 何晓群 , 刘文卿 . 应用回归分析 [M]. 北京 : 中国人民大学出版社，2009:242-266.

[16] 王昊 . Logistic 回归模型在广东省房价预测的应用研究 [J]. 现代商业工业，2010(16):304-306.

[17] 李江辉 , 曹素华 . 多分类属性反应变量析方法初探 [J]. 中国卫生统计，2000.17(5):287-289.

[18] 张世斌 . 数学建模的思想和方法 [M]. 上海 : 上海交通大学出版社，2015.

[19] 焦涛 , 吴清 , 刘星 . 住房逆抵押贷款主要风险分析及防范研究劳动保障世界 [J]. 劳动保障世界 ( 理论版 )，2011, 6.

# 核对视野下的互联网金融新形态研究 [1]

上海市居民经济状况核对中心　上海开放大学

【摘要】随着互联网金融的迅速发展，居民可支配收入、财产和支出的构成及来源渠道发生重大变化，居民经济状况的内容和构成更加网络化、多元化，互联网金融领域逐步成为核对工作的盲区，严重制约了核对工作的有序发展和作用的正常发挥。为丰富核对内容、完善核对手段、提高核对结果精准度，我们着手开展了新形势下“互联网 +”经济形态的前瞻性研究工作。本文分析了当前互联网金融发展现状，提出了从核对看互联网金融的议题，阐明了为何要关注互联网金融，哪些领域需重点关注，并在此基础上总结归纳了初步实现互联网金融核对的对策及建议，以期为今后的核对工作和救助政策探索理论依据、寻求技术支持。

【关键词】居民经济状况　核对　互联网金融　民政　对策建议

21 世纪，互联网给人们的日常生活带来了巨大的变化，人们的生活方式、支付方式悄然改变，理财渠道也日益多样化。《中国互联网络发展状况统计报告》显示，截至 2018 年 6 月，我国网民规模为 8.02 亿，互联网普及率达 57.7%；我国互联网理财使用率由 2017 年末的 16.7% 提升至 21%，互联网理财用户数增加 3974 万人，半年增长率达 30.9%；手机网民中使用移动支付的比例达 71.9%。可见，我国互联网理财用户规模持续扩大，网民理财和支付习惯逐渐得到培养。

互联网金融的迅速崛起使居民个人可支配收入、财产和支出结构及形态产生了重大变化，支付宝、余额宝、互联网基金、微信钱包、腾讯财付通和比特币等一大批互联网金融及其衍生产品已经成为居民收入、储蓄、投资理财和支付结算的重要渠道。居民个人经济状况的内容和构成更加网络化、多元化，经济状况核对工作面临新的挑战。

## 一、互联网金融领域发展现状

### 1. 互联网金融的概念及特点

（1）互联网金融的概念

关于互联网金融，理论界至今还没有形成一种明确的、能够被广泛接受和认可的概念。谢平被认为是国内最早的“互联网金融”概念提出者之一，他在《互联网金融模式研究》一

[1] 课题研究时间为 2018 年，原报告 4 万余字，因篇幅原因，本文仅将主要内容加以介绍。

文中首先提及互联网金融模式的概念："以互联网为代表的现代信息科技，特别是移动支付、社交网络、搜索引擎和云计算等，将对人类金融模式产生根本影响。可能出现既不同于商业银行间接融资，也不同于资本市场直接融资的第三种融资模式，称为'互联网金融模式'。"

2015 年，中国人民银行等十部委对互联网金融做出了官方定义：互联网金融是传统金融机构与互联网企业利用互联网技术和信息通信技术实现资金融通、支付、投资和信息中介服务的新型金融业务模式。

"互联网金融"是互联网技术与金融业务的融合创新产生的新兴金融业态，有两种表现形式：一种是金融机构应用互联网技术提供更好的金融服务；另一种是互联网企业涉足金融领域，借助互联网技术提供新的金融模式。既包括互联网企业的"淘金"，也包括金融机构的"触网"。

简而言之，互联网金融就是"互联网 + 金融"，金融是内核、是关键词，互联网是两翼。如图 1 所示，一方面是互联网技术，另一方面是互联网思维，是为互联网金融的诠释。

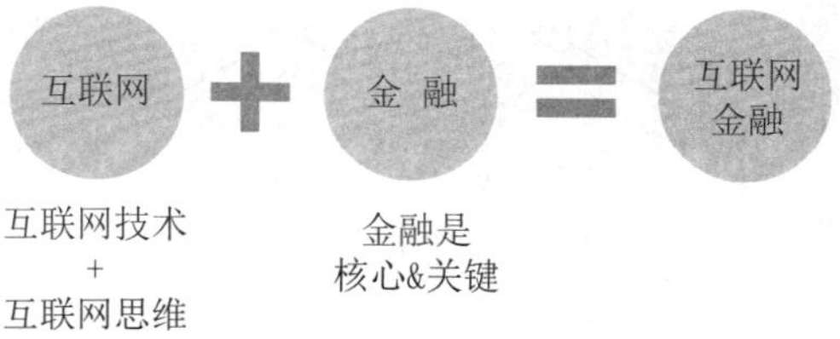


图1　互联网金融概念的内涵

（2）互联网金融的特点

互联网金融本质仍属于金融，没有改变金融风险隐蔽性、传染性、广泛性和突发性的特点。但是互联网金融与传统金融相比，有其自身独有的特点：①成本低。互联网金融模式下，资金供求双方可以通过网络平台自行完成信息甄别、匹配、定价和交易，无传统中介，无交易成本，无垄断利润。②效率高。业务主要由计算机处理，操作流程完全标准化，客户无须排队等候，业务处理速度更快，用户体验更好。③覆盖广。客户能够突破时间和地域的约束，在互联网上寻找需要的金融资源，金融服务更直接，客户基础更加广泛。④发展快。依托于大数据和电子商务的发展，互联网金融得到了快速增值。⑤风险大。中国互联网安全问题突出，网络金融犯罪问题不容忽视。一旦遭遇黑客攻击，互联网金融的正常运作会受到影响，危及消费者的资金安全和个人信息安全。⑥监管难。互联网金融还没有接入人民银行征信系统，也不存在信用信息共享机制，不具备类似银行的风控、合规和清收机制，互联网金融违约成本较低，容易诱发恶意骗贷、卷款跑路等问题。

**2. 互联网金融的分类**

国内业界对互联网金融的分类并没有取得广泛共识。最主要的是两种分类，一是官方根据监管责任单位不同，对互联网金融分了六类，分别是互联网支付（由央行监管）、网络借贷（由银监会监管）、股权众筹融资（由证监会监管）、互联网基金销售（由证监会监管）、互联网保险（由保监会监管）、互联网信托和互联网消费金融（由银监会监管）。

二是根据业务种类，分为六大业务类型：第三方支付、P2P（网贷）、大数据金融、众筹、信息化金融机构以及互联网金融门户 (ITFIN)（图 2）。

但据我们调研发现，细分起来，互联网金融的业态类别实际上还有很多，比如还有互联网小贷、互联网征信等共计二十多种业务形态。

下面简要介绍当前国内互联网金融主要的六大模式：第三方支付、P2P 网贷、大数据金融、众筹、信息化金融机构以及互联网金融门户 (ITFIN)。

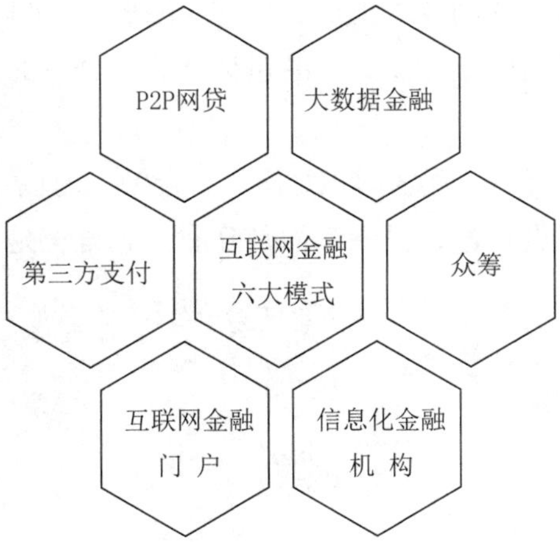


图2　互联网金融六大模式

（1）第三方支付

第三方支付是指具备一定实力和信誉保障的非银行机构，借助通信、计算机和信息安全技术，采用与各大银行签约的方式，在用户与银行支付结算系统间建立连接的电子支付模式。

根据 2010 年中国人民银行制定出台的《非金融机构支付服务管理办法》（中国人民银行令〔2010〕第 2 号），非金融机构支付服务，是指非金融机构在收付款人之间作为中介机构提供网络支付、预付卡的发行与受理、银行卡收单以及中国人民银行确定的其他支付服务等部分或全部货币资金转移服务。

当前国内的第三方支付产品主要有支付宝、微信支付、百度钱包、PayPal、中汇支付、拉卡拉、财付通、融宝、盛付通、腾付通、通联支付、易宝支付、中汇宝、快钱、国付宝、物流宝、网易宝、网银在线、环迅支付 IPS、汇付天下、汇聚支付、宝易互通、宝付及乐富等。

2017 年 8 月 29 日，网联正式开始运行。网联，全称“非银行支付机构网络支付清算平台”，就是网络版的“银联”，经过网联清算交易后，可确保每笔交易的记录和可追溯性。网联平台目前由网联清算有限公司运营，受中国人民银行监管。2018 年 6 月 30 日，所有第三方支付机构与银行的直连都已被切断，银行不再单独直接为第三方支付机构提供代扣通道。这意味着所有第三方支付机构全部接入网联平台，第三方支付由直连模式进入网连模式。使用第三方支付的消费都要经过网联，以网联作为中间人，便于监管，通过第三方支付平台的交易，都会被央行所记录，使得第三方支付的现金流向更加透明化，更利于防范诈骗，降低违规风险。

（2）P2P 网贷

P2P(Peer-to-Peer lending) 即点对点信贷，是指通过第三方互联网平台进行资金借、贷双方的匹配，需要借贷的人群可以通过网站平台寻找到有出借能力并且愿意基于一定条件出借的人群，帮助贷款人通过和其他贷款人一起分担一笔借款额度来分散风险，也帮助借款人在充分比较的信息中选择有吸引力的利率条件。

（3）大数据金融

大数据的应用影响了很多传统行业，特别是金融行业。大数据金融是指集合海量非结构化数据，通过对其进行实时分析，可以为互联网金融机构提供客户全方位信息，通过分析和挖掘客户的交易和消费信息掌握客户的消费习惯，并准确预测客户行为，使金融机构和金融服务平台在营销和风险控制方面有的放矢。可以说，大数据金融是将金融置于大数据的平台之上，扩展了金融的外延，增加了金融的维度。

（4）众筹

“众筹”翻译自国外 crowdfunding 一词，即大众筹资，是指用团购 + 预购的形式，向网友募集项目资金的模式。众筹利用互联网和 SNS 传播的特性，让小企业、艺术家或个人对公众展示他们的创意，争取大家的关注和支持，进而获得所需要的资金援助。众筹模式是对闲置资金的有效利用。相对于其他融资渠道，众筹模式有以下三方面的优势：实现低门槛创业、预知市场需求以及同步进行廉价的市场推广。

（5）信息化金融机构

信息化金融机构，是指通过采用信息技术，对传统运营流程进行改造或重构，实现经营、管理全面电子化的银行、证券和保险等金融机构。金融信息化是金融业发展趋势之一，而信息化金融机构则是金融创新的产物。未来的信息化金融机构比拼的更多是建立在信息化技术层面上的金融产品创新和业务创新，以及金融服务体验的完善。

（6）互联网金融门户 (ITFIN)

互联网金融门户 (ITFIN) 是指利用互联网进行金融产品的销售以及为金融产品销售提供第三方服务的平台。它的核心就是“搜索比价”的模式，采用金融产品垂直比价的方式，将各家金融机构的产品放在平台上，用户通过对比挑选合适的金融产品。

## 二、互联网金融的发展历程

以互联网为代表的现代信息科技，特别是移动支付、社交网络、搜索引擎、大数据和云计算等，对传统金融模式产生了颠覆性影响，互联网金融新形态逐渐兴起，并得到了蓬勃发展。可以说，“互联网金融”是一个大而泛之的概念，包含一切依托互联网开展的金融活动，是互联网技术与金融业务的融合创新产生的新兴金融业态，如网上银行、手机银行、网络投融资平台、第三方支付和移动支付等。互联网技术的进步，尤其是大数据挖掘、云计算技术的日益成熟，成为推动互联网金融快速发展的有力支撑。

我国互联网金融的起始和发展阶段基本与欧美国家保持一致，但其发展历程要远短于美欧等发达经济体。总体上看，我国互联网金融的发展经历了以下四个阶段：

**1. 20 世纪 90 年代～ 2005 年：传统金融业态及服务互联网化**

传统金融机构通过建立网上银行、网上证券和网上保险等金融平台开展网上转账、网上资金借贷、网上投资理财、网上证券交易和网上保险等交易。

**2. 2005 ～ 2011 年：互联网支付快速扩张**

主要形式表现为第三方支付，各种在线支付方式成为人们日常消费的主要支付方式。银行推出的网银以及民营企业推出的各种各样的第三方支付平台大大方便了人们的生活，互联网支付终端也从桌面电脑扩展到手机移动终端和电视等多种形式的终端上，互联网支付变得无处不在。

**3. 2011 ～ 2015 年：互联网金融实质性发展百花齐放**

各种互联网金融的内涵不断丰富和拓展，各种形式的互联网金融模式层出不穷。2013 年，以阿里巴巴余额宝为代表的“宝宝类”理财产品进入金融市场为起点，我国互联网金融开始兴起，故 2013 年也被称为互联网金融元年。与此同时，P2P 网贷平台以解决中小企业贷款为切入点迅速占领市场，众筹融资平台也随之兴起；随着我国第一家专业网络保险公司获批，其他金融机构也借助互联网转变业务发展模式。2014 年，我国互联网金融已经占据了一定的市场份额。经过三年多的发展，我国互联网金融用户规模持续扩大，从 2013 年的 3.24 亿人，到 2014 年的 4.12 亿人，2015 年达到 4.89 亿人。

**4. 2015 年至今：新一轮变革、监管和规范发展**

这一阶段以 2015 年 7 月 14 日央行等十部委联合印发的互联网金融监管新规《关于促进互联网金融健康发展的指导意见》为标志，这是对整个互联网金融业态和服务系统进行综合性、全面性监管的规范，具有里程碑意义。这份《指导意见》从监管层面充分肯定了互联网金融的发展，给互联网金融制订了一个明确的边界和身份，互联网金融行业已度过早期粗放发展阶段，正在法律框架下走向健康发展的轨道。

## 三、从核对看互联网金融

**1. 为什么要关注互联网金融**

互联网金融几乎和我们每个人都休戚相关，现在出门，大到商场、酒店，小到路边的煎饼摊都可以用手机支付，这些都属于支出；前段时间有新闻报道乞讨人员举着印有支付宝、微信的二维码，可以接受手机转账，这个就是他的收入；如果买了一份互联网基金，分红属于收入，基金余额则属于财产。

当前，上海核对工作已基本实现传统经济和金融领域内收入、财产核查内容的全覆盖，但尚无法实现诸如第三方支付平台、各类电子“钱包”、网络理财产品等内容的核对，要想做到“绣花”般精准核对，就不得不关注互联网金融，获取互联网金融相关数据是大势所趋。

**2. 应该关注哪些方面**

（1）如何判断居民个人的经济状况是否涉及互联网金融

可以问几个问题来获取答案：一个人是否开通支付宝、微信或其他第三方支付？是否有互联网理财账户？买不买互联网基金？买不买互联网保险？……只通过几个简单的问题，就可以迅速判断出一个人的经济状况是否涉及互联网金融。

（2）互联网金融协会能否查到核对所需的相关信息

据了解，目前全国大部分省份都成立了地方性的互联网金融协会，长三角的三省一市还成立了联盟，各地协会之间也有交流。比如，上海互联网金融行业协会会员单位在200家左右，范围非常全面，涵盖银行、证券、保险和基金等持牌金融机构，互联网支付、互联网征信、互联网非公开股权融资、互联网基金销售、网络小贷和网络信贷信息中介等新兴互联网金融机构，以及大数据风控、财经类媒体、法律咨询、审计服务和技术服务等第三方服务机构。但此类协会拥有的数据有限，只能查询本地协会会员平台的基本情况，比如P2P平台发布的一些基础数据，是否开户等，个人的明细信息基本不涉及，所以无法满足核对工作的实际需要。

（3）哪些类型的互联网金融形态值得我们重点关注

可以说，互联网金融的每个种类的业务都对居民个人的经济状况有影响。互联网金融有这么多种类，如果去一个门类一个门类的考虑就很麻烦。其实我们可以把这个复杂的问题简单化，互联网金融产品可以分为两大类：一类是由传统金融业（比如银行、证券、保险等）引入互联网技术所形成的金融产品；另一类是传统的互联网企业进行金融业务的创新，开展金融类产品销售和服务所形成的金融产品。

当前国内互联网金融六大类型是基于以互联网为载体的信息平台来开展运营活动，这也意味着用户在购买金融理财产品时，必然在其金融服务平台上留下交易的信息，而且这些信息一般要在银行监管账户留有痕迹。

2017年9月，中国人民银行等七部门发布公告，认定了比特币、以太币等虚拟货币发行融资的非法性，因此这一类金融产品目前暂无需关注。生活中，涉及一般老百姓个人经济状况最大的方面是第三方支付，应该重点关注。根据调研，支付宝、银联商务、微信财付通三家占第三方支付平台的市场份额达80%以上。

因此，我们认为应该重点关注的互联网金融主要有互联网支付、传统金融业的互联网金融产品、P2P网贷及众筹融资等。

## 四、实现互联网金融核对的对策及建议

如果国家层面能够建立一个统一的针对互联网金融的数据中心，打造一个覆盖全部互联网金融企业的超级信息共享平台，所有交易信息都能在这里一网打尽，这是最理想的方案，但是目前短时间内暂无可能。如何初步实现互联网金融方面的核对，我们提出以下对策及建议。

**1. 分阶段实现互联网金融核对**

（1）对信息化金融机构，利用已有比对专线实现核对

我们的核对系统已与证券、银行及保险等机构建立了电子比对专线，可以获得个人通过传统销售方式购买的金融资产信息，只要取得相关部门的支持，将比对专线进行优化，增加相应字段及查询内容，应该就可以实现通过互联网销售渠道购入的金融资产信息的核对。

（2）对第三方支付，可以考虑与网联建立接口实现核对

截至 2018 年 6 月 30 日，网联平台已有支付宝、财付通、网银在线、快钱、百付宝、平安付和翼支付 7 家支付机构完成接入，联动优势、中移电商接入工作进入倒计时。上述 9 家大、中型支付机构，网络支付和移动支付的交易规模在支付市场交易总规模中的份额占比合计超过 96%。绝大多数支付机构接入网联后，提高了资金透明度和网络支付的安全性，而网联平台对外可接受接入服务，寻求与网联合作，通过某种双方认可的途径在网联平台搭建数据接口，可以获得更多所需信息。

（3）借金融监管东风，逐步获取其他模式的交易数据信息

当前在互联网金融领域各种风险频发，相信今后国家将构建出较为完善的互联网金融风险预警系统，加强监管。P2P 网贷、众筹融资、大数据金融等相关数据信息可待金融监管增强、业态稳定规范之后再与相应平台对接，获取相关数据信息。

**2. 建议民政部开展此部分信息数据的查询交换工作**

考虑到互联网金融的营运范围覆盖全国，监管部门多为中央国家机关，相关信息数据向上集中，由地方政府部门与相关监管机构或金融企业直接对接获取数据几无可能。因此，建议民政部出面协调相关机构开展对接洽谈工作。比如从中国证券登记结算有限责任公司获取个人基金账户信息的同时进一步获取互联网基金的相关数据信息，与“网联”对接获取第三方支付平台数据信息等。

开展对接工作时，建议重点考虑两个问题。一是兼容性问题，对接时就需要考虑统一规范数据源及统一接口等问题。二是安全性问题，建议充分汲取电子商务和互联网金融的成熟技术，在安全性方面采取防火墙与认证证书系统相结合的安全系统。

**参考文献**


[1] 谢平，邹传伟．互联网金融模式研究 [J]. 金融研究，2012(12).

[2] 巴曙松，杨彪．第三方支付国际监管研究及借鉴 [J]. 财政研究，2012(4).

[3] 房思奕，年志远．余额宝对传统银行业的挑战及其应对策略研究 [N]. 长春金融高等专科学校学报，2015-03-25.

[4] 高勇．经济新常态下 P2P 网贷行业的监管问题探析 [N]. 企业导报，2015-05-15.

[5] 黄艺坤，郭艳．互联网时代下的第三方融资信贷平台 [J]. 现代经济信息，2014(6).

[6] 黄正新．我国网络金融市场发展中的问题与对策 [J]. 经济师，2001 (8).

[7] 姜欣欣．中国金融的深度变革与互联网金融 [N]. 金融时报，2014-02-24.

[8] 蒋亢伉 . 浅谈互联网金融模式及风险监管 [J]. 经营管理者，2014(3).

[9] 蒋莹诗 . 新兴市场经济体互联网金融发展研究 [J]. 市场研究，2014(7).

[10] 金声 . 解析央行报告首论互联网金融 [J]. 中国城市金融，2014(6).

[11] 黎四奇，李时琼 . 对余额宝所引发法律问题的思考——基于金融创新的视角 [J]. 中南大学学报（社会科学版），2014(6).

[12] 李晓雅 . 互联网金融的发展 [J]. 商，2015(1).

[13] 李亚欣 . 支付宝的发展历程及对国内第三方支付的影响 [J]. 东方企业文化，2010(1).

[14] 人民银行等十部门发布《关于促进互联网金融健康发展的指导意见》. 中央政府门户网站 www.gov.cn.2015-7-18.

[15] 高勇 . 经济新常态下 P2P 网贷行业的监管问题探析 [N]. 企业导报，2015-05-15.

# 最低生活保障核对数据研究[1]

上海市居民经济状况核对中心　上海海事大学

**【摘要】**1993 年上海市在全国率先建立最低生活保障制度，1996 年该制度在全国范围内铺开。25 年来，上海市最低生活保障制度标准线经过了二十多次调整，并实现了城乡一体化。2012 年 5 月 1 日，上海市最低生活保障项目在全国率先引入核对机制。六年多来，上海市居民经济状况核对系统中累积了大量数据。本文旨在分析最低生活保障基本政策制度的基础上，对上海市核对系统中城乡居民最低生活保障数据开展研究和分析工作。通过整理归纳最低生活保障相关理论和政策，对上海市核对系统中最低生活保障申请家庭的相关数据开展统计分析，最后结合全市核对人员问卷调研情况，对当前上海最低生活保障政策及实施提出相应的对策和建议。

**【关键字】**最低生活保障　核对数据　描述性统计分析　Logistic 逻辑回归分析　智慧管理

最低生活保障制度事关困难群众衣食冷暖，事关社会和谐稳定和公平正义，是维护困难群众基本生活权益的基础性制度安排。它是保障贫困人口基本生活的最后一道防线，是改善贫富差距的有效途径。这一制度自实施以来，在惠民生、解民忧、保稳定、促和谐等方面作出了突出贡献，有效保障了困难群众的基本生活。

1993 年 6 月 1 日，上海市城镇最低生活保障制度执行，这标志着中国城市居民最低生活保障制度的初步建立。25 年以来，随着物价的变动，上海将最低生活保障标准不断调整，由最初的每人每月 120 元调整为现在的每人每月 1070 元，最低生活保障制度的救助深度和覆盖广度始终处于全国各省市前列。

截至 2017 年底，上海市共核对最低生活保障申请家庭近 150 万户次，核对系统中累积了大量最低生活保障项目的相关数据。对这些数据进行梳理和分析，从核对视角对最低生活保障开展数据研究和分析是一项十分必要和有意义的工作。具体研究技术路线图如图 1 所示。

---

[1] 课题研究时间为 2018 年，原报告 12 万余字，因篇幅原因，本文仅将主要内容加以介绍。

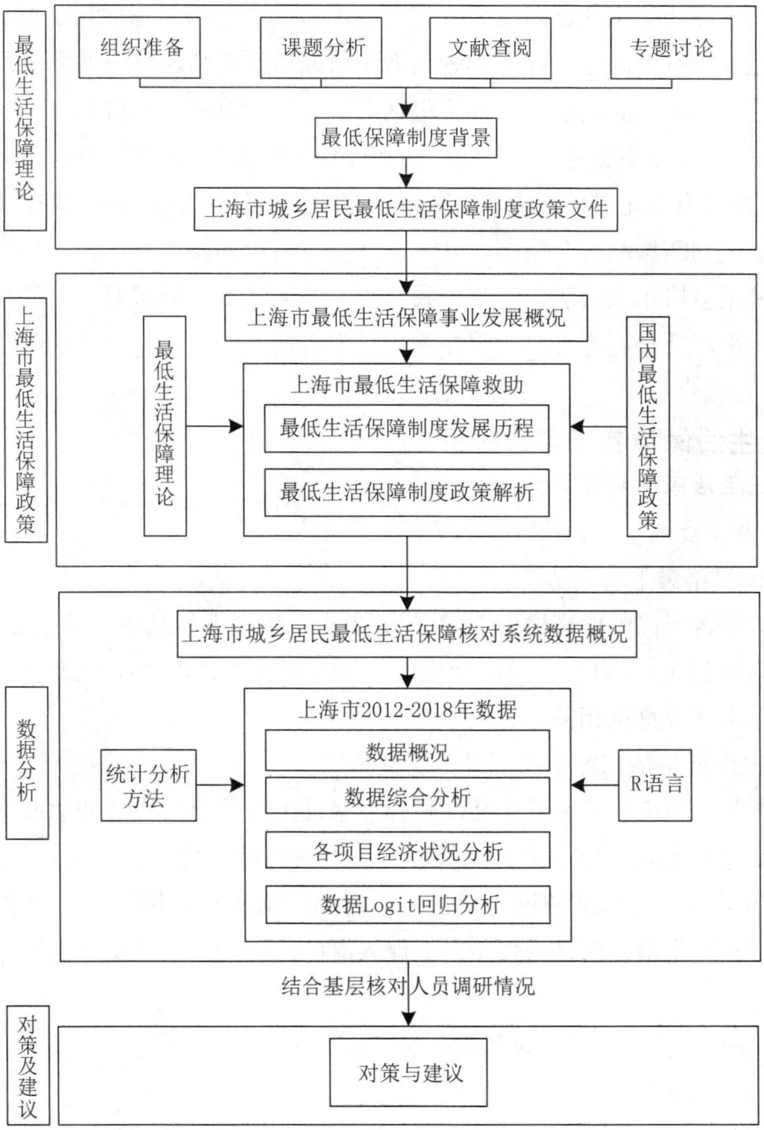


图1　技术路线图

## 一、最低生活保障制度概述

最低生活保障，简称“低保”，是指国家对家庭人均收入低于当地政府公告的最低生活标准的人口给予一定现金资助，以保证该家庭成员基本生活所需的社会保障制度，其本质是一种社会保障制度。这种形式是在我国经济体制改革，特别是深化企业改革、调整产业结构的背景下，随着城市贫困人口增加，必须形成相应的社会救助体系的产物。该项制度对于社会保障体系建设是最基本、也是最后一道社会安全网。

最低生活保障是政府对贫困人群开展相应的救助，那么如何判定贫困标准就变得极为重要。测定贫困线的方法有很多，但是都有一些量化的指标，其划分的根据是荷兰的奥迪·海根纳斯和克拉斯·得沃提出的绝对贫困、相对贫困、主观贫困等三种测定方法。

为了更好地解决贫困问题，许多学者致力于研究最低生活保障线的测定问题。从目前情况看，我国最低生活标准的制定办法主要包括以下五种：恩格尔系数法和维持生活基本需求费用法、综合法、指标体系测定法、单一指标和综合指标法和数学模型法。国内法规关于“低保”标准的制定并没有规定具体的方法，各省市的制定方法主要有：抽样调查型、部门协商型、参照制定型、主观判断型和混合型等。其中，北京市采用抽样调查法，厦门市采用市场菜篮子法，上海市采用恩格尔系数法，广州市采用收入比例法等。但需要指出的是，各城市制定标准一般是综合采用几种制定方法，仅在侧重点上有所不同。

## 二、最低生活保障制度政策解析

### 1. 全国最低生活保障制度解析

（1）全国城镇最低生活保障政策相关情况

① 救助规模呈略微下滑趋势

目前，我国城镇居民救助规模以 2010 年为界点，出现下滑趋势，截至 2017 年底，全国共有城市低保人数达 1264 万人。救助规模的下滑与低保工作的科学化进程，国民就业率的上升，国民生活水平等息息相关。

② 城镇居民最低生活保障平均标准不断提高

目前，全国各地城市居民最低生活保障标准呈现上升趋势。我国城镇低保财政总支出呈下降趋势，城镇低保平均标准呈上升趋势。从全国城镇低保财政总支出自 2013 年的逐年降低以及全国城镇低保平均标准的逐年增加可以看出，国家有效保障了城市贫困居民的基本生活，起到了安全网作用，并且加强了对低保人群的监管措施，防止“人情保”“关系保”的出现。

（2）全国农村最低生活保障政策相关情况

① 救助规模呈略微下滑趋势

2007 年，国务院颁布的《关于在全国建立农村最低生活保障制度的通知》（国发〔2007〕19 号）标志着农村最低生活保障制度在我国全面实施。目前，我国农村居民救助规模以 2013 年为界点，出现下滑趋势。2014 年 3 月，习近平同志参加两会代表团审议时强调，要实施精准扶贫，瞄准扶贫对象，进行重点施策，进一步阐释了精准扶贫理念。我国所建立和完善农村贫困人口低保制度已经初显成效。2014 年作为一个转折点，从救助规模的下滑可以看出，低保工作的科学化正在有效进行中。

② 农村居民低保平均标准向城镇居民低保平均标准靠拢

目前，全国范围内各地农村居民最低生活保障标准呈现上升趋势，并逐渐向城镇居民低保平均标准不断靠拢。从总体上看，农村低保标准的变动与国民经济发展水平基本保持同步发展，政府对贫困群体的关注使这部分人群也能够充分享受国家发展和社会进步所带来的先进成果，充分展现了社会主义的优越性。

**2. 上海最低生活保障制度解析**

（1）科学设计低保标准，形成科学动态调整机制

上海在研究建立最低生活保障标准时采用了多种方法来确定。1993 年，城镇居民最低生活保障标准综合运用了市场菜篮子法和恩格尔系数法。在研究制定《上海市社会救助办法》（上海市人民政府令第 52 号）时，上海进一步对最低生活保障标准的确定做了规定，同时明确规定了居民最低生活保障标准的调整依据。

自 1993 年以来，上海先后 22 次调整低保标准，城镇低保标准从最初的每月 120 元提高到 2018 年的每月 1070 元（表 1）。

**表1　上海市历年最低生活保障标准**

| 年份 | 标准 | |
|---|---|---|
| | 城镇居民 | 农村居民 |
| 1993 | 120元/月•人 | 近郊农村居民的最低生活保障标准调整为850元/年、远郊农村居民的最低生活保障标准调整为750元/年、海岛农村居民的最低生活保障标准调整为700元/年 |
| 2001 | 280元/月•人 | 近郊农村居民的最低生活保障标准调整为2200元/年、远郊农村居民的最低生活保障标准调整为2000元/年、海岛农村居民的最低生活保障标准调整为1800元/年 |
| 2002 | 290元/月•人 | 郊区农村居民的最低生活保障标准调整为人均2240元/年；海岛农村居民的最低生活保障标准调整为1980元/年 |
| 2005 | 300元/月•人 | 2340元/年•人 |
| 2006 | 320元/月•人 | 2560元/年•人 |
| 2007 | 每月350元/月•人 | 2800元/年•人 |
| 2008 | 每月400元/月•人 | 3200元/年•人 |
| 2009 | 每月425元/月•人 | 3400元/年•人 |
| 2010 | 每月450元/月•人 | 3600元/年•人 |
| 2011 | 每月505元/月•人 | 4320元/年•人 |
| 2012 | 每月570元/月•人 | 5160元/年•人 |
| 2013 | 每月640元/月•人 | 6000元/年•人 |
| 2014 | 每月710元/月•人 | 620元/月•人 |
| 2015 | 每月790元/月•人 | |
| 2016 | 每月880元/月•人 | |
| 2017 | 每月970元/月•人 | |
| 2018 | 每月1070元/月•人 | |

（2）统筹实施城乡低保标准的统一

1994 年 5 月，上海第一次公布了农村低保标准，划分为近郊、远郊和海岛三条标准线，即近郊 850 元 / 年，远郊 750 元 / 年，海岛 700 元 / 年。到 2001 年，农村低保标准经过 8 次调整，达到最低 1800 元 / 年。2015 年 4 月 1 日起，上海城乡居民最低生活保障标准统一调整为 790 元 / 月 • 人，从此结束了上海城乡低保两条标准线的历史，在全国省级单位率先实

施了城乡低保标准的统一。

（3）实施城镇低保家庭成员“救助渐退”政策

2002 年 7 月，上海市民政局规定对低保家庭中就业年龄段内且有劳动能力的人员，在享受最低生活保障时就业上岗后，低保金采取“逐步扣除、逐月退出”的办法，以达到促进就业、稳定岗位的目的。至 2017 年年底，享受“救助渐退”政策的人员为 1012 人。据统计，2017 年享受“救助渐退”政策的人员共 332 人。

（4）实行城镇低保家庭基本生活费抵扣政策

2002 年 6 月，上海市民政局出台政策，对城镇低保家庭中有实际就业行为，月劳动收入不低于或等于本市职工月最低工资标准的人员，增加其本人基本生活保障标准为 340 元 / 人 ( 当时低保标准为 280 元 / 月 • 人 )。至年底，有劳动收入享受抵扣政策待遇的人员达到 22313 人。2003 年，该保障标准调整为 390 元 / 月 • 人，高出低保标准 100 元；从 2005 年 1 月起，低保家庭中有劳动收入人员基本生活费抵扣标准融为就业生活补贴，即在低保标准的基础上，按月增发 180 元就业生活补贴。2007 年，就业生活补贴标准提高到 270 元 / 月 • 人。之后，就业生活补贴标准均根据物价因素予以调整，同时，在计算家庭收入时按就业生活补贴标准从其本人实际收入中先予扣除，以降低纳入低保保障的门槛，促进困难人员自立脱贫。据统计，2017 年上海市享受该政策而纳入城镇低保的家庭共 8500 余户。

（5）认定城乡低保对象引入核对机制

1993 年上海低保制度建立之初，对低保对象的认定仅限于收入，即“月人均生活低于 120 元”为标准。1996 年，生活水平低于上海市城乡居民最低生活保障标准且所拥有的财产在一定限额以内的个人或家庭，都可作为救助对象，对申请家庭核查的手段仅仅限于入户调查、邻里访问和信函索证等传统方法。2012 年 5 月，上海出台政策规定了认定依据包括收入和财产两个方面，改变了以往主要依据家庭收入认定对象的弊端，并引入申请家庭的经济状况核对机制。2012 年，对 23 万户低保申请家庭进行了核查，检出不符合认定标准家庭 5 万余户，取得了良好的甄别效果。据统计，2017 年全市共对 16256 户新申请低保的家庭进行核查，符合认定标准的共 14084 户，占核查总数的 86.6%。

**3. 建立合理的最低生活保障核对制度**

为了确保上海市最低生活保障制度能够妥善切实地实施，建立合理的最低生活保障核对制度是极其必要的。这具体表现为以下几个方面：

（1）建立数据核对制度能保障最低生活保障工作顺利实施

数据核对是保证录入资料正确的一个重要环节，建立合理的最低生活保障数据核对制度可以有效防止低保补贴错发、漏发、重发的现象，回避了账实不符的状况。由于数据的准确性直接关系到低保对象个人的切身利益及最低生活保障事业的稳健发展，所以建立合理的数据核对制度是非常有必要的。

（2）建立数据核对制度有利于提升最低生活保障的工作效率

随着最低生活保障管理信息系统的建立和逐步完善，通过及时、高效的数据核对可以提升数据库中数据的准确率，使得信息系统的功效得到充分发挥，进而在最低生活保障制度的实施过程中，提高相关业务的经办效率，切实提升信息系统应用水平，为低保对象提供更加快速、便捷的服务。

（3）建立数据核对制度有利于实现业务处理的规范化和决策的科学化

随着上海市最低生活保障标准的不断提高，迫切需要我们必须建立高效的最低生活保障数据核对制度，对涉及最低生活保障工作的相关数据进行全面的核对和认定，确保相关历史数据的准确性、完整性，避免因某些数据出错而导致一系列的连环错误的现象，为下一步的最低生活保障工作的顺利实施打下良好的基础，所以做好历史性数据核对工作相当重要。

对于最低生活保障数据核对制度的实施，首先应该完善最低生活保障补贴工作的管理制度，加强对各数据统计工作的领导。其次，应该健全数据管理系统，严格把控数据收集、数据录入等环节，为数据的核对做好基础性工作。最后，应该确保数据核对的质量，数据核对应该采用高效、合理的方法，并且相关工作人员应该具备专业的知识技能及较高的专业素养。这样，才有助于最低生活保障数据核对制度的顺利实施，提高数据核对的效率。

## 三、上海市最低生活保障核对数据分析

根据上海市核对系统中 2012 ~ 2018 年度城乡居民最低生活保障的相关明细数据，对申请家庭的社会形态、家庭结构、收入及财产经济状况等先后以描述性统计和 Logistic 回归分析开展数据分析。同时对核对中心与救助中心数据进行对比，分析两部分数据的差异。一方面，以求客观反映最低生活保障申请家庭的基本现状及其分布规律。另一方面，研究各种因素对最终获得救助的关联程度。数据分析中图表众多，因篇幅原因将大部分图表删去，仅保留数据结论。

**1. 数据分析基本结论**

（1）六年平均申请低保的家庭数量（含一年多次申请的家庭）有 259671 户，其中 2012 ~ 2013 年达到最多，有 270660 户；2016 ~ 2017 年为最少，有 244818 户。

（2）大部分家庭一年会申请一次、两次或三次，少部分家庭一年会申请四次或五次。六年内申请三次和四次的家庭数量有上升的趋势，而申请一次和两次的家庭数量呈下降趋势，申请五次的家庭数量波动不大。

（3）申请低保的家庭成员中，男性占到 58% 左右，女性占到 42% 左右，有较明显的性别差异，且六年内性别占比变化不大。

（4）申请低保的大部分家庭成员的年龄集中在 40 ~ 60 岁之间，六年内，0 ~ 50 岁的家庭成员数有下降的趋势，而 60 岁及以上的家庭成员数有上升的趋势。

（5）申请低保的家庭最多的主要集中在浦东新区、杨浦区、黄浦区和崇明区这四个区域。

（6）申请低保的家庭中有 11 万户以上是家庭成员数为 1 的家庭，且这类家庭的数量在逐年上升；而每户人数为 2 ~ 3 人的家庭数量占一部分，且呈现下降趋势；每户人数为 4 人及以上的家庭数量变化不大。

（7）申请低保家庭的三个月合计收入、货币财产、机动车数量、居住和非居住类房屋套数、房屋建筑面积合计与人均建筑面积集中于低值端，且六年内整体变化不大。

（8）救助中心与核对中心的数据比对中发现，人均收入金额和人均财产金额的匹配率较低，准确率分别为 35.19% 和 16.89%，而最终领取的低保金匹配率较高，准确率有 76%。

2. Logistic 回归分析

对低保 2016 年、2017 年两年申请核对数据进行 Logistics 回归建模，构建二分类风控模型，即构建审核通过与不通过的风控模型来研究影响通过审核的因素及其变化，以及检验该风控模型的准确率。由近两年各因素回归系数的变化可以发现：

（1）申请核定人数的影响越来越大，家庭人数越多越容易通过审核。

（2）从三个月收入来看，2017 年三个月收入较 2016 年影响有所下降，下降达 25%，可见收入越高虽然越不易通过审核，但是收入增加的影响有所下降。

（3）从存款余额来看，2017 年存款余额较 2016 年影响有所上升，上升 300%，可见存款余额的影响占比大幅上升，较高的存款余额往往意味着较大的收入能力，越不易通过审核也是符合本地收入支出状况。

（4）从证券市值来看，2017 年较 2016 年证券市值的影响同样大幅增加，增加 300%，跟存款余额类似，家庭盈余资金的影响越来越大，较大的闲置资金意味着较高的生活水平，结果导致越不容易通过审核。

（5）从机动车辆拥有量来看，2016 年该指标并不显著，2017 年显著为负，且影响增加较大，相较于 2016 年，拥有机动车意味着更难通过审核。

（6）从是否有非居住类房屋来看，2017 年该指标影响显著下降，但是总体来讲影响依然较强。

（7）从居住类房屋套数来看，2017 年该指标无居住类房屋的系数显著增加，且数值较大，说明房屋影响占比显著增大，这与上海房价上涨较大，导致有房居民资产增加较大而影响显著。即拥有住房的家庭更难通过审核。

总之，从趋势来看，有房家庭难通过审核，闲置资金较多的家庭也越难通过审核，其他资产（例如机动车辆）较多的家庭也越难通过审核，而人口越多的家庭还是较容易通过审核。这也表明：家庭资产较多、资产增值较快、闲置资金较多的家庭越难通过审核，未来人口压力的影响越来越大，这与消费水平增加较快关系密切。

## 四、对策及建议

### 1. 最低生活保障政策建议

（1）建立多元指标综合评价体系

建议在城乡居民最低生活保障对象认定时，在现有的核对指标基础上考虑增加各个指标的权重，也就是采用多元指标评定，把申请家庭的收入、财产（包括银行存款、证券、基金、保险、房屋和车辆）等申请家庭具体经济状况的指标赋予一定的权重进行加权，求和之后作为核对结果。

那么核对标准权重应该如何考虑？本课题使用 Logistic 回归方法进行了初步的尝试，从现有分析结果，所获权重具有一定的规律且和实际具有较强的一致性。如，申请核定人数的是正权重，表明困难家庭的人数影响越来越大，家庭人数越多越容易通过审核；三个月收入、存款余额、证券市值、机动车拥有量和居住类房屋套数这些指标为负权重，即这些指标越高应该获得资助的通过的可能性较小；而是否有非居住类房屋的权重有波动且近年来有下降趋势，这个指标提供的是一种混合信息，困难家庭有的有住房，有的没有，这些应该都是符合实际的。因此，各指标考虑权重具有一定的合理性和可行性。

（2）调整低保政策准入条件和享受待遇

可考虑增加对离婚、卖车等时间限制条件，对超标准申请人设置一段禁止申请时间间隔，增加大额支出情况的核查，在一定程度上压缩骗保空间。适当加大特殊群体的低保待遇，当前低保政策已将低保家庭中 16 周岁（含 16 周岁）以下的未成年人的低保救助标准在同期低保标准的基础上提高 30%，建议可考虑酌情提高 60 岁以上老人低保享受待遇等。

**2. 最低生活保障制度实施建议**

（1）加强组织队伍建设

城乡居民最低生活保障制度是一项较复杂的民生工程，要完善的组织机构和人员队伍作为支撑。建议：

① 加强人员配备，划分职责权限，强化安全保障。建议加强基层核对专职人员配备，同时明确划分核对与社会救助、住房保障等其他业务工作的职责权限，做到核对、审批职责分离，实现职权可控。申请受理（前）、核对（中）、审批（后）互相独立，也可以在一定程度上减少申请人威胁核对员人身安全的危险事件的发生。

② 加强对基层工作人员的考核、培训，利用上岗考核及培训、业务骨干培训、继续教育培训等平台，不断提高基层核对员的业务水平和能力，增强核对专业性、规范性和科学性，为低保资金的审批和发放工作做好保障，切实维护困难家庭的权益。

（2）加快核对信息系统建设

上海市居民经济状况核对信息系统已经建立了多条数据专线，获取了大量的居民经济信息，但离全面掌握申请对象的经济状况还有一些差距。居民获得收入方式众多、情况复杂，有全职收入、兼职收入，报税的收入，不报税的收入（如打零工、养殖收入）等，其中农业劳动人口的实际收入更难以收集、计算。而低保救助人员大多学历不高，打零工现象普遍。基于目前的经济状况核对机制和技术手段，主要依据税务部门反馈的收入信息，参考人保、公积金等信息计算家庭收入，因此仅能有限地反映低保家庭的可支配收入状况。因此建议：

① 加快推进部市联网，健全数据专线，扩大信息覆盖面。按照民政部低收入家庭认定指导中心的要求，做好部市联网前期准备工作；利用不动产登记局专线联通，与现有的房产比对专线互通有无，提高房屋信息有效性和全面性；利用信息交换比对研讨会，与有关委办局沟通解决比对专线中出现的问题，进一步提高比对专线的准确性；与相关金融监管机构、

上海大数据中心、互联网征信等有关机构、部门加强沟通，为获取互联网金融平台中涉及居民经济状况的信息奠定基础。

② 优化升级核对系统，开展核对系统翻建，完善核对系统功能。认真做好核对系统翻建前的调研，详细了解核对系统使用人员对系统翻建的需求，在广泛征求意见的基础上，形成核对系统翻建方案，进一步优化核对系统的内容、报告形式和功能，减轻基层工作量，提高核对效率。

③ 引入“智慧”管理理念。建议最低生活保障制度管理也引入“智慧”管理的相关理念。一方面，可以进行大数据的处理算法进行深入研发，不但要对算法反复实践，不断改进，而且最好能有理论研究，以保障算法的有效性。另一方面，最低生活保障制度的“智慧”管理产品的研发，这可以与前面算法同步进行。例如：从实现小规模的“智慧”管理系统开始，开发一些App终端用户平台等，使得最低生活保障制度管理最终融入“智慧”管理的大家庭。

（3）借鉴外国优秀经验

相对而言，有些国家的最低生活保障制度及其研究起步比较早，尤其是英国和日本，保障制度发展比较成熟，他们的经验值得借鉴。但由于各国国情不同，在学习他们先进经验的时候，不能完全照搬照抄，可以吸收他们的长处，走符合自己国情的发展之路。

（4）自查加第三方审计监督为最优模式

根据课题研究和调研统计，我们认为，针对低保政策具体实施过程中出现的数据错误、遗漏或认定等问题，以救助部门自查为主、审计等第三方部门监督为辅的模式能够最优化解决此问题。救助部门定期针对低保的认定审核进行内部自查，查摆问题、及时整改，能够有效减少低保政策实施过程中产生的问题。第三方部门，如审计部门等进行外部监督，能有效对救助部门和低保实施进行约束，真正将权力关在笼子里，从而确保低保政策真正落实到困难群众身上。

**3. 最低生活保障数据分析的“智慧”理念**

（1）数据分析可以智慧化

研究过程中，课题组设计了数据分析系列程序，能够自动读取来自2012 ~ 2018年百万级源数据、自动剔除重复数据、自动分析数据信息等。这一系列程序的成功开发，可以说是对数据分析的智慧化探索。有了这些基本程序的成功开发，可以说研制开发全自动数据分析工具是没有技术障碍的，以这一系列统计程序为基础进行封装，就可以开发出数据分析平台。利用这样一个平台，只要把数据输入进去，很快就能分析出本课题中数据分析的几乎所有结果。

（2）核对中心与救助中心数据不统一

在课题研究过程当中，总的来说内容较完整充实，但也遇到各部门数据不一致等问题，这些给最低生活保障制度数据的科学管理工作提出一些思考。一方面，应提高统计程序的纠错能力，提高程序的“智慧”。另一方面，就是在基础数据采集中，要规范化、合理化。对数据输入口，尽量增加格式控制功能，数据有问题能自动报错、及时纠正。

此外，智慧化分析软件的开发，是一个实践—改进—实践的不断完善过程。而且，数据分析的“智慧”化也是一个艰难的过程，但这个智慧化的趋势是不可避免的。大环境使然，核对数据分析也应有“智慧”理念。

**参考文献**

[1]仲夏辉 . 最低生活保障制度对贫困脆弱性的影响分析 [D]. 济南：山东大学，2017.

[2]王莹 . 新形势下城市贫困群体救助制度问题研究 [D]. 长春：吉林财经大学，2017.

[3]孙宇 . 北京市城乡居民最低生活保障问题研究 [D]. 太原：山西财经大学，2018.

[4]沈丹 . 成都市城乡居民最低生活保障制度一体化的实现路径研究 [J]. 阿坝师范学院学报，2018, 35(1):48-53.

[5]张峻豪，邓大松，黄玉君 . 城市居民最低生活保障制度的困境分析与政策转型 [J]. 中国人口 · 资源与环境，2014, 24(12):159-163.

[6]祝建华 . 城市居民最低生活保障制度的理念转型与目标重构 [J]. 中州学刊，2009(5):116-121.

[7]黄锴 . 城市居民最低生活保障制度中收入认定相关问题研究 [D]. 杭州：浙江大学，2012.

[8]曹海涛 . 城市最低生活保障制度保障水平分析 [J]. 内蒙古科技与经济，2017(22):9-10.

[9]于洪，钟和卿 . 城乡二元结构下最低生活保障制度的经济学分析 [J]. 上海财经大学学报，2009,11(5):84-89.

[10]何欢 . 城乡最低生活保障制度的理论与实证——以天津市为例 [D]. 天津：天津财经大学，2013.

[11]郑纪刚，薛兴利 . 城镇居民最低生活保障制度绩效评价研究——以泰安市为例 [J]. 社会关注，2016(12):113-116.

[12]任仪 . 城镇居民最低生活保障制度中的财政支持方式研究 [J]. 时代金融，2018(1).

[13]梁肖明，王嘉琦 . 广西农村最低生活保障制度的现状及思考 [J]. 学术论坛，2013(10):102-107.

[14] 梁雅莉 . 国外社会救助经验对我国城市最低生活保障制度的启示 [J]. 人社天地 · 社保论坛，2017.

[15]金炳彻 . 韩国国民最低生活保障制度受助人选定的现状和问题 [J]. 社会科学，2009(1):79-87.

[16]乔国龙 . 河北省农村最低生活保障制度运行现状评价研究 [D]. 石家庄：河北财经大学，2013.

[17]符华平 . 基本公共服务均等化与城乡最低生活保障制度 [J]. 江苏社会科学，2010(2): 99-102.

[18]韩克庆 . 减负、整合、创新：我国最低生活保障制度的目标调整 [J]. 江淮论坛，2018.

[19]王慧君，谷丁一 . 居民最低生活保障制度城乡统筹的必然性 [J]. 经济与社会，2016.

[20]加次力 . 全力保障困难群众生活——改革开放 40 年我州民政社会救助工作综述 [N]. 甘南日报，2018-9-26.

[21]丁国峰，赵新龙 . 日本最低生活保障制度对我国农村低保的借鉴 [J]. 学术界，2010(11).

[22]张运书，丁国峰 . 日本最低生活保障制度对我国农村低保建设的启示 [J]. 农业经济问题，2011(1).

[23]王娜 . 山西省城市居民最低生活保障标准问题研究 [D]. 太原：山西财经大学，2018.

[24]郝悦，吕学静 . 探析最低生活保障制度的城乡差异 [J]. 人口与经济，2009(4).

[25]张军，柯健 . 统筹城乡居民最低生活保障制度的障碍与对策 [J]. 农村经济，2013(1).

[26]宁一蕾 . 我国城市最低生活保障制度发展的现状与建议 [J]. 武汉理工大学学报 ( 社会科学版 ), 2012, 25(3):423-428.

[27]王燊成 . 我国城市最低生活保障制度与就业救助制度衔接研究 [J]. 社会保障，2018.

[28]李琦，曹艳春 . 我国城镇居民最低生活保障制度降贫效果实证分析 [J]. 大连理工大学学报 ( 社会科学版 )，2017, 38(4):108-115.

[29]赖志杰 ."瞄偏"与"纠偏"：社会救助对象的确定 [J]. 公共行政管理，2013, 200(2):73-76.

[30]毛玮玮 . 郑州市城乡居民最低生活保障制度一体化可行性研究 [D]. 郑州：郑州大学，2017.

[31]张翼 . 中国城市居民最低生活保障制度的完善 [D]. 武汉：华中科技大学，2012.

[32]齐洁 . 中国最低生活保障制度研究 [D]. 天津：天津大学，2004.

[33]赵巍巍 . 北京上海城市居民最低生活保障制度比较研究 [D]. 北京：首都经济贸易大学，2007.

[34]姚建平 . 中国城市最低生活保障标准水平分析 [J]. 中国软科学，2012(11):57-67.

[35] 杨玉婷 . 城市居民最低生活保障制度的现状和对策 [J]. 湖南财经高等专科学校学报，2008(4):38-40.

[36]杨立雄 . 中国城镇居民最低生活保障制度的回顾、问题及政策选择 [J]. 中国人口科学，2004(3):73-80+82.

[37]唐钧 . 最后的安全网——中国城市居民最低生活保障制度的框架 [J]. 中国社会科学，1998(1):116-127.

[38]张全红，张建华 . 社会进步与城市居民最低生活保障制度的完善 [J]. 经济论坛，2006(2):36-38.

[39]费梅苹 . 城市最低生活保障政策分析 [J]. 社会，2002(3):10-13.

[40]林闽钢 . 城市贫困救助的目标定位问题——以中国城市居民最低生活保障制度为例 [J]. 东岳论丛，2011, 32(5):13-19.

[41]和俊民，杨斌 . 社会救助制度保障水平对经济增长的影响研究 [J]. 郑州大学学报 ( 哲学社会科学版 )，2014, 47(3):81-84.

[42]李娟 . 构建城市低保对象就业激励机制研究 [J]. 经济纵横，2017(9):43-48.

[43]罗小兰 . 最低工资、最低生活保障与就业积极性：上海的经验分析 [J]. 南京审计学院学报，2007(3):15-18+38.

[44]胡敏 . 关于上海居民最低生活保障标准计算方法的探讨 [J]. 工会理论研究 . 上海工会管理干部学院学报，2002(1):37-40.

[45]黄晨熹，王大奔，邱世昌，等 . 让就业有利可图——完善上海城市最低生活保障制度研究 [J]. 市场与人口分析，2005(3):1-9.

[46]张留禄 . 上海城市居民最低生活保障问题探析 [J]. 科学发展，2009(11):96-106.

[47]黄晨熹 . 城市低保对象求职行为的影响因素及相关制度安排研究——以上海为例 [J]. 社会学研究，2007(1):137-160+245.

# 第二篇　核对机制建设研究

自民政部低收入家庭认定指导中心举办“社会救助对象瞄准与核对机制建设论坛”以来，上海民政每期选送优秀论文。其中，《传统文化视野下的核对工作理念思考》《上海居民经济状况核对工作大数据研究初探》《居民经济状况核对员教育培训体系建设研究——以上海为例》《基于核对大数据视角的服务救助政策研究方法探讨——以上海“因病支出型贫困”救助政策研究为例》等多篇论文获奖。这些文章，在全国各省市开始相继成立核对机构、建设系统平台的阶段，展示了上海民政在核对工作理论、数据分析挖掘、教育培训体系、业务管理研究方面的深度思考，引领了全国核对工作的发展方向。

# 传统文化视野下的核对工作理念思考[1]

上海市居民经济状况核对中心　吴　江

【摘要】中华传统文化博大精深、源远流长，关于公平、正义、责任、诚信等思想理念，随着时间推移和时代变迁在不断与时俱进，不论过去还是现在，都有其鲜明的民族特色和永不褪色的时代价值。核对工作植根于中华文化的沃土中，充分汲取了优秀文化的思想精华和道德精髓。上海从探索核对工作之初，就以公平为前提，以正义为方向，以诚信为基础，以责任为担当，这是核对工作兴旺发达的重要源泉。

【关键词】传统文化　核对理念　公平　正义　诚信　责任

我国传统文化博大精深、源远流长。传统文化在与时俱进的过程中，不断被赋予新的内涵、注入新的活力、烙上时代特征。随着国家对民生工作的重视，越来越多的社会专项救助项目陆续引入核对机制，核对工面临着前所未有的压力和挑战。要完成这些任务，既要重视科技、网络、信息技术等现代科学和制度性因素的作用，又要善于在工作中借鉴传统文化理念，核对工作从探索之初就将公平、正义、诚信、责任作为核对工作的核心价值追求，做到古为今用。正如习近平总书记强调的："不忘本来才能开辟未来，善于继承才能更好创新。"

## 一、公平：大道之行也，天下为公[2]

我国传统文化中不乏对公平的主张。如孔子说："丘也闻有国有家者，不患寡而患不均，不患贫而患不安。盖均无贫，和无寡，安无倾。"《管子·形势解》："天公平而无私，故美恶莫不覆；地公平而无私，故小大莫不载。"《荀子·王制》："公平者，职之衡也。""上公正则下易直矣。"中国历史上这些公平思想历久弥新，并深刻影响了中国人的思维。

传统文化中的公平是一种朴素的公平观，更多体现的是食物和经济利益的公平分配以及为人处世上的公正无私。而现代意义上的公平是一种平等的社会关系的体现，目标就是使每一个社会成员的权利与义务，付出与所得、地位和作用之间彼此的对等。社会公平的本质内涵是给予每个人所应得的，即在一定社会范围内，通过社会角色的公平合理分配，使每一个成员得其所得。党的十八大报告对社会主义公平观阐述为权利公平、机会公平、规则公平，这三个部分中最根本的是权利的平等，而给予社会成员无差别的保障和救济，更是权利公平

---

[1]　本文获2015年"社会救助对象瞄准与核对机制建设论坛"征文活动一等奖。

[2]　出自《礼记·礼运》。

中的最重要方面。

关于社会救助的思想，孔子从仁爱角度说："故人不独亲其亲，不独子其子，使老有所终，壮有所用，幼有所长，鳏、寡、孤、独、废疾者皆有所养。"[3]孟子从民本思想讲："乐岁终身饱，凶年免于死"。[4]当今的社会救助工作除了继承前辈先贤们倡导的扶危济困、善待百姓的理念外，还在救助机制上进行了创新。核对工作正是为了保障实现弱势群体被公平救助的权利而探索创新的成果。核对工作在诸多方面将公平的理念贯彻其中。首先，制定规范统一的准入标准。每一个社会专项救助项目，在开展居民经济状况核查前，都要制定相应的准入标准，即规定申请家庭的收入、财产等经济状况处于什么水平才实施救助，且准入标准对所有家庭都一视同仁，公平适用，不得有丝毫放宽或收紧。其次，统一核查内容和核查期间。在核查居民经济状况过程中，对同一救助项目申请家庭所核查的内容做到完全一致；对同一时间内申请家庭核查起止时间范围也做到完全对等。第三，充分利用科技手段。目前，核对系统已经实现了与委办局、金融机构和群团组织通过电子专线交换比对数据，与救助部门业务系统实现对接，通过业务系统自动流转核对报告，最大限度减少人为因素干扰。第四，引入公开制衡理念。在对各单位反馈的数据进行比对分析和出具报告时，注意各单位反馈数据之间的因果联系。相关部门在收到核对报告后，也要通过一定形式在一定范围内进行公示，接受群众和社会的监督制约。通过因果关联、相互监督、公开制衡的方式，防止因某个部门或某个环节的工作疏忽或纰漏，对核对结果造成不良影响。总之，在核查标准、核查内容、核查区间、核查方式等每个核对环节都最大限度引入公平理念，确保了核查结果的客观真实，使有限的社会救助资源能公平公正的应用到最需要保障的困难群体身上。而这对不符合申请条件的居民来说，也是一种公平。

## 二、正义：正其谊不谋其利，明其道不计其功[5]

正义在汉语中有两方面的涵义。一是指注疏经典著作的专门学术工作，如唐代张守节注疏司马迁的《史记》所作的《史记正义》。二是作为道德概念使用，如《荀子·正名》："正利而谓之事，正义而谓之行。"[6]中国古代哲学家很早就把"正"与"义"联在一起，像《墨子·天志上》："义者，正也。"《孟子·离娄上》不仅强调"君义莫不义、君正莫不正"，而且主张"义，人之正路也"等。正义作为传统道德概念，基本语意指的是一种符合"义"的德性观念。近代以来，正义才逐渐成为现代汉语常用词，正义也有了公正、公道、合理，符合大多数人利益的行为等含义。如毛泽东《为建设一个伟大的社会主义国家而奋斗》："我

---

[3]　出自《礼记·礼运》。

[4]　出自《孟子·梁惠王上》。译为：在丰收年人们全年都可以吃饱，在饥荒年人们不至于饿死。

[5]　出自《汉书·董仲舒传》。其"谊"通"义"。译为：仁爱的人言行合乎正义，不谋个人私利，宣明大道而不计较功利。

[6]　译为：出于利的目的而又不失其正去做的，叫做事；符合义的标准而去做的，叫做德行。

们的事业是正义的。正义的事业是任何敌人都攻不破的。”

毛泽东讲的正义的事业今天依然在延续，换成当下的说法就是“实现共同富裕”“两个百年奋斗目标”“实现中华民族伟大复兴的中国梦”。围绕这个目标去奋斗的事业就是正义的事业，朝着这个方向去努力的行为就是正义的行为。而社会是否公平，能否实现正义，弱势群体的生存状况是块试金石。一个有正义的社会应该是学有所教、劳有所得、病有所医、老有所养、住有所居的社会。为了实现这样的社会正义，政府需要加强以民生为重点的社会建设，特别需要保证社会救助工作沿着正义的轨道前行，并充分利用网络、信息技术等现代科技术手段，为救助工作的正义性提供必要支撑。

核对工作产生于对社会救助正义性的不停追寻。在孟子看来，“生，亦我所欲也，义，亦我所欲也；二者不可得兼，舍生取义者也”。为了追寻正义，是可以舍弃生命的。而近年来，社会救助工作的正义性却广受非议，有关“经适房”“廉租房”造假、“骗保”“人情保”的报道屡现媒体，对政府查处不力的批评不绝于耳，对救助资金、物资能否真正惠及困难群体表示怀疑，救助工作的正义性成为社会关注的焦点和政府工作的难点。因此，探索建立一个具有中国特色，符合本地特点，能保障救助工作沿着正义方向前进的核对机制已刻不容缓。所以说，核对工作从探索之初，就包含了对正义的追求，肩负了为救助政策的正义性保驾护航的责任，为确保社会救助的正义性提供必要的技术手段和数据支持。随着各级政府用于民生服务的资金投入越来越大，需要核对的内容越来越复杂，工作量也急剧增加。同时，人们收入类型和理财产品日益多样，财产形式更加丰富，核查难度越来越高，入户调查、邻里访问、信函索证等传统的核对方式，由于专业性不强，不足以准确核查申请家庭的经济状况。而核对工作充分利用了现代信息网络技术，加大资源整合力度，与近 20 个领域和近百家单位建立了电子比对专线，有效整合了散落在政府或社会的各个部门之间的信息，并通过时时交换比对申请家庭的收入、存款、有价证券以及车辆和房屋等信息，为救助工作的正义性提供了技术手段和即时、客观、详实的数据支持。

## 三、诚信：善为国者，不欺其民；善为家者，不欺其亲[7]

诚信是中华民族的传统美德。一般意义上的诚信是指为人处事态度诚恳、真实无欺，讲信用、守诺言。诚是信的内心态度，信是诚的外在表现。传统文化对诚信有丰富而精辟的论述。如《论语》：“人而无信，不知其可也”，“自古皆有死，民无信不立。”《孟子》：“诚者，天之道也，诚之者，人之道也。”[8]《墨子》：“志不强者智不达，言不信者行不果。”[9]《礼记》：“不宝金玉，而忠信以为宝。”诚信理念对弘扬社会主义核心价值观、加强个人道德修养、做好社会救助工作都具有重要意义。

---

[7] 司马光《资治通鉴·卷二》。

[8] 出自《孟子·离娄上》。译为：诚实是天地之大道，天地之根本规律。追求诚信，则是做人的根本原则。

[9] 出自《墨子》译为：志向不坚定的人，智慧就得不到充分的发挥；言语不诚实的人，做事也不会有成果。

现代社会的诚信可以划分为三个层面，即国家主权信用、一般企业信用、自然人信用，或是说政务诚信、商务诚信、个人诚信。而近年来，这三个层面都出现了不同程度的问题，引发信任危机。核对工作在致力于客观、真实、高效的核查居民经济状况的同时，也承担了不断强化诚信理念，改善诚信环境，提升诚信水平的使命。主要体现在以下几个方面：①核对工作要求居民诚信申报经济状况。在申请表中设计了“声明”部分，要求申请人对有关证明材料的真实、可靠做出信用承诺。此外，还要求申请人按收入、财产的类型分项申报信息，强化各项指标之间的相关度，在核对全过程中，不断强化诚信意识。②核对工作要求相关单位诚信出具证明。申请家庭成员所在单位在提供其经济状况的证明材料时，也要据实提供，严禁造假。③核对工作要求数据交换单位诚信提供数据。与核对机构有数据交换义务的政府机构、企业法人和群团组织，在提供申请家庭的数据时，也要确保数据的真实、准确、客观和全面。④核对机构更要诚信出具报告。核对机构的重要职责就是如实核查申请家庭的经济状况，依法、客观、公正地出具核对报告。同时，在核查过程中发现居民、企业或政府机构的不诚信行为，要及时提醒和纠正。⑤核对工作促使审批机关诚信审批。核对报告作为相关部门审批的重要依据，有效避免了行政机构审批的随意性和主观性，有助于促进依法行政和提升政府公信力。

事实也证明，近年来，上海在住房保障、城乡最低生活保障、因病支出型贫困家庭生活救助等项目中引入核对机制，居民申报经济状况的诚信水平不断提高，审批结果也经受住了时间的检验和社会的监督。《焦点访谈》《紫光阁》、央视纪录片《诚信——中国行动》等分别报道了上海的核对工作；《新民晚报》还通过数据比较的方式，指出住房保障项目中引入核对机制使“不诚信率”1 年下降 0.7%，有效提升了政府的诚信形象。

## 四、责任：士不可以不弘毅，任重而道远[10]

责任作为一种自我要求，指分内应做的事。勇于担责是中华民族的优良传统，历代先贤对责任都有精辟论述。如孔子：“当仁，不让于师。”曾子：“士不可以不弘毅，任重而道远。”顾炎武：“天下兴亡，匹夫有责。”范仲淹：“先天下之忧而忧，后天下之乐而乐。”作为社会人，不可能脱离责任而生存。继承和发扬这种责任意识和担当精神，对做好核对工作意义非凡。

### 1. 核对工作应该维护弱势群体利益

每个个体因为秉性差异、社会分工、利益分化、资源分配等方面的原因，使其在市场竞争中面临着诸如失业、疾病、贫困等各种风险，以致沦为弱势群体，进而引发社会分化和社会隔离。这些风险个人是承担不了的，由国家来承担社会责任已是现代社会的共识。核对工作的基本职责之一，就是要通过一定的技术手段来确保维护弱势群体权利的最后一道防线不失守，保障社会救助政策的有效实施，逐步改善弱势群体在市场竞争中的不利地位，

[10]　出自《论语•泰伯章》。译为：有远大抱负的人不可以不胸怀广阔，意志坚定，因为这些人有重大的责任使命，路途遥远。

恢复其应有的社会地位和尊严，真正免除其因社会风险而带来的痛楚。核对工作开展至今，共完成住房保障 20.2 万户（其中廉租住房 8.6 万户，共有产权保障房 11.6 万户），城乡最低生活保障项目 90 万户，因病支出型贫困家庭生活救助项目 3670 户，医疗救助项目 4.3 万户，临时救助项目 5600 户。仅住房保障项目就为政府财政节省近 25 亿元。

**2. 推动核对工作进一步发展需强化责任意识**

核对工作是一项创新性工作，是新生事物，其发展、前进、壮大有一个循序渐进的过程。随着《上海市人民政府关于贯彻实施〈社会救助暂行办法〉的意见》的发布，医疗救助、临时救助、教育救助等专项救助项目陆续引入核对机制，承接如此众多事关群众切身利益的核对项目，更需要“铁肩担道义”的责任担当。另外，核对系统建设涉及民政、社保、公积金、公安、税务、工商、房地、统计、医保、红十字会、总工会、银行、证券及保险等近百家单位，工作协调和信息整合难度很大，只有强化责任意识，才能使每一条电子比对专线都畅通无阻，每一批交换比对数据都按时客观，每一个申请家庭的核对结果都准确无误。

**3. 加强核对人员队伍建设需强化责任心担当精神**

“天地生人，有一人当有一人之业；人生在世，生一日当尽一日之勤。”核对工作归根结底要由人来做，核对工作队伍建设是开展核对工作的根本保障。由于核对工作是一项专业性很强又与群众利益密切相关的创新性工作，核对人员的责任心和担当精神对做好核对工作至关重要。责任大于能力，责任心是成就事业的可靠途径。责任心会激发核对员的勇气、智慧和力量；责任心也决定着每一个核对员的工作态度，决定其工作质量的好坏。有了责任心，核对员才会勤勉敬业，才能积极主动处理好份内、份外的工作，才能以工作为重，主动承担责任，才能按时、保质、保量地完成核对任务。

综上所述，公平是前提，正义是方向，诚信是基础，责任是担当。这些传统文化中的理念，不论过去还是现在，都有其鲜明的民族特色，都有其永不褪色的时代价值。这些思想和理念，既随着时间推移和时代变迁而不断与时俱进，又有其自身的连续性和稳定性。核对工作植根于中华文化的沃土中，充分汲取了中华优秀文化的思想精华和道德精髓又反映了时代需要和人民愿望，这是核对工作兴旺发达的重要源泉。

**参考文献**

[1] 陈晓芬．论语 [M]. 北京：中华书局，2016.

[2] 王文锦．大学中庸译注 [M].北京：中华书局，2008.

[3] 方勇．孟子 [M]. 北京：中华书局，2015.

[4] 胡平生，张萌．礼记 [M]. 北京：中华书局，2017.

[5] 毛泽东．毛泽东选集 [M]. 北京：人民出版社，1991.

[6] 罗尔斯．正义论出版社 [M]. 北京：中国社会科学出版社，2001.

[7]上海市社会科学界联合会.当代中国：转型·发展·和谐 [M]. 上海：上海人民出版社，2005.

[8]张小劲，于晓虹.推进国家治理体系和治理能力现代化六讲 [M]. 北京：人民出版社，2014.

# 上海居民经济状况核对工作大数据研究初探[1]

上海市居民经济状况核对中心　吴　江

【摘要】上海自2006年开始探索建立居民经济状况核对机制以来，共对近90万户次的居民家庭开展了经济状况核对。经过数据查询比对，核对系统沉淀了有关居民职业、年龄、收入、财产、支出等各方面的海量数据。对这些数据进行归类、统计、筛选、分析，开展大数据研究，不仅可以把握各类救助群体经济状况的分布走势，深化核对模式研究，也为政府制定和实施更符合实际的民生保障政策提供了数据支持。

【关键词】核对工作　大数据　研究分析

居民经济状况核对工作是一项民生保障基础工作，在市委、市政府高度重视和大力支持下，2006年底上海开始探索实践居民经济状况核对工作，2007年启动经济状况核对信息系统平台建设，经过七年多的探索实践，经济状况核对机制已初步建立，核对信息系统平台基本建成，核对机构和人员队伍已初具规模，在社会救助、民生保障领域中的重要作用日益显现。

随着大数据时代的到来，人们对大数据的认识和运用也越来越专业和系统。大数据的研究对象就是巨量数据、海量数据、大资料，是运用新型的处理方式分析利用大量、高速、多变的信息资产而获得更强的决策能力、洞察力与优化处理能力，主要用来察觉业务趋势、判定研究质量、管控公共事件，如避免疾病扩散、打击犯罪或测定实时交通路况等，其核心就是预测。尽管居民经济状况核对工作所需要的数据全部来自外部，但是数据来源广泛、内容全面、真实准确、专业性强，比通常意义上的大数据的质量更高，更能高效利用。因此，我们在开展居民经济状况核对工作过程中，注重对沉淀在核对信息系统中大量数据作相关性研究和特征分析，从而对有关社会救助政策的实施效果和调整趋势进行评估、预测，在大数据研究方面初步取得了一些成效和心得。

## 一、核对数据沉淀情况

目前，上海依托核对系统主要汇集了廉租住房、共有产权保障住房、城乡最低生活保障、因病支出型贫困家庭生活救助、医疗救助共5个项目的申请家庭申报的家庭信息、个人基本信息、个人可支配收入与财产的明细信息、部分医疗费用支出信息，以及各信息交换单位

[1]　本文获2014年“社会救助对象瞄准与核对机制建设论坛”征文一等奖。

提供的比对信息和最终的核定信息。各信息交换单位提供的比对信息主要包括：民政局提供的个人领取社会救济金和婚姻等信息 173 万人次；公积金提供的个人公积金缴纳信息 172 万人次；税务局提供的个人纳税信息 172 万人次；公安局提供的个人名下拥有机动车辆信息 171 万人次（其中 10 万人次拥有 13 万辆车辆）；人保局提供的个人社保三金缴纳信息 128 万人次；房管局提供的个人名下拥有房屋信息 14 万人次；中国证券登记结算公司提供的个人股票信息 168 万人次；各商业银行提供的个人账户信息 144 万人次（涉及 273 万个账户 638 万条明细）；保险同业公会提供的个人购买寿险和车险信息 7 万人次；医保中心提供的个人医疗费用信息 4 千人次；总工会提供的职工互助金相关信息 5 千人次；红十字会提供的少儿住院基金相关信息 500 人次；工商局提供的开办经营实体信息约 5 千人次。

## 二、核对数据使用情况

随着社会救助相关核对业务的持续开展，核对系统中累积了大量个人经济数据，逐渐呈现出大数据的特征。对这些数据进行科学、全面、细致、深入的分析，可以发现许多有价值的规律性特点和前瞻性趋势，进而对相关政府职能部门提供政策制定和决策支持服务。根据核对工作的业务特点和实际需要，我们已经基于现有的核对业务大数据，开展了一些多层次、多角度的数据研究、数据分析及数据挖掘工作。

### 1. 城市廉租住房家庭收入分布及走势预测模型研究

通过对廉租住房申请家庭的人均收入与申请数量的数据拟合，全面分析上海市申请廉租住房家庭的基本特征及收入的分布状况，研究廉租住房家庭的平均住房水平、经济水平及政府财政承受能力等因素的关系，对上海市城市廉租住房家庭经济状况的基本走势做出预估。

### 2. 经济适用住房申请家庭收入分布及走势预测模型研究

全面分析经济适用住房家庭收入的分布状况，对影响上海市城市经济适用住房家庭收入的主要因素进行分析，确定申请经济适用住房家庭数量与家庭人均收入准入标准、家庭人均财产准入标准之间的相互关系，为制定更科学的经济适用住房政策提供决策参考，为政府职能部门规划城市经济适用住房规模提出建议。

### 3. 居民经济状况核对模式优化研究

依据上海市申请共有产权保障房家庭数据，对居民经济状况核对模式特点、核对流程、核对模式优化进行了分析，提出了居民经济状况核对模式优化的设计原则、基本构想和具体设计方案，总结居民经济状况核对模式优化的多种支持措施。

### 4. 居民经济状况核对模式与政策研究以及居民财产转移行为研究

根据现有核对系统的共有产权保障房的家庭经济数据，对居民财产转移行为做了分析和认定，研究分析了居民财产转移行为的认定方式。

### 5. 中低收入家庭经济状况影响因素分析

根据上海市申请廉租住房、共有产权保障房以及最低生活保障的家庭数据，整合后作为上海市中低收入家庭研究数据，对总体水平和群体特征进行总结、归纳，得到各因素对上海市中低收入家庭经济状况的具体影响程度，为社会救助政策的具体实施和动态调整提出了一些对策建议和可选措施。

6. 最低生活保障经济核对超标家庭统计分析

以核对信息系统内不满足低保经济状况认定标准的申请家庭为研究对象，分别从家庭收入、货币财产、机动车辆、房产等四个方面对超标家庭的经济状况进行了统计分析，精确呈现了这些家庭经济超标的原因，并对今后调整低保申请标准提出了数据支持和建议。

7. 最低生活保障申请家庭经济状况分析

自 2012 年 5 月低保引入核对机制以来，每年均以低保申请家庭的经济数据为研究对象，分别从家庭拥有的房屋、车辆、银行、证券与收入状况五个角度开展研究，全面分析低保申请家庭的经济特征，研究结果收入上海市发改委编写的年度《居民收入监测报告》白皮书。

8. 共有产权保障房大额支出数据统计分析

以 2013 年度共有产权保障房申请家庭涉及银行大额支出的相关数据作为研究对象，分别从大额支出基本情况、涉及大额支出的超标家庭、因大额支出而终止核对家庭三个方面出发，分析了提高单笔大额支出应限定的金额及其可行性，对相关核对政策的修改提供了数据支持。

## 三、核对大数据的缺陷分析

居民经济状况核对工作作为一项全新的事业，目前在实践中遇到的问题和困难仍有很多。从核对系统中经济状况大数据的获取、利用和研究方面看，主要存在以下问题。

1. 在数据共享使用方面存在法律障碍

随着核对工作的不断发展，核对系统中沉淀了大量的中低收入家庭的收入、财产、支出等经济数据。随着大数据时代的到来，海量数据的分析和使用不再仅限于因素分析，更可以准确地进行趋势分析。但是由于核对系统中沉淀的数据涉及个人隐私，且属于最为敏感的个人和家庭的经济状况信息，为确保信息安全，在核对办法、核对实施细则等开展核对工作所依据的相关法律法规文件中特别限定了信息的使用主体和适用范围，从而制约了这些信息在相关有需要的部门之间的共享，无法充分发挥核对系统大数据的利用价值。

2. 数据来源尚不够完整

以银行为例，目前我们只与在沪从事对私业务的 50 余家银行进行信息交换，还有不少银行未纳入信息交换范围，无法查询获取申请人在该部分银行内的经济状况信息，一些政府相关部门的信息也未能全面实现数据查询交换。此外，大部分经济状况信息提供单位未实现全国信息联网，无法反映个人在外地的诸如房产、纳税、社保缴纳、银行存款和购买的商业保险等经济状况信息，数据尚不完整。

3. 数据所涉群体有局限性

由于核对工作是依特定对象群体的申请而发起的，有着严格的法律授权和程序限制，所以我们能够采集到哪些群体的数据信息并不完全取决于实际研究需要，还取决于社会救助政策规定的准入标准和潜在符合救助条件的人员的最终意愿。也就是说，我们核对系统中沉淀的数据均是那些提出申请廉租住房、共有产权保障房、低保、因病支出型贫困、医疗救助的人员的相关信息，只要提出申请并进入核对程序，都会有相应的信息积存，反之，那些从未提出过核对请求的人员的信息我们一概没有。这使得核对系统中数据所涉的对象群体比较狭窄，以低保群体为主，夹杂少量的中等或低收入人员，占全市户籍人口的比例仅2%左右。从数据来源群体角度看，经济状况核对数据与某些大型电商网站的消费行为数据相比，对象及数据来源单一、定向，且不够随机。

## 四、核对大数据的完善

### 1. 逐步拓展核对业务项目

迄今，核对系统已覆盖住房保障（廉租住房和共有产权保障房）、低保、因病支出型贫困、医疗救助项目，明年将逐步延伸至低收入家庭认定领域，目前有关认定标准已经正式发布。而据初步统计，上海有9个政府部门的35项社会救助政策涉及低收入家庭，随着这些救助项目引入核对机制，核对工作领域将进一步拓展，核对系统的数据量也将大幅增加，更重要的是数据来源群体的范围不再单一，更趋多层次、多阶层、多类型，在此基础上开展的大数据研究将更加准确有效。

### 2. 加快实现本市数据共享

为贯彻落实《社会救助暂行办法》，上海市政府已组建了“上海市社会救助联席会议”，由本市27个委办局和部门组成，以加强对本市社会救助工作的组织领导，强化部门协作配合，协同解决工作问题，统筹推进本市社会救助体系建设。随着联席会议制度的建立，我们相信在居民经济状况核对工作方面，可以有效增进核对机构与相关职能部门和单位的联系，进一步拓展数据交换渠道、完善数据来源、提高数据交换速度、提升数据交换质量。

### 3. 配合推动全国核对信息数据联网

目前全国社会救助部际联席会议制度已正式建立，将有效推动全国层面的核对信息数据交换和共享平台的建设。上海将积极配合民政部推动全国核对信息数据联网，逐步实现与外省市间信息的共享利用。

### 4. 进一步加强大数据的研究和分析

我们将围绕核对系统中的海量数据，进一步加强对大数据的分析、研究、挖掘和开发的力度，力求把手中的大数据用足、用活。首先，建立数据仓库，实现核对数据跨业务关联机制；其次，在数据并库的基础上，因人而异组合救助政策；再者，从时间维度上监测、分析救助群体的经济变化特点和趋势；同时，加强学习和研究，提高对大数据分析及预测的力度和水平。

**参考文献**

[1] 许琳 . 社会保障学 [M]. 北京：清华大学出版社，2012.

[2] 林闽钢，刘喜堂 . 当代中国社会救助制度完善与创新 [M]. 北京：人民出版社，2012.

[3] 李军 . 大数据 [M]. 北京 : 清华大学出版社，2014.

[4] 董淑英 , 郑雨昊 . 探究大数据研究 [J]. 信息安全与通信保密，2014(8).

[5] 严霄凤，张德馨 . 大数据研究 [J]. 计算机技术与发展，2013(4).

[6] 丁煌 , 朱火云 . 我国社会保障水平对城乡收入差距的影响 [J]. 人口与发展，2013(9).

[7] 叶响裙 . 论我国社会保障管理体制的改革与完善 [J]. 中国行政管理，2013(8).

[8] 涂新莉 , 刘波 , 林伟伟 . 大数据研究综述 [J]. 计算机应用研究，2014(6).

[9] 鲍宗豪 , 宋贵伦 . 重视大数据时代的社会治理创新 [J]. 红旗文稿，2014(11).

# 居民经济状况核对员教育培训体系建设研究[1]

## ——以上海为例

上海市居民经济状况核对中心　章　莹

【摘要】核对员是推进核对事业发展的核心力量，教育培训为各项核对业务规范、有序地开展提供队伍保障。2011年，上海在全面推进“三个一”建设的基础上，建立核对员上岗考核和继续教育培训制度，在核对员队伍建设方面取得了一定成效。本文以上海为例，通过分析核对员教育培训工作发展及现状、面临的挑战，探讨核对员教育培训的目标取向，运用现代科学的培训理念和方法，探索建立核对员教育培训体系的思路和方法。

【关键词】核对员　队伍建设　培训趋势　培训体系

居民经济状况核对是一项基础民生工程，通过收集、整合各委办局及相关机构有效信息的方式，科学、专业、权威地甄别居民的经济状况，确保公共福利政策惠及真正困难群体，在推进社会诚信、确保政府公共政策公平公正实施中具有重要作用。上海在全国率先开展居民经济状况核对工作，在核对机制建设、业务拓展等领域存在一定优势，但实现核对业务的持续快速发展，必须要有一支专业性强、素质高的核对员队伍作支撑。核对工作政策性和技术性强、涉及部门多、信息安全要求高，培养和造就一支专业化的核对工作队伍，是做好核对工作的重要基础和保证，教育培训则是增强核对员个人能力、提高整体队伍素质的有效途径和重要举措，完整、科学的教育培训体系，可以进一步促进核对工作的专业化、标准化和规范化。

## 一、上海市核对员教育培训工作发展及现状

### 1. 发展历程

上海的核对员教育培训工作随着机构建设、队伍建设和业务发展不断推进，主要经历了四个阶段：

2006 ~ 2008年，组建核对员队伍阶段。上海开始探索核对工作，在筹建核对机构、建设信息系统的同时，先行试点廉租住房项目手工比对。在业务探索过程中，市民政局与市财政局、市房屋土地资源管理局联合发文，要求各区县建立核对工作队伍、开展教育培训，以确保核对工作的专业性。

---

[1]　本文获2014年“社会救助对象瞄准与核对机制建设论坛”征文三等奖。

2009 ~ 2010 年，实施项目化培训阶段。在机构建立初期，教育培训主要以项目化操作为主，配合住房保障部门的廉租住房、经济适用住房试点项目，面向核对工作人员开展针对性的业务政策培训和系统操作培训。

2011 ~ 2012 年，规范持证上岗和继续教育阶段。随着核对业务的拓展，核对工作对业务员的专业知识和操作技能提出了更高要求，上海开始建立核对员上岗考核制度，要求拟从事核对工作的人员参加上岗考核，在取得岗位培训证书后上岗从事核对工作，每年定期参加市核对中心组织的继续教育培训。

2013 ~ 2014 年，提升核对员综合素质阶段。随着市、区（县）两级核对机构全面建立，核对员队伍不断壮大，上海开始探索建立分级、分类培训指导体系，由市、区（县）两级核对机构分别承担相应的培训职责。通过专家讲座、业务研讨、案例分析等形式，引入职业技能培训项目，全面提升核对员的专业素质和职业素养。

**2. 核对机构和核对员队伍现状**

2008 年 12 月 16 日，上海市机构编制委员会批复同意建立上海市居民经济状况核对中心，全额拨款事业单位，人员编制核定为 30 名。2009 年 6 月 30 日，上海市居民经济状况核对中心正式挂牌成立。现有在编员工 24 人，另有 23 名社会化用工人员辅助核对出证工作。大学本科及以上学历的员工人数超过总人数的 80%。

2009 年 12 月，徐汇作为经济适用住房试点区率先成立区级机构，至 2011 年 1 月崇明县[2]成立核对机构，历时 2 年，上海市全市 17 个区县均成立核对机构。从单位属性来看，有独立法人事业单位、民政其他中心合署两种；从人员规模来看，核定编制基本在 5 ~ 6 人，部分核定编制达 9 人以上；从管理模式来看，街镇核对员大部分采用业务垂直管理、人员属地管理的模式，部分区的核对员由区核对中心统一管理或招录后派驻街镇；从学历层次上来看，本科及以上学历 470 人，约占总人数的 70%。具体情况如表 1 所示。

**表1　上海市区（县）级机构基本情况一览表**

| 区县 | 黄浦 | 徐汇 | 长宁 | 静安 | 普陀 | 闸北 | 虹口 | 杨浦 | 宝山 | 浦东 | 金山 | 闵行 | 嘉定 | 奉贤 | 松江 | 青浦 | 崇明 |
|---|---|---|---|---|---|---|---|---|---|---|---|---|---|---|---|---|---|
| 区县中心情况—性质 | 独立 | 独立 | 独立 | 独立 | 独立 | 合署 | 独立 | 合署 | 合署 | 合署 | 合署 | 合署 | 独立 | 合署 | 合署 | 独立 | 合署 |
| 区县中心情况—编制数 | 12 | 9 | 8 | 4 | 9 | 8 | 6 | 6 | 7 | 14 | 4 | 7 | 5 | 3 | 6 | 6 | 3 |
| 派驻街镇核对人员情况—人数 | 47 | 44 | 37 | 16 | 33 | 32 | 15 | 20 | 28 | 92 | 26 | 33 | 26 | 30 | 26 | 25 | 23 |
| 派驻街镇核对人员情况—性质 | 街镇所属事业编制、其他 | 街镇所属劳务派遣工、街镇所属事业编制 | 街镇所属劳务派遣工、街镇所属事业编制、其他 | 街镇所属劳务派遣工、街镇所属事业编制 | 街镇所属劳务派遣工、其他 | 街镇所属劳务派遣工、街镇所属事业编制、其他 | 街镇所属劳务派遣工、街镇所属事业编制 | 区中心所属劳务派遣工 | 区中心所属劳务派遣工 | 区中心所属劳务派遣工、街镇所属劳务派遣工、街镇所属事业编制、其他 | 街镇所属事业编制、其他 | 街镇所属劳务派遣工、街镇所属事业编制、其他 | 区中心所属劳务派遣工 | 街镇所属劳务派遣工、街镇所属事业编制、其他 | 街镇所属劳务派遣工 | 街镇所属劳务派遣工、街镇所属事业编制、其他 | 街镇所属事业编制 |
| 派驻街镇核对人员情况—办公方式 | 街镇 | 街镇 | 街镇 | 街镇 | 街镇 | 街镇 | 街镇 | 集中 | 街镇 | 部分区中心、部分街道 | 街镇 | 街镇 | 街镇 | 街镇 | 街镇 | 街镇 | 街镇 |
| 派驻街镇核对人员情况—招聘方式 | 街镇 | 街镇 | 街镇 | 街镇 | 街镇 | 街镇 | 街镇 | 区中心 | 区中心 | | 街镇 | 街镇 | 区中心 | 街镇 | 区中心 | 街镇 | 街镇 |
| 派驻街镇核对人员情况—考核模式 | 街镇 | 街镇 | 街镇 | 街镇 | 街镇 | 街镇 | 街镇 | 区中心 | 区中心+街镇 | | 街镇 | 街镇 | 区中心 | 区中心+街镇 | 街镇 | 区中心+街镇 | 街镇 |

符号释义：■区中心所属劳务派遣工　■街镇所属劳务派遣工　■街镇所属事业编制　■其他（如公务员、聘用工、社工等）

[2]　崇明县：即现在崇明区，本文成文时崇明尚未撤县设区。

3. 核对员教育培训工作现状

（1）培训管理制度初步建立。2008 年 4 月，上海市民政局、财政局、房屋土地资源管理局联合下发《关于加快基层收入核对专业队伍建设有关事项的通知》（沪民救发〔2008〕43 号），提出基层核对工作专业队伍建设的基本要求，要求各区县建立核对工作队伍，并明确经费、管理、培训等各项要求，为核对员队伍建设打下坚实的基础。2012 年 2 月，《上海市居民经济状况岗位培训考核管理细则》（沪民救发〔2012〕13 号）正式发布，规范了核对员上岗考核、岗位培训和管理监督，明确核对员须持证上岗、每年参加继续教育的工作要求，强调了区县核对中心在岗位培训工作中的职责及区县民政局的管理监督职能。对于基层业务指导、培训等具体工作，研究制定了《基层业务指导制度（试行）》（沪民核发〔2012〕1 号）、《培训管理制度（试行）》（沪民核发〔2013〕8 号），明确了各层级职责、规范流程、细化标准，以促进业务指导和培训工作的规范化。

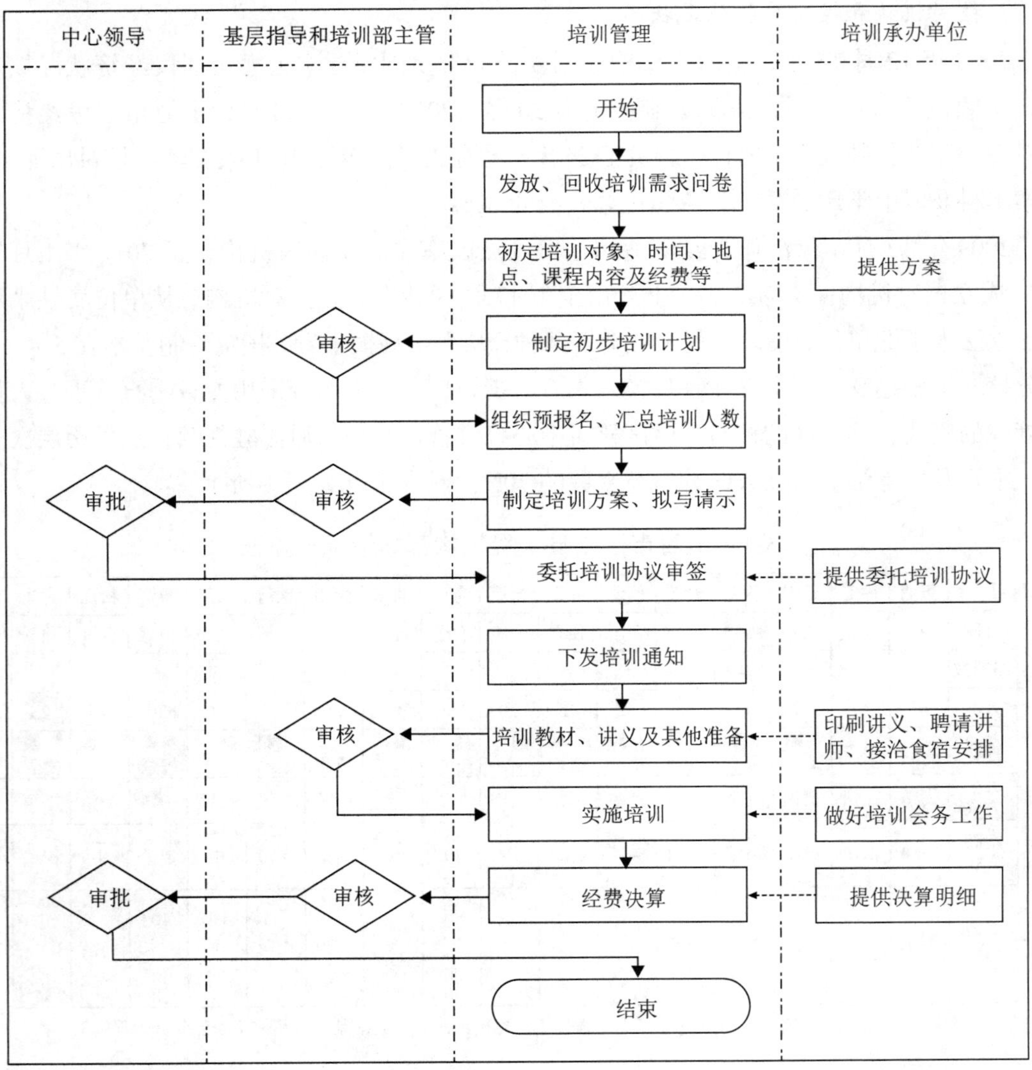

图1　委托培训工作流程

（2）管理运行机制日趋完善。设立专门的业务指导和培训部门，负责制订年度培训计划、组织实施上岗考核、开发和拓展培训课程、跟踪和评估培训效果、建立师资库及建设和管理员工教育培训档案等工作。在组织实施入职培训、内部培训、业务骨干培训和继续教育培训等日常业务培训过程中，尝试将部分大型培训活动委托给专业的培训机构或策划咨询机构，通过制定委托培训工作流程，规范管理运行机制。具体流程如图 1 所示。

（3）核对员综合素质显著提升。2011 年开展核对员继续教育培训以来，在业务政策、系统操作等专业课程的基础上，引进领导力与领导艺术、思维能力与工作创新、矛盾化解与危机处理等近 20 项素质拓展类课程，参训人数达 2499 人，人均受训 26 课时。17 个区（县）共组织培训 240 次，累计培训 5995 人次，通过岗位技能比武、知识竞赛、职业技能培训等各类教育培训活动，核对员整体素质得到显著提升。2009 年 6 月 30 日 ~ 2014 年 9 月 30 日间，全市核对员中有 223 人获得国家职业资格，其中，中级培训师 23 人，社会工作师 30 人，助理社会工作师 48 人，中级行政管理员 107 人，心理咨询师、助理会计师等其他职业资格 15 人；103 人参加研究生、本科学历进修；150 人获市、区（县）级奖励或表彰。

## 二、当前核对员教育培训存在的问题

### 1. 知识更新速度与业务发展不相适应

当前居民的收入来源及财产构成越来越多样，面对纷繁复杂的期货、贵金属、融资融券和各式理财产品，以及支付宝、余额宝等互联网金融，“沪港通”等新型融资渠道，核对工作缺乏相关专业学科知识的支撑，没有核对工作智库平台，缺少与经济状况有关的专业领域专家学者间的沟通交流，核对工作人员所掌握的经济、金融知识得不到及时更新，对复杂、疑难经济现象和核对问题的研究分析不够深入，核对员教育培训工作在专业知识的渗透方面显现出压力。

### 2. 培训的意识理念与管理目标不能同步

核对工作队伍不乏机构管理人员、专职核对人员，但没有固定的师资队伍，兼职讲师也大多是从市、区（县）两级机构临时派出的业务骨干，或是按照课程设置需求从外部聘用的培训师，教学水平、教学质量有着很大的不确定性，对机构的工作内容、发展理念、培训意识和组织目标也缺乏深入了解，使核对员教育培训在培训需求获取、组织实施、培训评估等模块与组织绩效、职业规划等其他模块的对接上存在问题。

### 3. 核对员能力水平与现实要求存在差距

当前核对员教育培训过程中，培训课程一般按培训项目的需求进行设置。由于核对项目的工作流程、时限、核对内容和核对方法存在异同，无法避免培训内容重复，也可能因为核对员加入核对工作队伍的时间、参加培训班次、知识基础等各种原因而产生知识断层，导致核对员业务能力水平参差不齐。对于机构管理人员而言，专业课程的广度、深度和基层核对员存在很大区别，更多的是对管理能力、领导力的培训需求。在实际培训工作中，关注业务知识更新而忽视课程设置、培训形式选择的重要性的弊端也开始显现出来。

**4. 核对机构的培养主体作用难以发挥**

上海的市、区两级核对机构主要采用业务垂直管理、人员属地管理的模式，上一级机构对下一级机构有业务指导职责，不具有人员管理、考核的权限。核对机构作为业务主管部门，应当发挥核对员培养的主体作用，但自推行核对员持证上岗制度以来，区县核对机构每年有近 14% 的人员因管理归属单位的需要而转岗、离岗，核对员队伍不稳定致使核对员之间的知识基础进一步拉大，大大增加了培训的时间成本和经济成本，也影响到培训成果转化为组织绩效。

## 三、教育培训发展趋势分析

**1. 非正式学习、社会化学习成热点**

移动互联网的爆发式发展改变着人们的生活和工作方式，促使很多行业发生了革命性变化，教育培训亦在此列。越来越多的培训离开教室，网络化学习（e-Learning）被广泛运用，非正式学习和社会化学习越来越普遍。在过去的三年里，传统的由培训师主导的培训从 61% 下降至 55%。与此同时，借助互联网、通过信息技术手段实现的教育培训比例不断上升。移动式学习也随着技术手段的发展不断地得到应用，云课堂、培训 App、微学习平台成为必不可少的学习方式。这一趋势意味着培训开始从集中管理向集中、分散学习相结合转换，过去处于中心位置的培训者将成为学习顾问，帮助、指导并支持所有在岗人员的工作。

**2. 体验式学习模式被更广泛地采用**

随着互联网技术的快速发展，学习技术发展的核心理念也发生了改变：从培训到学习、从按要求学习到按需求学习、从以培训者为中心到以学习者为中心。人力资源管理上有一个“70-20-10 能力培养模式”，即一个人 70% 的能力来自工作、生活中所解决问题的经验，20% 来自导师、领导、同事的反馈和影响，10% 来自常规的课堂学习、教育培训等。传统培训重视的是 10% 的常规课堂学习，而忽视了 20% 的交流学习和 70% 的实践学习。体验式学习模式以终为始，从员工的实际工作与绩效差距需求出发，系统设计学习体验，将学习的出发点和归宿都落脚在交流和实践过程中。

**3. 更加注重培训效果落地与行为转化**

美国威斯康辛大学（Wisconsin University）教授康纳德 .L. 柯克帕特里克（Donald. L.Kirkpatrick）曾在 1959 年提出“柯氏四级培训评估模式”，从反应、学习、行为和成果四个方面，评估被培训者的满意程度、测定被培训者的学习获得程度、考察被培训者的知识运用程度和计算培训创造出的经济效益。常规的培训评估大多停留在满意度调查和知识水平测试阶段，而越来越多的培训管理者开始关注如何让培训效果落地、受训者行为改变以达到预期的培训目标；注重鼓励学员自发性、持续性学习，以减少知识断层或断点；注重将培训融入业务工作，为组织提供绩效支持；注重知识的整合与共享；注重通过行为改进和绩效提升检验培训成果。

## 四、核对员教育培训体系建设的目标、思路与措施

### 1. 发展目标

核对员教育培训要立足当前、放眼长远，以人员队伍专业化、核对业务规范化、优质服务标准化为目标，专注于培训的系统性、资源性、多样性和激励性，从制度、资源、运作三个层面，建立一套较为完善的教育培训体系，促进知识流、信息流的共享和传递。

### 2. 建设思路

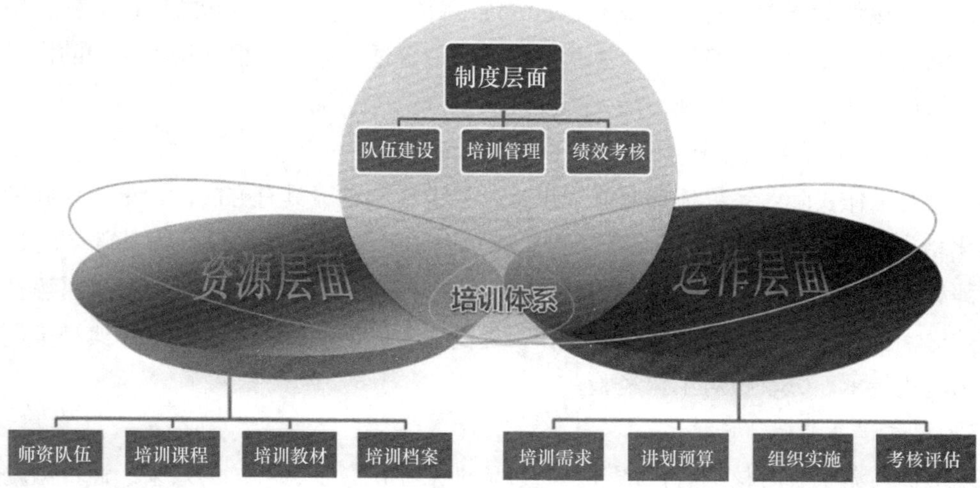


图2　核对员教育培训体系建设思路

核对员教育培训体系的建设，包括制度体系、师资体系、课程体系、教材体系和考核体系五大体系，要建立一支专业核对员队伍，选拔培养一批培训师资，开发一系列培训课程，编写一整套培训教材，探索一个业务知识与操作技能并重的绩效评价体系。具体内容如图2所示。

### 3. 主要措施

（1）科学搭建制度框架

建立健全队伍建设、培训管理、绩效考核等方面的规章制度，明确各级核对机构在教育培训工作中的管理职能并有效分工。队伍建设方面，谋划核对队伍专业化和人员职业化发展思路，明确核对员任职资格要求和人员管理模式。培训管理方面，规范培训需求分析、课程开发、计划预算、组织实施及反馈改善等工作环节，控制培训风险，促使培训效果落地。绩效考核方面，建立核对员培训考核、激励、奖惩制度，内部讲师选拔和激励制度。

（2）多渠道完善师资体系

建立内外结合的师资队伍。在核对机构管理人员、业务骨干中选拔一批具有授课技巧、课程开发能力的人员组成内部讲师团队，重点钻研核对业务相关领域，开发核对业务专项课程，讲授贴合实际的经典案例，分享核对工作方法经验。培养一批高素质培训师，通过师资训练营、论坛、沙龙等形式碰撞思维火花，打造专业化公共课程师资团队。同时，建立外聘

专家师资库，通过引入专业知识和教育培训前沿课程，拓宽核对员的理论视野，打破思维定势、缓解职场压力，进一步激发核对员的潜在动能。

（3）针对性开发培训课程

按照职能类型进行整合，开发通用管理类、专业素质类、职业素养类培训课程。从动态人力资源开发角度，设置新进人员引导课程、核对员基础岗位技能课程、岗位技能提升课程和个人成长与自我发展类课程。以按需学习为导向，与工作任务相关联，以海量的知识资源或与知识库连接作为支撑，探索建立 e-Learning、微学习平台，为不同的培训课程选用课堂讲授、案例讨论与互动、情境模拟和体验式培训等最合适的方法，根据培训课程的内容和特点进行结构化设计和碎片化呈现，最大程度地满足学员的培训需求。

（4）体系化编写专业教材

立足核对工作实际，系统梳理专业知识，分类设计和编写具有方向性、指导性和针对性的体系化培训教材。例如，编写《核对员基础知识》《政策文件汇编》等基础教材，让核对员了解核对工作，学习专业知识；编写《信息系统操作手册》《常见业务问题解答》等操作类教材，直接指导核对员开展业务工作，提高业务能力；编写《核对工作典型案例》，借鉴判例形式传承、分享核对工作经验。

（5）探索建立绩效评价体系

实现培训与激励、考核的有机结合。通过培训来强化激励、考核的效果，通过激励、考核来促进培训的持久、有序开展。在核对信息系统中设置绩效统计模块，对处理各级审核、审批、抽查环节中的核对员的工作质量、工作效率进行记录与考核。从核对员的实际工作与绩效差距需求出发，激励其通过交流学习和实践学习提高业务水平，促进培训效果转化为组织绩效，实现核对工作的可持续发展。

**参考文献**

[1] 孙柏瑛，祁凡骅．公共部门人力资源开发与管理 [M]. 3 版．北京：中国人民大学出版社，2012.

[2] 杨中华．改革我国干部教育培训体系的探索——基于中美比较的视角 [J]. 教育探索，2013(6).

[3] 孟祥才，刘平．完善教育培训体系提高培训质量和效果 [J]. 人力资源管理，2014(1).

[4] 施汉生，李华，周兰领．构建科学的公证员教育培训工作体系 [J]. 中国司法，2011(7).

[5] 易虹，熊洁．以绩效改进为导向开发培训课程 [J]. 培训，2014(1).

[6] 程兴勇．学习项目设计中的“小趋势”[J]. 培训，2019(4).

[7] 张洪昌．论我国公益性事业单位人力资源的科学培训体系 [J]. 中国经贸，2014(11).

# 基于核对大数据视角的服务救助政策研究方法探讨[1]
## ——以上海“因病支出型贫困”救助政策研究为例

上海市居民经济状况核对中心　王玉青

**【摘要】**核对工作者根据不同的业务准确地出具核对报告并非意味着核对工作的结束。基于核对系统沉淀的数据，开展申请家庭经济状况特征分析，了解和掌握相关救助制度、受益家庭经济状况及变化趋势，为制订和完善社会救助政策的主管部门提供决策支持才是核对工作的最终目标。本文以上海“因病支出型贫困”救助政策为例，基于核对大数据视角，探讨服务救助政策的研究方法。

**【关键词】**核对　救助政策　因病支出型贫困　研究方法

社会救助对象的认定是世界各国普遍面临的难题。为提高社会救助工作的科学性和精确性，上海市从 2006 年开始探索和实施对社会救助、社会福利等制度开展居民经济状况核对工作。近 10 年来，核对业务不断扩展，核对机制逐步覆盖共有产权保障房、廉租住房、最低生活保障、医疗救助、因病支出型贫困家庭生活救助、临时救助及教育救助七个救助制度，在提高救助对象认定的准确性、培养居民申请救助的诚信意识、维护社会公平正义等方面取得了很好的成效。

当前核对工作已经在各省市全面展开，作为核对人，需要思考的一个问题是：是否建立专门核对机构、制订核对办法、建设核对信息系统平台、建立比对专线、对不同救助业务开展核对和出具核对报告后，我们的核对工作就意味着结束？基于核对系统沉淀的数据，开展申请家庭的经济状况特征分析，了解和掌握相关救助制度受益家庭经济状况及变化趋势，为制订社会救助政策的主管部门提供进一步的决策支持才是我们的最终目标。

本文结合 2014 年核对中心承担的上海市民政局“‘因病支出型贫困’家庭经济状况特征分析”课题，以因病支出型贫困为例，从核对大数据视角，对社会救助政策的研究方法谈一些认识。

### 一、结合政策研究背景，确立研究路线

伴随着国民收入的快速增长，低保、最低工资、养老金等保障标准逐步提高，贫困家

[1]　本文获 2015 年“社会救助对象瞄准与核对机制建设论坛”征文活动三等奖。

庭的生活水平同步改善，上海市“收入型”贫困问题已经基本得到了解决。但是，“支出型贫困”日益成为社会救助面临的突出矛盾。2007 年，上海市民政局在全国率先提出“支出型贫困”的概念。上海人形象地称“支出型贫困”为“上海式贫困”，其实“上海式贫困”在中国城市具有普遍性，这部分贫困群体应受到该有的关注。

上海市民政部门一直坚持对“支出型贫困”进行研究和探索，自 2010 年开始在全市 3 个区县开展救助政策的试点工作。2013 年 7 月，上海市人民政府颁布了《上海市因病支出型贫困家庭生活救助办法（试行）》（沪府发〔2013〕55 号），把“因病致贫”作为救助工作的切入点，以地方立法的形式规定了政府对于“因病支出型贫困”家庭进行救助的义务，并在救助对象的甄别上率先引入居民经济状况核对机制。2013 年 11 月，在由民政部主办的“第三届中国社会救助研讨会”上，国内外专家、学者及各省市社会救助工作人员关注的当前我国社会救助热点、焦点的首要问题便是“支出型贫困”。2014 年 5 月 1 日，我国《社会救助暂行办法》（国务院第 649 号令）正式实施，该《办法》第九章明确指出国家要对支出型贫困的家庭给予临时救助。

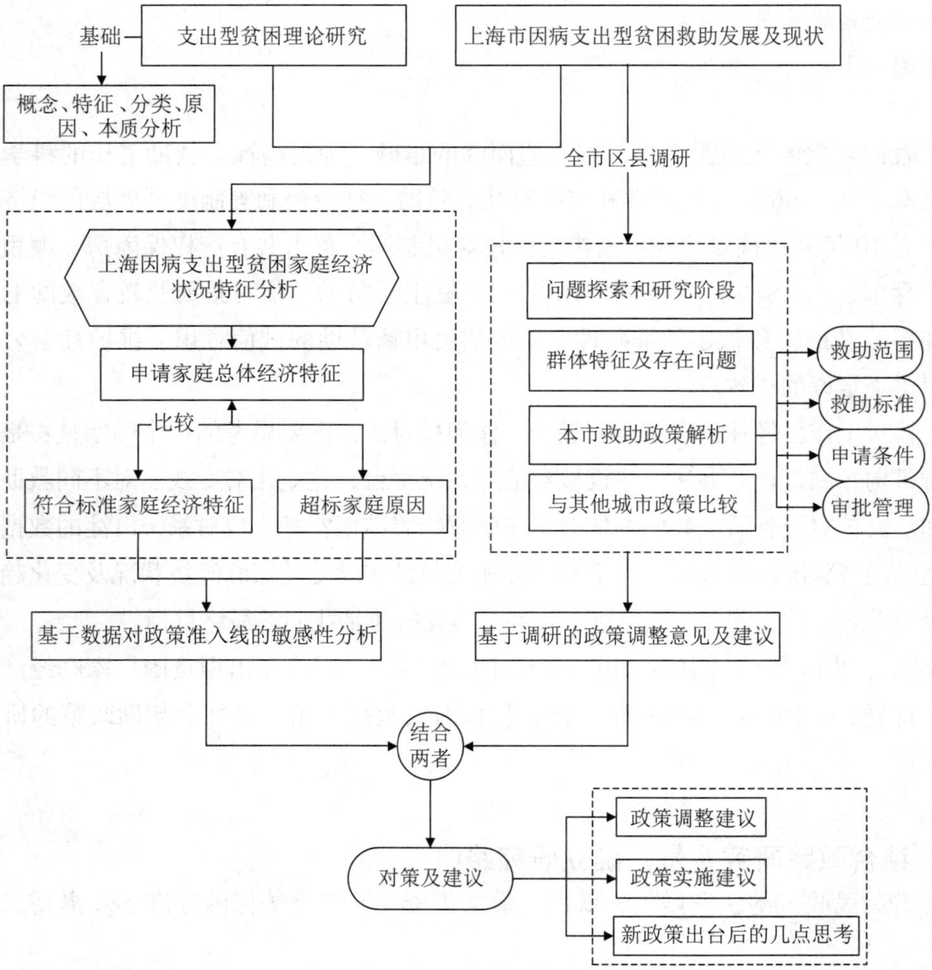


图1　技术路线图

上海率先以“因病致贫”救助为工作切入点，旨在聚焦因病支出型贫困家庭并试点实施和不断完善相关救助政策。对于因残疾、子女就学、突发事件等原因造成贫困的特殊困难家庭，可以通过残疾人专项救助、教育救助或者社会组织综合帮扶予以缓解。此外，家庭各项支出的界定和核查难度较高，需要一个逐步探索的过程，所以暂不考虑其他原因造成的支出型贫困。而因病致贫是当前造成支出型贫困的最主要因素，困难程度也远远超出由教育和其他方面原因导致的家庭贫困，市民通俗地称之为“吃了药后没钱吃饭”。

近年来，以上海为代表的部分省市陆续出台了针对支出型贫困的救助政策，但这些政策在制定及实施上差异显著，救助方式也因地而异。上海因病支出型贫困救助政策实施一年后，申请救助的数量不是特别多，制度覆盖面也不够大，新救助制度与领导的要求和百姓的期盼还有一定的差距，出台的政策还需要在准确把握救助群体的需求后不断修订和完善。因此，迫切需要对申请家庭的经济状况特征进行数据分析和挖掘，对政策实施情况进行走访、调研和后评估，从理论和实践两个方面对这一问题的覆盖群体、救助方式、救助流程等方面进行研究和讨论。结合上述研究背景，本文确定了因病致贫的研究方法和技术路线（图 1）。

## 二、梳理相关理论研究成果

救助“支出型贫困”群体是不容忽视的重要问题。虽然该问题开始受到普遍关注，但相关理论和政策研究工作仍处于起步和摸索阶段，需要不断深化研究和改进完善。2010 年以来，国内诸多研究机构的学者及研究人员对“支出型贫困”非常关注，陆续开展了相应的理论研究。我们总结和梳理了其中有代表性的一些研究理论和研究成果。在查阅众多文献后，回顾国内外贫困理论的研究成果，概述支出型贫困的内涵，包括概念、基本特征及分类；进一步总结支出型贫困的原因，并对其本质和根本成因进行分析；讨论“支出型”与“收入型”贫困救助制度在救助理念、核贫机制、制度设计和救助目标等方面的区别。

## 三、开展政策调研，分析政策演变及现状

对政策的演变历程进行分析有助于把握各个时期政策的脉络和目的，对后续政策分析和对策建议也有所帮助。立法先行是社会保障制度发展的国际惯例，而我国往往是政策先于立法，因此救助政策法制化、制度化是社会救助发展的薄弱环节。只有在充分调研的基础上，把握受助群体的基本特征，作出科学正确的调整，才能不断拓展该项救助政策覆盖面，惠及更多真正困难的家庭。

因此，本文重点分析本市因病支出型贫困救助的发展历程和现状，确立对支出型贫困救助的课题研究、试点探索、制度设计三个研究阶段；在区县调研的基础上，总结本市支出型贫困群体的主要特征和政策实施基本情况；从救助对象范围、救助标准、申请条件（医疗支出范围限制、收入限额、收支差额及财产限额等）和申请审批及动态管理四个方面力求对政策进行详细的剖析和说明；从救助类别、救助对象、户籍限制、申请条件、救助标准和申请审批等几个方面，总结并比较本市与河北廊坊市、江西南昌市、江苏南京市、江苏海门

市及江苏无锡市等地支出型贫困的相关救助政策和救助制度。

在上海市民政局救济救灾处和各区县民政局、居民经济状况核对中心、救助中心的大力支持下，研究人员选取静安区、闸北区、浦东新区、嘉定区、崇明县、青浦区和松江区进行了实地调研。这些区县在因病支出型贫困政策的实施方面具有很大的代表性，其中静安区、闸北区、浦东新区是市统一政策出台前的试点地区；嘉定区、青浦区、松江区在市统一政策出台后有补充性区级配套政策；而崇明县由于其特殊性，是我市救助工作的重要关注地区。对剩余区县，采取电话、E-mail、互联网等方式进行了调研。因此，基本掌握了因病支出型贫困政策在全市 17 个区县实施后的基本情况和存在的基本问题。

## 四、进行数据分析和挖掘，总结申报家庭经济状况特征

仅进行定性分析是不够的，为了准确发现问题症结和作出科学判断，还需要利用大量基础数据展开定量分析。因此，对核对系统中沉淀的救助申请家庭经济状况特征进行统计分析和数据挖掘，摸清申请家庭性态特征及在全市区县的分布状况，从收入、财产、支出等多角度研究申请对象的经济状况，掌握未享受救助家庭的具体超标原因，可以及时发现问题，是监控救助制度健康运作、适时提出制度调整建议的重要参考和有效手段。

因此，结合 SPSS、STATA 等通用的数据分析软件，我们对 2013 年 9 月 1 日至 2014 年 8 月 31 日期间本市居民经济状况核对系统中因病支出型贫困项目的数据展开数据挖掘，对申请家庭的性态、经济状况等各种特征进行分析，以便于准确描述样本的各种特征及其所代表的总体特征。

首先，在数据充分筛选的基础上，确定关键指标和字段。接着，对申请家庭样本总体进行统计分析和多种图表展示，从可支配收入、货币财产（银行存款及证券）、医疗支出等多方面描述申请家庭总体的经济状况特征。然后，分别从可支配收入、医疗支出及拥有的财产（货币财产、房屋）等角度，对符合标准的申请家庭进行数据分析和图表展示，以反映这些家庭的经济状况特征，比较分析符合标准家庭及申请家庭总体的经济特征，对超标家庭的具体超标项进行研究，总结出五类超标原因。最后，针对政策准入线的调整开展敏感性分析。

## 五、提出对策及建议

前期的理论研究、基层调研、政策剖析及数据挖掘等工作，最终目标是为主管部门制定政策提供决策支持，对政策的相关限定条件的调整和修订提出建议，使得该项救助政策真正惠及需要救助的困难群体，扩大救助范围。

因此，在支出型贫困研究理论的基础上，基于数据分析结果和政策准入线的敏感性分析，结合区县调研的政策调整意见及建议，针对本市颁布的试行办法，从救助范围、申请条件、救助金额、审核和救助机制等方面给出五条政策调整建议，从政策宣传、信息化、覆盖人群、制度衔接和救助资源等方面提出五条具体实施建议。

综上所述，上海“因病支出型贫困”救助政策研究通过梳理相关研究理论，总结救助政

策发展及现状，整理比较国内各省市同类救助制度化建设情况，对申请家庭经济状况进行数据分析和挖掘，结合全市区县具体情况开展实地调研，从核对视角出发，对救助政策提出了具体的调整和实施建议。

**参考文献**

[1] 中华人民共和国国务院令第 649 号 . 社会救助暂行办法 [Z]. 2014.

[2] BOOTH C. Labor and Life of the People: East London[M]. London: Williams and Norgate Press, 1989(1).

[3] ROWNTREE M. Poverty: A study of Town Life[M]. London: Macmillan Press, 1901.

[4] 楚永生，石晓玉 . 宏观视角下贫困理论的演进及其意义 [J]. 理论学刊，2008(2):5.

[5] 世界银行 . 1990 年世界发展报告 ( 中译本 ) [R]. 北京：中国财政经济出版社，1990.

[6] 沈琰 . 要重视“支出型贫困”[J]. 经济，2010:(5).

[7] 都芦花 . 关于支出型贫困家庭救助的相关思考 [J]. 社会民生，2014(4):207-208.

[8] 段培新 . 支出型贫困救助——一种新型社会救助模式的探索 [J]. 社会保障研究，2013(1):172.

[9] 路锦非，曹艳春 . 支出型贫困家庭致贫因素的微观视角分析和救助机制研究 [J]. 财贸研究，2011(22).

[10] 徐大慰，梁德阔 . 上海市对“支出型”贫困群体的综合帮扶研究 [J]. 西北人口，2012,33(3):94-98.

[11] 钟仁耀，段培新 . 我国支出型社会救助的理论分析 [N]. 中国社会报，2013.

[12] 赖志杰 .“瞄偏”与“纠偏”：社会救助对象的确定——以最低生活保障制度为例 [J]. 理论探索，2013(2):74.

[13] 叶扩 .“上海式贫困”是中国穷人的缩影 [J]. 观察与思考，2010, 4.

[14] 谈燕 . 聚焦“支出型”贫困完善保障覆盖 [N]. 解放日报，2009-2-7.

[15] 王楠 . 帮困扶贫将有大动作，因病高支出也可享救助 [N]. 新民晚报，2009-02-21.

[16] 张靖，王立剑 . 城镇低收入人群社会保障需求与供给研究综述 [J]. 西北人口，2011, 32(1):31-35.

[17] 李放，徐晨，轩东波 . 南京城镇低收入人群的分析及增收对策 [J]. 地方经济社会发展研究，2006, 9.

[18] 刘扬，赵春雨，邹伟 . 我国城镇低收入群体问题研究 [J]. 经济学动态，2010, 1:47-52.

[19] 哈密尔顿 . 应用 STATA 做统计分析 [M]. 重庆：重庆大学出版社，2011.

[20] 上海市统计局 . 上海市统计年鉴 (2013)[Z]. 2013.

# 浅议核对大数据模式下的数据统计分析工作 [1]

上海市居民经济状况核对中心　王玉青

【摘要】核对系统中沉淀的海量数据是最为宝贵的资源之一，如果对这些数据进行统计、分析、挖掘和开发，可以得到许多有价值的信息和规律，进而为主管行政部门提供政策支持。本文围绕对大数据模式下开展的统计分析工作谈了几点体会：从事核对数据统计分析的工作基础；可以开展的几项具体工作和统计分析方法；以“最低生活保障”业务为例，简要说明了统计分析的步骤；统计分析工作中遇到的困难和问题。

【关键词】核对　大数据　统计分析　研究

在民政部低收入家庭认定指导中心的大力指导和关心下，目前全国已有 30 个省份先后成立了省级核对机构、地市级建立核对机构近两百个，县级建立核对机构一千多个，各地正纷纷加快家庭经济状况核对机制和机构建设，推动部门救助信息共享，开展救助家庭经济状况核查认定工作。核对工作开展得如火如荼，核对事业蒸蒸日上。

## 一、核对大数据模式

随着核对业务的不断开展，核对系统中将连续不断地累积大量的数据，这些海量数据便是我们核对中心最为宝贵的资源之一。票子不流通就没有价值，数据也一样，如果不利用也毫无价值。以上海为例，现有廉租住房、共有产权保障房、最低生活保障、因病支出型贫困和医疗救助 5 个核对项目，因此我们核对系统主要存储了这 5 个项目申请家庭的家庭信息、个人基本信息、个人可支配收入、财产和医疗支出的明细信息，以及各信息交换单位提供的比对信息和最终的核定信息。据统计，仅累积的各类委办局比对信息共计 1150 万人次，其中最多的是银行明细信息，各商业银行提供的个人账户信息共 638 万条。系统中沉淀的数据会越来越多，核对大数据模式逐渐形成，如果对这些数据进行分析、研究、挖掘和开发，势必可以得到许多有价值的信息和规律，甚至可以对主管行政部门提供政策等方面的支持。

## 二、数据统计分析工作基础

数据统计分析，顾名思义是对数据统计再加分析。也就是说数据必须要以统计为先，

[1]　本文为 2014 年“社会救助对象瞄准与核对机制建设论坛”入选稿件。

分析为后。在平时的核对工作中，应重视基础数据的整理和积累工作。统计分析人员最好参与核对业务信息建设阶段的工作，在最初建立比对专线时就兼顾到后续进行数据统计、分析的需要，把开展业务研究的关键字段纳入比对数据中，这样可以避免后续开展工作时，字段不完整，无法进行全面分析的困境。

笔者认为，核对工作人员开展具体数据统计分析前最好具备以下几点工作基础：

（1）要有一定的专业背景。如果只是数据统计工作，可以是理工科专业背景的工作人员具体负责。而进行数据分析，最好是数学或统计学专业出身。可以说，数据分析是统计学的应用，掌握统计学是数据分析人员的基本功，没有统计学基础，很难有专业的数据分析。

（2）熟悉核对业务相关政策。这一点非常重要。相关政策是指核对政策、核对办法、核对细则和核对流程等与核对业务相关的政策。不同的核对业务在申请条件、救助对象范围、核对时间段和核对流程等方面都不尽相同，这就要求开展数据统计分析工作的人员首先必须要对这些核对业务的政策文件非常熟悉。只有熟悉掌握政策要点，准确把握政策内涵，才能从中准确提炼出该项业务相关申请家庭的可支配收入、货币财产、房屋、车辆及支出等限额条件，并将其落实到数据分析的具体字段设计上，有针对性地开展研究工作。

另外，统计分析人员即使平时并不从事具体的核对出证工作，也需要熟悉核对业务流程和核对办法，只有熟知核对内容（可支配收入包括哪几类，财产包括哪几类，每一类分别有哪些内容，哪些不计入等），才能从几百个字段中提炼有效字段，准确把握核对业务字段的含义，正确制订数据统计口径及计算公式，开展数据的统计、分析和挖掘。

## 三、可以开展的统计分析工作

当核对系统中的数据积累量足够大的时候，就会由量变引起质变，对这些数据进行统计分析，是一个对数据加以详细研究和概括总结的过程，是为了最大化地开发数据资料的功能，发挥数据的作用，从中提取有用信息和形成研究结论。笔者认为，统计分析必须与核对业务密切结合，紧紧围绕这些业务开展研究，否则就失去了数据统计分析的意义。

### 1. 充分利用统计报表，开发查询统计功能

利用 Excel 电子表格，开展核对数据统计报表（分周报、月报、季报和年报等）和数据处理工作，并做好报表的统计和报送；与信息管理部门、合作的系统开发公司充分合作，在核对系统中针对不同的业务特点开发查询统计、决策分析等相关模块，并根据业务的变化不断修改、完善。把大量的计算、整理工作交给计算机后台操作，这样不仅可以做到实时查询，高效、准确，也能使工作人员有充分的时间投入数据分析中。

### 2. 开展常规统计分析工作

在每年年初，对核对系统中不同救助项目在前一年度的数据进行统计分析，重点研究该年度申请家庭的经济状况特征，业内称其为“常规数据分析”。在研究中，充分利用核对中心的数据集和统计局的宏观数据，运用描述统计分析工具对申请家庭经济状况的总体水平和群体特征进行总结、归纳；按年份形成系列研究报告，关注不同年份的数据变动，比较分析

数据变化情况，为后续的数据挖掘和预测工作打下基础。

**3. 开展专项统计分析**

对核对工作的重点、难点问题适时开展专项统计分析工作。比如核对业务委托单位为政策调整需要，可能会要求核对中心以核对系统中的数据为基础，开展相应的专项研究，形成研究报告，提供数据支持。

**4. 利用数据优化核对模式**

根据不同申请人的群体特征、比对信息发送的分类标准、收入和财产反馈数据差异、收入或财产超标申请人特征等因素开展数据分析，利用分析结果确定不同申请群体必需的比对信息发送情况，以达到优化核对模式、简化核对流程、提高核对效率的目的。

**5. 积极推进课题研究**

围绕核对系统中现有的相关数据，针对不同核对业务的特点和实际需要，可以与当地高校进行合作，多层次、多角度地开展数据研究、数据分析及数据挖掘工作。开展课题研究的具体统计分析方法可以从以下几方面考虑：

（1）从基本统计分析、方差分析、均衡性分析和空间分布格局等角度分析救助申请家庭可支配收入、财产或支出的分布情况。

（2）利用相关分析、列联表分析、多元 Logistic 回归、改进 BP 神经网络和主成分分析等方法对影响救助申请家庭可支配收入、财产或支出的主要因素进行剖析。

（3）利用聚类分析、最小二乘回归分析、横截面分析讨论救助申请家庭数量与其他相关影响因素之间的相互关系。

（4）在模型优选的基础上，利用 ARMA 模型、灰色分解模型、马尔科夫回归模型和 BP 神经网络模型，并结合当地社会、经济和政策因素，对申请家庭人均可支配收入、财产或支出的基本走势做出预测。

（5）结合多年累积数据，利用 SPSS 等软件通过数据拟合等统计学方法，建立模型对救助申请家庭的数量进行预测等。

## 四、常规统计分析实例

下面以上海市“最低生活保障”核对业务为例，简要说明开展常规数据统计分析的步骤：

**1. 研究业务相关政策，锁定分析目标**

熟悉相关政策的重要性，前面已做说明，在这里不再赘述。从政策文件中确定并总结最低生活保障项目的申请条件、可能超标因素、城乡标准差异，将这些政策条款转化为申请家庭对应的具体经济数据字段和字段的数值范围。

根据《上海市城乡居民最低生活保障申请家庭经济状况认定标准（试行）》的有关规定，把申请条件总结为 5 个：①城乡家庭月人均可支配收入限额；②家庭人均货币财产限额；③无生活用机动车辆（残疾人用于功能性补偿代步的除外）；④无非居住类房屋（如商铺等）；⑤住房套数及人均建筑面积限定条件。

**2. 验证、梳理后台导出的数据**

首先是对后台导出的数据反复验证其准确性，因为真实、准确的数据是开展统计分析工作的基础和依据，可以采取抽样检查、相关字段相互验证等方式查找数据不当之处，并加以改正。

接着是梳理有效数据，确定关键字段。我中心最低生活保障业务现有字段100多个，但并不是所有的字段都是有效的，因此从这些字段中筛选出关键指标是非常重要的一项必备工作。比如家庭的可支配收入数据分别从人保、公积金、税务等反馈信息中提取，由哪几项加总确定；货币财产由银行存款和证券市值加总认定；根据房管局反馈房屋信息，确定每户申请家庭居住类房屋和非居住类房屋套数、家庭总建筑面积、人均建筑面积等数据（其中，家庭多人共有房屋要避免重复计算，要根据房屋产权人数确定分摊到该家庭的具体建筑面积）；根据车辆状态和车辆变更信息确定申请家庭名下拥有的机动车辆等。

最后确定家庭基本信息的关键字段为核对编号、区县、街道、委托核对人数、家庭类别、最终审核状态和审批结果等；个人基本信息的关键字段为性别、年龄等；家庭经济信息的关键字段为月人均可支配收入、银行存款余额总值、证券账户总市值、机动车辆数、非居住类房屋套数及人均房屋建筑面积等。其中的经济信息指标需要把基础数据依据相关口径加以计算才能获得。

**3. 数据分析**

将最低生活保障申请家庭作为研究对象，结合统计局发布的相关经济数据，利用SPSS、SQL、STATA等统计分析软件或数据库软件，从家庭规模、家庭类型、区域分布、申请人性别和年龄等方面开展家庭社会学特征研究；结合以上家庭基本信息中的关键字段，分别从可支配收入、货币财产（存款、证券两方面）、机动车辆和房产等角度，对申请家庭的经济状况进行统计分析；针对超标家庭的具体原因和相关经济数据指标进行研究；围绕申请条件中可支配收入和货币财产的限额，开展数据研究，为下一步政策调整提供相关数据支撑。

**4. 总结，提出建议**

当前，统计职能已经由报表型统计向管理服务型统计转变，因此，在核对数据统计分析过程中，应该从救助政策的观察者转化成管理参与者。只有这样，才能写出有质量、有价值的统计分析报告。通过这些分析，总结得到该年度上海市最低生活保障申请家庭的经济现状，以期为制订更科学的政策提供决策参考。

## 五、统计分析中的困难和问题

在开展具体的数据统计分析研究时会遇到不少的困难和问题。

**1. 与外单位数据共享有困难**

在研究工作中有时需要用到很多外部信息，有些可以通过政府的信息公开或者统计局的数据得到，有些数据需要相关委办局配合提供。比如研究最低生活保障政策调整，必须要考虑CPI涨幅、水电燃气费的上涨、居民生活开支等信息，想获取这些相关数据不容易。核对系统中的数据信息涉及个人隐私，为了信息安全，不可以随意共享这些数据。即使和高校合作研究，数据也需要经过预处理、确立专门研究人员、签订保密协议及领导审批等流程。

**2. 统计分析数据并不完整**

一是可支配收入数据不完整。当前，居民获得收入方式众多、情况复杂，有全职收入、兼职收入，报税的收入、不报税的收入（如打零工、养殖收入）等，其中农业劳动人口的实际收入更难以收集、计算。而各项救助申请人员大多学历不高，打零工现象普遍；二是财产数据不完整。互联网金融发展迅猛，如支付宝、余额宝和银行机构的类似产品已经成为居民财产的重要投资渠道。另外，大部分经济信息没有实现全国联网，比如外地房产、车辆、存款等信息目前很难获得。因此，期盼全国社会救助部级联席会议和全国核对信息数据的联网，这将对核对工作有一个很大的促进，对我们今后开展核对大数据的统计分析工作也非常有意义。

**3. 技术问题**

当前的一些研究课题主要是基础的数据分析和研究工作，仍处在初级阶段，想为决策服务，数据研究、开发及数据挖掘的能力还有待进一步提高。另外，核对数据专业性比较强，不同业务间的差异很大，在与高校合作中我们发现，教授的理论水平比较高，但他们一般对核对业务并不十分了解，要花大量时间来熟悉核对业务特点、理解核对业务字段的含义，这也给研究带来了困扰。

以上仅是本人结合平时的具体工作，对核对系统中累积的数据开展统计分析谈一些想法。大数据的统计分析改变着我们的生活，高科技公司通过分析大量用户的网络消费数据，可以精准判断我们的喜好乃至性格。今后，我们将继续围绕核对系统中的海量数据，在核对大数据模式下进一步加强统计分析的力度，力求把手中的大数据用活、活用。

**参考文献**

[1] 托夫勒 . 第三次浪潮 [M]. 黄明坚 , 译 . 北京：中信出版社，2006.

[2] 韩业 , 孙珊 , 官雪翠 , 等 . 基于 SPSS 的产品销售数据统计分析 [J]. 科技信息，2012(20):112-113.

[3] 马林 . 六西格玛管理 [M]. 北京：中国人民大学出版社，2004.

[4] 孟小峰 , 慈祥 . 大数据管理：概念、技术与挑战 [J]. 计算机研究与发展，2013 1(1):46-149.

[5] 卜世平 . 大数据背景下的企业数据分析与优化研究 [J]. 管理学家，2013(24):121.

[6] 徐国祥 . 管理统计学 [M]. 上海：上海财经大学出版社，1995.

[7] 舍恩伯格 , 库克耶 . 大数据时代生活、工作与思维的大变革 [M]. 盛杨燕 , 周涛 , 译 . 杭州 : 浙江人民出版社，2013.

[8] 吴华斌 . 大数据的统计分析浅议 [J]. 经济师，2014(10):277-280.

[9] 颜冰 . 浅谈数据统计分析报表系统的设计 [J]. 教育技术研究，2011(7):96.

[10] 张彦 . 社会研究方法 [M]. 上海 : 上海财经大学出版社，2011.

# 核对机制在医疗救助领域的应用与思考[1]

## ——以上海医疗救助核对工作为例

原上海市居民经济状况核对中心　邢月潭

【摘要】医疗救助是社会救助的重要组成部分。医疗救助以其涉及群体广、救助资金大、实施难度高而备受政府重视和社会关注。2014年，上海在全国率先将核对机制引入医疗救助领域，将核查内容从收入、财产拓展至医疗支出领域，并在核对政策、核对流程、核对系统功能等方面进行了探索，以期更全面、准确、高效地核查居民的经济状况，更精确地瞄准医疗救助对象，也为核对机制在其他救助领域的推广应用提供借鉴。

【关键词】医疗救助　核对机制　应用思考

### 一、上海医疗救助工作面临的困境

近年来，随着社会经济发展水平的不断提高，政府在社会救助领域的投入也越来越大。医疗救助是社会救助的重要组成部分。医疗救助以其涉及群体广、救助资金大、社会关注高而备受政府重视。而上海在实施医疗救助中遇到的是以下难题：①救助对象很难精确瞄准。居民的收入类型日趋多样，财产形式更加丰富。特别是医疗支出方面：第一，医保信息本身就很复杂。居民每一次就医记录都会产生包含较多字段的流水明细。第二，除了医保外，居民还有工会给付金、红十字会给付金、医疗保险理赔金等救助理赔信息。居民收入、财产的核查本身就已经很复杂，再加上名目繁多的医疗资金往来，要查清申请居民的客观经济状况，精确瞄准医疗救助对象的难度越来越高。②缺乏全面高效客观的核查手段。入户调查、邻里访问、信函索证等传统经济状况核对方式，由于专业性不强且效率低下，不足以全面准确核查申请居民的收入、财产和医疗支出，更不能确定哪些机构已经给予了救助对象何种程度的报销或救助金。③从事救助工作人员有限。基层救助人员配备尚未达到“万分之一”的数量要求。救助项目和救助内容又千头万绪，特别是在医疗救助项目中，与医疗救助相关的单据、费用数量庞大，靠人工核对每一笔医疗费用的产生、报销、理赔以及实际支出，耗时长、易出错且不易辨别各类单据的真伪。④政府面临着救助意愿和救助效果的矛盾。近年来，社会对维护医疗救助的及时性、公正性的呼声渐高。一方面政府有救助意愿，有救助资金但无法精确瞄准救助对象；另一方面在医疗救助领域，冲击社会道德底线的报道

[1]　本文为“社会救助对象瞄准与核对机制建设论坛”入选稿件。

屡现媒体，对医疗救助不力的批评不绝于耳，对救助资金能否真正惠及目标群体表示怀疑。医疗救助工作成为社会关注的焦点和政府工作的难点。

## 二、核对机制在上海医疗救助工作中的探索应用

党的十八届三中全会通过的《中共中央关于全面深化改革若干重大问题的决定》明确提出了“建立更加公平可持续的社会保障制度”和“加快健全重特大疾病医疗保险和救助制度”。为解决上述困境，更有效地实施医疗救助项目，回应社会期待，保障医疗救助对象的合法权益，2014 年，上海在借鉴核对机制在最低生活保障项目、因病支出型贫困项目中成功运用经验的基础上，将核对机制引入医疗救助项目，并根据医疗救助工作的特点，从核对政策、核对流程、核对系统功能三个方面进行了探索创新。

### 1. 完善医疗救助核对政策依据

党的十八届四中全会通过的《中共中央关于全面推进依法治国若干重大问题的决定》明确提出“要加快保障和改善民生、推进社会治理体制创新法律制度建设”“依法加强和规范包括社会保障等方面的法律法规”。将核对机制引入医疗救助项目，实现对申请居民经济状况的核查，要从政策法规层面解决三方面的问题：①要有法律政策依据，即将核对机制引入医疗救助工作的政策法律规定；②要有准入标准，即申请居民的收入、财产以及实际支付的医疗费用处于什么范围才可以获得医疗救助；③要有具体核对认定细则，即开展医疗救助核对工作所需的具体核对内容、核对程序、核对时限、核对认定和核对结果等的规定。

《社会救助暂行办法》的出台，使得救助体系建设在国家层面得到统筹，并规定了“县级以上人民政府民政部门应当建立申请和已获得社会救助家庭经济状况信息核对平台，为审核认定社会救助对象提供依据”。为贯彻落实《社会救助暂行办法》，上海也配套出台了《关于本市贯彻〈社会救助暂行办法〉的实施意见》（沪府发〔2014〕60 号），将各类救助工作归纳为 9 大类，而医疗救助是其中之一，并明确“政府相关部门在实施社会救助政策时，需要以居民个人或家庭的经济状况作为审批条件的，引入居民经济状况核对机制，核对结果作为社会救助审核审批的重要依据”。这使得核对机制引入医疗救助工作有了政策依据。上海将医疗救助纳入低收入困难家庭专项救助通盘考虑。2014 年 9 月底，上海市民政局出台了《上海市低收入困难家庭申请专项救助经济状况认定标准（试行）》（沪民救发〔2014〕50 号）和《上海市低收入困难家庭经济状况认定办法（试行）》（沪民救发〔2014〕51 号）明确了医疗救助的准入标准和医疗救助核对的内容、程序、时限和认定等，从而解决了医疗救助准入标准和核对操作规范的问题。

### 2. 形成权责清晰的医疗救助核对流程

要确保医疗救助核对工作的规范有序，需要理清医疗救助核对工作各责任主体之间的关系，优化核对流程设计。医疗救助核对工作主要涉及三个责任主体，即申请人、救助机构、核对机构。只有清晰界定三者之间的作用，才能实现权责一致、运转协调、科学高效的医疗救助核对工作机制。经过研究分析，根据三者之间的相互关系，上海将医疗救助核对流

程（图 1）设计如下：

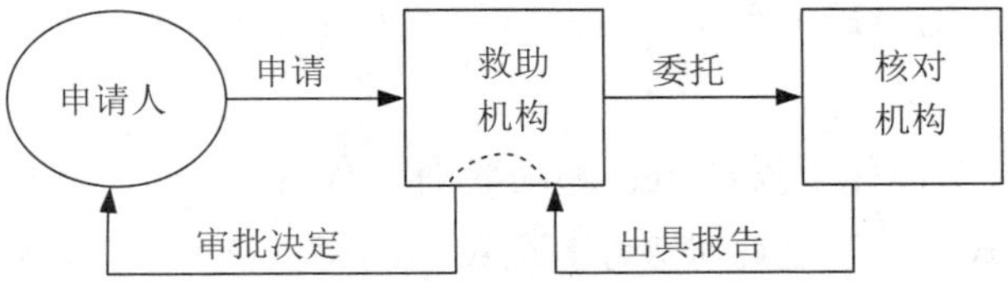


图1 上海医疗救助核对流程

由申请人向救助机构提出救助申请；救助机构委托核对机构开展经济状况核对；核对机构根据核对结果向救助机构出具核对报告；救助机构结合核对报告和相关政策规定作出是否给予救助的审批决定。

以上医疗救助核对流程有以下四方面的优点：

① 方便居民。一次申请，居民只向救助机构提出救助申请，不必既向救助机构提出救助申请，又向核对机构提出核对申请。一次委托，只需救助机构委托核对机构，其余事项由核对机构与救助机构协同办理。

② 安全高效。核对报告只给救助机构，安全性、可靠性有保障，也不必担心核对报告被挪作他用。

③ 节约资源。核对工作依救助机构委托而开展，核对工作量仅以救助机构需要实施的救助对象数量而定，能集中有限的人力、物力开展更多核对项目。

④ 确保救助机构的审批职能。除经济条件外，医疗救助还有其他准入条件。核对机制介入医疗救助只是为了客观公正地出具核对报告，而不能代替救助机构做出是否可以享受医疗救助的审批决定。

**3. 设计功能完备的医疗救助核对系统**

医疗救助核对系统是保障医疗救助核对工作的根本，在医疗救助核对流程确定后，要实现医疗救助核对系统的有效运转，需科学设计医疗救助核对系统功能。上海在借鉴已有救助核对系统功能的基础上，设计了医疗救助核对系统功能。

（1）委托确认。核对系统能自动对救助系统上传的身份证号进行校验，凡不符合校验规则的均无法上传到核对系统。此外，街镇核对人员将救助机构提供的《医疗救助核对委托书》中的内容与医疗救助核对系统中的委托信息是否一致进行确认（需确认的主要内容包括姓名、证件号码、受理日期、委托核对人数、可支配收入和医疗费用的核对起止日期及财产核对截止日期等）。确认符合规定的在核对系统中接受委托，不符合规定的退回救助系统。

（2）信息比对。对接受委托的家庭，核对系统将居民信息自动发送到信息比对交换单位进行信息查询比对（信息比对单位主要包括民政、社保、公积金、公安、税务、工商、房地、统计、医保、红十字会、总工会、银行、证券及保险等），并对比对信息是否全部返回进行提示。核对人员可查看信息比对的返回情况。

（3）反馈信息校验。在医疗救助核对系统中还增加了对返回的姓名、身份证号码与录入的姓名、身份证号码是否匹配的校验功能。核对系统根据一定校验规则，将校验通过的按正常程序流转，校验不通过的流转至核对系统的"差异处理"环节，由核对人员进行干预处理后再流转。

（4）生成报告。在确保了反馈信息都是准确、有效后，核对系统会批量自动生成核对报告。核对报告的格式、内容也针对医疗救助项目的特点进行了重新设计，既有对申请居民家庭总的收入、财产、车辆、房屋、理财产品、医疗支出和各单位报销赔付金额的综合描述，也通过附件的形式将每一笔医疗费用流水明细反馈至救助系统。

（5）报告抽查。对生成的核对报告，市核对中心由专人负责按比例、按户数等方式进行抽查。主要抽查报告内容是否全面、准确，报告格式是否规范无误，报告生成时间是否符合相关规定。

（6）签章流转。抽查通过的报告由核对系统自动进行电子签章。签章完成后，核对报告流转至救助系统。至此，整个医疗救助核对工作结束。具体功能详见下图：

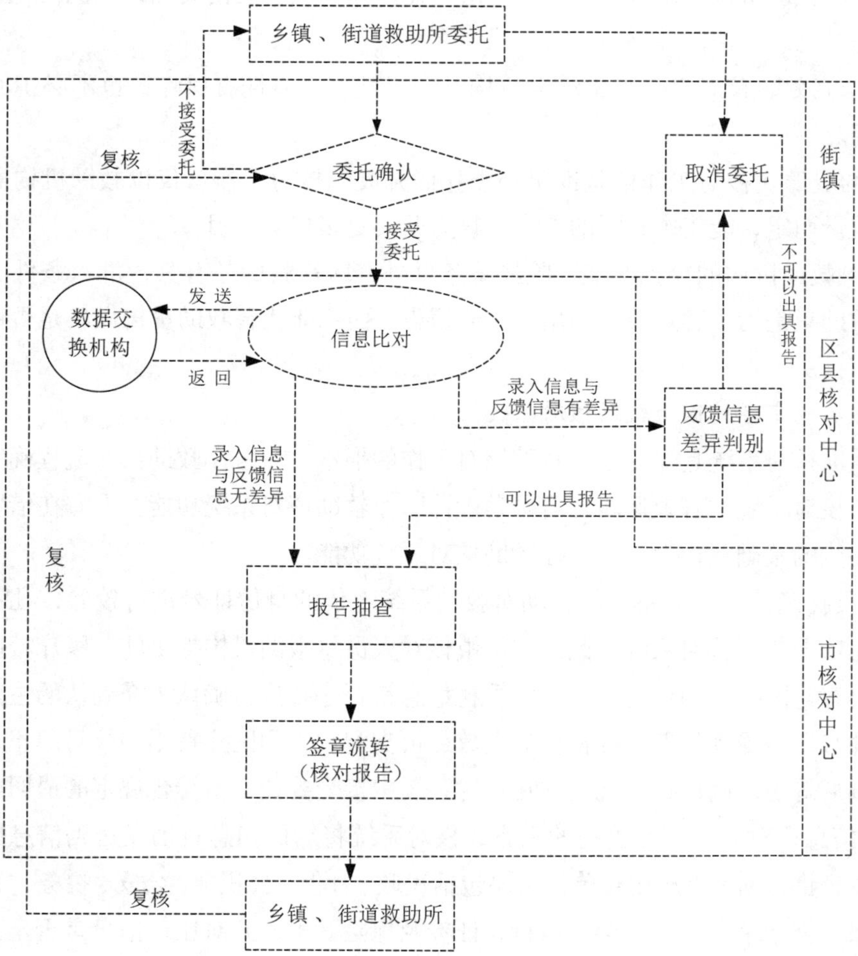


图2 上海医疗救助核对系统功能

#### 4. 核对机制引入医疗救助的优缺点分析

核对工作是以政策法规授权为依据，以现代信息技术为支撑，以居民申请和政府相关部门委托为前提，通过信息核查、数据比对来获取、核实居民真实经济状况的工作。医疗救助核对工作是核对机制在医疗救助领域的具体运用。其优点：①更加精确地瞄准了医疗救助对象。上海在已经开展的核对项目中，医疗救助核对项目联通的电子比对专线最多，有 25 条专线，涉及近百家单位，特别是实现了与医疗费用有关单位之间的信息比对，使经济状况的核对内容从收入、财产延伸至支出方面，核对报告的出具更加及时便捷，核对报告的内容也更加全面客观，为精确瞄准医疗救助对象提供了大力保障。②充分利用了制度加科技的现代核查方式。利用网络信息技术，实现了核对系统与数据比对交换单位以及救助系统的无缝对接。委托、比对、反馈和出具报告都实现了电子流转，提高了核对效率。③提升了医疗救助审批的公信力。因为有了核对机制的引入，使得医疗救助审批的依据更加客观，促进了救助部门依法审批，保障了医疗救助资金惠及真正需要的群体，提升了政府公信力，也客观促进了居民的诚信申报。

上海医疗救助核对工作是新生事物，其发展成长壮大需要一个过程，也难免遇到困难和存在不足。具体表现为：①政策法律地位不高。上海在开展包括医疗救助在内的各种救助项目经济状况核对的政策依据，是政府和相关救助主管部门出台的政策文件，核对工作尚未上升到地方性法规。②电子比对专线有待进一步增加和拓展。由于新农村合作医疗在全市还未建成统一的信息数据库，所以医保比对专线尚未将新农村合作医疗的信息数据纳入比对范围；同时，由于缺乏全国统一的核对系统平台，需要跨省查询的车、房、异地就医记录等需求尚不能实现。③各救助核对项目之间缺乏信息互通。住房保障项目核对、最低生活保障项目核对、因病支出型贫困项目核对与医疗救助核对彼此独立，尚未形成各项目之间的信息共享和联通互动。④核对系统辅助功能尚不完善。目前，医疗救助核对系统只是具备了业务处理功能，查询统计、分析决策等辅助功能有待进一步开发完善。

### 三、对进一步发挥核对机制作用的思考

上海将核对机制引入医疗救助工作，在核对政策、核对流程、核对系统等方面的探索不仅适用于医疗救助项目，也可以在教育救助、就业救助、临时救助等其他救助项目中推广应用。针对核对机制在医疗救助领域的应用分析，核对机制若要在其他救助领域发挥更大作用，还需要加强以下几个方面工作：

#### 1. 顶层设计与核对工作有关的政策法规

以 2009 年上海出台《上海市居民经济状况核对办法》为标志，各地陆续出台了与居民经济状况核对相关的政策法规。但是，国家尚未出台指导全国核对工作的核对办法。而很多经济状况的核查是需要跨行政区域的，因此从国家层面将核对机构职责、核对办法、核对细则，核对机构与救助机构之间的关系，核对机构和申请救助居民以及数据交换单位之间的权利义务通过法律形式加以规范尤为必要。而已经出台核对办法的地方政府，也要加强核对立

法研究，逐步将政策文件上升为地方规章。此外还应加强对核对机制的基础理论和应用研究。

**2. 加快建立全国统一的核对系统平台**

随着社会发展，异地工作、上学、购房和就医等行为成为新常态。医疗和其他救助项目在进行经济状况核对时，会遇到跨区域无法核查的困境。要实现居民经济状况的全面、客观核查，在各省区域内联通建成核对系统的基础上，必须打破区域壁垒，从国家层面统筹核对系统建设，通过民政部低收入家庭认定指导中心的系统平台实现跨省异地查询。

**3. 实现各数据库间的同步共享**

要加强各个核对项目数据库之间的对接，实现各数据库之间的通查，即可以一键查询某居民家庭申请核对过几个救助项目，在不同救助项目和不同时间节点的经济状况有何变化。此外，还要实现核对系统与救助系统数据库之间的同步共享，核对系统将核对报告流转至救助系统，救助系统也要将审批结果反馈至核对系统，实现两个系统数据间的同步共享。

**参考文献**


[1] 徐祖荣 . 社会转型期城市医疗救助的理论和经验 [M]. 北京：中国经济出版社，2010.

[2] 郑功成 . 中国社会保障改革与发展战略 [M]. 北京：人民出版社，2011.

[3] 张军 . 统筹城乡社会救助制度建设研究 [M]. 四川：西南财经大学出版社，2013.

[4] 吴传俭，丁元林 . 我国社会医疗保险承受力改进措施分析 [J]. 卫生软科学，2011(4).

[5] 宋悦，韩俊江，郭晖艳 . 我国医疗救助制度存在的问题及对策研究 [J]. 税务与经济，2013(1).

[6] 黄健玮 . 进一步做好城乡医疗救助工作的对策 [J]. 中国民政，2013(1).

[7] 向国春，顾雪非，李婷婷，等 . 我国医疗救助制度的发展及面临的挑战 [J]. 卫生经济研究，2014(3).

[8] 周海波，黄文明，邓珍荣 . 民政医疗救助系统设计与实现 [J]. 软件导刊，2014(1).

# 浅析集中办公模式下的核对业务管理[1]

## ——以杨浦区为例

上海市杨浦区居民经济状况核对中心　殷春伟

【摘要】杨浦区是一个人口大区，区域内人口结构复杂，困难人群覆盖面较大。近年来，随着“精准救助”要求的不断提高，更多的社会保障项目引入居民经济状况核对机制，核对工作的内容逐年增加，核对工作的要求也在不断提高。如何在现有的机制框架下，因地制宜地探索出一条适合杨浦区域特色的道路，内强自身实力、外强部门合作，将核对工作引向深入是一个非常值得研究的问题。

【关键词】核对业务　集中办公　优缺点　措施

杨浦区居民经济状况核对工作从2008年开始，从最初的人工比对到今天的数字化、可视化审核，走过了一条不断探索和完善的道路。在前期的试点和运行过程中，我们发现基层核对工作分散管理的模式不能很好地应对杨浦区的核对工作需求。在各级领导的重视和关心下，2010年起，杨浦区以集中办公模式开展各项核对工作。本文将从杨浦区区情、业务特点、集中办公模式的具体内容和优缺点等几个方面分析集中办公核对工作模式，并提出相关完善措施。

### 一、杨浦区区域情况和业务特点

#### 1. 区域情况

杨浦区是一个人口大区，全区共辖11个街道和1个镇，面积60.61平方公里，户籍人口近107万人，区域内新老小区交错，人员结构复杂，从整体上看由南向北呈现出三个层次。最南面是中国最早的工业基地——杨树浦路地区，整个区域集中了一大批1949年前就成立的老厂房以及为此配套建成的老公房，同时还有很多里弄和私建住房，区域内的生活水平较低，困难人群相对集中，社会救助诉求较为迫切；中间的街道属于新、老小区混杂，困难人口相对较少，但区域内贫富差距较大，救助诉求主要在住房、民政和医疗等项目上；北部的街道则属于人口导入地区和高校、商业聚集区域，相对其他地区来说，因为人口基数相对较大，人员结构也较其他地区更为复杂，因此各类社会救助人群较多；最北面还有一个新成立的街道，主要以高校和高档商品住宅为主，困难人口极少。

---

[1]　本文为2015年“社会救助对象瞄准与核对机制建设论坛”入选稿件，2019年对部分数据有更新。

**2. 业务特点**

（1）杨浦的人口基数大，困难群体多，各项业务的覆盖人群数量也十分庞大

近几年来，随着核对工作内容的不断扩大，核对工作量也不断上升。截至 2018 年底，我区累计开展 10 项核对业务，核对量达到 246666 户次，具体项目的核对量如表 1 所示。

**表1　杨浦区2018年核对工作量统计表**

| 核对业务 | 数量（户次） | 核对业务 | 数量（户次） |
|---|---|---|---|
| 城乡最低生活保障 | 199895 | 共有产权保障房 | 21596 |
| 廉租住房 | 17488 | 因病支出型贫困家庭生活救助 | 1152 |
| 医疗救助 | 2746 | 临时救助 | 2743 |
| 教育救助 | 548 | 残疾人两项补贴 | 235 |
| 特困人员救助供养 | 261 | 就业援助 | 2 |

（2）人员结构复杂性和诉求差异性致使各街镇核对工作情况千差万别

结合地域、人口、家庭结构等多种因素，同一项核对业务在不同街道的受理量可以呈倍数的变化。表 2 是杨浦区 2016 年共有产权保障住房各街镇的受理数，与本市大多数区相比，可以看到各街镇的数据不仅基数大，数量相差也大。

**表2　杨浦区2016年共有产权保障房项目受理量核计表**

| 街镇 | 数量（户） | 街镇 | 数量（户） |
|---|---|---|---|
| 定海路街道 | 327 | 大桥街道 | 341 |
| 平凉路街道 | 208 | 江浦路街道 | 368 |
| 长白新村街道 | 379 | 延吉新村街道 | 668 |
| 控江路街道 | 678 | 四平路街道 | 368 |
| 殷行街道 | 1009 | 五角场街道 | 394 |
| 五角场镇 | 416 | 新江湾城街道 | 17 |

**3. 主要问题**

在采用集中办公模式前，我们对各街镇的情况开展了调研，最主要的问题集中在三个方面：①人员的流动性较大。在街镇层面缺少一支相对稳定的核对员队伍，专业性不够强。②兼职情况严重。核对员基本上会同时兼顾核对、救助、住房保障等多项工作，审批环节“一条龙”，核对工作缺乏独立性，缺少必要的监督管理机制。③业务量差距较大。部分业务量较大的街镇会调派未经上岗培训的工作人员临时处理核对业务，以确保规定期间内完成业务量，如此必然会影响核对工作的专业度，在数据信息安全性上也存在隐患。

## 二、集中办公模式

### 1. 集中办公模式下的人、财、物管理

任何一个组织的建立，都离不开人、财、物三方面。2010 年，杨浦区居民经济状况核对中心正式成立，区民政局和中心领导经过调研，结合本区的实际情况及辖区的地理、交通等因素，将原先由街镇招聘管理的核对员改由区核对中心统一招聘管理，工作岗位和工作内容也由区中心统一安排调度；在财力保证方面，由区财政经费负责保障所用人员的经费支出，包括人员工资、办公经费在内所有的运行管理资金；在物资保障上，区民政局为区核对中心配备了 170 平方米的办公室，让所有工作人员能集中办公，采购了电脑设备、办公用品并完成网络建设，满足工作需求。

### 2. 集中办公模式下的业务开展

采用集中办公模式开展核对业务后，我们同相关业务主管单位和街道、乡（镇）进行研讨，重新梳理和确定各部门工作职责。区相关委办，如区住房保障事务中心和区民政局作为业务牵头单位，主要承担本区相关业务的管理工作；各街镇则作为各项业务开展和实施的主体，负责本街道住房保障、社会救助等事务性工作，具体包括负责各类对象的申请受理、初审、公示等事务，并实施受理窗口服务、政策咨询和宣传等工作；区核对中心按相关部门的委托开展核对工作，按时将核对结果反馈相关部门。

## 三、集中办公的优缺点

### 1. 集中办公的优点

（1）确保人力资源调动的及时性和适配性

集中办公的最大优势是核对人员由区中心统一管理后可以进行统一调配，按照个人特点和业务工作量及时进行人员及权限的调整。根据工作人员的特点分派工作任务，根据不同时段的实际工作量，将工作任务相对平均地分配到工作人员的身上，以此将有限的人力资源进行最大化使用。

（2）确保核对工作的独立性和客观性

核对工作人员不再参与前期的申请受理、材料审核和政策解释等工作，摒弃了以前核对员身兼多职，从政策咨询、申请受理、审核比对到审批发放“一肩挑”的做法，使核对工作回到“中间进、中间出”的定位。

（3）确保核对员队伍的稳定性和专业性

自 2010 年区中心成立以来，8 年间，仅 1 人主动离职，1 人因未通过核对员上岗考核不予聘用，2 人因工作关系转岗，人员稳定性相对较高。目前持证在岗的核对工作人员中，85% 以上具有 6 年以上的核对工作经历。

### 2. 集中办公的缺点

在采用集中办公的模式后，我们也发现其中存在一些不足。譬如，核对工作人员集中办公后，街镇层面缺少核对方面的专业人员，在遇到涉及核对业务的专业问题时，基层无法及

时处理。即便能通过咨询渠道及时反馈到区核对中心，也因为手边没有申请人提交的材料，很难在第一时间做出准确的判断，只能从原则上进行指导。同时，区核对中心工作人员数量增加后，给区级机构的日常管理和人员管理加大了难度。除了做好日常的核对业务审批外，需要投入大量的时间和精力在人员管理和机构管理上。此外，该模式在适用性上还有一定的局限性，更适用于大型城市的市辖区或地域面积较小的城市，在推广上有一定的难度。

## 四、完善措施

为更好地开展工作，结合集中办公模式的实际，笔者认为应采取相应完善措施，弥补该模式下业务工作方面存在的不足。

**1. 建立健全管理制度**

为了更好地做好核对工作，区核对中心应建立健全相应的人事管理制度、保密制度、办公制度、考勤制度、办公用品管理制度、文印制度、固定资产管理制度、财务制度和会议制度等一系列规章制度，为中心今后有序、正常运行提供保障。同时，考虑到集中办公模式在原始材料的交接上可能会出现的问题，可以针对性制定文件交接制度和归档制度，确保在基本材料的交接环节上不错不漏。

**2. 提前一步进行材料审核**

申请人提供的相关证明材料审核通常在街道、乡（镇）进行，但在共有产权保障房项目阶段性集中受理时，区核对中心可以主动跨前一步，将材料审核阶段前移。在受理期内，将核对员派驻到街镇一线，对前台受理好的材料进行首次初审。对于发现问题的，及时通知前台分类处理，遇到居民询问相关问题也能及时进行解释，这样既保证了材料的有效性，同时也减少了整个流程审核的时间。

**3. 加强多方面的教育培训**

一方面，对于从事业务审核工作的核对员，应定期组织开展业务学习、业务讨论，鼓励工作人员结合实际案例深入开展研究；另一方面，对于各街道、乡（镇）的承担政策咨询、申请受理工作的人员，需定期进行业务政策知识培训。在组织形式上，可以由区核对中心和住房保障机构等业务主管部门共同组织联合培训，也可以在面对重大的政策调整时，组织承担不同职责的工作人员进行研讨。对于街道、乡（镇）工作人员发生变动的，区核对中心也可以协助培训。

**4. 落实人员绩效考核**

集中办公模式下，工作人员的日常管理就显得尤为重要。区核对中心应定期对核对员进行考核，参照德、能、勤、绩、廉五个方面，综合业务工作的完成数量、完成质量和日常表现等方面进行考评；设置自述、自评互评、领导小组评定等环节，对工作人员当年的表现进行评定，并按相关的规定依照评定的等级安排使用。

# 第三篇　核对实践探索研究

遍布全市 16 个区 200 多个街镇的基层核对工作队伍是上海民政的一股新生力量，他们在工作中善于思考、勤于探究，积极为核对工作发展建言献策。这些来自基层一线的实践探索是上海核对人“刀刃向内”自我革新的生动写照，以鲜活的事例、质朴的语言，展现了基层核对工作人员在实际工作中对政策法规、信息系统、业务规范、队伍建设和档案管理等方面的思考，文章中提出的意见和建议对推动上海核对工作科学化、专业化、规范化、标准化发挥了重要作用。

# 基于现代民政视阈下的服务品牌建设研究[1]

## ——以“和谐方舟”信访调解服务为例

上海市宝山区居民经济状况核对中心 范 奇

【摘要】服务品牌是为民提供优质服务的信誉保障，也是引领全面提升社会救助乃至整个民政工作的有效载体。经济状况核对报告结果直接涉及民众的切身利益，产生的矛盾隐患也较为突出。上海市宝山区居民经济状况核对中心在认真细致地开展经济状况核对的同时，以打造“和谐方舟”服务品牌为引领，积极探索并实践了“跨前一步、沉入一线、分类疏导、破解难题”等信访调解的方法，妥善解决诉求、有效化解矛盾。不仅确保政府公共政策公平公正，也凸显了核对工作为民服务功效。

【关键词】现代民政 品牌建设 调解服务

### 一、加强核对服务品牌建设，有助于提高核对工作地位和社会影响力

“品牌”是一种名称，用来指某个产品或服务。在市场经济的浪潮中，“品牌”经过长期演变和发展，不断丰富、不断延伸，成为一种无形资产，能为拥有者带来显著效益。当前，“品牌”的概念已拓展到公共服务等诸多领域，成为转变政府职能，提高公共服务质量和效率的助推器。简而概之，品牌就是高质量的保障。

随着社会发展，提高政府公共服务能力和水平日益成为公众的热点话题。民政行业履行着“上为党分忧，下为民解愁”的职责，民政为民服务是代表党和政府向人民群众提供公共服务，将“品牌”引入为民服务是“以人为本，以人和为目标”现代民政核心价值观最直接的体现。居民经济状况核对是新的历史时期一项全新的民政业务。随着各级党委、政府对民生保障的投入力度加大，核对领域不断拓展，核对项目从社会救助、住房保障向社会福利延伸，为保障民生，维护社会公平正义发挥了重要作用。核对工作地位的不断彰显，预示着工作任重而道远。经济状况核对涉及权利、法律、程序和技术等诸多问题，牵扯部门多，涉及人群复杂，一些领导、部门和群众对核对工作的性质、内容、作用认识不够，关注度不高，导致遇到的难点、瓶颈也较为突出。要获得各级党委、政府对核对工作的高度重视和积极支持，除了坚持不懈加强核对机制体系建设，还要在服务升级上下功夫，不断提高公众满意度，实现“硬件”与“软件”的互动提升。

---

[1] 本文为“2016年上海居民经济状况核对机制建设征文”活动获奖论文。

服务品牌是一面标志性旗帜，具有强大社会舆论和传播作用。借助服务品牌这一有效载体，既能接受广大群众的监督检验，增强服务理念、创新工作方法、提高服务质量，又能扩大社会影响力、提高公众认知度、提升服务满意率，得到各级部门领导重视和人民群众的拥护，推动核对工作健康快速、可持续发展。

## 二、探索实践品牌服务新方法，提升核对工作为民服务水平

民政工作重心在基层、成效体现在基层。作为基层核对机构，工作成效直接体现在申请对象是否对核对服务质量满意。因此，打造服务品牌主题定位要准，选择的服务内容要契合工作实际和重点。宝山属上海城乡结合地区，外来导入人口较多，困难弱势群体相对集中，产生的信访和诉求较多。特别是共有产权保障住房涉及民众利益大，也是信访产生的聚集点。因此，在认真细致、规范有序地开展核对工作的同时，上海市宝山区居民经济状况核对中心（以下简称宝山区核对中心）始终将信访工作摆在重要位置，抓源头、常预防，充分发挥具有区域特色的核对人员管理模式，探索并形成信访调解的方法，妥善化解矛盾隐患，基本做到在一线发现、在基层解决，这也成为宝山区为民服务的一个特色亮点。在此基础上进行提炼加工，以“真情奉献、促进诚信、维护公正”作为服务品牌的核心理念，推出以信访调解服务为主题内容的“和谐方舟”服务品牌。通过“跨前一步、沉入一线、分类疏导、破解难题”等调解方法和手段，帮助困难群众实现安居乐业梦想，为维护社会公平正义保驾护航。全新的服务品牌模式包括：

**1. 跨前一步知民情**

核对报告关系到申请对象的切身利益，为了避免矛盾纠纷产生，缓解后期信访的压力，全区采取提前介入的调解方法，把服务时间由出具核对报告后跨前到咨询、申请受理阶段（图 1）。

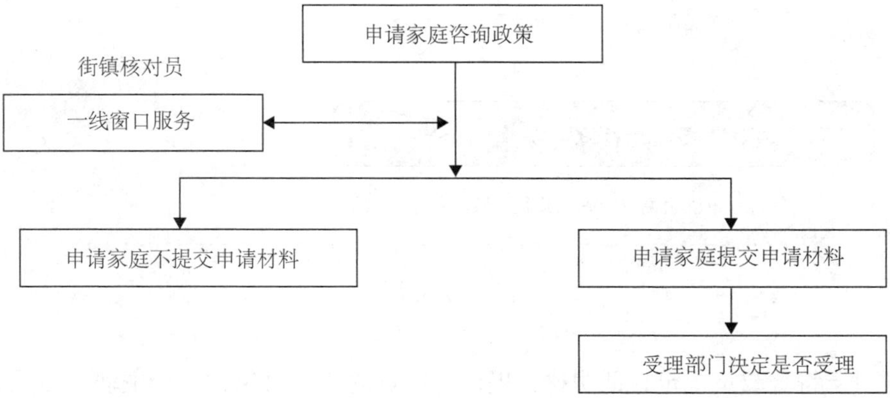


图1　申请流程

利用核对员派驻在街镇窗口的优势，在第一时间掌握申请对象的动态信息。紧紧依托街镇、社区、居委会力量，重点对收入、财产介于准入标准线上下、家庭成员构成较为复杂、

经济来源比较特殊的服务对象，摸清底数、分析研判、做好预案。对那些收入财产潜在超标的对象，及时把相关政策、准入条件及瞒报、漏报导致的后果等逐一说清说透，引导其放弃或暂缓申请。通过跨前一步、提前介入，守好第一道防线，力争做到“早预防、早发现、早处理”，防止矛盾纠纷进一步激化。

**2. 沉入一线解民忧**

申请对象在年龄构成、性格特点、文化水平等方面存在差异，对政策的理解偏差较大。特别是共有产权保障住房申请提交材料多，内容复杂，经常有居民对政策内容表示不理解、不认可，产生抵触情绪。对年老体弱、行动不便，或有矛盾激化倾向的服务对象，基层核对员下沉一线，变“坐访”为“下访”，为老百姓“面对面”地开展调解服务，尽最大努力满足群众合理诉求。曾有一户家庭，经核查后家庭年人均财产超过准入标准，而申请人代表对银行反馈信息存在异议，经复核确认无误，但申请对象仍不认同，后续多次上访。区核对中心的业务负责人第一时间赶赴街道受理点，协同街道、居委会有关同志一同向该申请人耐心解释、答疑，帮助分析利弊，取得理解，申请对象最终接受了调解，息诉罢访，并对我们的服务质量表示满意。

**3. 分类疏导化民怨**

每个申请对象诉求不尽相同，既要让真正困难的老百姓得益，又不能让浑水摸鱼者得逞。针对申请对象提出的诉求，找出关键因素，对症解决，实行“分类调解”（图 2）。

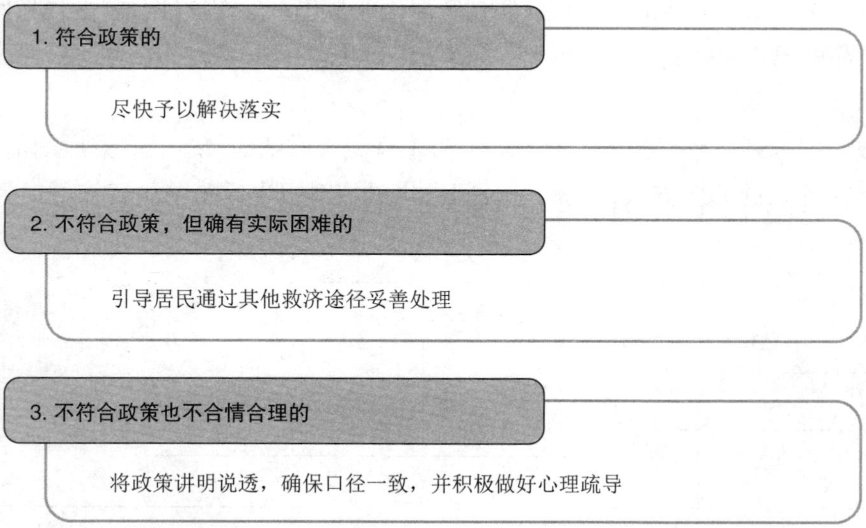


图2　分类调解

（1）对于符合政策规定，证明材料提供有困难的申请对象，积极主动与相关单位沟通，帮助补充材料，尽快解决落实，做到不推诿、不扯皮、不耽搁。

（2）对于不符合政策，但确有实际困难的申请对象，引导服务对象通过其他救济途径进行妥善处理。

（3）对于既不符合政策规定也不合情合理的，将政策讲明说透，明确答复结果，并稳定服务对象的情绪，配合做好相应的思想疏导。

通过对服务对象的分类调解（图 2），不仅提高办事效率，缩短群众等待周期，更重要的是维护了公平正义。

**4. 破解难题得民心**

在开展信访调解时，服务对象会担心自己的个人财务、家庭状况等隐私是否会被泄露，或对专业的金融知识难以理解，不知该提交哪些有效的证明材料。宝山的核对工作队伍通过专业化的服务方式来破解这一难题，消除老百姓的疑虑。首先是开展经常性的保密教育，与核对员签订保密承诺书，将保密纳入绩效考核，不断增强法律意识和保密观念，调解时能自觉维护服务对象的合法权益，保护个人隐私。其次是加强专业知识、政策法规的培训，调解时始终保持政策解释口径的上下一致。

针对服务对象遇到的专业性问题，按照“三个一”要求，即：“一个案件、一套方案、一抓到底”替服务对象把脉，实施全程专业化服务，及时解决疑难杂症。2013 年，有一个廉租住房申请人，经核查由于其税务局反馈有收入导致家庭收入超过准入标准，申请人连声抱怨没有领取那么高的报酬，工作人员建议申请人通过税务举报途径进行申辩。可难题接踵而来，申请人曾工作过的单位现已破产，税务局已无法再次核实。工作人员一边耐心安抚焦急万分的申请人，一边极力寻求破解难题方法。通过与人社部门沟通，发现了症结所在：虽然申请人当时在该单位正常上班，但该单位未为其缴纳社会保险费，于是立即引导申请人通过劳动仲裁形式解决。最终，申请人顺利通过了审核，不仅享受到了住房保障的政策福利，也维护了自身的合法权益，更对宝山区核对工作专业化的调解服务连连称赞。

## 三、发挥服务品牌引领效应，凸显核对为民服务功效

服务品牌是向人民群众递交的一份“庄严承诺”，示范引领全体核对工作者进一步转变工作作风，增强为民服务意识，不断创新服务方法，提高为民解困能力。“和谐方舟”信访调解服务方法的具体实践，进一步增强全体职工的工作责任感和团队协作能力，有力推进了团队建设。这份“承诺”既是压力，又是动力，鞭策我们继续保持旺盛的工作干劲，不断改进工作方法，努力提高服务本领，自觉将服务置于群众监督之下。

上海市宝山区居民经济状况核对中心由初期建立至今，共接受住房保障项目 18049 户，社会救助项目 146144 户，社会福利项目 7429 户。调解服务近 7200 件，无集体访和越级访，无核对失误引发的上访事件，杜绝了“开宝马车吃低保”等不诚信行为，保障有限的公共财政资源“不滥用”，积极维护了辖区的和谐稳定。“和谐方舟”荣获上海市民政系统第四届“十佳服务品牌”称号，并成功入选宝山区平安治理优秀典型案例。宝山区核对中心先后荣获上海市住宅建设实事立功竞赛先进集体、上海市民政系统政风行风建设示范单位、创先争优活动群众满意窗口单位、上海市文明单位、宝山区五一劳动奖状和宝山区五四青年奖章等多项荣誉称号。项目负责同志还被评选为 2012 年上海市用户满意服务明星和 2015 年“宝山诚实守信好人”称号。再好的奖杯也不如群众的口碑，一封封感谢信和表扬信，体现着老百姓对

宝山全体核对人员认真、细致服务的信任与认可，也是对“和谐方舟”服务品牌的肯定与嘉许。

成功的品牌意味着服务机构与服务对象、社会大众之间建立起一种相互认可和信任的持久关系，并非一蹴而就，也非一朝一夕可以完成，而是贯穿于整个核对工作发展过程中。如何继续完善、创新和提升服务品质、扩大社会影响，发挥服务品牌作为核对工作、社会救助工作、民政工作深入发展的助推器作用，是下一步值得我们思考和努力的方向。

**参考文献**

[1] 杨清山 . 最强品牌 [M]. 北京 : 机械工业出版社，2005.

[2] 上海市民政局 . 上海市民政系统创建文明行业论文集 [C]. 精神文明，2013:210-216.

# 核对业务档案管理的实践与思考[1]

## ——以上海市青浦区为例

原上海市青浦区居民经济状况核对中心　吴　青

【摘要】居民经济状况核对工作自2009年在上海市全面推行以来，先后引入核对机制的领域已达8个，涉及项目15个。随着业务量的逐年增加，核对工作所产生的档案也愈来愈多。业务档案整理作为核对工作的末端环节，因其琐碎而容易被忽视，但实际上，它并不是一个孤立的活动，而是核对工作的重要组成部分。做好核对业务档案管理工作，不仅能把申请家庭整个申请审核过程真实地记录下来，也将成为今后查阅考证、信息利用的有力依据。

【关键词】核对业务档案　规范化管理　信息化管理

核对业务档案是在居民经济状况核对工作中形成或者依法取得的具有保存价值的文字等不同形式的历史记录，主要有纸质和电子两种载体形式。它全面、客观地记录了核对项目从申请到审核以及最后出具结果的整个过程的每个环节，是核对工作的原始记录。

2013年9月26日，上海市居民经济状况核对中心印发《上海市居民经济状况核对业务档案管理暂行意见》（沪民核发〔2013〕9号）（以下简称《暂行意见》）。《暂行意见》明确要求“加强和规范核对业务档案管理，保证相关档案资料的完整、安全和有效利用，切实发挥档案的服务作用”。

### 一、核对业务档案的内容构成

居民经济状况核对工作涉及面广，先后纳入核对机制的领域包括住建部门（廉租住房、共有产权保障住房、农村危旧房改造）、民政部门（城乡最低生活保障、因病支出型贫困家庭生活救助、临时救助、特困人员救助供养、资助参保和养老服务补贴）以及医保、残联等8大部门的15个项目，由此相应产生大量核对业务档案。核对业务档案主要分为核对工作过程性材料和经济状况证明材料两种档案，过程性材料包括经济状况核对委托书、中止核对通知书、继续核对通知书、延期核对通知书、终止核对通知书、取消委托通知书、经济状况核对报告及各类交接单等；而证明材料则包括基本信息证明材料、可支配收入证明材料、财产证明材料等。

---

[1]　本文为“2016年上海居民经济状况核对机制建设征文”活动获奖论文，部分内容在2019年有所调整。

## 二、核对业务档案管理存在的主要问题

经过近十年不断地摸索与总结，上海居民经济状况核对工作已步入常态化轨道，为规范民生保障待遇提供了有效且必要的数据支持。顺应时代发展的需求，为更进一步提高核对工作精准性，2013 年，市核对中心试点引入“可视化”[2] 模式，对共有产权保障住房项目进行审核，试点至今已基本实现全市所有核对项目的数字档案和可视化审核工作。“可视化”是对核对业务工作的创新，更是对核对档案工作的挑战，已出台的《暂行意见》对核对档案工作提出了指导意见，但由于各区核对业务工作量和管理架构不同，档案面临数字化发展的必然趋势，如何在全市范围内形成一套比较完善和统一的核对业务档案管理机制迫在眉睫。从目前状况来看，主要存在以下问题。

**1. 档案管理工作重视不够**

由于核对工作实行街镇受理制，因此申请家庭的大部分原始申请材料由各街镇留存，街镇又因涉及业务范围广，无法单独为存量较大的核对业务档案提供专用的档案库房，部分街镇的核对业务档案还基本处于保存资料状态，对如何规范整理档案和档案最终归属流向均不明确。同时，工作人员对档案重要性的认识不强，偶尔也会发生因随手随处搁置导致材料查找困难的情况。

**2. 档案专业人员配备不足**

各区、街镇核对员的日常工作偏重核对业务，大部分工作人员缺乏档案管理方面的专业知识，很难保证档案工作与业务工作同步发展。在日常整理过程中，容易发生同一文件在不同部门重复归档、不规范或无效材料列入保存的情况，影响归档材料的质量。《暂行意见》中明确要求“应配备专人负责核对业务档案的接收、归档、保管、利用和销毁等”，但实际工作中，由于街道、乡（外镇）核对工作人员管理的属地化，即基层核对员隶属街镇，核对中心无法直接进行人员管理，很难按要求配足专业档案人员从事核对业务档案的管理工作。

**3. 档案信息化建设水平不高**

通过全面推进可视化审核工作，上海已经实现了核对业务过程性材料和相关证明材料的数字化储存，但数字化储存只是将数据储存在核对系统内，尚未形成系统性的档案文件，不能完全等同于数字档案。就青浦区为例，区级核对机构并没有权限查询、导出和利用核对系统中的这些储存信息，因此仍然采用先归档纸质原件、经扫描整理后挂接到区档案局存储空间的方法，实现核对业务档案的数字化转换。另外，随着上海“一网通办”[3] 工作大力推进，档案查阅、使用的频率大大提高。因各区核对档案信息化建设水平不均，在核对业务档案的

---

[2] 可视化：使用扫描仪将纸质受理材料扫描并实时上传核对系统。《上海市民政局关于加快推进居民经济状况核对可视化审核和数字档案工作的通知》（沪民救发〔2014〕46 号），2014 年 8 月 27 日。

[3] 一网通办：是指依托全流程一体化在线政务服务平台和线下办事窗口，整合公共数据资源，加强业务协同办理，优化政务服务流程，推动群众和企业办事线上一个总门户、一次登录、全网通办，线下只进一扇门、最多跑一次。《上海市公共数据和一网通办管理办法》（沪府令 9 号），2018 年 9 月 26 日。

后续利用上尚未能体现便捷性和高效性。

## 三、核对业务档案管理工作对策

### 1. 健全管理模式，促进档案室硬件设施提档

（1）健全管理模式

各区、街镇领导应高度重视核对业务档案管理工作，将其作为核对工作的一项重要内容来抓。①将档案管理工作列入年度计划和考核要求，健全档案管理体制，建立归档工作流程，确保核对业务档案收集、整理和查阅、使用等一系列工作顺利开展；②建立健全核对业务档案各项管理制度，明确归档范围和保管期限，规范档案管理要求和档案整理方法，使业务人员和档案人员能够做到有章可循，有据可依，保证文件材料形成规范，管理科学；③设立专（兼）职档案管理工作人员，负责对核对业务档案进行收集、整理、保管和传递，并要求档案管理工作人员参加档案馆等机构举办的档案工作上岗（继续）教育培训；④积极与市核对中心、区档案馆、街镇办公室等相关部门主动取得联系，反映核对业务档案管理工作情况，接受监督和指导。

（2）配置硬件设施

为了更好地对核对业务档案进行管理，改进档案的保管方法和保护技术，各区核对中心、各街镇应加强档案室硬件设施的投入，申请专项资金对档案库房进行建设、更新、改善，按照档案用房及设施设备建设要求（参考青浦区档案三星标准），应有适用档案安全保管和利用需要的用房，库房面积不少于 15 平方米；档案库房配备灭火器、空调、防光窗帘、防盗门窗和温湿度计等符合“八防”要求的设施设备；配备 5 幢及以上档案箱柜，质量可靠且规范统一；应用档案数据管理应用软件。

### 2. 狠抓档案工作，实现档案规范化管理目标

（1）明确任务，细化工作

充分认识核对业务档案的重要性，厘清档案工作思路，确保核对档案材料完整、准确。各区、街镇应按有关规定，结合自身业务材料收集存档的要求，对所有档案从文件收集入手，进行分类整理、归档入卷，做到档案资料规范化、标准化。①要准确收集整理，在档案收集的过程中做到全面准确。凡是有保存价值的资料（特别是《暂行意见》中明确规定为必要归档文件）都要收集起来，保证重要资料不遗失，并且统一收集时间。例如，共有产权保障住房材料可以按申请批次，在该批次申请审核全部结束后的一至三个月内一次性收集整理；廉租住房材料可以申请一户收集一户，到年底统一集中整理；其他比如城乡最低生活保障、临时救助等的委托书则可按月梳理，到年底进行集中整理。②要及时入库，对于整理好的档案，在完成分类、排列、编号、立卷等全部工作后，及时入库，经鉴定无保存价值的资料，应及时予以销毁。

（2）交流指导，提升能力

建议市核对中心协同同级住建部门、民政部门、档案馆等机构，指导区级核对机构提高

核对业务档案管理水平，帮助基层核对员队伍中的专（兼）职档案管理工作人员开展业务学习与工作交流，提高业务素质和工作能力，更新知识与观念；同时，加强对区核对中心、街镇核对机构的档案工作监管，确保档案内容完整、整理规范、管理安全和利用合理。

**3. 重视科技强档，打造智慧型档案信息平台**

档案信息化建设赋予新时期档案工作崭新的内容，也是档案工作创新发展的必然趋势。2014 年 8 月 27 日，上海市民政局印发《上海市民政局关于加快推进居民经济状况核对可视化审核和数字档案工作的通知》（沪民救发〔2014〕46 号），至 2017 年期间又多次下发相关通知对上述工作提出新要求。借助科技力量，可以大力推进档案信息化进程，三年时间里，核对项目可视化审核和数字档案管理工作有了长足发展。各区级核对机构应配合市核对中心做好核对业务档案信息化、文档一体化管理。一方面，尽快完成对核对系统中电子储存信息的数字档案转化工作，实现所有申请家庭纸质档案与数字档案的对应匹配；另一方面，依托各区数字档案平台，将数字档案目录、数字文档挂接到档案系统，实现核对业务档案信息的在线管理，为民生档案远程利用和基层档案室建档归档等基础性工作的开展提供坚实的技术支撑。

**参考文献**

[1]《上海市居民经济状况核对业务档案管理暂行办法》（沪民核发〔2013〕9 号），上海市居民经济状况核对中心，2013 年 9 月 26 日。

[2]《青浦区机关、事业单位档案管理星级标准》，青浦区档案局，2016 年。

# 打造一个高效环保的核对系统[1]

## ——“互联网+”环境下居民经济状况核对工作的思考

上海市杨浦区居民经济状况核对中心　蔡　劼

【摘要】随着“互联网+”时代的到来，政府职能转型加速。本文，笔者结合“互联网+”、大数据及墨菲定律的相关理论知识，讨论“互联网+”对居民经济状况核对工作中核对流程、核对技术及核对管理带来的影响，分析如何充分利用现代科学技术，通过流程优化、信息数据的专业解读和有效利用、完善管理制度等多种方式，打造一个高效环保的居民经济状况核对系统。

【关键词】互联网+　大数据　环保　居民经济状况核对

我们正处于一个科学技术日益更新的时代。新的科技，带来了新的生活工作方式，改变了人们的生活工作习惯。新的科技，使获得知识、了解信息变得更便捷。新的科技，方便了人们的沟通交流，加速了信息的传递速度，也使信息的传播效果成倍放大。现在的工作已经离不开计算机和互联网，就需要思考如何高效利用互联网来为我们的核对工作提供服务，从而形成申报人信服、委托人满意、社会上支持的三赢局面。

### 一、“互联网+”、大数据及墨菲定律

**1.“互联网+”**

“互联网+”其本质是利用互联网整合所有的在线资源，形成巨大的网络，将可以互联互通的全部通过网络连接。共享、远程控制、海量存储是“互联网+”的特点。“互联网+”使得数据获得成本降低，信息传播速度加快、覆盖面变广，地域壁垒、阶层壁垒、文化壁垒被打破。

**2. 大数据**

大数据是“互联网+”的衍生产品，互联互通形成了巨大的数据池。通过对数据的挖掘、研究、分析，可以充分体现数据的价值，提供给各行各业发展的机遇，简单来说就是通过数据创造价值。大数据的核心是数据分析，面对海量的低价值数据，运用合理的算法模型，通过高速运算及交换获得可以运用的成果。

---

[1]　本文为“2016年上海居民经济状况核对机制建设征文”活动获奖论文，部分内容在2019年有所调整。

3. 墨菲定律

“墨菲定律”是一种心理学效应，爱德华•墨菲（Edward A. Murphy）概括其主要内容为：任何事都没有表面看起来那么简单；计划永远赶不上变化；会出错的，肯定会出错。

开放的社会环境、便捷的数据来源增加了问题暴露的可能性。而问题暴露后，传播速度加快、覆盖面变大，产生的社会影响不容忽视。特别是当部分问题在社会中产生“共鸣”，对于机构公信力的杀伤力是巨大的。因此，在“互联网 +”时代，建立一套能够将人为因素的影响力降到最低的制度，可以防患于未然。

4.“互联网 +”的影响

2014 年 4 月 28 日，上海市推出了“市民云”App。最初功能较为单一，主要是与支付宝钱包合作，完成公用事业费的支付。随着上海“一网通办”工作的启动，在 2019 年 2 月 1 日，“市民云”与“一网通办”正式变更为“随申办”并上线，App 几乎涵盖了市民生活的各个方面。

“中国上海”门户网站的主要功能由原来的介绍上海、为市民与政府双向沟通搭建桥梁，改版真正意义上的上海门户，基本涵盖了所有可以通过互联网办理的事务，成为一个既能为个人，也能为法人提供服务的平台。从原来各自为政，到集中办公，再到目前的一窗通办，方便了服务对象，提高了监管效率，这些都是基于互联互通。

## 二、“互联网+”对核对流程的影响

1. 申请人网上申报成为可能

通过电子流转、可视化审核、电子出报告等方式，当前核对系统已基本实现无纸化办公，目前的申报环节还需申请人提供部分纸质材料。我们可以借鉴税务、出入境管理等部门的电子申报方式，使无纸化申报流程成为可能。

二代身份证、人脸识别系统、指纹数据库和电子签名版的技术均已经成熟。在各种业务办理的申报环节，可以结合身份证读卡器、签名手写板、人脸识别系统、指纹识别系统来完成居民的身份认证，证明各项申请是居民真实意愿表达，避免出现申请家庭成员间代签字的情况。同时，将申报表格电子化，由居民通过移动终端自行填写，输入相关申报数据，确保居民申报的合法性，落实填报数据的源头责任。

一网通办与随申办的联网，可以解决需要企业配合提供的相关证明的电子化问题。企业可以通过终端为申请人出具相关证明，利用居民获得的事务代码，将数据传送到事务受理部门，实现“数据跑腿”，最大限度方便居民。

2. 实现信息系统电子化

居民经济状况核对工作是社会保障、社会救助等事务工作的重要组成部分，涉及个人申报授权、机构委托、信息比对、审核审批及报告出具等多个环节。

目前，机构委托、信息比对、审核审批和报告出具环节均已实现电子流转，但在居民申报授权环节，仍然采用填写纸质申报表和授权书的方式。虽然在审核审批环节通过扫描上传实现了可视化，但无法通过系统抓取图象中需要利用的关键数据。

通过“互联网 +”，核对信息系统可以摆脱人工干预，实现全流程电子化管理和跨部门、跨地域的信息交换。

**3. 实现高效的双向沟通**

正如前文所述，居民经济状况核对工作是整个审核工作中的一个环节，涉及和信息交换单位、申请人、委托部门等多方沟通问题。譬如各委办的反馈数据与居民申报的金额存在差异的情况。在全电子化流程中，居民能够通过移动终端查询申请事项的办理进度，当出现差异情况时，能查看受理机构发送的通知，了解需要补充的材料类别、相关注意事项，及时补充提交材料。核对工作人员可以在最短时间内判断居民提供的数据是否齐全、有效并作出回应，这将使核对工作流程突破地理空间限制，从而更加高效。

**4. 互联互通强化事后监督**

当前，各地对于失信人员已采取不同的行为限制措施。但社会救助、社会保障工作的事后监管，多数依靠举报，存在取证难、处理难等问题。

2018 年 4 月，上海市大数据中心成立，上海将构建全市数据资源共享体系，制定数据资源归集、治理、共享、开放、应用和安全等技术标准及管理办法，实现跨层级、跨部门、跨系统及跨业务的数据共享和交换，推进上海政务信息系统的整合共享，贯通汇聚政务数据。该中心将承担政务数据、行业数据、社会数据的融合工作，开展大数据挖掘、分析工作，承担全市政务云，以及上海政务网的建设和管理，指导各区、各部门数据管理工作，配合开展全市数据安全、数据管理的绩效评估和督查。大数据平台将更有利于核对机构获取更广泛的居民经济状况信息核查渠道，也能通过出入境记录、租住酒店、银行大额资金情况等信息共享，强化社会救助、社会保障项目申请审核的事后监管。

## 三、“互联网+”对核对技术的影响

**1. 利于有效使用历史沉淀数据**

目前，数据信息对应各核对项目，同一户居民申请不同项目时，会重复录入基本数据。

在居民的信息中，居民的身份信息、户籍地址等基本信息是相对稳定的，并不需要重复输入，身份证号码是公民在中国的唯一标识，变化的是身份证的有效期。电子认证，有效期将不是我们的重点，身份证号码是重点。申报的个人基本信息在通过公安户籍系统认证后就可以直接使用。如果在居民经济状况核对系统内打破项目的限制，建立以居民身份证号码为标识的数据体系，可以让核对人员从较容易出错的基本信息校验中解放出来，提高工作效率，基本避免人为错误发生。复审或者复核只需要通过公安户籍系统核查变动情况。基本信息在系统内可共享，系统会自动提示是否经过认证。由于信息比对的专线是固定的，也就是说数据来源具有唯一性，差异部分是核查的时间段问题，从三个月到一年。如果核查时间段重叠的情况下，直接调用沉淀数据会更有效。

**2. 利于专业解读各类核对数据**

我们既要了解各个部门能够提供什么样的数据，也要了解我们需要的是什么样的数据。如：证券类资产，中国证券登记结算有限公司能够提供交割数据及证券持仓数据。但是，其会员单位可以提供开户人的清算数据。我们需要的就是清算数据，里面涵盖了持仓市值、资金余额、基金市值、债券市值和融资融券净值。相对于证券对账单来说，清算数据更为直观，也更方便被应用。

银行的反馈数据中，我们只是用到了存款余额、大额支出、理财产品和基金等项目，对于明细，我们并没有深度挖掘与专业解读。国家相关法规中规定，转入为收入，转出为支出。根据银行反馈的明细，我们能够得到居民总收入数据，经过数据比对进行收入认证。先利用关键字，将例如银证转账、理财赎回、保险理赔等财产项剔除。通过居民申报及委办反馈，明确来源确定的收入金额，差额部分即为不明来源收入，需要居民做进一步说明。同时，银行交易明细也提供给我们关于第三方支付平台的交易依据，我们可以据此扩大居民经济状况核对工作数据来源的覆盖面。

**3. 利于获取多样化的数据信息**

上海市居民经济状况核对系统目前已与公积金、税务、人力资源及社会保障、银行、证券、公安局、住建委、商业保险、总工会、红十字会、医保中心、市场监督管理局及不动产登记局 13 类委办局或单位建立了 32 条电子比对专线。

随着居民经济状况核对体系的逐步完善，信息的来源将更广，而这些数据的特点就是“杂”，每个部门、每个行业、每个单位都有自己的数据标准。作为我们核对部门来说，就需要深入研究这些相关的标准，开发好我们的数据接口，使反馈的数据能够对应我们的系统需要，从而加以利用。

## 四、“互联网+”对核对管理的影响

**1. 核对手段论证渠道的多样化**

核对系统应该具备一个各级审核、审批人员间的信息讨论功能。基层面对的是居民，进行换位思考的时候更准确。利用讨论功能可以进行在线的问题研究，充分发挥各自优势进行脑力激荡。通过讨论确定的处理方式可以整理形成案例，汇集在系统讨论区中，起到统一口径和操作模式的作用，促进核对工作标准化。

**2. 纠错与快速反应**

制度可以避免出错，但是不能杜绝出错，这就需要通过监管及时纠错。监管分为外部监管与内部监管，在此讨论内部监管问题。内部监管依托于制度及数据。我们可以在居民经济状况核对系统中增加相应的监管功能，形成申诉制度，提供解决问题的渠道，避免个案发酵而引发社会问题。

社会的发展，政府的改革，导致政策密集调整期的到来。原先制订的办法和细则，在相关政策发生改变时会出现不适用的情况。因此，我们需要关注各类民生保障政策的动向，及时掌握政策变动情况，做好应对措施。

**3. 复杂事情简单化**

早期的居民经济状况核对工作受到当时条件限制，对居民的申报填写要求较高，对数据信息的甄别与科学核定充分体现了居民经济状况核对工作的专业性。但是，同时也带来数据校验时间增加、差异率上升、需要居民进一步说明情况的问题种类增多或与居民发生矛盾的概率增加等问题。“互联网 +”及大数据提供了简化申报的条件，可以为我们的工作效率提升带来更大的空间。

“互联网 +”提供的是环境，大数据提供的是工具，墨菲定律说明了态度。有效利用大数据来完成全政务流程无纸化是种趋势，也是一种必然。社会监管力量变强，容错的空间被进一步压缩，这些都给居民经济状况核对工作提出了更高要求，更需要我们扎扎实实做好自己的内部工作，进一步维护及提高我们居民经济状况核对机构的公信力。

**参考文献**

[1] 布洛赫 . 墨菲定律 [M]. 山西 : 山西人民出版社，2012.

[2] 罗宾森 . 无处不在的墨菲定律 [M]. 钱峰 , 译 . 北京 : 人民邮电出版社，2014.

[3] 迈尔 - 舍恩伯格 . 大数据时代 [M]. 周涛 , 译 . 杭州 : 浙江人民出版社，2012.

[4] 迈尔 - 舍恩伯格 . 删除 [M]. 袁杰 , 译 . 杭州 : 浙江人民出版，2013.

# 浅谈核对机制中的短板及其完善措施 [1]

## ——以上海住房保障项目为例

上海市宝山区居民经济状况核对中心　奚秋俊

【摘要】居民经济状况核对机制作为改善和保障民生，维护社会公平正义的新时代民政工作，已逐步在全国各省市的各类民生保障政策中广泛运用。上海，自2008年在全国范围内率先在住房保障工作中引入居民经济状况核对机制以来，在法律法规的保障、体制机制的建立、业务渠道的拓展以及人员队伍的培养等方面取得了骄人的成绩，也为之后核对机制实现31个省市全覆盖提供了宝贵的经验。但同时，核对机制在具体制度的修订、后续管理措施的执行等薄弱环节，仍然存在不少的短板，因而必须深入找寻差距，及时补齐短板，加快对核对工作的立法，才能使上海继续充当核对工作排头兵、创新发展先行者。

【关键词】核对机制　短板　完善措施

上海“四位一体”的住房保障体系包括了廉租住房、共有产权保障住房（经济适用住房）、公共租赁住房和征收安置房，是解决当前城市中低收入家庭住房困难而实施的一项公共服务政策，也是关系群众切身利益的一项重大民生工程。其中，廉租住房是政府以租金或实物配租的方式，向符合低收入且住房困难的家庭提供社会保障性质的住房，顾名思义只租不售。共有产权保障住房是向中低收入住房困难家庭出售具有社会保障性质的商品住宅，它具有经济性、适用性。

据有关资料显示，由于准入审核不规范、租售管理不严格、退出机制不健全等原因，近年来，全国有些地方发生多起弄虚作假、请托关系甚至内外勾结骗购骗租保障房的案件。某市2011年查办了共有产权保障住房建设和管理领域的职务犯罪案件13件17人，涉及土地、建设、房管、规划、物价、民政及乡镇政府干部，甚至还有少数公安人员涉及其中。如芦某利用户籍管理和收入核查的漏洞，伙同有关民警把想购买共有产权保障住房的外省市人员的户口先迁到郊县再迁至市区，并将居住时间改为三年以上，且隐瞒相关收入和财产；而房管局对申请人的户籍和收入、财产仅进行形式审查，导致部分外地购房人利用虚假信息顺利通过准入资格审查。

---

[1]　本文为“2016年上海居民经济状况核对机制建设征文”活动获奖论文，部分内容在2019年有所调整。

## 一、居民经济状况核对的内容

根据上海市颁布实施的《上海市居民经济状况核对办法》(上海市人民政府令第 14 号)、《上海市共有产权保障住房(经济适用住房)和廉租住房申请家庭经济状况核对实施细则》(沪民救发〔2014〕75 号)等文件规定，申请共有产权保障住房、廉租住房的对象要在符合户籍、婚姻、住房面积的准入标准同时，还必须在人均年可支配收入和人均财产两个方面符合现有规定。

共有产权保障住房和廉租住房的经济状况核对环节基本一致，以 2018 年度共有产权保障住房为例，主要环节和内容为：街镇住房保障办公室在审核户籍、婚姻和住房情况的同时，委托核对机构对申请家庭进行经济状况核对。核对内容包括可支配收入（工资性收入、经营性净收入、财产性收入及转移性收入）和财产（实物财产、货币财产等）两大部分，判断申请家庭是否符合当前的准入标准：3 人及以上申请家庭人均年可支配收入不超过 7.2 万元、人均财产不超过 18 万元；2 人及以下申请家庭人均年可支配收入不超过 8.64 万元，人均财产不超过 21.6 万元。

现阶段对申请家庭可支配收入、财产的核查主要由上海市居民经济状况核对中心（以下简称市核对中心）和各区居民经济状况核对中心（以下简称区核对中心）组织实施，通过已开通的市人社局、市税务局、市民政局、市公安局、市市场监督管理局、市公积金中心、中国证券登记结算有限公司上海分公司（以下简称中证登上海分公司）、市保险同业公会以及商业银行等电子比对专线进行比对核查（图 1）。

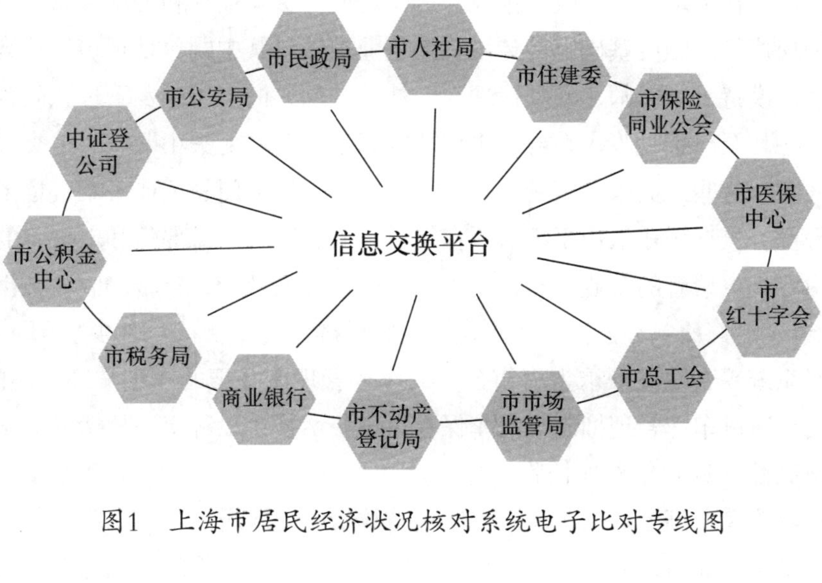


图1　上海市居民经济状况核对系统电子比对专线图

核对工作流程实行“三级审核”模式，每个街道（乡、镇）居民经济状况核对员负责初审工作，由各区核对中心的核证管理员进行二次审核，形成审核意见，最后报市核对中心进行审批。居民经济状况核对机构需在接受委托之日起一定时限内完成核对工作，并向街道（乡、镇）住房保障机构出具书面核对报告。

## 二、居民经济状况核对过程中的短板问题

经过五年多的探索和积累，核对机制在住房保障项目的公平分配中发挥了举足轻重的作用，也得到了社会公众和媒体的一致好评，但也存在一些短板问题，亟需引起关注。

### 1. 对申请对象大额财产转移的相关规定尚待完善

大额资金的支出和转移对申请家庭整体经济状况的核查结果有较大影响。目前，政策规定要求对申请人一年内一次性出售、赠与、支取的较大价值的财产进行审核，须在申请人提供合理说明和相关有效凭证后，据实认定。这一规定存在两个不足：一是限定核查支出情况的时间过短。因现有政策规定核查一年内的大额支出情况，于 2014 年 12 月 31 日印发实施，有效期至 2019 年 12 月 31 日，且共有产权保障住房工作会持续开展，企图故意转移财产的人有足够充分的时间提前转移个人财产。二是就共有产权保障住房而言，现行规定要求对一次性出售、赠与、支取价值 6 万元及以上财产的说明情况，对 6 万元以下的数额、支出的次数未提出明确要求，因此，核对机构也无法核查。

### 2. 信息比对环节中存在的信息障碍

（1）部分重点委办局的电子比对专线尚未建成，核对能力受到一定的限制

如申请对象为出租车司机或从事预约出租客运人员的准确收入情况，目前依靠通过相关企业调查核实，工作效率和信息完整度上都有很多不足。

（2）灵活就业人员、自由职业者、自谋职业人员及自主创业人员等从业者的经济收入无有效手段进行核查

上述就业形式在劳动时间、收入报酬、工作场所、保险福利和劳动关系等方面不同于建立在工业化和现代工厂制度基础上的传统主流就业方式，其中既包括很多专业人士，如自由撰稿人、歌手、模特、摄影师、专利代理人、技术顾问、淘宝店主及管理顾问等，他们的收入并不低，有些甚至属于高收入人群，也包括家庭小时工、街头小贩、其他类型的打零工者等相对低收入者。这些人员未向市场监督管理部门或人社部门登记或备案，也未向税务部门缴纳个人所得税。核查渠道依赖于户口所在街道（乡、镇）人保部门和申报者的诚信意识，证明的主要内容是申请者的就业状态、是否领取相关补贴及个人申报的收入数据。

（3）申请人拥有的部分悬挂外省市车牌或临时牌照的车辆核查存在难点

目前核对系统平台只能获取上海市公安局车辆管理所登记的本市沪牌牌照的车辆信息。由于上海市实行通过车牌管理抑制小汽车保有量过快增长、缓解交通拥堵的措施，加之上海车牌拍卖价格高涨，近几年参加拍牌人数已超过 20 万人，价格已突破 9 万元大关。价格因素与本市非营业性客车额度的供不应求，使相当数量的上海居民购买私家车后选择悬挂外省市牌照。在公安交管部门未完全登记该部分车辆信息及临时车牌的车辆信息，因此无法获得相关信息。

（4）在现金、古董、艺术品以及互联网金融理财产品等其他财产方面存在核查难点

随着“互联网 +”和数字经济时代的到来，越来越多的居民将自己的存款转投互联网金融理财产品，如阿里巴巴的支付宝、腾讯的微信钱包等，由于绝大多数互联网金融理财产品

的经营主体为企业，法律法规方面又未强制性要求企业提供相关数据，因而目前在核查这些理财产品的具体价值上存在难点。

（5）申请人拥有外省市的不动产信息无法查询

可能拥有外省市不动产的申请对象主要包括支内回沪人员、申请对象外来省市的配偶以及在外省市投资不动产的申请对象。虽然《上海市共有产权保障房申请须知》规定拥有外省市房屋的申请对象须提供相应的房地产权属凭证，但全国的不动产信息没有联网，实践中只能采取诚信申报，在申请表单的设计上进行诚信约束。

由于上述经济状况核对信息障碍和制度手段的缺失，使工作人员对申请人资格准入审查的自由裁量权扩大，一旦受到申请人请托甚至利益诱惑，存在“权钱交易”、暗箱操作风险。

## 三、相关建议及改进举措

时任中共中央政治局委员、中共上海市委书记韩正同志曾指出，各单位、各部门要勇于看到自身工作中的短板，深刻认识短板形成的原因，有勇气和担当，齐心协力、主动向前一步补齐短板。因此，要在充分运用好核对机制的基础上，着重发现核对工作中的短板问题，及时弥补制度缺陷、堵塞管理漏洞，不断促进民生的改善、人民生活的幸福。总的来说，可以从以下几个方面加以改进和落实。

1. 完善防范财产转移的规定，堵塞制度漏洞

（1）适当延长审查核对的期间。《上海市共有产权保障房（经济适用住房）申请须知》规定只是核查申请对象在规定申请期起始日上一个月末前溯一年内的财产支出情况，而最新的《上海市共有产权保障住房（经济适用住房）准入标准和供应标准》（沪府发〔2014〕53号）自2014年10月15日起实施，为防止在规定实施后，部分人员恶意利用政策规定的漏洞，核查的时间应当前溯至少两年。

（2）除一次性出售、赠与、支取较大价值的财产需提供合理说明及资金流转凭证等证明材料外，可以以年为时间单位，规定一年内总计支出超过某项合理数额的，也需进行说明并提供证明。

（3）增设转移财产的兜底条款，加强失信惩戒力度。实践中转移财产的方式层出不穷，应当将骗购骗租保障性住房，以虚假交易、虚假离婚等方式故意转移财产的，经查证属实按隐瞒虚报处理。

2. 加快推进住房个人信息系统建设，强化信息共享机制

（1）完善居民经济状况核对机制。对分散在政府各个部门的数据信息进行最大效率的整合和利用，加快建立与市交通委、市经信委等部门的电子比对专线，完善与市人社局、市税务局、市市场监督管理局等部门及中证登上海分公司、商业银行金融机构的信息交换内容和核查机制。

（2）尽快与外省市探讨建立不动产、车辆登记等信息共享制度，实现全国联网。习近

平总书记在上海考察时曾强调，要把长江三角洲区域一体化发展上升为国家战略。核对机制可以先行先试，率先建立长三角区域核对信息共享平台，以此来带动全国核对信息平台的联网和对接。

（3）建立健全信息安全机制，加强保密教育，严格保护申请对象的个人信息安全。从事核对工作的人员须签订保密协议，接受相应的保密培训，确保相关人员在核对过程中合规、合法操作。核对系统的操作实行权限制约，采用密钥、人脸识别、指纹认证等高科技手段，确保核对信息的安全。同时，配备特定的档案室、资料储存室，专人专柜专机保管纸质和电子档案材料，对核对资料阅览一律实行统一登记、管理。

**3. 建立健全审核复核工作机制，严格查处骗购骗租行为**

（1）在完善住房信息系统，以电子比对为主的同时，对某些申请者如自由职业者、灵活就业人员等就业人员的经济状况应采取入户调查、邻里访问、信函索证等方式深入了解申请人的经济状况，弥补电子信息比对的不足，消除经济状况核对的盲点。

（2）应当加强与住房保障部门的沟通协调，尽快细化复核规定，建立长期性、常态化的动态复查机制。健全并完善复核制度，加强对已享受政策人员的动态管理。

**4. 夯实核对工作基础，加强核对人员的教育培训**

在技术和制度手段尚未完善的条件下，工作人员的职业素质显得尤为重要。

（1）各区民政部门结合自身区域、管理能力等特点，统筹兼顾，优化配置，突出重点，以政府购买服务等创新形式，强化人员配备，建立一支专业、充足、稳定、高素质的经济状况核对工作队伍。

（2）按照责任明确、考核到位的原则，细化工作方案、分解任务目标、落实工作职责和突出工作成效，从而做到人员到位、工作到位、效果到位，各岗位各司其职、分工明确、相互监督。

（3）加强核对人员的专业知识教育、廉政教育和法制教育。增强工作人员的工作责任心，克服人手紧、时间急、工作量大的矛盾，尽职尽责，收集和汇总在操作中遇到的各类问题，及时将情况向上级部门反映；通过多形式、分层次的手段，深化日常教育培训、法律法规和警示教育，使他们自觉守住思想防线、道德防线、法律防线，树立起正确的职业道德观，规范操作、按章受理、严格审核和依法核对。

**参考文献**

[1] 履端 . 共有产权房是住房保障的制度创新 [J]. 上海房地，2012(1):4-5.

[2] 陆青鹰 . 广西居民家庭经济状况核对研究 [J]. 经济研究参考，2014(41):35-38.

[3] 王玮 . 居民家庭经济状况核对机制建设的积极意义 [J]. 中国国际财经 ( 中英文 )，2018(3):275.

[4] 李璐 . 构建四位一体的社会管理保障体系 [J]. 宏观经济管理，2013(3):29-30.

[5] 钟文新 . 居民家庭经济状况核对机制现状及建议 [J]. 合作经济与科技，2017(14):167-168.

[6] 黄嘉乐 . 社会救助体系中的核对机制研究 [D]. 上海：上海交通大学，2015.

[7] 救助对象经济状况核对机制建设的实践与探索 [J]. 中国民政，2015(7):40-42.

[8] 姚凯 . 用新型核对机制保障民生政策实施公平公正 [J]. 红旗文稿，2014(16):30-31.

[9] 张伟涛 . 建立居民家庭经济状况核对机制　破解社会救助对象认定难题 [N]. 中国社会报，2013-6-20(003).

# 关于可视化审核和数字档案工作的几点思考[1]

上海市徐汇区居民经济状况核对中心　徐文颖

**【摘要】**2016 年 3 月，上海市居民经济状况核对中心下发《关于全面推进居民经济状况核对可视化审核和数字档案工作的通知》，在当年第三季度末将可视化审核和数字档案功能应用到所有核对项目。本文结合徐汇区街镇可视化审核工作情况的实践调查，分析现行工作流程及操作系统中遇到的问题，提出优化系统、完善流程的意见和建议，以期为全面推行可视化审核和数字档案工作提供一定借鉴。

**【关键字】**可视化审核　数字档案　核对系统优化

## 一、背景概述

2012 年，上海市长宁区率先在共有产权房审核项目中开展了可视化审核试点工作。2015 年 11 月，上海市居民经济状况核对中心（以下简称市核对中心）印发《关于进一步推进居民经济状况核对可视化审核和数字档案工作的通知》，在全市范围推行居民经济状况核对廉租住房项目的可视化审核和数字档案工作。根据通知要求，徐汇区居民经济状况核对中心（以下简称我中心）在部分已配备扫描仪、具备相应条件的街镇开展了此项工作。2016 年 4 月，困难残疾人生活补贴项目正式纳入核对系统，该项目上线即开展可视化审核，为 9 月城乡最低生活保障、因病支出型贫困家庭生活救助、医疗救助和教育救助等社会救助类项目可视化审核的开展提供了经验借鉴。

近日，我中心通过走访调研，对我区各街镇可视化审核和数字档案工作的开展情况进行了排摸，并针对现行工作模式和流程中遇到的问题进行思考，提出优化的建议和措施，为进一步完善可视化审核和数字档案工作作参考。

## 二、工作现状

### 1. 配置情况

我区共有 13 个街镇，目前已全部配置了扫描仪设备。其中 4 个街镇配置了佳能 DS-M1060、爱普生 DS-70000 等万元以上可以扫描 A3 纸张的高速扫描仪；7 个街镇配置了爱普生 DS-860、柯达 I2800、精益 PL2000 等仅能扫描 A4 纸张的小幅面扫描仪；另有两个街镇配置的是 Microtek ScanMaker i800 等单页扫描的平板式扫描仪。

[1]　本文为“2016 年上海居民经济状况核对机制建设征文”活动获奖论文。

居民经济状况核对员（以下简称核对员）方面，现有持证核对员 38 名，各街镇根据实际情况配置 1 ~ 4 名核对员，由街镇社区事务受理中心进行人员管理。

**2. 工作流程**

下面，以廉租房项目的可视化审核为例，简述基层核对员在街镇扫描上传时的工作流程。

首先，对家庭申请材料进行初步整理。按照申请人姓名（申请代表 A、共同申请人 B、共同申请人 C……）、材料类型（基本证明材料，包括委托书、声明与授权、身份证和经济状况申报表等；可支配收入，包括工资性收入、转移性收入、财产性收入和经营性净收入等；财产，包括存款、股票、基金、债券、机动车辆、房屋及商业保险等）进行分类（图 1、图 2）。

接着，将纸质材料扫描后，形成 PDF 文件保存至电脑。此时需要检查 PDF 文件是否清晰，同时按照扫描内容录入对应文件名；按照前述分类，将 PDF 文件归入相应的文件夹（图 3）。

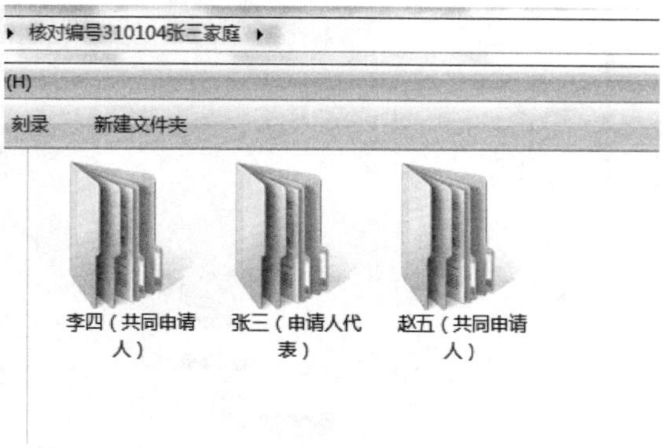


图1　申请人资料

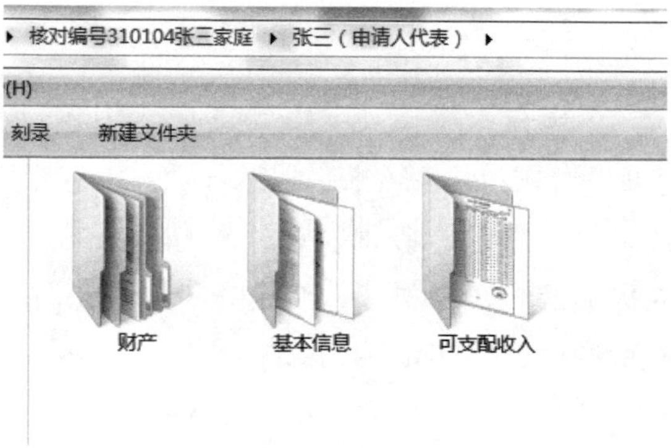


图2　材料类型

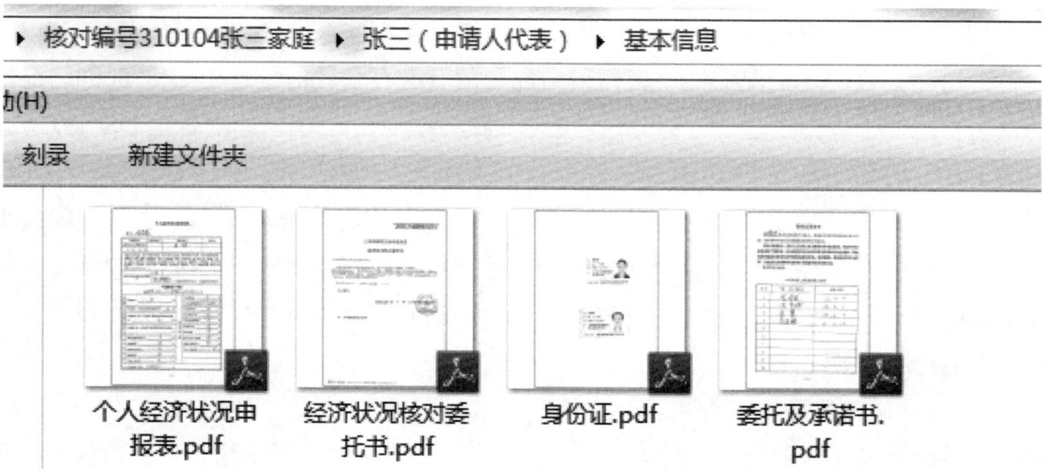


图3　归档

最后，上传可视化审核材料。进入核对系统，在“核对业务处理—数字档案—数字档案扫描”中，点击“新增”，选择对应申请人和材料类型，进行上传（图 4、图 5）。

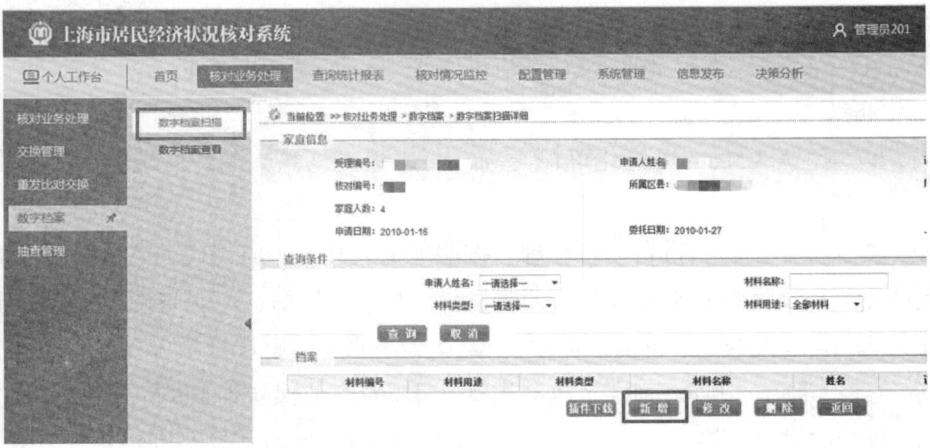


图4　核对系统界面

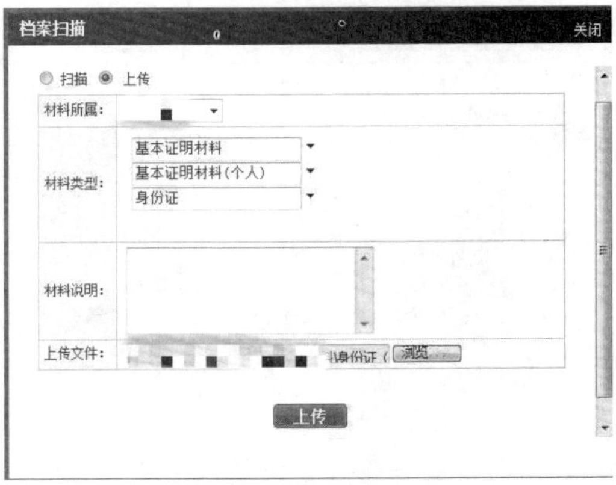


图5　上传界面

## 三、存在问题

可视化审核相对于原先的审核模式，突破了时间和空间的限制，让街镇、区、市三级审核审批人员都能够通过核对系统随时查看申请人提交的相关材料，从而进一步提高核对工作的精准度。但在走访调研中，我们发现各街镇在可视化审核工作的开展过程中尚有一些问题需要解决。

### 1. 设备配置方面存在的问题

（1）设备效能方面

各街镇扫描仪配置情况层次不齐，最高配置的有 8 万余元的爱普生 DS-70000，最低配置的仅为千元的平板扫描仪。大部分街道配置的是小幅面扫描仪，如爱普生 DS-860 等，仅能扫描 A4 大小的纸张。在实际操作过程中，个人经济状况申报表、证券对账单、买卖房屋合同、外地房产证及部分银行对账单等，都是大幅面，或者非常规大小的纸张，配置小幅面扫描仪的街镇，工作人员需要先通过复印缩小纸张，再进行扫描，不但浪费纸张，而且增加了基层核对员的工作量。另外，低配的扫描仪在面对共有产权房项目的大批量审核时，其设备效能也有明显不足。

（2）人员配备方面

我区虽然有三十余名持证在岗核对员，但在实际工作中经常面临街镇人手短缺、核对员超负荷工作的问题。究其原因主要有三点：①专职工作人员较少。核对员统一由街镇社区事务受理服务中心管理，多为身兼数职，很多核对员同时承担支内回沪人员的申请和复审、副食品补贴发放、民政救助台账制作等其他工作，仅有个别街镇的核对员专职做核对工作。②前后台业务界线有待明确。在整个流程中，核对员除了核对业务审核操作以外，往往还要承担一门式系统录入、中止通知发放、申请人信访接待等工作，部分也兼救助审批工作，缺乏明确的操作界线。③人力物力有限。核对员在基层一线窗口，“一口受理”“一网通办”对其业务熟悉度要求颇高，繁重的工作任务给基层核对员带来了一定的工作压力。

**2. 系统操作方面存在的问题**

（1）系统操作界面有待优化

目前，核对系统扫描上传的数字档案采用逐条挂接的方式。以《出租车司机营运信息及收入说明》为例，上传时，首先要对应申请人姓名，然后在材料类型中依次选择“可支配收入—工资性收入—实发收入—出租车司机营运信息及收入说明”（图 6）。

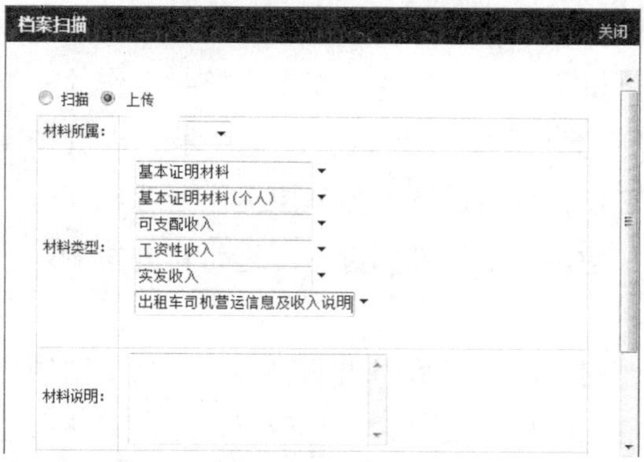

图6　出租车司机营运信息及收入说明

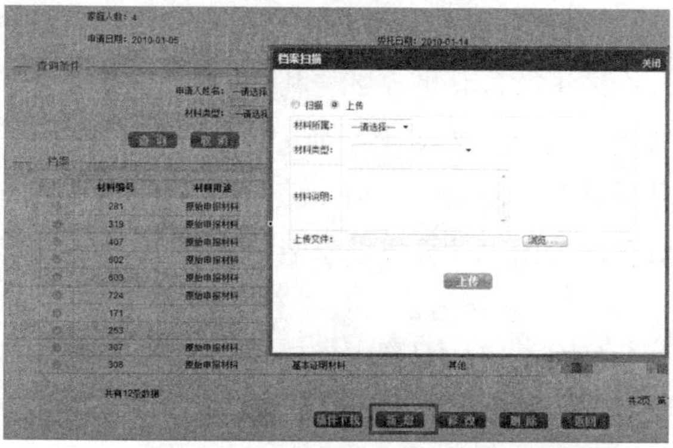

图7　上传数字档案界面

假设申请家庭为三口之家，每人名下有相关基本材料、可支配收入材料和财产材料，那么每上传一户家庭，对应上传的过程中就会存在几十次的点选操作，较为耗时费力。

此外，核对系统中上传数字档案的界面设置了弹出式窗口，每上传一份材料，都需要点选“新增”；在“档案扫描”窗口上传，上传完成一份材料后，系统自动回到原界面（见图 7）。由于街镇网络及电脑配置等问题，在业务审核集中期，尤其是共有产权保障房项目审核高峰期，网页打开速度减缓，这些都会影响街镇层面的工作时效。

（2）扫描文件大小受限制

根据数字档案要求，每份上传材料文件的大小不能超过 2M，建议文件清晰度在 150 到 200dpi。如何在保证清晰度的同时，又确保文件大小不超标，是基层核对员遇到的另一个问题。在实际工作中，有的核对员发现有申请人提交了 60 余页的证券对账单，尝试重复多次扫描、调整分辨率的过程后，才成功完成了一个符合标准的 PDF 文件，耗时较长。而在共有产权保障房项目中，申请人提交的证明材料比其他各项目更多、更复杂，常常遇到因扫描文件大小受限，需多次调整的情况。如何掌握好分辨率和文件大小之间的平衡，也成为核对员实际操作中的一项困扰。

（3）材料上传份数受限

现行的操作系统中，限定每种类型的材料只能上传一份 PDF 文件，若后续上传文件，则会覆盖原文件。以保险合同为例，申请人申报了“乐伴一生两全保险”“友邦年年红”两份保险，核对员需要将这两份保险扫描在同一个 PDF 文档内进行上传。在核对过程中，若通过委办单位反馈的信息显示申请人有未申报的第三份保险的，在中止核对，申请人补充提交证明材料后，无法直接新增补充的保险合同，而需要将补充的保险合同和先前提交的两份保险合同重新扫描成一个 PDF 文件，或通过软件对两次扫描的内容进行合并才能上传，工作人员的操作步骤相对较为复杂。

## 四、意见和建议

### 1. 加强领导重视，强化队伍建设

（1）按需升级设备，增加硬件支持

“工欲善其事，必先利其器。”一套好的计算机和扫描仪设备，能提升核对工作的整体效率。建议市核对中心研究制定审核业务所用的计算机和扫描仪设备配置要求，本着按需升级、合理使用的原则，综合考虑各街镇的审核工作量分级设置，为基层提供参考。同时，对于部分街镇计算机设备老旧、网速过慢等问题，建议由上级部门赴基层进行督办协调。

（2）灵活增配人员，合理统筹安排

针对基层核对员工作量大，人手短缺的问题，建议由上级部门出面协调，提高街镇领导对核对工作的重视程度，合理统筹安排人员分工。在廉租房复审、共有产权保障房审核等业务高峰期，采用临时增派人手，为基层核对员分担一门式录入、数字档案扫描等工作的方式，或减少核对员身兼的非核对工作任务，确保在业务高峰期能够有足够的人力专职在岗，开展业务审核工作。在工作过程中，还要坚持“分工不分家”的原则，积极发挥街镇住房保障机构的功能，对于《上海市共有产权保障住房（经济适用住房）和廉租住房申请家庭经济状况核对实施细则》中明确的住房保障机构的工作范围（如申请材料的接收、中止材料的补充等），要以住房保障机构为主，核对机构为辅，努力形成分工明确，配合默契，互不推诿的良好工作氛围。

### 2. 完善核对系统，优化操作界面

（1）更换列表式上传界面

针对当前核对系统中上传材料类目细分，分级下拉式菜单操作频繁等问题，建议对操作界面进行优化。申请人姓名的选择可以在上一级界面中完成（图 8），弹出窗口中的下拉框改为列表式的单选框，只列出证明材料名称，并制定系统规则，在材料上传后，自动对应材料所属分类。如：上传申请人代表的《劳务派遣关系证明》，首先选择申请家庭中的申请人代表，点击“新增”，在弹出的“扫描上传”窗口点选“劳务派遣关系证明”，上传完成后，系统自动将其归入“可支配收入—工资性收入—实发收入”中。对于少部分如《从业人员收入证明》《银行卡明细》等所属分类不唯一的材料，可以增设二次选择界面。

图8 拟增加项目界面示意

（2）增加材料文件自动编号功能

针对扫描文件大小有限制、证明材料再次上传被覆盖的问题，建议在证明材料勾选时，由系统对材料进行自动编号。如：上传两份保险合同，第一次上传的，系统默认文件名为“保险合同 1”，第二次上传的默认为“保险合同 2”。当上传错误，需要重新上传时，可以选择需要修改的那份材料，直接进行覆盖。这样一来，证券或银行对账单数量达数十页时，也能分批上传，可以由核对工作人员在材料说明中注明“证券对账单 1、2、3 属同一份账单，共 ×× 页”。既方便街镇核对员操作，也不影响市、区级核对工作人员的审核、审批。

（3）调整“材料说明”显示位置

建议将材料说明显示位置设置在审核页面的材料列表旁，这样可以起到对上传材料进行补充说明、备注的功能，让各级审核、审批人员在核对操作时都能一目了然。

（4）将模板作为申报表活页

各类核对项目都有相应需要申请人各自填报的“申明与授权”“个人经济状况申报表”及“从业人员收入证明”等固定格式的材料，这部分表单都统一装订在申请表册中，在扫描电子档案时，需要工作人员先对相关表单进行复印，再进行扫描。建议与委托核对部门协商，将附在各项目申报表中的模板页制成活页式 A4 单页纸张，既方便扫描，又能减少纸张浪费。

开展可视化审核工作既能有效提升核对工作的准确性，又能同时完成核对工作过程性档案资料的电子存储，是保障核对工作有序开展的基础性工作。及时发现并解决可视化审核工作流程及操作过程中遇到的问题，能进一步优化核对系统、完善工作流程，缓解基层核对员工作压力，提高工作效率，稳步推进核对工作有序开展，保障各项社会救助项目公平公正实施。

**参考文献**

[1] 张岚萍 . 纸质档案与电子档案的优势与劣势 [J]. 黑龙江史志，2013, 15.
[2] 上海市居民经济状况核对中心 . 上海居民经济状况核对工作政策文件汇编 [G]. 2015.
[3] 李一军 . 管理信息系统 [M]. 北京：高等教育出版社，2009.

# 关于进一步完善大额支出核定方式的探讨 [1]

原上海市嘉定区居民经济状况核对中心　李金凤

【摘要】上海的核对体系建设已初具规模，核对操作实务也日趋成熟，核对工作正朝着规范化、精细化、标准化方向发展。核对操作实务的不断完善，必将有助于更科学、合理地出具高质量的核对报告，确保各项社会救助、社会保障项目的公平、公正、透明、有效地实施。本文旨在通过对核对实务操作审核环节中的一个难点——大额支出情形所面临的现实困境的分析，在财产核定方面提出可行性建议。

【关键词】大额支出　现实困境　建议

居民经济状况核对是基于建立专业、科学、权威的核对机制而开展的民生保障基础性工作。经过十余年的探索，上海的核对机制建设、核对系统建设、核对队伍建设已经初具规模，在各类相关民生保障项目中日益突显重要作用。

随着市场经济的不断发展与成熟，纳入经济状况核对机制的项目越来越多，各类情况也越来越复杂。尤其是经济、金融领域，包括保险、证券、期货等各类金融投资活动，除了分析核定的过程较为复杂外，还涉及另一个核对业务审核上的难点，那就是申请家庭在涉及各类金融投资活动过程中可能存在的大额支出情形。笔者作为基层核对工作人员，就这一问题谈一些个人观点。

## 一、大额支出的概念

居民消费支出是指居民用于满足家庭日常生活消费需要的全部支出，既包括现金消费支出，也包括实物消费支出。消费支出可划分为食品烟酒、衣着、居住、生活用品及服务、交通通信、教育文化娱乐、医疗保健以及其他用品及服务八大类。

从广义来说，消费可分为日常支出和一次性或阶段性的大额支出。居民家庭在满足了日常基本生活所需的日常支出之后，将收入的剩余部分以财产（现金或银行存款等）的形式固定下来，用于应对未来各种可预见或不可预见的开支（如购房、财产性投资、子女教育和大额度医疗支出等），这部分可定义为大额支出。大额支出的特征为一次性或阶段性，每次支出数额较大，有些还具有不可预测性。本文所探讨的就是这部分支出的核定问题。

---

[1]　本文为“2016 年上海居民经济状况核对机制建设征文”活动获奖论文。

## 二、大额支出核定的现实困境

目前，上海居民经济状况核对工作日趋完善，已与 14 类委办局、金融机构和社会团体建立信息交换机制，包括与 19 家银行建立比对专线，与 29 家银行实现光盘比对，申请社会救助、社会福利等保障项目的家庭经济状况以更加透明、翔实、立体、全面的形式展现。每个申请家庭的经济状况也涉及各个领域，错综复杂，在大额支取方面都存在不同的情形，这些情形的出现，更清晰、精准地反映了一个家庭的经济状况，同时也带来了一些亟待解决的现实困境。

**1. 大额支出的金额界定困境**

有效、准确地界定大额支出，既能维护申请人的合法权益，也能在一定程度上防范申请家庭出现较大价值财产转移等不诚信申报行为。目前，本市核对机构对于大额支出的金额界定主要根据委托核对部门的要求进行。例如，在廉租住房项目中，申请家庭成员在规定申报期间内一次性出售、赠与、支取价值超过 3 万元（含 3 万元）财产的情况认定为较大价值的财产支出，在提供合理说明以及资金流转凭证或者法院判决书、公证书等有效凭证后据实认定。但在具体核定的操作过程中，核对工作人员难免也会存在一些疑虑。譬如，这里的价值量为什么会定为 3 万元？这里列举的数字，是参照统计部门关于上海市居民人均年消费支出得出的结论，该数额相对适中，具有一定的合理性。但只要既定金额，必定存在稍低于该金额的支取不在核查之列。那么分数次在一定期间内累计支取，和一次性大笔支取在财产转移的行为效果上又是否相当？

大额资金的支出，必定对申请家庭的财产核定造成较大影响，在这个过程中，如果有不符合申请条件的申请人也“踏进”了准入门槛，他们迈出的这一步，对政府公信力、对社会公平性都有极大的影响。

**2. 支取金额的资金流向界定困境**

日常核对工作中，我们经常接触到的大额支出类型大致可以分为三类：理财类、消费类和转账支取类。

理财类支出，是申请人将相应资金用于购买银行自有理财产品，或者由银行代理的理财产品。这部分支出的资金流水明细，可在申请人在该银行的理财产品对账单中进行明确、清晰地查证。

消费类支出，是申请人将资金用于购买所需商品或劳务所发生的支出。一般而言，购入较大价值的商品，或购买劳务、服务都会产生与之相匹配的消费票据，在核对工作审核时，可以根据申请人提供的消费凭证，判断该笔消费是否可以认定为合理消费，在财产核对期止日是否仍具有价值。譬如装修、婚丧嫁娶、就医等情况，一般认为属于合理支出范围，这一判断过程需要清晰严密的逻辑性。

转账支取类支出，即申请人通过柜面、网银、ATM 等形式进行了一定金额的转账或提现。按资金流向的对象范围可分为两类：一类是同一家庭核对对象间的转账。支出的金额转入该家庭其他成员的名下，但仍属于核对对象范围，因此该笔大额支出无需另行说明资金流程。

另一类是非申请家庭成员间的转账。根据《个人存款账户实名制规定》，在金融机构开立个人存款账户的个人，以实名证件开立存款账户的，该账户内的人民币以及外币存款应核定在其名下。据此，银行反馈的该笔大额支出原则上应计入申请家庭的财产。但是，实际工作中遇到很多申请人表示该笔金额是向他人借款后归还的款项。此时，申请人提供“借条”或“收据”的借款行为的真实性又如何去验证？

3. 大额支出的核查期间界定困境

在住房保障类项目中，大额支取的核查期间按规定申报期间进行界定。规定申报期间一般是申请日（或申请期起始日）上月末前溯一年。在救助类项目中，大多数仅核查申请人三个月，甚至一个月的经济状况，核查期间相对较短。委托部门一般重点关注银行的存款余额，对申请人在此期间的大额支出未提出核查。这里就存在两个问题：一是不对大额支取情况进行核查，财产核查就会出现明显的漏洞，财产准入标准线容易在转移支付的过程中被冲破；二是不论核查期间是一年或是三个月，只要给出了既定区间，该期间前后一段时间的大额支取必定就不在核查期间内，因此，很难避免通过提前支取来规避财产核查的情况的存在。

## 三、完善大额支出有效核定的建议

针对上述大额支出核定中存在的现实困境，笔者结合多年在一线核对的实际工作经验，提出以下意见和建议。

1. 严格失信处理措施，加强社会诚信体系建设

目前，对于申请社会救助、社会保障的申请人，存在不诚信申报，虚报、瞒报收入及财产的行为方面缺乏有效的约束，客观上使失信者无所顾忌。弄虚作假、钻政策空子当然属于行为主体的个人道德品行问题，但该类行为产生的社会后果事关政策是否真正用到实处，是否真正做到惠民、利民。政策的口子一旦被打开，会变成投机者的工具、守信者的桎梏。可以说，大额支出中恶意的“财产转移”，实际转移的是道德规范，透支的是社会信用。

诚信体系是一个属于上层建筑范畴的大概念，其建立基础来自整个社会的共识。当前，各部门的信息资源的对接与共享程度还相对较低，如何加快实现部门间的信息联网，加强对违法失信的惩戒机制建设，是政府包括全社会关注的大事。就核对机制而言，建议建立健全失信惩戒措施，对申报与实际结果存在严重不符的申请人，一经查实存在虚报、瞒报行为的，计入个人征信档案。同时，可列入核对对象重点关注名单，当其再次申请享受政府的其他待遇时，予以重点核查。让社会诚信记录渗透到社会生活的方方面面，让失信的高代价能够有效制约违信行为，失信的概率将会大幅度地降低。

2. 适时开展支付端核对，完善大额支出的逻辑严谨性

存在大额支取情形的相关案例中，有相当一部分当事人提供双方当事人签字的借条、收据来证明该笔资金的流转情况，但该笔借款的真实性很难调查取证。任何钱款，尤其是大额借款，一般都具有其特定的用途。在实际工作中，对于理财类及消费类的大额支出的认定，我们已经采用通过提供相关支出或消费凭证来证明去向的做法。建议将该思路引入大额借款

的认定工作中，譬如，根据借款的实际使用去向，对借款是否真实存在进行逻辑合理性判断。

再者，城乡最低生活保障的申请家庭中，存在个人申报低收入甚至零收入，但实际在申请时却穿着名牌服装、使用高档手机的情形。针对此类情形，开展支付端的核对，也能更客观、更全面地反映申请家庭的经济情况。

**3. 建立大额支取的累计概念，堵住资金转移的漏洞**

银行的数据库里沉淀着个人经过银行系统收支的明细信息，这些数据从一个侧面反映了个人的收入、支出和资金留存情况，其中包括家庭和个人的正常开支，也存在部分特定的提现或转账。目前，核对系统对这部分明细内容进行了过滤处理，只显示超过委托核对部门既定的"大额支取金额"的记录。要将个人名下的支出明细信息进行提取应该不难，但如何建立一个特定的数学模型，对一定时间范围内的累计支出到达一定数额的数据进行逻辑分析，提取其中的异常数据并加以调查核实值得我们思考。虽然会加大工作量，但一定程度上能够有效地防范大额资金的转移行为。

**4. 建立专业的核对工作队伍，提高核对工作的权威性**

各项政策都需要有具体落地实施的执行人员，他们的工作态度、业务素质、能力水平直接决定政策目标的实现程度，直接影响到政策能否有效执行。作为基层一线的核对员，我们在工作中秉持客观、公正的态度，严谨、准确地对申请家庭的经济状况予以审核，将有助于减少申请人的投机心理。

随着居民的收入来源与财产构成越来越复杂，期货期权、融资融券、贵金属，各种理财品种纷繁复杂，加上支付宝、余额宝等互联网金融领域的产品如雨后春笋般出现，如果核对员缺乏相关学科知识的支撑，对复杂、疑难经济现象或问题无法有效应对，就有可能在与申请人的接触中表现出畏畏缩缩或生疏无知，反而会增加申请人的侥幸心理。因此，掌握流畅的业务流程、完备的业务知识、熟练的应对技巧的核对员本身就是申请人妄图投机时的强大震慑。

居民经济状况核对工作在社会公共福利分配领域的作用日益显现，建立更加精准、有效的大额支出审核机制，对确保公共福利政策惠及最需要保障的群体、保障政府公共政策公开公平公正执行具有重要意义。努力让核对报告最大限度地接近客观、公平和公正，通过居民经济状况核对工作实现社会救助"如绣花般精准"，是每个核对工作者最大的初心与最真的奋斗。

**参考文献**

[1] 上海市居民经济状况核对中心 . 上海居民经济状况核对工作政策文件汇编 [C]. 上海：上海市居民经济状况核对中心，2015.

[2] 上海市居民经济状况核对中心 . 上海居民经济状况核对工作典型案例汇编 [M]. 北京：中国社会出版社，2015.

[3] 国家统计局 . 中国统计年鉴 [M]. 北京：中国统计出版社，2018.

# 上海区级核对机构队伍管理模式研究[1]

上海市黄浦区居民经济状况核对中心　孙　骏

【摘要】我国的居民经济状况核对机制伴随着社会经济蓬勃地发展逐步建立起来，但是由于发展时间不长，即使是第一个建立居民经济状况核对体制的上海市，也仍然是处于探索阶段。在实际工作中，不同的管理模式会带来不同的问题，不同的问题的出现又会推动管理模式的不断成熟和完善。本文即是笔者在从事这项工作时，根据实际遇到的一些问题，探讨如何让上海市居民经济状况核对工作中核对员队伍的管理模式更加适应新的形势发展要求。

【关键词】核对体系　核对员管理模式　稳定性　独立性

## 一、居民经济状况核对体系的建立

改革开放三十多年来，我国经济飞速发展，取得了举世瞩目的成就。但同时，经济发展的不平衡性等因素造成了贫富差距越来越大，形成了一定的社会不稳定因素，从而使得社会救助工作在社会稳定中发挥的作用越来越得到重视。特别是最近十多年，政府将大量的资金、人员投入社会救助工作中，但是骗保、骗扶助资金等行为时有发生，有限的救助资源不断地流失，对于社会救助对象的准确认定一直困扰着这项工作的顺利开展，如何在做到“应保尽保”的同时避免产生“错保”“骗保”等现象，是开展社会救助工作避不开的难题。为从根本上解决社会救助对象认定难题，提高社会救助工作的科学性、精确性，自2009年以来，全国陆续开展居民家庭经济状况核对工作，利用分散在公安、人力资源和社会保障、住房城乡建设、税务、金融、工商等单位的户籍、车辆、社会保险、房产、公积金、税务、存款、证券及个体经营等信息，探索建立分类别、跨部门、多层次的居民家庭经济状况核对机制。

上海早在2006年底就开始探索建立居民经济状况核对机制。这项工作最早是从廉租住房补贴开始推进，目前，已经推广到了共有产权保障房（经济适用住房）、最低生活保障、医疗救助、教育救助、特困供养、就业援助和法律援助等15个核对项目。2009年6月，上海市居民经济状况核对中心（以下简称“市核对中心”）正式成立，成为全国首个建立的经济状况核对中心。2009年12月起，全市各个区县也相继成立区级居民经济状况核对中心（以下简称“区核对中心”），形成了市、区两级核对体系。

[1]　本文为“2016年上海居民经济状况核对机制建设征文”活动获奖论文，部分内容在2019年有所调整。

## 二、区级核对员队伍的两种管理模式

随着市、区两级核对体系的建立，核对员队伍的培训和管理对于核对工作能否顺利开展起着至关重要的作用。2008 年，上海制定下发《上海市民政局、上海市财政局、上海市房屋土地资源管理局关于加快基层收入核对专业队伍建设有关事项的通知》（沪民救发〔2008〕43 号），2012 年，印发《上海市居民经济状况核对员岗位培训考核管理细则》（沪民救发〔2012〕13 号），进一步对核对工作队伍进行规范。

### 1. 人员管理模式的分类

在现有的市区两级核对工作体系中，区级核对中心承担了基础性的核对工作任务。纵观全市 16 个区级核对中心，人员管理模式主要有三类（图 1）。

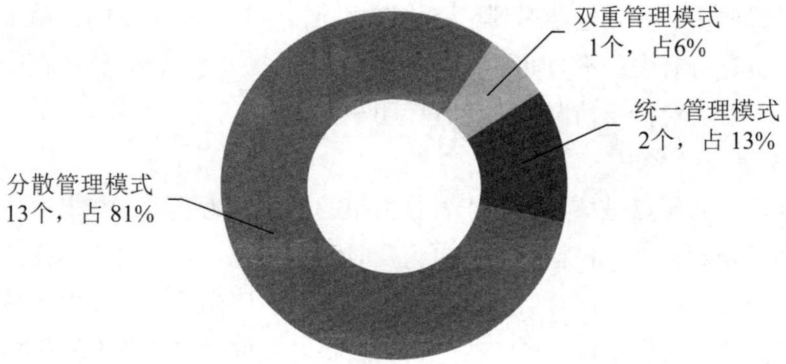


图1　上海市区级核对机构管理模式分布图

（1）统一管理模式

统一管理，即全区核对员均由区核对中心统一招聘、统一管理，属于区核对中心编制体系。该类管理模式以杨浦区为代表。

杨浦区通过政府购买服务形式招聘工作人员，经市核对中心上岗考核后，安排通过考核人员负责一次审核工作，二次审核工作则由区核对中心工作人员负责。该区是全市唯一将一次审核、二次审核的工作人员安排在统一地点办公的区级核对机构，在核对流程上仍是“二级三审制”，一次审核、二次审核人员仅在分工上有差异。

（2）分散管理模式

分散管理，即区核对中心负责二次审核的工作人员由区核对中心招聘、管理，在街镇负责一次审核工作的人则由各个街镇自行调配、招聘和管理，区核对中心只在业务上对街镇相关工作人员进行指导，人、财、物的管理均由街镇负责的管理模式。目前，黄浦、静安、徐汇等 13 个区都采用这一模式。该类管理模式下，各街镇核对工作人员的编制构成相对较为复杂，有社工、劳务派遣、事业编及公务员等多种形式。

（3）双重管理模式

双重管理，即全区核对员均由区核对中心统一招聘，二次审核人员在区核对中心办公，负责一次审核的核对员则以派驻形式分散至各街镇办公，便于申请审核材料的收集与受理审核。该类模式下，人员编制、人事关系、薪酬福利归属区核对中心管理，其他事务由街镇代为管理。

**2. 几种管理模式的优缺点比较**

（1）统一管理模式

统一管理模式的优点较为明显：一是核对员队伍稳定性较高。以杨浦区为例，自 2010 年区中心成立以来，85% 以上持证在岗人员都有 6 年以上的核对工作经历。8 年间，仅 1 名工作人员主动离职，1 人因未获得上岗证不予聘用，2 人因工作需要转岗，其余基本没有变化。二是便于加强人员管理。由于人员集中办公，编制、薪酬福利等均由区核对中心统一管理，管理的难度相对较小。但是由于人员集中管理，所以区核对中心的管理工作量、经费支出等较分散管理模式要多一些。还会遇到工资待遇相同，但是对应负责的街镇工作量不同，也会使一次审核人员觉得有失公平。此外，在这种模式下，一次审核人员不在街镇办公，相比分散管理模式，核对员对街镇情况的熟悉程度明显偏低。

（2）分散管理模式

分散管理模式的优点是核对员对于各自街镇的情况较为熟悉，与街镇住房保障、救助等部门的工作联系相对紧密，材料交接也更为及时。但与统一管理模式相比，其缺点也比较明显，主要有三个方面：一是核对员队伍的稳定性不足。该模式下，一次审核人员由各街镇自行招聘，薪资待遇、岗位安排由街镇决定，区级核对机构只在业务上提供指导，人员的流动性相对较大。二是核对员管理难度较大。在分散管理模式下，区级核对机构在对核对员业务能力水平、工作质量效率进行考核时，很难落实到具体的奖惩措施上，核对员对业务能力提升不够重视，容易影响核对工作的质量。三是核对工作的独立性受到影响。由于人员管理的权限在街镇，在人手不足的情况下，核对员在负责经济状况核对工作之外，需要同时承担住房保障、救助等其他部门的工作，工作职责难以明确。核对工作需要接受相关部门委托后方能开展，它的工作性质决定了核对工作人员不能同时承担委托方和接受委托方两种角色，否则就会形成俗话所说的“左手委托给右手”的情形，造成流程、程序上的不合规。

（3）双重管理模式

双重管理模式则兼有前述两种模式的优点。

① 二次审核人员在区核对中心集中办公，一次审核人员分散在街镇办公，两部分人员的薪酬福利统一由区核对中心发放，队伍稳定性较强。

② 人员调配较为方便，利于区级核对机构应对共有产权保障房申请审核、廉租房复审等集中大业务量。

③ 委托交接手续方便，与街镇住房保障、救助等部门的工作联系相对紧密，材料交接及时高效。与统一管理模式一样，双重管理模式下，区核对中心的经费支出相对较多。

三类管理模式的优缺点比较如表 1 所示。

**表1　几类管理模式的优缺点比较**

<table>
<tr><th>管理模式</th><th>优点</th><th>缺点</th></tr>
<tr><td rowspan="2">统一管理模式</td><td>便于管理</td><td>与委托部门的关系较单一</td></tr>
<tr><td>核对队伍稳定性强</td><td>区核对中心经费支出较多</td></tr>
<tr><td rowspan="4">分散管理模式</td><td>工作“接地气”</td><td>核对员队伍稳定性不高</td></tr>
<tr><td>对申请对象较了解</td><td>管理难度较大</td></tr>
<tr><td rowspan="2">区核对中心经费支出不多</td><td>工作边界难以分清</td></tr>
<tr><td>影响核对工作独立性</td></tr>
<tr><td rowspan="3">双重管理模式</td><td>核对队伍稳定性强</td><td rowspan="3">区核对中心经费支出较多</td></tr>
<tr><td>人员调配较为方便</td></tr>
<tr><td>委托交接手续方便</td></tr>
</table>

## 三、探索建立能够保证核对员队伍稳定的管理模式

对于经济状况核对工作来说，如何确保核对员队伍的稳定是一项非常重要的课题。首先，核对员队伍的稳定是确保核对工作专业性的前提。居民经济状况核对工作是一项专业性较强的工作，无论是在接受委托的环节，还是在核对过程中，都需要核对员根据专业知识，结合申请人申报的信息、证明材料中显示的信息以及各委办局反馈的信息进行综合比对，从而准确核定申请家庭的人均收入和人均财产。其次，核对员队伍的稳定是确保核对工作保密性的支撑。由于经济状况核对工作中涉及申请人众多的个人隐私，例如申请人的姓名、家庭住址、身份证号、婚姻状况、工作单位，以及更重要的收入、财产信息等，核对员队伍流动性过快，相关信息的保密工作难度也就越大。

要保证核对员队伍的稳定，建立一个能够有效支撑核对业务长远发展的区级核对员管理体制就是不可回避的问题。鉴于全国核对工作的发展现状和上海核对工作的发展趋势，区级核对机构将来一定会承担越来越多的工作职责和任务。所以，如何能建立一个高效、规范的区级核对员管理体制已经成为各个区核对中心迫切需要解决的问题。从前述几种管理模式的比较来看，统一管理或双重管理的模式较为符合核对工作的发展方向，在目前的工作实践中这类模式也得到了检验。

这两类管理模式在人员管理上让区级核对中心可以“使得上力”。由于统一管理或双重管理模式中，区和街镇的核对员均由区核对中心来管理，工资待遇由区核对中心发放。区核对中心就可以对核对员的工作职责、工作量进行统筹分配，在区级层面做到核对员“分工不分家”，所有核对员均代表区核对中心工作，根据街镇所委托核对的工作量大小，合理分配

核对员的人数。工作量大的街镇可以适当增加核对员，工作量较小的街镇可以适当减少核对员；如果某些街镇工作量突然增加，也可以灵活调配别的核对员“支援”相关街镇的核对工作。

这两类管理模式可以提高绩效考核的便捷性和有效性。在统一管理或双重管理模式下，由于核对员的人事关系、工资待遇均由区核对中心管理，在开展绩效考核时，可以直接将考核结果与工资待遇挂钩，提高核对员的工作积极性、主动性，从而避免在分散管理模式中绩效考核流于形式的问题。

双重管理模式中，核对员的派驻制相对集中办公制而言，更加“接地气”。在统一管理模式中，为了避免“同酬不同工”的现象产生，应按照派驻街镇的实际情况，对于工资福利分配方法进行相应地优化：例如制订派驻街镇核对员的轮岗制度，制订工作量绩效考核制度等。同时，考虑到区核对中心的编制有限，所以派驻的街镇核对员也可以采用社会化用工的形式，待遇可以参照在街镇社区事务受理服务中心社工，这样既可以熟悉街镇情况，又可以独立开展工作。

随着经济状况核对工作不断地推进，核对员队伍的管理模式也必将与时俱进，不断改进和完善，适应新时代的核对工作要求。

# 浅谈居民经济状况核对工作中的诚信建设 [1]

上海市青浦区居民经济状况核对中心　梁　悦

【摘要】什么是诚信？政府部门应如何加强诚信建设？笔者结合自身所从事的居民经济状况核对工作实际，对诚信建设的重要性、必要性进行分析，就如何在居民经济状况核对工作领域推进诚信建设提出若干意见及建议。

【关键词】诚信　核对工作　诚信建设　措施

社会的进步发展离不开诚信。党的十八大报告把“诚信”列入社会主义核心价值观体系之中，并且明确提出要“深入开展道德领域突出问题专项教育和治理，加强政务诚信、商务诚信、社会诚信和司法公信建设”。要打造一个有着良好诚信氛围的社会环境，形成一个诚信的社会，政府作为社会生活的重要组织载体，其自身的建设需要诚信作为其价值支撑。简单来说，诚信体系的建设主要由政府诚信、企业诚信和个人诚信组成，其中政府诚信主要指政府及其工作人员为主体的诚信，我们核对工作中的诚信建设就属于这个范畴。

## 一、什么是诚信

“诚”，诚实诚恳，“信”，信用信任。前者侧内，即“内诚于心”；后者侧外，即“外信于人”。两者的组合，形成了一个内外兼备且内涵丰富的价值观，被中华民族视为自身的行为规范和道德修养，是公民的第二张“身份证”。《礼记·祭统》：是故贤者之祭也，致其诚信，与其忠敬。宋代理学家朱熹认为：诚者，真实无妄之谓。

2009 年，上海市人民政府颁布了《上海市居民经济状况核对办法》，明确了上海市居民经济状况核对工作的目的、适用范围、原则等。核对工作是在社会结构变化的新形势下更好地让改革开放的成果和党的惠民政策落到实处的创新工作，是保障民生工作的重要组成部分，能起到一定的监督、拾漏等作用。10 年来，随着核对工作的深入发展，除了在民生领域取得突出成果外，也发现了许多的问题，企业利用申请人的身份证偷税漏税，申请人瞒报车辆、外地住房、存款以期蒙混过关等现象。这些问题从一个侧面反映出了企业单位和申请人诚信意识薄弱和社会信用体系中失信惩戒措施及力度问题。

[1]　本文为“2016 年上海核对机制建设征文”活动获奖论文。

## 二、诚信建设在居民经济状况核对工作中的必要性

《论语》有云：人无信不立，业无信不兴，国无信则衰。有人认为诚信虚无缥缈，如水中月、镜中花，但就是这看似无影无踪的“诚信”却时刻围绕在我们周围，时刻展现出它的重要性。近几年来，全市各区加大社会信用体系建设力度，民政系统作为重要的组成部分，正发挥着积极的作用。

### 1. 诚信建设是保障核对工作顺利开展的必然要求

对核对机构来说，核对工作核查的具体内容是申请对象的收入和财产状况，是申请人的“家底”，属于申请人的个人隐私。如何在客观、公正地核查申请对象的实际经济状况的同时，保护好申请对象的隐私，就要求从事核对工作的人员在核查中秉持诚信之心。只有在确保核查结果无误的前提下，做好核对数据信息的保密工作，才能让申请对象放心、安心，才能保障核对工作的顺利开展。对于申请人个人来说，诚信提供申报表等申请材料和相关证明材料，能缩减核对流程、减少核对时间，保障其享受社会福利、社会救助的权利。因此，诚信建设是保障核对工作开展的必然要求。

### 2. 诚信建设是提升核对工作效率的必然要求

近几年，本市市级核对机构不断优化工作流程，缩短核对工作时限，提升核对工作效率。工作效率的提升从来就不是单方面的。作为核对机构，如何通过电子比对专线建设获取更大范围内的经济状况相关数据、减少申请人所需提供的证明材料，通过教育和培训提升核对工作人员的能力水平，依法、客观、公正地进行核对是首要问题。核对工作中的诚信建设可以通过树立诚信品牌，向社会公众表明核对机构有能力核查申请对象收入、财产及相关支出方面的信息，消除申请人抱有的侥幸心理，减少因漏报瞒报、证明材料缺漏、拖延补充递交材料时间等因素而导致核对工作进入中止流程。只有在核对机构诚信地提供服务、服务对象诚信地提供核对材料，相互信任、相互协作的前提下，核对工作才能有序有效开展，核对效率才能提高。因此说，诚信建设是提升核对工作效率的必然要求。

### 3. 诚信建设是提高核对对象满意度的必然要求

核对数据反映的是申请人最隐私的信息，申请人签下承诺书的那一刻，他就向核对呈现和展示了自己的全部“身家”。作为核对工作人员，我们需要切实贯彻落实各类保障、救助和福利政策，让数据多跑腿；切实做好政策的宣传工作，让老百姓少走路；认真按照申请审核流程办事。加强诚信建设，加强对工作人员的诚信教育，全力提高数据核查准确率，全力缩短核对时限，管住自己的嘴，严格保护申请对象的各类隐私信息，提高核对对象的满意度。

## 三、推进居民经济状况核对体系的诚信建设

结合青浦区诚信体系建设大框架，结合民政核对工作的特点，从政府诚信着手，我们提出以下几点意见供参考。

### 1. 要明确指导思想，确定总体目标

要践行“公正、包容、责任、诚信”的价值取向，以政府诚信建设为先导，以守信受益、

失信惩戒、诚信自律为导向，以个人信用管理体系为支撑，不断完善居民经济状况核对工作中的诚信体系建设，倡导“诚信核对”。在核对工作中，要强化对于申请人个人的信用监管，对在居民经济状况核对过程中发现的虚假申报行为，通过建立和完善制度，将不提供真实员工收入的企业和提供虚假收入信息的人员，纳入不良信用记录管理。加强共有产权保障住房（以下简称共有产权房）申请审核制度、严肃查处隐瞒虚报行为；积极探索完善共有产权房监督举报办理制度、信用征信系统纳入制度。拓宽核对渠道和应用范围，分析梳理居民经济状况核对工作涉及的部门和机构，建立分层次、多类别、高效率和运转灵活的居民经济状况核对运行机制。

**2. 要搭建组织机构，确定工作任务**

建立由专人负责的诚信建设机构（挂兼职），编写居民经济状况核对诚信建设方案，并全面负责诚信建设方案的相关实施，日常要加强与相关部门的协调沟通。建立和完善居民经济状况核对诚信建设制度，做好相关征信系统平台的对接和数据录入，建立居民经济状况核对诚信建设文化宣传和教育培训长效机制，建立和完善居民经济状况核对诚信建设激励与奖惩机制。

**3. 要细化工作措施，制定切实可行的方案**

（1）完善制度，加强监管

完善《关于加强经济适用住房监督举报办理工作的暂行意见》的通知（沪房管保〔2017〕30号）、《上海市经济适用住房试行管理办法》（沪府发〔2009〕29号）、《上海市民政局关于本市城乡低保申请家庭经济状况核对工作若干问题处理意见的通知》（沪民救发〔2012〕62号）等相关政策文件，对接相关征信平台，对在核对中发现的涉及隐瞒、虚报等行为的个人、企业，纳入其不良信用记录。

（2）分工明确、职责到人

工作推进，制度先行。切实可行的制度是工作顺利开展和推进的保障。制订层层落实、层层把关、层层负责的阶梯式责任制，落实到人、落实到点，对发现的情况要及时做好信息摘录和平台录入等工作，建立追责制度，并做好后续的相关记录的档案整理归档索引工作，便于查询。

（3）注重宣传、营造气氛

在营造诚信政府的大环境中，政府公职人员有着不可推卸的责任，言行举动直接影响政府的公信力。而政府诚信的缺失，容易引发各种社会问题，不利于和谐社会建设。因此，我们首先要增强诚信意识，树立“诚于心、信于行”的工作理念，端正作风，落实践行，为自己的不诚信言行负责。要有针对性，持之以恒地做好宣传、教育和培训工作，创建一支诚实守信的核对工作队伍，开展形式多样的诚信建设活动，营造氛围，积极培育诚信文化。

诚信是中华民族的传统美德，在人们的社会生活中从古传承至今，构成了当代社会主义核心价值观的重要内容。政府诚信，才能取信于民，政通人和；企业诚信，才能义中获利，基业长青；个人诚信，才能立足社会，谋事有成。在全面建成社会主义小康社会的伟大目标指引下，在当代中国社会主义现代化建设的过程中，诚信仍然是人民进行社会生产与生活必不可少的精神价值与精神需求。核对工作是提升政府公信力、营造全社会诚信氛围、构建诚信体系的重要组成部分。作为核对人，我们要从自身出发，提升自我诚信、提高队伍公信力，在推进社会诚信体系建设过程中贡献力量。

**参考文献**

[1] 傅思明，钱刚主 . 诚信政府与领导干部公信力提升 [M]. 北京：东方出版社，2013.

[2] 李松 . 诚信：中国社会的第一项修炼 [M]. 北京：新华出版社，2013.

# 以 KPI 为核心的居民经济状况核对工作绩效考核体系研究[1]

上海市徐汇区居民经济状况核对中心　褚雪瓶

**【摘要】**随着上海市居民经济状况核对中心的成长和人员队伍的壮大，引入绩效考核对组织发展有着积极的意义。本文通过以 KPI 为核心的绩效管理体系在上海市居民经济状况核对中心的应用进行研究，从工作流程、学习与成长和申请者三个维度设置绩效考核指标，从而为核对中心绩效管理体系提供一个实用、有效的模型。

**【关键词】**居民经济状况核对中心　KPI　绩效考核

社会保障是保障人民生活、调节社会分配的一项基本制度。党的十八大指出，要坚持全覆盖、保基本、多层次、可持续方针，以增强公平性、适应流动性、保证可持续性为重点，全面建成覆盖城乡居民的社会保障体系。社会各项保障政策多以居民经济状况作为主要的准入条件。鉴于我国目前尚未建立完备的税收制度、社会信用体系和健全的法律法规，以及居民就业方式、收入类型及财产形态日趋多样化和复杂化，传统的入户调查、民主评议等经济状况核对方式已不能适应当代要求，通过部门协同、流程再造以实现信息资源的共享，建立科学化、全面化及信息化的居民经济状况核对体系势在必行。2009 年，全国首个居民经济状况核对中心在上海成立，大大增强了政府对居民经济状况进行核对的能力。上海居民经济状况核对中心经过七年的探索和成长，如今已经建立了 16 个区核对机构和六百余人的核对员队伍。

绩效管理在组织发展中扮演重要角色。有效的绩效评价指标体系的建设和绩效管理的过程，可以成为连接组织的战略目标和绩效管理的纽带。目前，上海市各级居民经济状况中心规模和工作体系趋于成熟和稳定，为在组织管理中引入绩效评价，发挥人力资源的增值作用提供良好的基础和契机。

## 一、上海市居民经济状况核对中心现状

### 1. 机构介绍

为保证上海居民经济状况核对工作的稳定开展，2009 年 6 月 30 日，上海市居民经济状

[1]　本文为“2016 年上海居民经济状况核对机制建设征文”活动获奖论文。

况核对中心，作为上海市民政局所属事业单位正式揭牌成立，专职对申请政府保障项目的家庭的经济状况进行核对，为政府相关部门进行审批时提供客观的依据。次年起，各区(县)居民经济状况核对中心陆续成立。目前上海已经建立了1个市级核对机构、16个区(县)核对机构，形成了六百余人的核对工作队伍。

随着改革开放的不断深化、市场化进程的加快和科学技术的进步，事业单位的改革也在不断深入，居民经济状况核对中心必须提高组织绩效，提升机构业务能力，为促进社会服务均等化和公平化发挥自身效用。

**2. 核对工作流程**

本市核对业务涉及廉租住房、共有产权保障房、城乡最低生活保障、医疗救助和教育救助等社会保障项目，其中廉租房和共有产权保障房项目是最早纳入核对机制项目，工作流程也相对完善，具有一定代表性。故本文依据住房保障项目的居民经济状况核对流程，来探讨建立核对中心的绩效考核体系。

本市住房保障项目的经济状况核对流程可以归纳为“二级三审制”。“二级”为市居民经济状况核对中心和区居民经济状况核对中心两个层级；“三审”为街镇一次审核、区县二次审核及市核对中心审批。具体流程根据申请家庭申报信息与相关委办局反馈信息核对后是否存在需要中止核对而分为一般业务流程（图1）和中止核对流程（图2）。

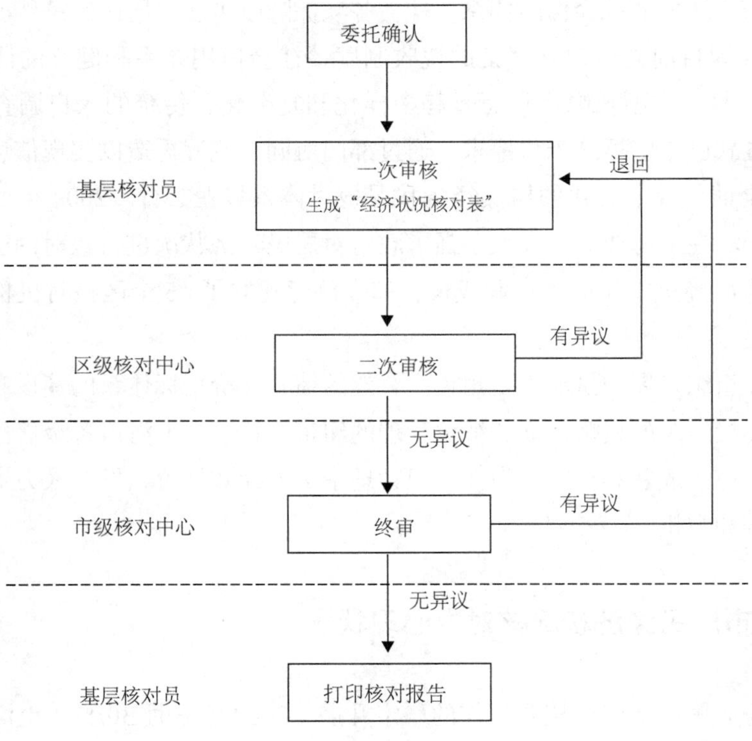


图1　上海市住房保障项目经济状况核对一般业务流程

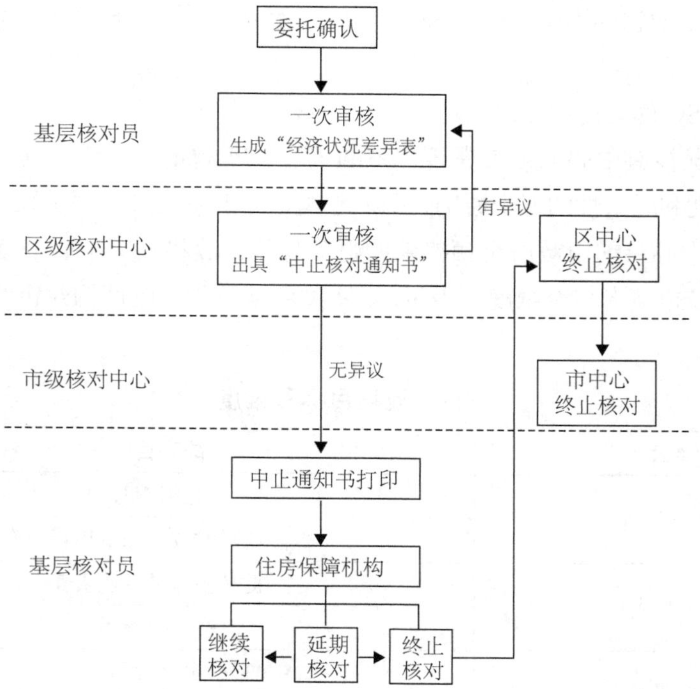


图2　上海市住房保障项目经济状况核对中止核对流程

## 二、基于KPI的居民经济状况核对员绩效考核体系

1. KPI

关键绩效指标 KPI 通常指的是单位通过将自己的战略目标分解而得到的可以量化的绩效考核指标。利用 KPI 方法进行绩效考核的基础和关键，是建立明确并且具有可行性的关键绩效指标体系。KPI 法满足一个重要的管理原理，即二八原理。对于单位内部的员工来说，80% 的工作任务通常是由 20% 的关键行为完成。因此，在绩效评价中必须抓住 20% 的关键行为，对之分析、量化和评估。

以 KPI 为核心的绩效考核体系的建立，需要核对中心拥有及时高效的信息沟通机制。目前核对中心已经建成了覆盖市、区和街道的内部的经济核对网络，内部的信息平台搭建使得中心内部的沟通与反馈以及信息查询机制的效率大大提高。因此中心具备 KPI 体系建立与有效运作的基本条件。同时，由于核对中心尚未形成完善的绩效考核体系，因此以 KPI 为核心的绩效管理体系在核对中心有较强的可行性和必要性。

**2. 基于 KPI 的绩效考核体系的构建**

（1）绩效指标体系结构

在制定绩效考评体系时，根据核对中心现有的层级体系将绩效指标分为三个层次。其中最高层为市级层面，该层次的指标主要的考核对象为整个核对中心的管理层，核对中心的管理层需从战略的角度对整个单位的绩效负责。第二个层次为区级层面，区级层面的绩效指标是通过对市级层面的绩效指标分解得出。最后一个层面的指标是街镇基层核对员的绩效评价指标，该层面的绩效评价指标由区级层面的指标层层分解得来，是每个核对员的绩效与核对中心的整体绩效相结合。

（2）基于 BSC 的关键指标的确定

居民经济状况核对中心的绩效考核体系的核心 KPI 制定，要依据具体性、可实现性、可度量性、系统性和时限性的五个原则，引入平衡记分卡 (BSC) 与关键绩效指标体系结合；同时考虑到核对中心目前由政府全额拨款的财务现状，故将核对中心战略目标分为工作流程、学习和成长及申请者三个维度（表 1）。本文将从这三个维度构建市级、区级到基层街镇核对员的 KPI。

**表1　战略目标和维度**

| 维度 | 战略目标 |
|---|---|
| 工作流程 | 强化组织管理 |
| | 保障流程时效性和审核正确率 |
| 学习和成长 | 提高核对员专业素养 |
| | 打造高效率团队 |
| 申请者 | 提高申请者满意度 |
| | 减少投诉次数 |

在市级层面，市级核对中心作为区 ( 县 ) 级核对中心的指导部门，其 KPI 的确定需从战略目标的角度出发，考虑核对中心整体性和发展性。从工作流程的维度，KPI 包括工作流程的效率、经济状况核对准确率和网络运行稳定度等；从学习和成长维度，市级核对中心战略目标是提高核对员队伍的业务能力以培养稳定的高效率的团队。学习和成长维度的 KPI 应该包括培训计划完成率、人均培训时间以及核对员流失率；从申请者维度，核对中心负有向申请者说明申请流程、相关政策和解答申请者疑问的义务，申请者维度的 KPI 可以用申请者投诉次数和满意度来衡量。

在区（县）级层面，其 KPI 的设计应当在市级 KPI 的基础上，同时考虑其扮演的承上启下的角色。从工作流程的维度，区级核对中心在经济状况核对业务审核流程中负责二次审核，因此市中心退回率、二次审核平均用时、核对报告打印用时等一般作为关键指标；从学习和成长维度，区核对中心主要负责核对员上岗前培训和日常核对员疑难问题的解答，因此 KPI 可以分为核对员上岗考试通过率和解答核对员问题数；从申请者维度，区核对中心同样承担接受申请者咨询和投诉等工作，申请者对区工作人员解答工作满意度和向市核对中心投诉次数两个指标同样适用于区核对中心。

在街镇级层面，由于工作流程模式化，其 KPI 指标的制定应当以工作过程为导向，即运用较多的定量指标和较少的定性指标。从工作流程的维度，KPI 包括市、区中心退回率、一次审核平均用时和中止通知打印用时等；从学习和成长维度，与区中心密切沟通程度及个人参加培训情况可以作为评价的关键指标；从申请者维度，基层核对员是整个核对机构对外的窗口，与家庭经济状况核对的申请人直接接触交流，申请者在委托核对的过程中对核对员工作的满意度及投诉上访次数也可以作为考核指标。

如表 2 所示。

**表2 绩效考核关键指标**

| 维度 | 工作流程 | 学习和成长 | 申请者 |
|---|---|---|---|
| 市级核对中心 | 工作流程的效率 | 培训计划完成率 | 投诉次数 |
| | 经济核对失误率 | 人均培训时间 | 满意度 |
| | 网络运行稳定度 | 核对员流失率 | |
| 区级核对中心 | 市中心退回率 | 核对员上岗考试通过率 | 投诉次数 |
| | 二次审核平均用时 | 解答核对员问题数 | 满意度 |
| | 核对报告打印用时 | | |
| 基层核对员 | 市、区中心退回率 | 与区中心密切沟通程度 | 投诉次数 |
| | 一次审核平均用时 | 个人参加培训情况 | 满意度 |
| | 中止通知打印用时 | | |

（3）基于 KPI 的绩效考核体系的实施

在确定好核对中心各级 KPI 指标后，接下来是分配各个指标的权重。权重的设计会直接影响到考核结果的可信度，从而对整个绩效评价以及绩效评价的后续工作甚至整体战略目标的达成产生重要影响。不同层级的考核对工作流程、学习和成长及申请者三个维度的权重侧重点是有差异的。总体而言，重要性程度按照工作流程、学习和成长、申请者来排列，但市中心更加注重对整个机构的宏观把握，而基层核对员则更关注本身工作绩效。处于不同层次员工各个维度权重分配方案如表 3 所示。

**表3 市级核对机构绩效考核指标权重**

| 指标维度 | 市级核对中心 | 区级核对中心 | 基层核对员 |
|---|---|---|---|
| 工作流程 | 40% | 50% | 60% |
| 学习和成长 | 40% | 30% | 15% |
| 申请者 | 20% | 20% | 25% |

下面以区级核对机构为例，对其各绩效指标权重分配 ( 按百分制打分 )，如表 4 所示。

**表4 区级核对机构各绩效指标权重分配**

| 指标类型 | 权重 | KPI指标 | 权重 | 最终权重 |
|---|---|---|---|---|
| 工作流程 | 50% | 市核对中心退回率 | 40% | 20% |
| | | 二次审核平均用时 | 30% | 15% |
| | | 核对报告打印用时 | 30% | 15% |

续表

| 指标类型 | 权重 | KPI指标 | 权重 | 最终权重 |
|---|---|---|---|---|
| 学习和成长 | 30% | 上岗考试通过率 | 40% | 12% |
| | | 解答核对员问题数 | 30% | 9% |
| | | 自身培训情况 | 30% | 9% |
| 申请者 | 20% | 申请者投诉上访次数 | 50% | 10% |
| | | 申请者对接待工作满意度 | 50% | 10% |

## 三、基于KPI的绩效考核体系的应用

### 1. 改进工作绩效

改进核对员的工作绩效是进行绩效管理的主要目的。只有通过不断改善每个员工的绩效，核对中心的整体绩效才能有效地提高。通过绩效考核，可以明确发现核对员在经济状况核对的过程中符合组织期望的行为和不符的行为。通过绩效考评结果，可以对员工符合组织的行为给予肯定、正面的刺激，以鼓励其不断保持。

### 2. 奖励分配和职位调整的依据

绩效考核的结果可以作为调整核对员奖励分配和提拔晋升的参考点。目前上海市核对员队伍主要包括事业编制人员和劳务派遣人员。对于事业编制人员，绩效考核结果可以作为调整职位、评选先进、晋升或者列为上级部门职位空缺或对外交流候选名单的依据；对于劳务派遣编制人员，由于制度原因导致晋升渠道狭窄，可适当将绩效考核与核对工作专项奖金相挂钩，通过物质奖励和精神奖励相结合的方式正面引导核对员，提高其工作积极性。

### 3. 调整培训与再教育

绩效考核结果可以作为调整培训与再教育的依据，主要表现在两个方面：第一，绩效考核结果可以看出哪些核对员技能不足或核对员哪些方面需要进一步加强和提高，从而对核对员进行针对性培训；第二，完善现行的培训体系，绩效考评的结果能对原有的培训体系绩效的优劣进行评估，因此可以根据绩效评价的结果确定是否对原有的培训体系做出改进。

**参考文献**

[1] 李代红 . KPI 在事业单位绩效管理中的应用研究 [D]. 济南：山东师范大学，2013.

[2] 熊晓青 . 我国事业单位绩效管理研究 [D]. 重庆：重庆大学，2013.

[3] 辛浩力 . 企业如何设立关键业绩指标 [J]. 人力资源，2004, Z1:68-69.

[4] 葛琦 . 整体政府视角下的居民经济状况核对研究 [D]. 上海：复旦大学，2012.

[5] 陆青鹰 . 广西居民家庭经济状况核对研究 [J]. 经济研究参考，2014,41:35-38.

# 关于完善居民经济状况核对机制的初步探讨[1]

原上海市闵行区居民经济状况核对中心　钱雪婷

【摘要】随着居民经济状况核对工作在全国范围内推进，有关进一步完善核对机制建设等方面的问题显得尤为重要。本文将结合闵行区居民经济状况核对工作实际，探讨核对机制在机构建设、系统建设、业务模块等方面存在的问题，提出对应合理化的意见及建议。

【关键词】居民经济状况核对机构建设　系统建设　业务模块

上海作为全国率先开展居民经济状况核对的省市，在规范核对机制、建立核对机构、搭建核对平台和拓展核对领域等方面都取得了良好成效。根据《上海市居民经济状况核对办法》（上海市人民政府令 14 号），闵行区居民经济状况核对中心依法、客观、公正开展本区域核对工作，积极探索行之有效的核对工作方法。

## 一、闵行区核对工作现状

闵行区居民经济状况核对中心于 2010 年 2 月成立，负责全区居民经济状况核对工作的组织实施，包括对 14 个街镇核对部门的培训管理、业务指导、监督检查及考核评价等。核对工作开展依靠“有机构、有办法、有平台、有人员”。

截至 2016 年 6 月底，我区现有持证居民经济状况核对人员共 44 名。其中，区核对中心 5 名，街镇核对员 39 名。全区核对员中，35 岁以下的有 34 人，占总人数的 77.27%，核对员队伍呈现规范化、专业化、年轻化的特点。

## 二、核对机制存在的问题或困难

### 1. 机构建设方面

（1）机构职能

区居民经济状况核对中心负责本辖区内核对工作的组织实施、业务指导等工作，主要职责为区县二次审核；街镇核对部门负责各自街镇经济状况核查，主要职责为区县一次审核。按照市居民经济状况核对中心要求的区县“二级三审”制要求，由于街镇核对员统一由各街镇招录，实行属地化管理，人员供给关系在街镇，而非区核对中心统一派驻，不利于平衡全区核对工作量，造成工作效率参差不齐。

---

[1]　本文系 2016 年“上海居民经济状况核对体系建设征文”活动获奖论文。

（2）人员性质

区核对中心 5 名核对员均为区属事业编制性质；街镇 39 名核对员中，2 名事业编制，10 名劳务派遣，27 名其他性质人员（万人就业项目、社区工作者、大学生引进等），区对街镇以购买服务的方式补贴部分工作经费。

（3）队伍建设

基层核对员很大一部分是非在编人员，大多在街镇救助所兼职核对工作，待遇不甚理想，每年存在一定比例的人员流动。2010 年以来，区、街镇核对员已转岗或离岗 16 人，人员流动率 26.67%，不利于核对业务知识的积累和工作持续性开展。

**2. 系统建设方面**

现有核对项目已从原先的住房保障项目拓展至专项救助领域，包括共有产权保障房、廉租房、最低生活保障、因病支出型贫困、临时救助、医疗救助、教育救助、残疾人两项补贴和养老服务补贴 9 个项目。居民经济状况核对系统的应用功能在不断开发和完善，例如：工商、保险、公安局等比对专线的上线和人保专线比对字段的更新，都大大提高了核对工作的有效性、精准度，避免大部分“骗保”情形的发生。

**3. 业务模块方面**

随着核对领域的拓宽，纳入核对系统的项目日益增多，将继续推动专项救助引入核对机制，未来可能继续在低收入农户非农就业补贴、困难职工生活补贴、农村危旧房改造以及医保减负等专项救助项目中引入核对机制。届时，核对系统的业务模块逐渐增多，可能存在一户申请家庭如果同时申请多个救助项目，并且进入系统进行居民经济状况核查的阶段，申请家庭信息重复录入各个项目模块、数据信息重复发送比对、委办信息重复反馈的概率就会越来越高，因而增加信息交互的时间，不利于快速传递数据。

## 三、完善核对机制相关建议

**1. 加强指导，共同协作**

密切核对三个层级沟通交流。从核对工作的大局出发，全方位、系统性地思考问题。加强区核对中心与市核对中心、街镇核对部门三个层级之间的纵向沟通，加深与区级相关部门之间的横向交流，明确不同时期工作任务的重心，抓好每个阶段对各街镇核对机构、核对员工作部署的落实，有条不紊地调整与突出工作重点，紧密配合，齐心合力为做好我区的核对工作出谋划策、献计出力。

**2. 强化培训，督促检查**

全面提升核对工作质量水平。从培训指导和业务抽查两方面着手，着重在提升核对员业务能力水平和业务操作规范上面下功夫。一方面，通过新增核对员岗前培训、季度例会、继续教育培训、职业技能专项培训和内部培训等形式，努力打造一支素质过硬、形象良好、服务规范、对象满意的核对员队伍，促进核对员的专业成长和综合素质提升；另一方面，通过核对项目的抽查，发现基层工作亮点，督促纠正普遍问题，强化对工作质量的监督，进一步提高业务审核质量。

**3. 建章立制，规范核对**

完善长效绩效考核工作机制。闵行区在 2010 年制定出台了《闵行区居民经济状况核对工作管理办法（试行）》（闵民〔2010〕68 号）文件，对核对员任职条件及基本要求、业务考核、资金补贴和奖惩规定等作出明确规定和要求，从业务管理、综合管理、硬件管理三个方面细化业务考核内容，量化绩效考核评分指标，每年完善业务考核评分标准。通过半年一次的绩效考核，采用审阅资料、随机抽查、座谈调研等形式，重点考核评估街镇核对工作实绩，将考核结果与街镇绩效补贴直接挂钩，可以进一步激发大家的工作责任心和积极性，加强队伍的稳定性。

**4. 整合资源，优化流程**

在系统建设方面，注重系统应用功能的持续开发和改进，切实提高核对工作审核效率。建议适当放开查询权限、加强统计分析功能、改进信息反馈过滤、优化系统界面和合理分配修改权限，提高核对工作的便利性，缩短业务审核时间，减轻核对员工作量，提高核对工作整体效率水平。

在业务模块方面，使信息共享共用，达到各个项目间系统资源整合的目的，核对员无需重复上传多份相同材料，无需重复发送委办局比对，数据无需重复反馈相同的多条，因时制宜，因不同情况区分处理。

居民经济状况核对工作事关千家万户百姓的福祉和利益，完善居民经济状况核对机制有助于推动核对工作科学化、精细化发展，有利于培养申请对象的诚信意识，提高社会救助等相关制度的公信力，进一步促进社会公平正义，维护社会和谐稳定。

# 浅谈如何提高基层核对员的职业素养[1]

## ——以普陀区为例

上海市普陀区居民经济状况核对中心　胡瑛华

**【摘要】**伴随我国城镇化步伐加快，老百姓就业渠道、收入来源不断拓宽，家庭财产构成日趋复杂，对准确认定社会救助对象提出了更高要求。基层核对员是家庭经济状况核对机制的第一个窗口，他们的工作直接面向社会、面对居民，为建设和谐、公正的社会做出了积极贡献，为推进居民经济状况核对工作发挥了重要作用。基层核对员承担了许多日常工作、核对项目、解答事务，在家庭经济状况核对机制快速发展的形势下，基层核对员的素质要求须进一步提高，笔者将以普陀区核对员队伍为例，分析普陀区现有基层核对员素质状况，以及如何提高基层核对员职业素质。

**【关键词】**基层　职业技能　素质提高

2011年11月，民政部会同国家发展改革委发布的《民政事业发展第十二个五年规划》（民发〔2011〕209号）以及2012年国务院出台的《关于进一步加强和改进最低生活保障工作的意见》（国发〔2012〕45号），都明确提出要加快建立跨部门、多层次、信息共享的救助申请家庭经济状况核对机制，确保最低生活保障等社会救助对象准确、高效、公正认定。基层核对员队伍是家庭经济状况核对机制的基石，提高核对员的职业素养将成为推进居民家庭经济状况信息核对平台建设的重要力量。

### 一、职业素养的重要性

职业素养鼻祖 San Francisco 在其著作《职业素养》中这样定义：职业素养是人类在社会活动中需要遵守的行为规范，是职业内在的要求，是一个人在职业过程中表现出来的综合品质，是根据职业的实际社会地位，工作性质，承担任务以及和他人的关系等来决定的。2019年上半年，随着法律援助项目纳入核对系统，进入经济状况核对的项目增加到了15个，涉及社会住房保障、社会救助、教育救助和法律援助等。这代表需要基层核对员涉及的核对内容广、申请人的经济情况更加复杂。另一方面，随着核对系统的不断完善，经济状况核对中涉及的比对专线也越来越多，更加详细，反馈申请人机动车辆信息就有公安局和保险同业

---

[1] 本文为“2016年上海居民经济状况核对机制建设征文”活动获奖论文。

公会，不动产登记局也加入到了非居住类房屋的信息比对专线中。所以提高基层核对员职业技能、职业规范、职业道德刻不容缓，切实根据基层核对员的职业需求和职业规划开展教育培训，才能更好地提高基层核对员的职业素养。

## 二、普陀区所辖基层核对员现状分析

笔者对普陀区所辖基层核对员进行了一次基本情况调查，由调查资料了解到当前普陀区核对员的职业素养情况如下。

### 1. 基本素质现状良好

普陀区居民经济状况核对中心成立于2008年，现有核对员44名，表1中的数据资料反映了核对员的基本素质状况。

表1　基层核对员队伍的基本素质状况

| 调查项目 | 选项 | 人数（人） | 所占比重 |
|---|---|---|---|
| 年龄 | 20～30岁 | 20 | 45.5% |
| | 31～40岁 | 20 | 45.5% |
| | 40岁以上 | 4 | 9.0% |
| 学历 | 高中 | 1 | 2.3% |
| | 大专 | 17 | 38.6% |
| | 本科 | 26 | 59.1% |
| 政治面貌 | 群众 | 19 | 43.2% |
| | 团员 | 10 | 22.7% |
| | 党员 | 15 | 34.1% |
| 计算机应用水平 | 会操作 | 11 | 25.0% |
| | 熟练操作 | 24 | 54.5% |
| | 通过等级考试 | 9 | 20.5% |

### 2. 我区现有的基层核对员队伍整体素质趋于年轻化、高学历化

其中年龄低于40岁的占91%，学历在大专以上占比达97.7%，党员人数也高达34.1%，同时，大部分核对员能熟练操作计算机等专业设备。基层核对员队伍年龄差距较小，有一定的学历基础，对于新知识、新事物有一定的接受能力，是一支有活力的生力军。

### 3. 大部分核对员不满足于现状，对职业规划有一定的想法

职业规划其实就是一种职业设计。各行各业员工都想获得提升工作技能的机会，不管是短期还是长期，以便能提高职场竞争力，拓展职业选择范围，应对现有工作中的难点与挑战。

表2 基层核对员队伍的职业规划

| 调查项目 | 选项 | 人数（人） | 所占比重 |
|---|---|---|---|
| 未来职业设想 | 保持现状 | 8 | 18.2% |
| | 进一步提升和发展 | 30 | 68.2% |
| | 没有考虑过 | 6 | 13.6% |
| 关注的核对职业规划（多选） | 提高自身才能 | 34 | 77.3% |
| | 得到更多专业技能培训 | 31 | 70.5% |
| | 能有更好职业发展前景 | 27 | 61.4% |

很多基层核对员在表2的数据中表现出希望得到更多职业发展的空间与专业培训。其中，谈及对自己未来的职业设想，68.2%的核对员选择了希望进一步提升和发展，只有31.8%的核对员希望保持现状或没有考虑过。另外，六成以上的核对员在自己的核对工作职业规划中注重提高自身才能、有更多的专业技能培训以及希望得到更好的职业发展前景，这些数据一定程度上反映了基层核对员对自我提升发展的愿望。

## 三、当前基层核对员职业素养中存在的问题

基层的同志长期奋斗在第一线，工作任务相当繁重，也十分辛苦，在实际工作中积累了许多宝贵的经验。但由于核对项目的领域越来越广，就这种新形势、新变化来说，目前这支队伍的职业素质、专业技能、创新意识等方面与实际需求还相距甚远，在队伍建设方面也确实存在诸多矛盾和问题，产生这些问题的原因是多方面的，主要问题表现在以下几点：

### 1. 工作经验不足，主观能动性不高

经济状况核对业务是民政系统的一个新兴项目，而核对员队伍也是一支年轻的队伍，所以造成很多核对员的工作经验不足。在调查中发现，大部分核对员在核对工作中感到的最大的困难是核对工作专业性强、涉及面大，自身能力有待提高。

表3 基层核对员队伍情况

| 调查项目 | 选项 | 人数（人） | 所占比重 |
|---|---|---|---|
| 从事核对工作年限 | 1～2年 | 21 | 47.7% |
| | 3～5年 | 8 | 18.2% |
| | 6年以上 | 15 | 34.1% |
| 是否对工作提出过建议 | 偶尔 | 34 | 77.3% |
| | 经常 | 4 | 9.1% |
| | 从不 | 6 | 13.6% |

近三分之二的基层核对员从事核对工作的时间不到 6 年，其中 47.7% 的核对员是属于只有 1 ~ 2 年工作经验的新进核对员。在日常处理核对业务工作或者与申请人沟通过程中存在着经验不足、业务水平不高的问题。而在"工作中是否提出过建议"的问题中，只有不足 10% 核对员会经常提出自己的想法建议，大部分基层核对员仍存在"上级让我干什么，我就干什么"的思维定势，工作的主观能动性低，工作创新不足，常被工作和任务追着走，13.6% 的核对员在工作中从来没有提出过建议。如表 3 所示。

**2. 经济状况核对工作项目种类多、琐碎复杂、工作量大**

部分核对员应对工作压力时心理素质较差，在不知不觉中形成畏难情绪。工作是一种态度，正确的态度是成功的基石，在工作中员工的心态不只对自己的工作绩效产生影响，更会影响整个团队，甚至整个组织的工作氛围。

**表4　基层核对员队伍的工作困惑**

| 调查项目 | 选项 | 人数（人） | 所占比重 |
|---|---|---|---|
| 工作中的困难来源（多选） | 工作量大 | 34 | 77.3% |
| | 家庭负担过重 | 10 | 22.7% |
| | 工作压力 | 26 | 59.1% |
| | 领导压力 | 7 | 15.9% |

表 4 体现的就是基层核对员在工作中的困惑。77.3% 的核对员感到工作量大，59.1% 的核对员认为工作压力是核对工作的困难来源。在调查过程中，大部分基层核对员认为申请人不支持、不理解工作是造成他们工作难度上升的重要原因。

## 四、提高基层核对员职业素养的相关措施

笔者认为职业素养应该包括敬业诚信、有效沟通、专业技能和学习能力。提升核对员相关职业素养的主要对策如下。

**1. 实行严格的职业准入标准，加强核对员职业道德建设**

每个新进核对员都应该有扎实的核对工作理论基础，需要通过入职培训熟悉掌握经济状况核对的相关法律法规及操作口径，参加由核对机构组织的上岗考核，取得岗位培训证书后才能开通核对系统用户名，处理相关审核工作。同时，我们也需要每个基层核对员拥有良好的职业道德。首先要求核对员尊重自己的工作，从深层意义上来说，面对核对工作，核对员必须具备一定的使命感和道德感。居民经济状况核对工作中，核对员会接触到很多申请人的家庭信息，所以加强核对员的队伍管理，加强核对员职业道德建设，是杜绝基层核对员做出违规行为的重要举措。

**2. 加强业务监督，落实工作流程，增强有效沟通，及时发现问题**

各级核对机构应建立有效的分工责任制，定期对所辖区域的基层经济状况核对工作开

展专项检查，及时指出存在问题、督促整改，确保核对各项工作、流程、节点落实到位。落实就是对工作要认真，不能马虎，尽可能地做到位，提高工作质量。在日常工作中，市、区两级核对机构应定期组织召开季度工作例会、年度总结会议、专项培训会议等，及时了解基层核对员工作动态，搭建交流平台，促进核对员横向交流，互通有无，集思广益。要建立有效的绩效考核机制，在业务开展过程中梳理问题、收集案例，建立台账，统一操作口径，加强对基层审核进度的实时跟踪、监督和管理，把好监督关和考核关，促进核对员业务操作水平的进一步提升，确保各项核对业务的规范有序开展。

**3. 注重基层指导、培训，提升工作技能和业务水平**

对基层核对员实施专业技能培训是一项全面提高工作人员素质的系统工程，要有计划性、针对性，制订与核对事业长远发展相适应的培训教育规划。居民经济状况核对工作涉及的政策面大、专业知识广，往往需要核对工作人要员不但能熟练地掌握审核口径，也要了解一些关于理财、保险、股票等专业知识。通过组织基础核对业务培训，帮助新进核对人员尽快熟悉业务，了解核对工作。通过专项业务培训，提升基层核对员素质和技能，梳理核对业务过程中碰到的难点问题。

社会救助工作是一项党心连着民心的工程，居民经济核对是社会救助体系建设的一项重要基础性工作。提高基层核对员的职业素养，使基层核对员在本职工作岗位上做到爱岗敬业，尽职尽责，优质高效地完成任务，向党和人民群众交一份出色的答卷。

**参考文献**

[1] 盖博儿，等．缩小员工敬业度差距 [M]. 王成慧，范军，杨静雯，译．北京：电子工业出版社．2014.

[2] 高玉卓．工作可以平凡，态度不能平庸 [M]. 北京：人民邮电出版社，2010.

[3] 王元华．员工职业道德教育读本 [M]. 北京：中国言实出版社，2012.

[4] 施伟德．关键在于落实 [M]. 北京：新世界出版社，2011.

# 浅谈核对系统电子比对专线作用及存在问题和对策 [1]

上海市青浦区居民经济状况核对中心　刘君毅

**【摘要】**上海的居民经济状况核对工作主要是依靠电子比对专线来开展的。十年来，建立了包括市人社、市税务、商业银行等 14 个领域的电子比对专线，这些专线的建立改变了以入户调查为主的传统核查方式，在社会救助、社会福利、住房保障等社会保障领域发挥了积极作用。本文总结了核对系统电子比对专线在社会保障项目中发挥的作用，对电子比对专线建设中存在的一些问题进行分析，并提出相关建议。

**【关键词】**电子比对　核对　沟通　协作　效率

上海市居民经济状况核对工作围绕“三个一”，即一个平台、一套制度、一批机构，体制机制不断健全完善。其中，一个平台就是现在我们核对工作中广泛运用到的上海市居民经济状况核对系统。该系统是一个面向全市居民的经济状况核对的综合信息处理平台，通过信息化手段为核对部门提供详尽、客观的数据信息。通过十年的建设，核对系统已经建成市人社、市税务、商业银行等 14 个领域的电子比对专线，不断拓宽渠道、改造升级，使核对信息更完整、更精确、更高效。

## 一、电子比对专线在社会救助、社会福利工作中发挥了积极作用

### 1. 节省调查取证、核对审核时间

以入户调查、邻里访问、信函索证为主的传统人工核对方式，往往要耗费更多的时间、精力，尤其是在交通不便、常年家中无人等情况下，传统的核查方式面临着更多的困难。现代化电子比对专线为主的信息化核对机制，可以大大节省人力、物力、财力，提高核对效率。

### 2. 精细化核对提高核对结果准确度

传统核查方式中，工作人员只能以自主判断的大概情况作为审核的依据，缺少具有公信力的信息，只能了解申请家庭的大致情况，在精准度上容易受到申请人的质疑。以电子比对信息化核对为主，结合入户调查等传统的核对方式，可以得出客观、公正的核对结果，为政府部门审批社会救助、社会福利等项目提供参考。

### 3. 减少弄虚作假、虚报瞒报行为

传统核查方式中，工作人员的自主性强，自由裁量的权限过大，审批过程中又缺乏具有

---

[1]　本文为“2016年上海居民经济状况核对机制建设征文”活动获奖论文，部分内容在2019年有所调整。

说服力的依据，一定程度上造成了“开宝马吃低保”等广受诟病的现象。电子比对信息化核对是以委办局及相关权威机构的数据、信息等客观事实为依据，通过核定规则和计算方式核定申请家庭的经济状况，有效防止弄虚作假“人情保”“关系保”“均分保”等现象的发生。

**4. 有效化解基层工作中的矛盾冲突**

社会救助、社会福利关系到申请家庭的切身利益。随着利益诉求日益高涨、民众法制意识逐渐增强，具有公信力的凭证或报告才能被社会各方所认可。那么，传统的核查方式得到的结果显然是不具说服力的，开“宝马”的人可以说车不是自己的，有几十万元银行存款的人如果说自己没有存款，政府审批机关也拿不出确切的证据。谁能享受，谁不该享受，不予享受的依据是什么。通过电子比对信息化核对后，十几个部门的信息反馈形成了一个具体核对报告，再配合入户调查等传统核查方式，政府有依据、群众也认可，矛盾冲突就会减少。

**5. 促进依法行政，确保公共资金惠及真正困难群体**

电子比对专线的引入，为相关部门审批民生保障项目提供了审批依据。十多年来，核对机构为行政审批机关实施公共政策、审核申请家庭提供了重要的经济状况参考，确保公共资金惠及真正困难群体，对行政审批流程的再造产生了深远影响，经济状况核对逐步成为一道行政审批的前置程序。

## 二、电子比对专线建设中存在的问题

**1. 专线反馈数据的完整性方面**

以住建委专线为例，由于房产信息比较敏感，出于保护个人隐私方面的原因，住建委专线从 2016 年 1 月起对房产信息进行了简化处理，在核对报告中只显示申请人拥有的房屋套数，而房屋地址、面积大小等重要信息不予显示。部分信息不够完整，会给基层核对和救助工作带来不便。基层工作人员反映，申请人对房产信息异议较多，因没有房产的具体信息，无法要求申请人提供相关证明材料核实情况。虽然有房产信息复核渠道，但程序相对繁琐，用时较长，影响核对的效率。

**2. 专线反馈数据的精确性方面**

核对机构本身不生产数据，只是通过比对专线，将分散在各委办单位的数据信息进行整合，因此，对源头数据的准确性把控就存在不足。例如，反馈数据所属的时间点不是核对截止时点；反馈数据与申请人没有存属关系；委办单位数据库沉淀数据时效性不强，或准确度不高等情况。以保险专线为例，由于保险专线对接使用的是保险同业公会的数据库，该数据库并不是直接与各保险公司对接，而是由各保险公司定期上传。在这个过程中，保险公司上传数据的准确性，数据更新的及时性，就直接影响专线反馈数据的质量。实际工作中就发现，申请人表示反馈数据中列示的保险已经退保，但系统反馈的“查询状态”仍然显示“有效”。

**3. 比对专线的跨区域协查方面**

随着上海相关民生保障政策逐步向非沪籍居民扩大覆盖范围，长三角一体化发展对核对信息数据跨省共享的需求更加迫在眉睫。目前，本市的电子比对专线对接领域囿于本市行政区域范围之内，申请人在外省市的缴金、存款、婚姻、房产及车辆等信息尚无法查询，在核查数据的全面性方面有待进一步提高。

**4. 部门间的沟通和协调方面**

电子比对专线的建立和完善离不开各协作部门和单位配合，尤其是政府部门和金融单位的协助。通过统筹整合来打破数据资源的“部门化”壁垒，促进政府部门间业务协同，是核对系统电子比对专线建立和完善的前提。随着互联网金融产品的兴起，很多相关的比对内容需要核对机构与非政府单位建立信息协查机制，但目前在这方面尚存在障碍。

## 三、完善与改进电子比对专线的对策

**1. 完善信息交换机制**

积极参与全国核对平台建设，落实部省（市）合作协议，加快对接民政部低收入家庭认定指导中心核对信息系统，逐步实现住房、车辆、存款和婚姻状况等信息的跨区域交换。目前，证券信息已通过部中心核对信息系统进行了数据交换，但在此过程中也发现了一些问题。因为各个省市对证券反馈数据的要求存在差异，比如上海需要核查的是申请人在特定截止时点持有的证券总市值，但其他省市对截止时点没有特定要求，若反馈时间节点改变，势必对审核操作带来影响。这就要求我们进一步完善信息交换机制，在专线建设和数据交换过程中，充分考虑部省（市）双方的要求，尽量求同存异。

**2. 拓宽比对渠道，优化现有专线**

随着核对项目的增多，核对业务量的增大，现有核对业务系统在技术架构和应用模块等方面难以充分满足核对业务发展需要，需要对业务流程、系统功能等进行优化和升级改造，找准核对信息系统专线数量、覆盖范围、工作时效等重点难点，提出比对专线优化方案，逐一解决比对专线功能性、准确性和时效性等问题。

**3. 加强核对领域的多方合作**

核对机构属于第三方，本身不产生数据，只是把各部门的数据收集汇总形成一个整体，各委办单位和部门是数据的提供方。但各部门也需要更全面、详细的数据，可以在确保信息安全与保密的前提下建立信息共享机制，促进多方合作，提高部门间相互依存度。①与民政部低收入家庭认定指导中心对接，实现收入、财产及特定支出各方面核对信息的异地查询。②建立联席会议制度，加强沟通协调，及时、充分了解委办单位的实际情况和相关需求，更快、更好地处理问题。③加强与各委办单位的合作联系。

多年来，上海从手工比对到电子化比对，从电子比对专线零的突破到目前已与 14 类委办局、金融机构和社会团体建立了信息交换机制，从简单的数据罗列到目前有完整数据链可以相互印证，一步一个脚印走在了全国前列。同时，我们也应该审视和发现当前电子比对专线方面存在的不足，以全国核对信息平台建设为契机，加快实现部省联网，使我们系统专线更全面，数据更精确，核对更高效。

# 精准核对　有效衔接　做实社会救助“大后方”[1]

## ——闵行区核对机制运行的实践探索和建议

上海市闵行区居民经济状况核对中心　余劲草

【摘要】上海积极构建广覆盖、有梯度、相衔接的“9+1”现代社会救助制度体系。居民经济状况核对作为保障民生、促进社会公平公正的重要手段，为各类社会救助和社会福利项目的对象精准识别提供了制度保障，为政府制定和实施民生保障政策提供了有力的支持。本文以闵行为例，探讨居民经济状况核对运行机制的实践探索，分析居民经济状况核对机制面临的问题和挑战。

【关键词】核对机制建设　救助对象瞄准　部省联网

居民经济状况核对机制是社会救助对象认定方法的重大改进和创新。通过对各委办局的信息归类、统计、筛选和分析，对辖区内居民的职业、年龄、收入、财产和支出等数据进行科学、专业、权威的甄别汇总，为救助对象精准识别提供了制度保障，为政府制定和实施民生保障政策提供有力的支持。十多年来，核对政策逐步出台，核对机构不断健全，核对平台探索建立，核对机制建设取得明显成效。

### 一、居民经济状状况核对机制的建立

**1. 核对政策体系**

2009 年，上海在全国率先成立核对机构并开展核对工作，印发《上海市居民经济状况核对办法》，就核对范围、内容、程序、方式及规则等方面提出具体要求。2015 年，国务院颁布《社会救助暂行办法》，以国务院行政法规的形式，赋予民政部门承担在社会救助工作中开展居民经济状况核对的职责。2018 年，上海市人大审议通过《上海市社会救助条例》，从申请人义务、委托核查、核对途径和核对报告等方面进一步明确核对工作。闵行区居民经济状况核对中心依法、客观、公正开展本区域核对工作，有效衔接救助业务，精准核对，把好准入关，切实提高核对工作服务和管理效能。

**2. 核对应用领域**

自 2007 年启动经济状况核对信息系统平台建设以来，核对应用领域快速拓展，核对项

[1]　本文为“2018年上海居民经济状况核对机制建设征文”活动获奖论文，部分内容在2019年有所调整。

目不断增加，截至 2019 年 3 月，核对项目已拓展至民政、住建、教委、人社、残联、工会、医疗和司法 8 大领域，涉及 15 个项目（表 1）。

**表1　上海市居民经济状况核对业务拓展时间**

| 年份 | 月份 | 核对项目 |
|---|---|---|
| 2007 | 3 | 廉租住房 |
| 2009 | 12 | 共有产权保障住房 |
| 2012 | 5 | 城乡最低生活保障 |
| 2013 | 9 | 因病支出型贫困家庭生活救助 |
| 2014 | 10 | 医疗救助 |
| 2015 | 4 | 临时救助 |
|  | 9 | 教育救助 |
| 2016 | 3 | 养老服务补贴 |
|  | 4 | 困难残疾人生活补贴和重度残疾人护理补贴 |
|  | 8 | 农村危旧房改造 |
| 2017 | 2 | 特困人员救助供养 |
|  | 5 | 就业援助 |
| 2018 | 1 | 资助参保 |
|  | 9 | 困难职工帮扶 |
| 2019 | 2 | 法律援助 |

2010 ~ 2018 年，闵行区居民经济状况核对中心对本辖区内 12 个核对项目共 111327 户家庭进行经济状况核查初审，其中业务量比较集中的有低保 97564 户、共有产权房 6593 户、廉租房 3405 户、医疗救助 1678 户、教育救助 1031 户和残疾人两项补贴 821 户。救助项目全面纳入核对机制，为更有效地瞄准目标困难群体、实现社会公平、维护社会稳定提供了重要的制度保障。

**3. 核对流程权限**

2018 年 11 月 22 日，上海市人大常委会表决通过了《上海市社会救助条例》（以下简称《条例》）。《条例》第五章从申请人义务、委托核查、核对途径、和核对报告四个方面对居民经济状况核对工作进行了规定，明确了社会救助项目核对工作各责任主体之间的关系以及核对审核流程。

救助项目申请流程分四步：第一步，申请人向街道办事处、乡镇人民政府或者相关社会救助部门（以下简称救助部门）提出救助申请。第二步，救助部门委托居民经济状况核对机构对申请人的家庭经济状况进行核查。第三步，居民经济状况核对机构根据核对结果向救助部门出具核对报告。第四步，救助部门作出是否给予救助的审批决定。

按照上海核对工作“二级三审”制的要求，闵行区核对中心的主要职责和系统权限包括有：数字档案扫描上传、委托确认、一次审核、二次审核、中止通知书打印、中止通知书签章、中止核对、延期核对、报告抽查、核对报告打印和姓名身份证不符差异处理等。

**4. 核对检出效果**

在核对机制尚未建立时，街镇救助部门对申请人的经济状况认定主要依靠邻里访问、入户调查和社区民主评议等渠道，基于居住条件、耐用消费品等相关情况估算申请家庭的经济状况。此类估算方法缺乏客观、有效的证明材料和凭证，难以客观全面地评估申请对象的整体经济状况，容易产生对于低保瞄准率不高，低保金“过保”的负面评论。

2012 年 6 月，上海市居民经济状况核对系统开始用于低保资格认定，开启了核对机制全面应用于社会救助项目的新篇章。2012 年当年，闵行区清退 3309 户低保家庭，全区低保户数较去年同期下降 34.3%。2013 ~ 2014 年，低保户数较 2012 年分别下降了 8.1% 和 14.8%，切实将不符合准入条件的申请家庭剥离低保体系，为市、区、镇三级财政节约配套低保资金，以用于真正贫困的群体（图 1）。

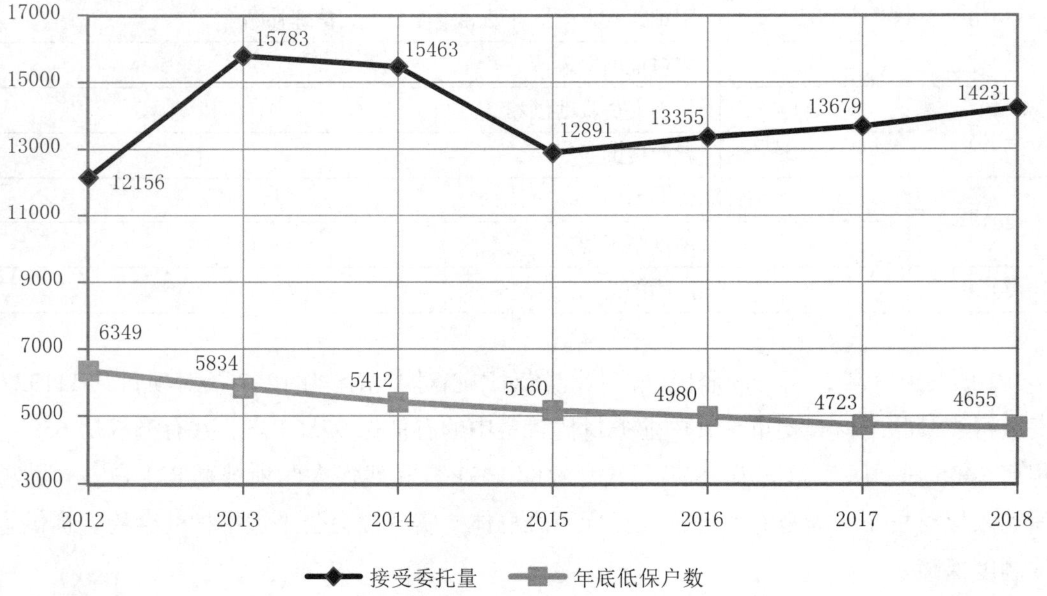


图1　闵行区历年低保存量和核对委托量对比（2012～2018年）

**5. 核对机构建设**

闵行区居民经济状况核对中心于 2010 年 2 月成立，为闵行区民政局所属全额拨款事业单位，负责全区居民经济状况核对工作的组织实施，包括对 14 个镇（街道）核对部门的培训管理、业务指导、监督检查和综合评估等。截至 2018 年年底，本区有持证核对员共 52 名。其中，35 岁以下的有 36 人，占总人数的 69.23%，有 4 人获评市级内部培训师和“岗位能手”荣誉称号，核对队伍呈现规范化、专业化、年轻化的特点。闵行区核对中心始终坚持加强队伍建设，完善业务管理，不断提升核对员业务水平，充分发挥核对工作在民生保障中的重要作用。

### 6. 核对管理制度

为确保基层核对员业务水平和能力素质，上海自 2012 年起全面实施核对员持证上岗制度，所有核对员须经岗前培训，考核通过后方能上岗。根据“教考分离”的原则，由市级核对机构组织考核，区级核对机构负责本辖区拟从事核对工作人员的岗前培训。

在教育培训方面，闵行区核对中心力求精准对接需求，提升培训效果。按新进核对员、持证核对员和业务骨干三个梯次分类施教。组织新进核对员参加市区两级岗前培训，做到“三必”：凡进必学、凡进必练、凡进必考，通过学政策口径、练流程操规、考笔试机试，确保工作人员具备基础业务能力。组织持证核对员参加每年一次的继续教育培训，组织基层核对骨干开展区核对业务季度培训和业务骨干专项培训，提升全区核对员队伍专业技能，优化知识体系。

基层指导方面，闵行区核对中心通过监督、检查、走访和评估，综合评价街镇工作。每年开展街镇核对评估工作，在街镇自评的基础上，通过实地走访、座谈、抽查等方式，完成全区 14 个街镇的绩效评估。借助监督检查和走访评估，发现基层工作亮点，督促纠正共性问题，强化对工作质量的监督，进一步提高业务审核质量。

## 二、居民经济状况核对机制面临的问题和挑战

### 1. 申请对象诚信申报和履行举证义务意识不足

经济状况核对需要核对对象和其所在单位、街道、社区以及政府相关部部门、银行等金融机构的积极配合。对象的诚信意识对核对的准确性起着至关重要的作用。《上海市居民经济状况核对办法》第十一条规定，核对对象应当如实提供个人或者家庭经济状况的有关信息，不得隐瞒和虚报。核对对象应当积极配合核对机构依法开展的调查工作。实际工作中，部分对象为了能够享受各项社会福利项目，抱着侥幸心理，怠于履行配合义务，未如实申报经济状况，甚至在核对机构核查出与其申报人均可支配收入（工资性收入、经营性净收入、财产性收入和转移性收入）、财产（实物财产和货币财产）有大幅出入时，拒不提供相关证明材料。

### 2. 基层核对工作人员身兼数职

核对、业务受理审批机构之间密切协作，工作有序推进，需要保障核对机构作为独立第三方，从事后台审核工作。目前，闵行区各街镇社区事务受理中心作为基层救助项目管理中心，实行“一口受理，全市通办”，具体接受街道办事处、镇政府的委托，负责低保、住房、医疗等项目的受理、审核和救助发放等工作。区内街镇核对员由各街镇招录，实行属地化管理，岗位多设在社区事务受理中心，大多数核对员兼职从事前台救助受理工作，普遍存在既是委托经办人，又是接受委托经办人现象，核对工作缺乏必要的隔断机制和监督机制，存在廉政风险。

### 3. 核对项目模块缺乏系统性

随着核对领域的拓展，核对平台的项目逐渐增多至 15 项，每一项业务在核对系统中分属不同模块。遇到申请家庭短期内申请多个救助项目的情况，同一个对象委托核对机构核查

本人的经济状况，同质化的材料以及流程需要重复提交处理。仅仅按项目增加数量简单叠加，将会造成申请家庭需要反复提供经济状况证明材料，工作人员需要将申请对象的个人信息重复录入，分别进入核对系统进行经济状况核查，系统数据信息各自发送各委办局，反馈信息重复进行人工比对等情况，增加信息交互和业务审核的时间成本，不利于提高审核审批工作效率。

**4. 全国信息数据供给与实际需求不相适应**

目前，核对系统已建立30多条电子比对专线，与14个领域数百家单位进行对接获取数据。但是，在非上海户籍人口申请的过程中，跨行政区域查询申请对象在上海行政区域以外省市的缴金记录、报税记录、机动车辆、居住型和非居住型房产、商业保险及地方性商业银行等信息核查就遇到了现实困难。

**5. 业务发展与趋势变化不同步**

随着社会经济的高速发展，在趋势变化的过程中出现了许多新名词、新现象、新方式甚至是新行业，例如第三方支付平台（支付宝、微信支付等）、网络借贷平台（拍拍贷、人人贷等）、综合性互联网平台（蚂蚁金服、京东金融、苏宁金服等）、互联网保险平台（众安保险、蚂蚁互保等）、网络预约出租汽车（首约汽车、滴滴打车、神州专车和美团打车等）和共享单车（摩拜、哈罗、享骑出行等）。在互联网经济和共享理念背景下，居民的收入来源、财产形态、理财方式和支出渠道呈现极度多元化趋势。按照目前既有的核对方式和资源，如何能够达到全面核查申请对象经济状况的目标，如何做到核对业务与趋势变化同频同步发展，是摆在眼前亟待解决的问题。

## 三、完善居民经济状况核对机制的建议

**1. 补充隐瞒虚报行为的认定和处理条款**

核查结果与核对对象的经济利益密切相关，针对核对对象隐瞒虚报的利益寻租行为，建议如下：一方面，在相关法规中增加不诚信申报及不履行举证义务行为的后续处理方式，加大失信惩戒力度；另一方面，在救助审核流程上作出适当调整，在核对报告中核定的经济状况与该申请对象申报情况有大幅出入，且对象无特殊理由拒不提供相关证明材料时，视作申请对象自动放弃申请，在救助审批流程中进行中止操作，中止时限超期后由审批部门出具不予救助通知书，终止申请审核流程。

**2. 建立基层专职核对工作队伍**

确保救助核对工作的规范有序，应当厘清救助、核对工作各责任主体之间的关系，形成权责清晰的救助、核对流程，建立基层专职核对工作队伍，强化核对、业务审批部门间的有效衔接。在整个工作过程中，做到核对系统无缝衔接，核对人员专职稳定，核对结果电子流转。

**3. 整合核对平台项目模块**

建议将同类别的救助项目在核对系统中进行整合归并，设立低收入模块，将属于低收入群体的救助项目统一在此模块中集中接受委托，进行核对业务审核。短期内同时申请该

模块中不同项目的同一个对象经济状况可以直接取用近期报告数据。2018 年，全面推进数字档案和可视化审核工作对核对系统的稳定性和承载力提出了更高的要求。在此基础上，核对系统需要进一步优化增能，不断完善操作流程和系统功能，改善操作人员的用户体验，提高核证工作效率。

**4. 扩大数据支持单位范围**

进一步拓展数据支持渠道，保障数据的全面性、完整性、及时性和准确性。同时，打破区域壁垒，实现部省联网，通过民政部低收入家庭认定指导中心建立的全国核对系统平台，实时进行部市间的数据交换共享，实现跨省异地查询核对对象经济状况所需的信息数据，推动居民经济状况核对提质增效，实施精准核对，确保核对结果的权威性和精准性。

**5. 探索核对工作标准化建设**

对于新兴行业、新型融资方式，核对工作没有现成经验可以借鉴参考，一切从零开始，创新开拓思路。要注重相关专业学科的钻研，加强与互联网经济金融相关专业领域的专家学者沟通，对有代表性的复杂疑难案例设专题深入调研。加强与全国各省市同行的工作经验交流，共同探讨应对措施，制订核对工作标准化建设的行业标准。继续拓展全新领域的电子比对专线，提供对应监管行业、信息平台的有效数据资源。建立健全满足核对业务和实际发展所需的核对工作标准体系，进一步精准核对，把好救助对象准入关，为织密扎牢民生“兜底网”奠定基础。

**参考文献**

[1] 刘万里，吴要武．精准识别：用技术完善城市低保的推出机制——以上海家庭经济状况核对系统为例 [J]. 经济学报，2016, 2:36-61.

[2] 社会救助对象瞄准与核对机制建设论坛暨核对工作年会 [C]. 2015.

[3] 姚凯．用新型核对机制保障民生政策实施公平公正 [J]. 红旗文稿，2014:30-31.

# 三箭齐发　立体建制[1]

## ——试论居民经济状况核对的目标、方法与执行

上海市普陀区石泉路街道事务受理服务中心　陈佳彬

**【摘要】**为帅之道在谋，为将之道在计，为兵之道在勇。经济状况核对工作如同行军打仗，也需要战略战术。市、区和街道三个层面的核对工作，犹如在弦上的三支箭，朝着共同的目标进发。市级核对工作有明确的目标，区级核对工作有科学的管理方法，街镇核对工作有坚定的执行力，三者相辅相成，合而为一，可以攻克任何艰难险阻。

**【关键词】**居民经济状况核对　目标　方向　执行

城市发展的速度日新月异，而人民的物质生活却有着天壤之别，关心社会底层人民的生存需求、提升他们的物质生活水平是维护社会和谐发展的关键。社会救助是社会发展的托底保障，居民经济状况核对工作（以下简称“经济状况核对”）是这一保障的守护者。经济状况核对在社会救助的公平实施的过程中发挥着至关重要的作用。

上海居民经济状况核对工作分为三个层级：市、区和街道（乡、镇）。市级核对机构的主要职能是带领各级核对工作人员依法开展本市居民经济状况核对和复核工作，制定制度规范、建设系统平台、开展研究分析和加强培训指导，引领核对工作的前进方向。区级核对机构起着承上启下、沟通衔接作用，是业务监管、培训指导工作的重要环节。街镇核对工作人员是各项核对业务政策最直接的执行者，也是最了解百姓疾苦与需求的层级。因此，市、区和街镇三箭齐发、立体建制是寻求核对工作新思路新方法的基本战略。

### 一、市级核对：制定目标，引领方向

市级核对机构应该立足长远，着重在制定政策上下工夫。一个木桶能装多少水，取决于最短的那块木板。弱势群体犹如那块最短的木板，桶里的水犹如波动的政策。政策又好比游戏规则，需要根据弱势群体的需求来制定。因此，救助政策更需要考虑底层百姓的实际诉求和需求。即使不是核对机构制定的相关政策，也可以结合核对工作中发现的问题，多渠道向政策制定部门进行反馈，促使政策进一步完善。

比如，低保和低收入是民政救助的两条标准线，廉租住房（以下简称“廉住房”）和共

---

[1]　本文为“2018年上海居民经济状况核对机制建设征文”活动获奖论文。

有产权保障住房（以下简称“共有产权房”）是住建部门的两大业务项目。本人多批次参与共有产权房经济状况核对工作，发现有许多低保家庭不考虑自身家庭实际情况，盲目申请共有产权房，虽然符合申请的准入标准，但最终还是由于无法承担首付款不得不放弃选房，造成社会资源和人力资源的浪费。造成这一不合理现象既有居民盲目申请的原因，也有政策不够完善的原因。如何才能不浪费社会资源？个人建议对救助项目的级别划分进行完善，在制订政策时用整体眼光去考虑问题，不能朝令夕改。可以将救助对象的划分级别大致分为三层：第一层是以低保线为标准。第二层以低收入线为标准，现行低收入标准是低保的两倍，那么月收入略高于两倍数值就不属于低收入了吗？我认为随着个税起征点的提高，低收入的区间也应该相应提升，可以将低保线与个税起征线的中间值确定为低收入的新标准。比如低保是1070元，个税起征点是5000元，低收入标准即为3035元：（5000 − 1070）/ 2 + 1070 = 3035。第三层则以纳税起征点为标准。根据这一划分，民政部门可以将低收入受益人群范围扩大，最直接的受益项目是医疗救助。住建部门也可以将符合低保和低收入标准的家庭列为申请廉租房的对象，并限制低保家庭申请共有产权房。这样三个层次的划分覆盖了所有低收入人群，不再有死角，使救助保障工作服务的对象覆盖范围更广，与各部门的联系也更加紧密。让公众觉得公平合理才是制定政策的初衷，才能增强政府的公信力、维护社会的和谐发展。

在进一步完善政策的同时，市级核对机构还应加强与各委办局的合作交流，促进信息共享。经济状况核对是时代发展的产物，也是城市发展后完善社会财富再分配的重要一环。经济状况核对工作的生命力在于获取有效信息和科学处理信息。在这方面，上海市级核对的工作成果有目共睹，每年都有新增核对项目和电子比对专线上线。但核对机构作为数据的使用方，在反馈信息的质量方面，还存在很多不可控的因素。例如他人盗用申请人身份信息报税、购买车险的情况，在申请人不提出异议时无从查证信息的真实性；而在提出异议时，申请人认为核对机构反馈信息不实的认知就已经形成，直接影响到核对报告的权威性。未来的世界是信息的世界，数据信息是核对业务开展的基础，必须真实且有说服力。数据信息的准确性和有效性是行业长盛不衰的保障。

## 二、区级核对：上传下达，加强管理

监督管理是区级机制建设中的要点。监督政策是否落到实处，业务审核是否按照标准，工作人员是否守好底线。有规则就要遵守，不能轻易破坏，这是维护公平的原则。核对业务的准确性就可以通过系统退回情况来监控。核对工作的退回情况，从原因上分析大致分为两种：街镇核对员粗心导致数据录入错误而被退回；街镇核对员和市区两级审核人员在政策理解上存在差异导致退回。

第一种情况，因核对员工作上疏忽而导致的数据录入错误，需要通过加强责任教育来避免。做任何事都需要细致耐心才能避免出错。一只蝴蝶翅膀的震动可以引发一场灾难性的飓风，工作中一个小小的失误同样会引发重大的责任事故，区级核对中心就是要通过核对系统监控这些情况，将这些小失误消灭于萌芽状态。

第二种情况，在各级核对工作人员对政策理解存在差异的情况下，就需要进一步加强培训指导工作，统一操作规则。这就需要各级核对工作人员协同合作，在遇到此类问题时，通过加强沟通来明确政策依据和操作方式。对于特殊案例，可以书面记录后通过区、市逐级反映相关情况，归纳总结形成一套符合实际情况的操作口径，再进行全员教育培训。

区级核对的工作重点在于管理，向下传达，向上反馈，平级沟通，成为市级核对机构、区级相关部门、街镇核对员之间沟通的桥梁。这里最重要的就是教育培训和指导工作。当前的核对业务培训有新进人员岗前培训、继续教育培训、业务骨干培训等。

新进人员岗前培训包括理论知识培训和操作技能培训。理论知识是实际操作的依据，通过理论知识培训可以让新进人员了解核对工作，了解核对文化及愿景目标，这方面内容建议由区级核对机构负责。操作技能培训可以通过实际操作让新进核对员更快速更深入了解核对业务，比口头传授知识更有效率，建议由街镇核对员“以老带新”的方式进行。

继续教育培训是由市核对中心组织的培训，每年举行一次，为有核对工作经验的核对员提供学习交流的机会。但目前两天一夜的培训课程内容多、培训时间紧，不利于新知识的消化吸收。建议区核对中心进一步加强人员培训与指导，组织相应的业务培训，延长培训时间或增加培训次数，使核对员的业务知识能够及时、有效更迭。

培养核对员，需要重质量而不是数量，业务骨干培训就是抓关键的少数培训。市级抓区级骨干，区级抓街镇骨干，在骨干培训中拓宽大家的理论视野、厘清工作思路，在骨干队伍中交流研讨核对工作难点问题，让骨干力量在基层发挥引领示范作用。

## 三、街镇核对：以人为本，贯彻执行

在街镇层面，需要核对工作人员贯彻落实相关政策、严格执行业务审核操作规则，才能确保核对工作的准确性和严谨性。因此，街镇的核对机制建设，关键在于核对人才队伍的培养。

理论知识与实践操作的培训只能提高工作人员做好核对工作的硬实力，而个人情绪管理与接待技巧则是做好核对工作的软实力。街镇核对员不仅要与同事保持顺畅的沟通，还要为居民答疑解惑，以人为本，在管理好情绪、具备一定接待技巧的基础上执行相关政策，可以得到事半功倍的效果。例如，在得知家庭经济状况不符合低保、廉租住房或共有产权房的准入标准时，申请人难免产生焦躁情绪，这时核对员就需要以人为本，换位思考，安抚居民的情绪，再通过耐心的政策讲解把工作做好。

习近平总书记强调，发展是第一要务，人才是第一资源，创新是第一动力。培养人才需要花费大量时间、耗费大量精力，因此，如何留住人才，稳定核对工作队伍就是摆在核对机构面前亟待解决的问题。这就要建立让优秀核对员从队伍中脱颖而出的畅通机制，让核对员在工作中体现自身价值。建立核对员和各级核对机构管理者的思想联络通道，努力在公平的原则下建立考核、培训、奖励机制。

综上所述，街镇核对工作的落脚点在核对员身上，确保核对业务相关政策执行到位；区级核对工作的关键点在于加强管理，履行监管、培训、指导职责，保持上传下达交流沟通顺畅；市级核对工作的核心点在于目标制订和方向引领。经济状况核对工作需要我们践行上海城市精神：海纳百川，吸纳更多的核对项目，拓宽更多的比对专线；追求卓越，把基础数据的作用发挥到极致；开明睿智，在管理上下功夫，保持上传下达畅通无阻，业务政策有效执行；大气谦和，面对居民以礼相待，面对同事谦虚求教。只有各级核对工作人员用整体的眼光看待问题，在各自的岗位上各司其职、精益求精，坚持执行正确的政策，经济状况核对工作才会不断焕发蓬勃的生机。

# 浅谈居民经济状况核对工作的变迁与探索[1]

## ——以徐汇区康健街道为例

上海市徐汇区康健街道社区事务受理服务中心　周明辉

【摘要】康健街道是一个20世纪80年代中后期兴建的纯居民住宅区，困难群体较多。近十年来，随着居民经济状况核对工作的不断深入及新时代下救助工作要求的不断提高，如何探索出一条适合具体实际的居民经济状况核对工作道路，是摆在康健新村街道核对员面前亟待解决的重要课题。

【关键词】经济状况核对　变迁　探索

随着各类民生类保障项目制度的不断完善，居民经济状况核对（以下简称核对）工作也逐渐被社会所知晓和认可。康健街道核对工作自2008年开展以来，始终紧跟新时代步伐，在市、区核对中心的业务指导下，不断提升核对员专业能力水平，加强街道核对员队伍建设。在十年多的核对工作变迁过程中，康健街道核对工作稳步推进。目前，康健街道持证在岗核对员3名，其中事业编制人员1名，社工编制人员2名，均为本科学历，人事关系隶属于康健街道社区事务受理服务中心。

### 一、康健街道核对工作背景

康健街道坐落于上海市徐汇区西南部，毗邻上海南站，是一个20世纪80年代中后期兴建的居民住宅区，下辖4.07平方公里。社区内有24个居委会，户籍人口约8.6万人。2007年上海启动核对信息系统平台建设，康健街道结合廉租住房需求，于2008年招募了2名人员担任街镇核对员从事核对工作；2009年徐汇区经济适用住房试点工作开展以后，更加速了核对工作的开展。同样是住房保障项目，由于康健街道辖区内小户型多层房屋居多的特点，廉租住房新增受理量每年只有10 ~ 20户左右，数量较少；而共有产权保障住房申请时，新增受理量在100 ~ 200户左右，数量较多。两者相差近10倍。

同时，因为康健街道属于纯居民住宅区，困难群体多，各项社会救助业务的覆盖人群相对较大。在业务量日益增长的情况下，康健街道在现有的核对人员范围之内保持在徐汇区核对考核中长年名列前茅，主要基于以下几方面：

---

[1]　本文为“2018年上海居民经济状况核对机制建设征文”活动获奖论文。

（1）长期稳定的核对员队伍。自2008年康健街道核对工作开展以来，核对人员始终保持在2名以上。目前在岗的3名核对员中，有1名工作年限10年，1名工作年限为8年。稳定的人员队伍保证了核对工作的有序开展，他们不仅熟练掌握核对工作的操作流程，还拥有丰富的基层核对工作经验和专业知识。

（2）有效协同相关部门。康健街道核对员自从事核对工作以来，不仅仅只专注于核对工作所需要的业务知识。同时，他们自我加压，在不断的工作实践过程中一步步掌握越来越多的核对方式，诸如学会了如何查看股票证券的月均图，如何查询外汇转换汇率，如何查询平安保险保单的有效性等。

此外，他们与街道其他相关部门长期保持稳定良性的协同工作方式，诸如劳动部门，在受理阶段通过劳动部门先期查询申请家庭成员的就业状态、工作单位等，为申请家庭提供便利。他们遇见疑难杂症、棘手的核对问题均能及时与区核对中心老师沟通，群策群力地处理好问题。

## 二、核对工作的变迁

### 1. 核对方式的变迁

在2008年核对工作开展之初，核对员是采取手工比对的模式在廉租住房申请中进行核对，将申请家庭的基本信息以“街道经济状况核对比对名单”的形式发送给市核对中心进行比对，等待比对信息反馈以后，结合申请家庭材料人工填写“廉租房收入核对表”，然后与所有申请材料一起送市核对中心审核后再出具核对报告。

在2009年12月，徐汇区开展经济适用住房申请试点工作中，核对工作通过“一门式”系统导入“上海市居民经济状况核对系统”进行电子比对，并根据当时各委办局反馈的信息和申请家庭提供的经济状况材料，在系统上填写“核对表”后提交市核对中心进行二次审核和出具核对报告。

在2011年3月，全市开展第一批共有产权保障住房申请工作中，核对工作在2009年试点的基础上进一步规范流程，街镇核对员根据当时各委办局反馈的信息和申请家庭提供的经济状况材料，在系统上填写“核对表”，先提交区核对中心进行二次审核，然后由区核对中心提交市核对中心进行审批并出具核对报告。

在2012年6月，全市开展城乡最低生活保障申请家庭核对工作中，民政救助工作者将需要进行核对的城乡最低生活保障申请家庭的身份证、承诺书和委托书一并提交给街镇核对员，并在“上海市民政局救助信息管理系统”提交所需委托信息，核对员接受委托后在“上海市居民经济状况核对系统”中核对申请家庭信息，无误后提交，系统自动流转出具核对报告。自此以后，住房保障项目均采取“精细化”核对模式，而救助类项目则采取“粗放型”核对模式。

在2015年廉租房申请项目中，核对工作与时俱进，根据市核对中心要求，街镇核对员对于申请人的材料进行电子扫描上传工作，2016年延伸至共有产权保障住房申请、残疾人两项补贴等核对项目，直至 2018 年所有核对项目均采取了电子扫描上传并逐步规范要求。

**2. 核对项目的变迁**

2008 ~ 2018 年，核对工作经历了十年发展，核对项目已从单一住房保障项目延伸至以“住房保障”和“救助业务”两大类涵盖廉租住房、共有产权保障住房、城乡最低生活保障、因病支出型贫困家庭生活救助、医疗救助、资助参保、临时救助、教育救助、养老服务补贴、残疾人两项补贴、农村危旧房改造、特困人员救助供养和就业援助 13 项核对业务。图 1 为康健街道在此过程中核对项目的演变。

年份

| | | | | | | | | | | | | | |
|---|---|---|---|---|---|---|---|---|---|---|---|---|---|
| 2008 | 廉租租房 | | | | | | | | | | | | |
| 2009 | 廉租租房 | 共有产权保障住房 | | | | | | | | | | | |
| 2012 | 廉租租房 | 共有产权保障住房 | 城乡最低生活保障 | | | | | | | | | | |
| 2013 | 廉租租房 | 共有产权保障住房 | 城乡最低生活保障 | 因病支出型贫困家庭生活救助 | | | | | | | | | |
| 2014 | 廉租租房 | 共有产权保障住房 | 城乡最低生活保障 | 因病支出型贫困家庭生活救助 | 医疗求助 | | | | | | | | |
| 2015 | 廉租租房 | 共有产权保障住房 | 城乡最低生活保障 | 因病支出型贫困家庭生活救助 | 医疗求助 | 临时求助 | 教育救助 | | | | | | |
| 2016 | 廉租租房 | 共有产权保障住房 | 城乡最低生活保障 | 因病支出型贫困家庭生活救助 | 医疗求助 | 临时求助 | 教育救助 | 残疾人两项补贴 | 农村危旧房改造 | 养老服务补贴 | | | |
| 2017 | 廉租租房 | 共有产权保障住房 | 城乡最低生活保障 | 因病支出型贫困家庭生活救助 | 医疗求助 | 临时求助 | 教育救助 | 残疾人两项补贴 | 农村危旧房改造 | 养老服务补贴 | 特困人员救助供养 | 就业援助 | |
| 2018 | 廉租租房 | 共有产权保障住房 | 城乡最低生活保障 | 因病支出型贫困家庭生活救助 | 医疗求助 | 临时求助 | 教育救助 | 残疾人两项补贴 | 农村危旧房改造 | 养老服务补贴 | 特困人员救助供养 | 就业援助 | 资助参保 |

项目

图1　康健街道经济状况核对工作项目变迁

**3. 核对工作流程的变迁**

在 2009 年区核对中心成立之前，核对工作流程采取的模式是：“街镇—市核对中心”二级流程，并且核对项目所出具的纸质核对报告均由市核对中心打印，街镇核对员通过快递或者自取的方式获得核对报告。

在 2009 年区核对中心成立之后，核对工作流程采取的模式是：“街镇—区核对中心—市核对中心”三级流程。伴随着核对系统的不断优化，2018 年实现了核对报告由市核对中心审批，街镇核对员通过核对系统直接打印纸质核对报告。

## 三、核对工作的探索思路

**1. 核对工作在金融理财产品领域的探索**

2008 ~ 2018 年，这不仅代表着上海核对工作的成长经历，同时也是中国高速发展的年代，特别是居民对于理财方面思想的转变尤为突出。以康健街道 2008 ～ 2018 年共有产权保障房项目数据为例。

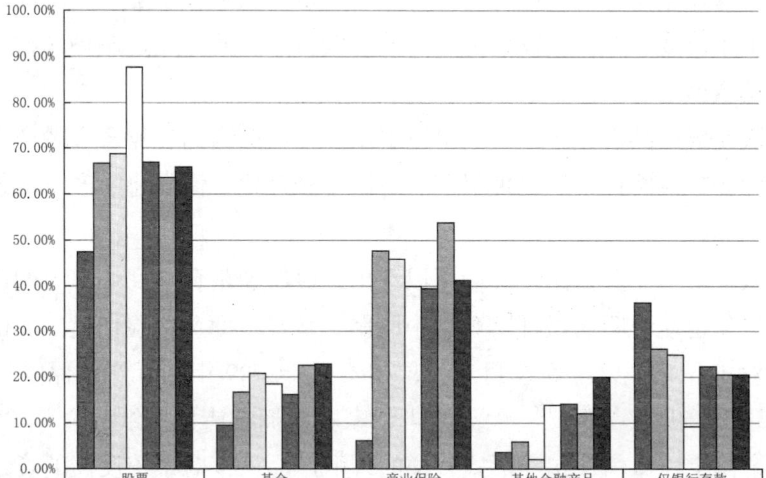

| | 股票 | 基金 | 商业保险 | 其他金融产品 | 仅银行存款 |
|---|---|---|---|---|---|
| 2009年（116户） | 47.41% | 9.48% | 6.03% | 3.45% | 36.21% |
| 2011年（84户） | 66.67% | 16.67% | 47.62% | 5.95% | 26.19% |
| 2011年（48户） | 68.75% | 20.83% | 45.83% | 2.08% | 25.00% |
| 2012年（65户） | 87.69% | 18.46% | 40.00% | 13.85% | 9.23% |
| 2013年（218户） | 66.97% | 16.06% | 39.45% | 14.22% | 22.48% |
| 2014年（234户） | 63.68% | 22.65% | 53.85% | 11.97% | 20.51% |
| 2016年（209户） | 66.03% | 22.97% | 41.15% | 20.10% | 20.57% |

图2　2008～2018年康健街道共有产权保障住房申请家庭拥有金融产品占比图

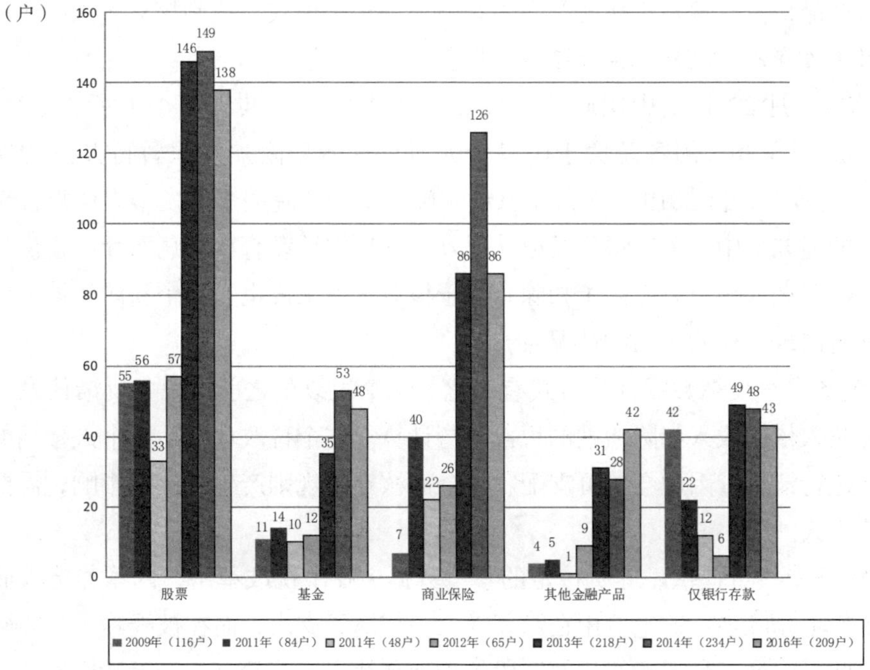


图3　2008～2018年康健街道共有产权保障住房申请家庭拥有金融产品分布图

首先，从金融产品占比图中（图 2）我们可以看出，仅拥有银行存款而没有其他金融产品的申请家庭占比整体呈下降趋势；而拥有除股票、基金、商业保险以外的其他金融理财产品的申请家庭占比整体呈上升趋势。这种变化也从侧面说明了随着经济高速发展，居民的理财观念也发生了转变，不再仅仅把财产存放于银行里，而是通过多种理财手段对自己的财产进行管理使其增值。

其次，从金融产品占比图中我们可以看出，申请家庭拥有复合金融产品的比例整体呈上升趋势。这种变化也能说明居民理财观念更趋于合理化，懂得将财产分散投资，降低理财风险。

最后，从金融产品占比图中我们可以看出，股票、基金、商业保险的占比整体呈现稳定趋势。这种变化也能说明居民理财观念中股票、基金、商业保险仍是主要的理财手段。

对于核对工作来说，金融理财产品层出不穷，2009 年共有产权保障住房申请家庭拥有的其他金融理财产品仅为国债，而如今申请家庭则拥有诸如“纸黄金”“P2P”“钱生钱”理财产品、余额宝、微信钱包等形式多样的理财产品。核对系统反馈的货币类财产已不能全面反映一个申请家庭整体的财产情况。

针对上述现象，核对工作可以从以下两个方面对于金融理财产品进行探索：

（1）依托“大数据”，整合金融理财产品数据。加快融入部级核对系统，提高银行、股票、商业保险数据反馈的准确性。尝试通过大数据技术掌握非银行类金融产品数据，例如“微信钱包”、手机 APP 理财数据等。

（2）积极开展金融理财产品培训，提升核对员金融理财专业知识。通过了解目前最新的金融理财产品信息，逐步掌握各类金融理财产品运作模式，找到核对方法。

**2. 核对工作在新个税实施条例领域的探索**

2018 年 12 月 22 日，中国政府网发布了《中华人民共和国个人所得税实施条例》（国令第 707 号）和《国务院关于印发个人所得税专项附加扣除暂行办法的通知》（国发〔2018〕41 号），自 2019 年 1 月 1 日起实施。《国务院关于印发个人所得税专项附加扣除暂行办法的通知》中个人所得税可以从子女教育、继续教育、大病医疗、住房贷款利息和住房租金、赡养老人 6 个方面给予扣除。对于核对工作来说也是一个新的领域，可能在可支配收入审核时出现下列两方面的情况：

（1）税务专线反馈数据计算方式有变化。在个税改革之前，税务反馈信息中，申请人的月可支配收入依照收入扣除缴纳的税额进行计算。在个税改革之后，个人缴纳的税额将以年度为单位进行清算，因此会对可支配收入金额核定的规则产生一定的影响，需要进一步研究确定计算方式。

（2）税务专线可提供赡养费核定的参考数据。在个税改革中，因赡养老人而支出的赡养费也属于专项扣除项。这笔费用在赡养老人一方属于支出，而在被赡养人一方则属于转移性收入，因此可以通过税务专线比对字段的增加来获得赡养费核定的参考数据。

针对上述问题，核对工作可以从以下两方面探索个税改革后的核对业务审核规则：

（1）核对系统应根据新的个税条例，调整税务专线反馈信息。建议增加专项附加扣除项，并注明附加扣除项的名称，这样可以有利于核对工作对于申请家庭成员之间是否有赡养费进行甄别，从而更公平公正准确地认定一个申请家庭整体可支配收入的情况。

（2）积极学习个税条例，开展专项调研。提升核对员关于个税条例的理解能力，根据新的个税条例调整核对细则，进一步细化可支配收入中能扣除的项目。

**3. 核对工作在新就业模式领域的探索**

在经济高速发展的今天，传统单位就业模式已不是唯一的就业模式，伴随着网络信息时代的发展，出现了一大批“微商”“网红”“自媒体”“网约车司机”等。申请家庭如果有人从事“微商”“自媒体”“网约车”等新型的创业模式，核对系统很难掌握其真实的可支配收入情况，不能准确地核定其可支配收入。

针对上述问题，核对工作可以从以下方面对于新型就业模式进行探索：

（1）对接大数据平台，合理整合资源。核对系统能通过各个大数据平台，比如网约车平台、淘宝平台、饿了么等大型网上平台，整合有效信息数据。

（2）在实践工作中摸索新型就业模式规律。我们核对员应该调动主观能动性，在现有核对工作模式下，对于诸如“网约车”“微商”等新型就业模式的可支配收入认定进行研究，收集此类就业模式的有效材料，诸如银行明细、网约车油耗明细、平台 App 上的数据截图等，结合多种数据来认定其可支配收入，也为核对工作模式的不断完善提供有利的实践数据。

核对工作任重而道远。我们只有不断紧跟新时代步伐，积极完善核对工作体制，才能更好地维护社会公平正义，为人民提供高效满意的核对服务。

**参考文献**

[1] 黄瑾，秦华．上海徐汇：探索党建引领下的社区团队自治新模式 [EB/OL].(2017-08-10)[2019-03-15]. http://dangjian.people.com.cn/n1/2017/0810/c412046-29461870.html.

# 雄关漫道真如铁　而今迈步从头越[1]

## ——浅谈核对工作制度的优化

上海市闵行区浦锦街道社区事务受理服务中心　丁曹英

【摘要】2009年9月1日，《上海市居民经济状况核对办法》的正式实施，标志着我市居民经济状况核对工作的全面建制，也意味着上海的民生保障工作迈入了全新的时代。十年间，上海核对从最初的廉租住房、共有产权保障住房（以下简称“两房”）到目前涵盖住房、生活、医疗和教育救助等14个专项，经历了蓬勃的发展。本文从优化顶层设计、巩固比对专线和加强基层落实三个方向，探讨了通过制度规范、科技迭代、人员管理等方式促进核对体系的进一步完善，提高行政效率，保障各项民生制度的公平、有效实施的路径和方法。

【关键词】核对制度　顶层设计　比对专线

2006年底，上海在浦东新区南码头街道、潍坊街道和卢湾区的五里桥街道、打浦桥街道同时进行廉租住房扩大受益面试点工作，同时在全国率先探索建立居民经济状况核对新机制，到2009年上海市居民经济状况核对中心的正式成立，徐汇、闵行两区经济适用住房项目试点，上海核对体系初具雏形。同年9月，《上海市居民经济状况核对办法》正式颁布实施，标志着我市核对工作的全面建制，也意味着上海的民生保障工作迈入了全新的时代。十年间，上海核对集腋成裘、垒沙成塔，取得了卓越的成就。从最初的廉租住房、经济适用住房到目前涵盖住房、生活、医疗和教育救助等14个专项，通过居民经济状况核对，促进了资源整合和信息共享，提高了行政效率，保障了本市社会救助和社会福利制度的公平、有效实施。站在十年的节点上回顾过去，展望未来，我们仍旧不忘初心、砥砺前行。

### 一、追求卓越，优化顶层设计

通过更加完善的顶层设计，更好地利用信息化手段感知社会态势、畅通沟通渠道、辅助科学决策。

#### 1. 加强核对标准化建设

随着核对业务的不断拓展，核对工作量的不断增加，核对系统和核对队伍的不断更迭，需要标准化和规范化的管理。从核对基础管理标准体系、核对内部管理标准体系和业务服务

---

[1]　本文为“2018年上海居民经济状况核对机制建设征文”活动获奖论文，部分内容在2019年有所调整。

标准体系等角度，探索建立符合上海核对业务和实际发展所需的标准体系，覆盖核对工作的各个环节，通过进一步规范内部管理和明确岗位职责等措施，提升核对工作质量和水平。

#### 2. 加快推进全国联网

随着核对工作的不断优化和完善，长三角一体化上升为国家战略，对核对信息系统建设的要求越来越高，如何突破省界，实现收入、财产相关信息的跨省市核查是首要问题。需要紧紧抓住部省联网的契机，加快推进核对系统的全国联网，避免各省市核对系统的重复建设和信息资源的各自分割，把一个个信息孤岛整合起来，形成共享资源。

#### 3. 优化比对专线功能

上海居民经济状况核对信息系统数据信息量大、字段多、实用性强，在社会保障、社会救助项目审核审批工作中发挥了重要作用。目前，专线建设主要依靠民政部门与各委办单位一一对接。随着上海市大数据中心的成立，通过大数据中心平台实现跨层级、跨部门、跨系统及跨业务的数据共享和交换成为可能，这为我们在核对信息系统中优化比对专线功能提供了很好的机遇，有利于融合政务数据、行业数据、社会数据开展核对工作，进一步提高核对工作的精准性。

## 二、精益求精，提高核对实效

社会的公序良俗需要更加科学、精准和公平的民生保障政策作为依托，这就需要更为精准、高效的核对机制作保障。

#### 1. 巩固电子比对专线

在现有专线的基础上，逐步增加不动产专线，外地银行、外资银行等比对条线，及时了解各委办单位数据资源，通过优化各专线比对字段，对已建专线的信息进行有效补充，保障核对结果的准确性和公平性。

#### 2. 提高比对数据质量

电子比对专线是核对工作的生命线。数据字段是核对结果客观、公正性的保障。在比对字段数量上占有明显优势的基础上，更要针对性提升各条比对专线数据的准确性和反馈的时效性，促使信息资源深度整合，提供满足人民公平性期待和便捷性需求的服务。

#### 3. 提升核对工作时效

通过缩短银行比对周期，新增银行电子比对专线，提高相关委办比对效率等手段，核对机构已将社会救助类项目的核对工作时限从原来 20 个工作日缩短至 15 个工作日，大大提高了核对效率。建议进一步优化核对工作流程，提高工作时效，为各类民生保障项目提供更为优质、高效的服务。

## 三、细化措施，加强基层落实

制定政策的目标导向是真正落实好政策，让老百姓共享改革发展红利。再好的政策，如果不能有效地贯彻执行，就会失去生机和活力，渐渐背离制定政策的初衷。要落实政策，就需要细化措施，提升基层工作水平。

1. 加强基层队伍建设

居民经济状况核对工作涉及房屋、车辆、证券、基金、保险和理财产品等形式繁多的资产类型，对基层核对员的专业要求非常高。通过岗前培训、上岗考核、业务竞赛及技能比武等形式，可以提高从业人员对核对政策、系统操作、具体案例的熟悉程度，培养一支专业技术硬、安全意识强、应急处理快的人才队伍。

2. 提升服务接待水平

在扎实基层工作队伍专业能力的基础上，加强核对工作从业人员在文明礼仪、沟通协调方面的能力培训，进一步强化为民服务意识，优化服务接待质量，提升政策落实成效。在基层挖掘优质服务的先进典型，形成激励措施，激发基层工作队伍的积极主动性。

3. 完善评估监督机制

核对工作是保障和改善民生的基础性工作，在做好内部监督管理的同时，可以引入社会力量开展第三方评估，有效避免政府内部调查评估所带来的既当“运动员”又当“裁判员”的局面，形成监督合力，使政策实施更加规范、科学、民主。

作为上海市第一批取得岗位培训证书的核对员，本人见证了核对机制从无到有并不断完善的过程。上海的民生保障工作，因为有了核对机制而更趋精准和公平。每个核对人都应该不断提高工作能力，为精准识别社会救助对象、维护社会公平正义发挥更大的作用。

**参考文献**

新华时评：政策落实情况引入第三方评估的示范意义。

# 关于住房保障类项目核对工作三级联动机制的思考[1]

上海市静安区居民经济状况核对中心　朱　艳

【摘要】十几年来，上海房价节节攀升。为切实解决百姓住房难问题，政府大力加强共有产权保障房、廉租住房和公租房等保障性住房建设力度，进一步改善人民群众的居住条件。在这个过程中，怎样界定申请家庭是否符合保障标准是最关键的问题。居民经济状况核对工作就是确保这些保障政策公平、公正、科学实施的重要机制和手段。本文总结上海住房保障类项目核对工作的三级联动机制及其主要成效，从街镇、区、市三个角度提出进一步做好核对工作的几点思考及建议。

【关键词】住房保障　三级联动　核对工作

随着社会的进步和经济的发展，国家通过多项政策的实施，不断提高社会公共福利和百姓生活质量。社会公共福利的内容形式也在日趋多样化，共有产权保障房、廉租住房、公租房等项目无一不在体现社会发展红利惠及百姓的成果。上海早在2006年底就开始探索建立居民经济状况核对机制，通过审核申请家庭收入和财产的相关数据，更为精准地识别真正困难群体。

## 一、当前核对工作联动机制及主要成效

我市居民经济状况核对工作中，住房保障类项目有共有产权保障房和廉租住房两项内容。自2010年共有产权保障房全市推开以来，采取街镇—区核对中心—市核对中心两级三审模式，即街镇收取材料并接受委托录入核对系统，区核对中心负责二次审核，市核对中心负责报告审批三个环节。该模式历经多年的工作实践，取得了以下一些成效：

### 1. 职能作用更加明确

市核对中心致力于核对工作的政策研究和整体谋划，抓好各区县核对工作落实情况，发挥监督指导作用；区核对中心根据全市工作部署，指导和支持各街镇依法依规开展核对工作，并积极开展核对员教育培训工作；街镇核对人员落实和执行核对工作各项政策。市、区、街镇三级工作人员履职尽责，扎实推进各项任务，确保核对工作合法合规、运转有序。

### 2. 队伍作风更加严实

在近些年来的实践中，全体核对人员用求真务实的态度对待核对工作，以高度的责任感

---

[1]　本文为“2018年上海居民经济状况核对机制建设征文”活动获奖论文。

和踏实的工作作风坚持全心全意为人民服务，俨然成为一支政治坚定、纪律严明、作风过硬和勤政为民的核对队伍，全市上下思想统一、配合默契、目标一致，出色地完成每年的各项核对工作。

3. 工作效能更加提升

通过近些年的核对工作体系建设，进一步明确了核对工作的组织格局，理顺了市核对中心、区核对中心、街镇核对工作人员的关系，减少了工作层次。在实际工作中，市核对中心不断优化专线、缩短比对周期，社会救助类项目的核对时限从原来 20 个工作日缩短至 15 个工作日，大大提升了工作效能，朝着服务型、学习型、创新型核对机构的方向迈进。

## 二、关于做好核对工作的几点思考及建议

1. 进一步夯实街镇层面工作基础

（1）提升收件材料的完整性和有效性

“良好的开端是成功的一半。”核对工作始于基层，申请人提交的证明材料也是经济状况认定的重要一环，这就需要核对工作人员把好材料的收件关，对收件材料的完整性和有效性进行审核，这对核对工作顺利、高效开展起到关键性的作用。

（2）注重可视化材料上传的规范性

目前核对系统扫描上传的材料数量、类别较多，尤其在共有产权保障房审核和廉租住房复审工作量比较集中的时期，需要街镇进一步合理安排工作人员，减少系统扫描时材料缺失、内容重复、位置颠倒和清晰度不够等情况的发生。

（3）确保核对业务审核的时效性

核对工作从一门式录入开始，每个流程都有具体的工作时限规定，街镇核对工作人员在起始阶段耽搁一个工作日，核对报告就要晚一个工作日，甚至有时限超期的可能性。需要街镇层面严控各个环节的工作时效，确保核对报告按时出具。

2. 进一步发挥区级核对机构的桥梁纽带作用

（1）加强核对机构内部、外部的沟通

在系统内部，及时将市中心制订的政策口径和操作规则传达到街镇，及时解答街镇核对员提出的业务问题，定期做好整理备案工作。同时，要加强与其他区级相关部门之间的横向交流，及时沟通工作信息，加强业务合作。

（2）明确不同时期工作任务的重心

加强基层业务指导和业务检查工作，在提升核对工作人员的业务能力水平和业务操作规范上下功夫，对照核对工作流程抓好每个阶段的重点工作，督促街镇核对员具体落实。

（3）完善绩效考核工作机制

2018 年，静安区对街镇核对人员以及区中心工作人员进行了绩效考核。通过考核，本区核对业务退回率大幅度降低，审核通过率在全市名列前茅。后续工作中，要进一步整合资源，细化考核内容，量化考核评分指标，完善业务考核评分标准，进一步激发大家的工作责

任心和积极性，切实提高核对工作审核质量和效率。

**3. 进一步发现和解决核对工作中的短板问题**

（1）进一步完善核对机制，突破互联网金融核查难题

随着互联网金融的飞速发展，出现了各式各样的金融产品，可以通过手机 App 实现便捷购买。产品的类别纷繁复杂，但购买方便、起点金额小、赎回便捷，受到老百姓普遍欢迎。这直接对居民可支配收入、财产和支出的构成及来源渠道产生重大影响，对核对工作提出了更大的挑战，需要尽快完善核对机制，破解互联网金融信息核查难的问题。

（2）打破信息孤岛，进一步健全信息共享机制

现有的电子比对专线中，除了中证登（股票）是反馈全国数据外，其余的受到区域限制，限于上海本市范围，申请人在外省市的婚姻、房产、部分车辆、存款和缴金情况等依靠诚信申报。随着长三角一体化发展，核查过程中更加突显了数据信息无法跨省共享带来的核对难题。建议市级核对机构加快对接全国核对数据共享平台，扩大信息核查的范围，堵住信息缺失的漏洞。对于确认涉及虚报、瞒报等行为的个人与企业，应对接到相关征信平台，纳入不良信用记录。

核对工作关系着每户申请家庭的切身利益，需要我们每位核对人员有强烈的使命感和担当意识，严格把控，认真对待每一户家庭，才能让我们的核对工作走得更远，走得更好！

# 浅析核对机制在社会公共福利分配中的作用[1]

## ——以浦东新区为例

上海市浦东新区康桥镇社区事务受理服务中心　沈华军

**【摘要】**社会公共福利是一个国家经济社会发展到一定程度的必然要求，代表着一个国家社会保障制度的水平，社会公共福利分配制度的不完善与核查比对手段的局限性，容易导致社会公平与正义、精准救助等流于形式，从而引起新的社会矛盾。在此背景下，运用大数据资源共享介入社会公共福利的创新核查比对手段——经济状况核对机制应运而生，特别在住房保障、社会救助中发挥出越来越重要的作用，同时，在社会诚信方面起着积极的促进作用。

**【关键词】**社会公共福利　核对机制　公平与正义　精准救助　社会诚信

### 一、背景概述

社会公共福利是国家和社会为满足全体社会成员的物质及精神生活基本需要而兴办的公益性设施和提供的相关服务。社会公共福利的内容非常广泛，涉及人民生活的诸多方面，城乡最低生活保障、教育福利、卫生医疗保障、文化康乐福利以及住房保障等。随着我国经济社会的快速发展，社会保障领域不断扩大，公共福利水平也在不断地提高，内容也日趋丰富多样。在社会救助方面，形成了以城乡最低生活保障、医疗救助、教育救助和临时性救助等为主要救助手段的社会救助体系；在社区服务方面，形成了以老年照护为主的社区照顾服务模式；住房保障方面，形成了以廉租房、共有产权房（经济适用住房）、公共租赁房为主的住房保障体系。一系列社会公共福利的推行是构建福利社会，提高社会公共福利水平，维持社会和谐稳定的必然要求，也昭示着社会保障制度的不断完善与进步。

与此同时，社会公共福利的供应、分配过程如何保证客观、公平与公正，成为摆在实施公共福利分配主体面前的一道难题。囿于传统核查比对手段的限制，仅仅依靠个人诚信申报、邻里走访、入户调查等核查比对手段已无法真正对社会公共福利申请家庭的收入、财产等经济状况及其他需核查项目进行客观、公正的核查比对。因此，社会公共福利供应与分配过程中的客观、公平与公正就是社会公众关心的问题。如何创新核查手段，优化审核流程，以符合新时代要求的专业核查手段保证社会公共福利供应与分配过程的权威性、公正性、客观性，

---

[1]　本文为“2018 年上海居民经济状况核对机制建设征文”活动获奖论文。

就是一个摆在各级政府及主管部门面前亟待完善和破解的重要课题。

## 二、核对机构的建立

在社会公共福利分配矛盾日益凸显的背景下，上海市率先创造性地提出了运用数据信息核查比对的概念，即成立独立的经济状况核查部门，通过与人社、公积金、税务、银行、公安、民政、保险、证券和工商等各委办达成数据信息资源共享，以第三方核查主体的身份接受政府或其他组织的委托，对社会公共福利申请家庭的经济状况开展综合性核查比对，出具权威、客观、精准的经济状况核对报告。2009 年 6 月，上海市居民经济状况核对中心揭牌成立。翌年 9 月，浦东新区居民经济状况核对中心也正式挂牌成立。依托数据资源共享优势，满足社会公共福利分配及其他社会保障实施主体对居民家庭经济状况核查比对需求的法定主体正式确立。

核对机构的建立，是经济状况核对机制有效运行的保证。通过利用专业的经济状况核对信息系统，由专职核对人员综合运用各委办单位的政务数据资源，对申请对象的经济状况开展核查比对。市、区、街镇三级核对机制的形成，充分保证了核对结果的权威性、客观性和精准性，在社会公共福利及其他社会保障领域的公平、公正的精准分配过程中发挥着极为重要的作用。

## 三、核对机制的作用

### 1. 维护公平正义

核对机构建立初期，经济状况核对机制主要应用于廉租住房、共有产权保障房（原称经济适用住房）等项目。共有产权保障房，是指政府提供政策优惠，限定套型面积和销售价格，按照合理标准建设，面向城市中低收入住房困难家庭供应，具有保障性质的政策性住房。鉴于共有产权房保障性质的特点，其社会公共福利的属性显得更为突出。

以 2011 年上海市第一批共有产权房的供应房源之一“浦东新区三林保障房基地绿波家园”为例：该小区供应的共有产权房房源销售基准价为 8500 元 / 平方米，以一套一居室住房为单位，建筑面积按 50 平方米计，若申请家庭申购成功，其所需支付的房屋总价为：8500 元 / 平方米 ×50 平方米＝ 42.5 万元。该住房以普通商品房的单价，即 2011 年全市二手房市场按均价 16221 元 / 平方米计，申请家庭则需要支付的房屋总价为 81.105 万元，两者的差价高达 40 万元左右。这就意味着，申请家庭申请成功将可以享受近 40 万元的公共福利。如此巨大的社会公共福利蛋糕，对于中低收入且住房困难的刚性需求群体而言，无疑是一种巨大的诱惑，人人都希望自己是这一社会公共福利的受益者。因此，如果没有一种更权威、更科学、更客观可靠的专业核查比对手段，很难保证申购过程的客观性、公平性、公正性。

第一批共有产权房申请受理工作启动后，上海市居民经济状况核对中心以第三方核查主体的身份接受了住房保障部门的委托，介入上海市第一批共有产权房的申购审核，对申请家庭的经济状况开展核查比对工作，各区级核对机构在相应的核对环节中参与委托确认、信息校验、一次审核等工作。以浦东新区居民经济状况核对中心 2011 ~ 2016 年度共有产权房核对业务数据为例进行分析。

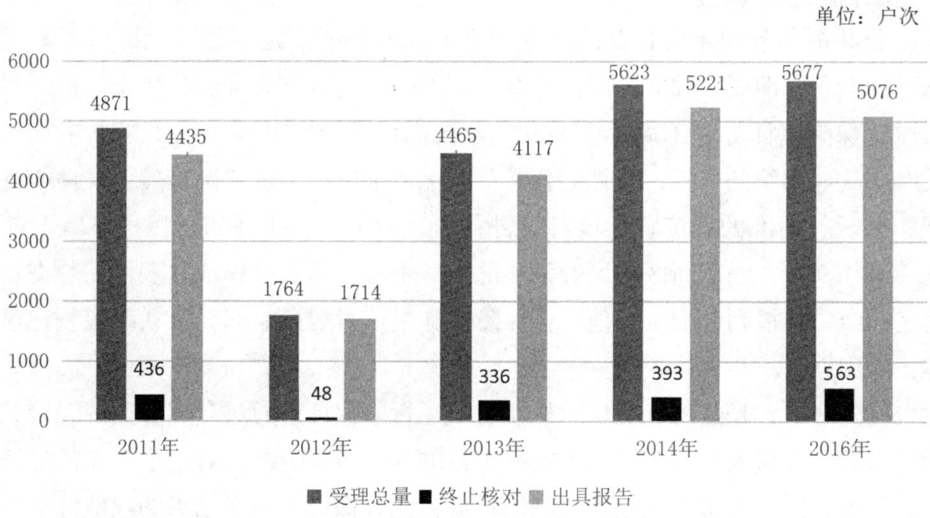


图1　浦东新区共有产权房核对业务量汇总

从图 1 中我们可以直观地看到，2011-2016 年，浦东新区居民经济状况核对中心共接受共有产权房申请家庭经济状况核对委托 22400 户，其中有 1776 户申请家庭因检出不符合申请条件等原因终止核对，检出率近 8%。在这个过程中，经济状况核对机制发挥了数据信息核查比对方面的强大功能，确保了浦东新区共有产权房申请审核在经济状况准入方面的客观、公平与公正，让“李鬼”们在数据面前无处遁形，确保了政府财政资金惠及真正困难群体。

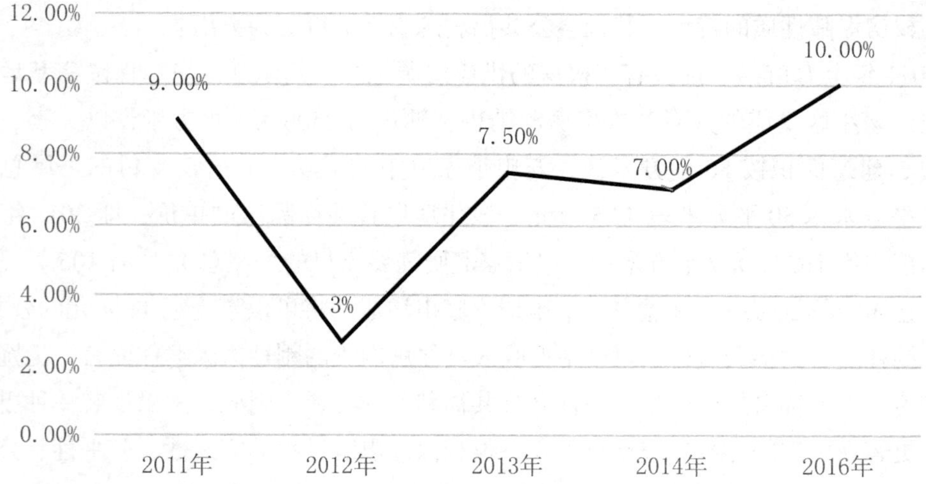


图2　2011~2016年浦东新区共有产权房核对检出率

随着经济状况核对机制的进一步成熟和完善，比对专线不断拓展，数据信息进一步完善，一方面给抱有侥幸心理的申请人一种强大震慑，另一方面也体现出经济状况核对工作在维护和促进社会公平与正义中的实际作用。

**2. 保障精准救助**

经济状况核对机制在住房保障工作中发挥着重要作用，其可复制、可推广的核查比对机制被不断地运用于社会救助、社会公共福利等领域。

社会救助是国家和社会对由于各种原因而陷入生存困境的公民，给予财物接济和生活扶助，以保障其最低生活需要的制度。上海社会救助涵盖城乡最低生活保障、因病支出型贫困家庭生活救助、临时救助、特困人员救助供养、资助参保、养老服务补贴、医疗救助、困难残疾人生活补贴和重度残疾人护理补贴及教育救助等各类项目。2012 年以前，社会救助工作主要依靠个人诚信申报、邻里走访、入户调查等传统核查手段对救助对象开展经济状况核查，但囿于核查手段的滞后性，不可避免地存在核查比对结果有失客观性、精准性的局限性，引起社会公众对如何判断救助对象是否符合相关标准的质疑。2012 年起，社会救助审核工作中正式引入经济状况核对机制，核对工作开始为精准救助提供了核查技术上的保障。

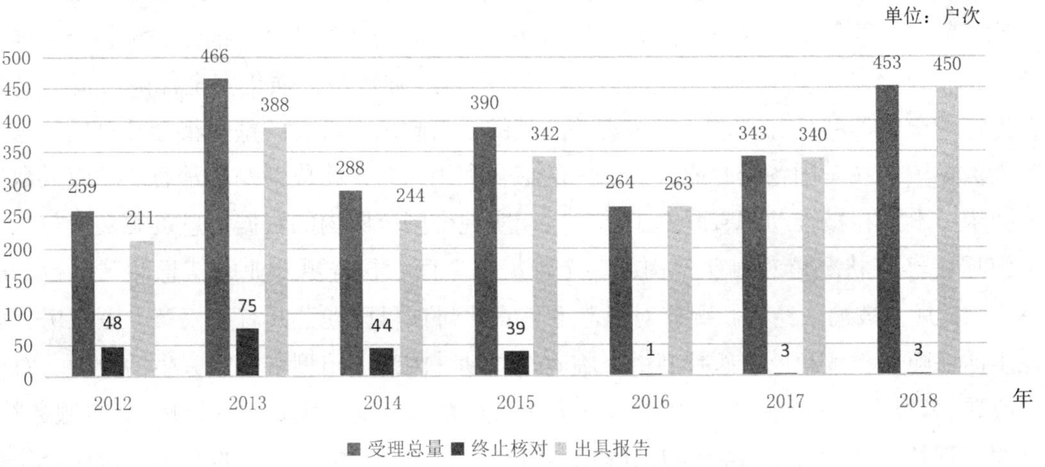


图3　浦东新区康桥镇2012～2018年最低生活保障核对业务量汇总

以浦东新区康桥镇为例，城乡最低生活保障项目引入经济状况核对机制后，低保工作从传统的粗放型救助模式转型步入了精准救助的新常态，救助精准性逐年提高。从图 3 显示的 2012 ～ 2018 年的业务数据的变化走势来看，受理总量和出具报告之间的剪刀差在逐年缩小。从图 3 来看，随着核查渠道的突破和比对专业的拓展，检出率的下降趋势尤为明显。

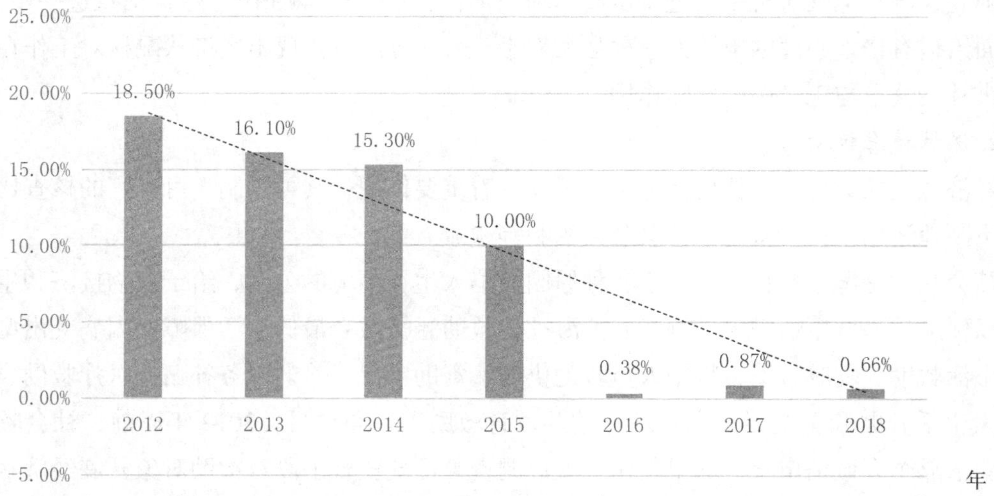


图4　浦东新区康桥镇2012～2018年最低生活保障核对业务检出率

### 3. 促进社会诚信

2015年8月31日，国务院印发《促进大数据发展行动纲要》（国发〔2015〕50号）（以下简称《行动纲要》）。《行动纲要》提出加快政府数据开放共享，推动资源整合，提升治理能力；推动产业创新发展，培育新兴业态，助力经济转型；强化安全保障，提高管理水平，促进健康发展的任务要求，很多有关区域的、行政的、观念的壁垒将会被打破、重组，实现大数据资源在全国各级政府、组织间的综合利用与共享将成为一种常态。顺应大数据时代的要求，上海积极推动部省联网工作，以期实现全国范围内的数据信息资源交换与共享，为上海居民经济状况核对事业架构起一个数据更全面、核查更专业的信息共享平台。截至2018年12月，被纳入经济状况核对机制的核查比对项目已涵盖共有产权房、廉租房、城乡最低生活保障、教育救助、医疗救助、临时性救助、因病支出型贫困家庭生活救助、农村危旧房改造、资助参保、就业援助、困难残疾人生活补贴和重度残疾人护理补贴、养老服务补贴、困难职工帮扶、法律援助及特困人员救助供养15个项目。核对工作的开展，向社会公众表明政府已突破经济状况核查难的瓶颈问题，在一定程度上具备了核对手段，对申报者形成了一定的诚信约束，为促进上海社会诚信体系建设创设了良好的诚信环境。

**参考文献**

[1] 罗成芳．情系民生为精准救助夯基垒土——广西北海市低收入居民家庭经济状况核对中心工作纪实[J]. 中国民政，2018(9).

[2] 钟文新．居民家庭经济状况核对机制现状及建议[J]. 合作经济与科技，2017(7).

[3] 王晓莉．居民家庭经济状况核对机制建设的积极意义[J]. 经贸实践，2018(3).

# 新形势下居民经济状况核对机制建设的思考[1]

上海市嘉定区居民经济状况核对中心　吴　斓

【摘要】居民经济状况核对机制自建立以来，一定程度上促进和维护了社会公平，提高了政府机关的公信力。但在新形势下，居民经济状况核对工作也面临着新的问题和挑战。本文深入分析居民经济状况核对机制建设所取得的成就和新形势下居民经济状况核对工作面临的问题，并就目前存在的问题提出整改意见及建议。通过对新形势下居民经济状况核对机制建设进行研究，为居民经济状况核对工作的长远发展注入不竭的动力，以完善居民经济状况核对机制，有效提高政府为人民服务的能力。

【关键词】核对机制　居民家庭经济状况　对策建议

居民经济状况核对（以下简称核对）机制是社会救助体系建设的基础性工程，是公平、公正实施低保救助、住房救助、医疗救助以及其他社会救助制度的重要保障。上海核对工作从2009年廉租住房项目开始至今，已发展为15个核对项目。核对改变了社会救助部门传统的“估算”做法，对于科学实施社会救助制度具有重要意义，也是促进社会公平正义的重要支持。

## 一、居民经济状况核对机制建设所取得的成就

### 1. 有效提高社会救助精确性，确保有限的救助资金真正用到困难群众身上

核对机制的建设为救助部门更准确地认定居民的收入及财产，严格参照救助标准来筛选符合救助条件的困难群众，为确保有限的救助资金用到实处提供保障。以收入为例，居民的收入主要包括工资性收入、财产性收入、经营性收入和转移性收入等。在以往核查的过程中，主要以居民的工资收入为主，单位出具证明的真实性是困扰社会救助多年的问题。目前，在申请人个人申报、提供银行卡明细这类方式外，核对机构还可以通过信息交换部门反馈的纳税情况、社会保险和公积金缴纳、企业内部股持有情况和个体工商户经营性收入等信息进行参考，与其收入情况进行比对，对居民的收入进行综合核定。居民的财产通过现有的跨部门、多层次的核对机制，融合住建、公安、银行和中证登等委办部门的信息，对房产、存款、股票、基金、债券、保险及机动车辆等进行核定，能够更为准确地反映居民的财产情况。

---

[1]　本文为“2018年上海居民经济状况核对机制建设征文”活动获奖论文。

**2. 促进居民诚信申报，提升了社会诚信水平**

完善健全的制度体系是提升居民诚信意识的制度保障。当人们认为救助部门无法全面掌握其经济状况且违法成本比较低时，就可能出现瞒报现象。核对机制的建立向社会传递出政府部门有能力全面查询申请家庭经济状况这一信息，这在无形中提高了人们诚信申请救助的意识。

**3. 促进社会救助科学公平，提高了政府机关公信力**

传统的核对工作一般以现场调查形式为主，核查过程中会受到各方面因素的影响，主观色彩比较浓，并不能客观真实地反映该居民家庭的实际经济情况。因此，救助对象认定过程经常存在争议，影响政府工作的效率和救助对象认定结果的权威性。通过核对机制建设，核对方式改为从相关部门获取与申请人收入、财产等经济状况认定相关的客观数据，既可以被申请人所接受，也体现了相关部门审批过程中的客观性，极大地避免了人情保、关系保及骗保的行为，使救助资格审定工作更加的公平、公正、公开，避免不必要的纠纷。

动态管理一直以来是社会救助工作的难点，一些享受救助的人不愿主动退出，即使工作人员接到举报，也经常由于缺乏确凿证据，难以说服救助对象自愿退出。核对机制的建立使救助部门可以从相关政府部门、机构获取信息，这些数据客观、真实，救助对象容易接受。从实际工作经验来看，经核对信息平台反馈数据证实经济状况超过准入标准而退出救助的申请对象，基本不会产生争议。

## 二、新形势下居民经济状况核对工作面临的问题

**1. 核对对象范围扩大，现有核查渠道无法全面覆盖**

随着政府对社会救助制度的重视，救助的范围逐渐扩大。目前，上海的救助人群已从本市户籍扩大到非本市户籍的配偶，共有产权保障房项目也将扩大到非沪籍人员，核对工作的涉及面变得更广，对核对工作要求也不断提高。例如，对于非本市户籍申请对象的经济状况认定，在外省市相关信息核查方面仍存在盲区，无法通过比对专线的形式核实到居民在外省市拥有的房产、收入等信息。以机动车辆为例，随着国民经济的快速发展，拥有一辆机动车已经不是高收入或中等收入家庭的标志，部分低收入家庭也会购买和使用机动车辆，若无法信息联网，在财产核定上就会有缺漏。

**2. 虚报瞒报现象缺乏有力的惩戒机制**

社会保障和社会救助相关法律法规的制订中，涉及经济状况核对的部分并不完善，对于申请审核过程中出现的虚报、瞒报的情况，缺乏必要的约束手段和惩戒措施，部分申请人的不诚信行为得不到及时惩处，容易助长不正之风，对诚信申报却被拦在准入标准线之外的申请人更是一种不公平。

## 三、进一步完善核对机制建设的相关建议

**1. 加强制度建设，为核对工作开展夯实基础**

制度是核对机制全面推进、有效实施的重要保障。核对工作涉及申请救助家庭的隐私信

息，规范流程显得尤为重要，因此，我们必须把制度建设摆在更加突出位置。2009 年制定出台的《上海市居民经济状况核对办法》（上海市人民政府令第 14 号），明确了工作人员的保密义务，对核对流程进行了规范，确保核对工作的开展有法可依，有据可循。下一步，应该进一步制定和完善核对工作标准体系，根据上海核对工作的业务特点和要求，制定具体的细化标准，对核对事项、操作流程、管理权限和数据交换、更新、运用及管理等进行规范，通过核对工作的科学化、规范化和专业化，提高社会救助对象认定的准确性，培养居民申请救助的诚信意识，有效减少动态管理中的纠纷和争议，促进社会救助制度的公平、公正实施。

**2. 明确核对工作的定位，厘清权责边界**

核对机构负责社会保障、社会救助政策申请家庭的经济状况核对，而不是负责最终审批的部门，这就需要我们明确工作定位，做到中间进、中间出，实现受理、审核、审批三分离。现阶段，核对员身兼数职，审核、审批职能混合交叉的现象比较普遍，随着核对工作的逐步推进，应着力解决审批和核对“一肩挑”的问题，实现审批与核对的分离，避免核对工作人员既是运动员，又是裁判员的现象存在。

**3. 加强核对工作队伍建设，提升核对人员综合能力**

核对工作的工作量大、工作程序烦琐，为确保部门的整体工作效率，需要适当缓解基层工作人员的压力和负担，在提高工作效率的同时，保证核对工作的准确性。

核对工作政策性强，技术要求高，基于核对员的岗位要求，需要学习税法、金融、理财和会计等各方面的专业知识和技能，因此，也需要在核对机制建设过程中，一手抓工作推进，一手抓业务培训，使工作人员的素质和能力适应形势需要，满足工作要求。

经济状况核对机制的建立对于完善社会保障制度、瞄准救助对象有着积极的意义。在实际工作中，我们应该深刻认识到制约核对工作发展的关键因素，不断加强制度建设、平台建设和队伍建设，提高综合能力，建立科学的信息管理体系，从最顶层开始建立跨区域的信息比对联网系统，为核对工作的长远发展注入不竭的动力。

# 宝山区核对队伍建设的探索与实践

上海市宝山区居民经济状况核对中心　施　燕

【摘要】随着居民经济状况核对工作的深入发展，对核对工作的要求也在不断提升，宝山区始终坚持以辖区实际发展情况为首要考虑因素，结合各层级规范要求，力求创新突破、规范完善，探索实践出一套适应于区域化实际的核对队伍建设的先进管理模式，确保宝山核对工作始终走在全市前列。

【关键词】核对队伍　派驻式双重管理

近年来，宝山区居民经济状况核对工作始终坚持以“民生为本、政通人和”的宝山民政精神为根本，从核对人员管理、队伍体系建设等重点入手，通过科学化管理、规范化操作、系统化培训，建立了一支团结、奋进、高效、精干的专业化核对工作队伍，圆满完成全区各项核对任务，为宝山建设现代化滨江新区做出了积极贡献。

图1　宝山区行政区域图

## 一、队伍建设背景

2010年6月，宝山区居民经济状况核对中心（以下简称：区核对中心）正式成立，隶属于宝山区民政局，为财政全额拨款的正科级事业单位。区核对中心成立之初，即面临着如何有效分配资源，平衡完善全区经济状况核对工作布局的重大考验。

由于宝山区属城乡结合部，区域跨度较大，下辖有3个街道及9个镇，街镇面积差异较大（图1）；人口分布及弱势群体构成不平衡，呈现南多北少的窘境，从而导致街镇核对业务受理量也出现南北比例不均衡的情况，如图（2），自2010年以来，张庙街道业务受理量达40179件，淞南镇受理量21030件，但罗泾镇及罗店镇受理量均在5100件左右。同时，加上近年来核对项目不断扩展，对核对人员的综合素质要求的提升也与日俱增。在此背景下，如何培育探索出一套适合于区域化实际的核对人员队伍管理模式也迫在眉睫。

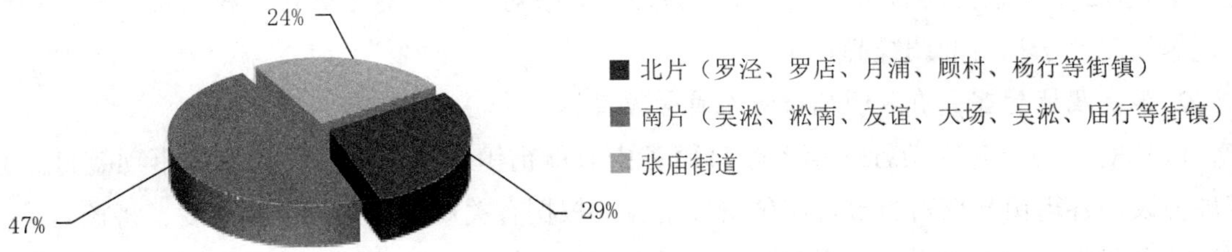


图2　街镇业务受理对比图

## 二、队伍建设具体做法

结合区内实际，借鉴外区经验，通过走访调研、倾听基层意见，区核对中心制定出台《宝山区街镇居民经济状况核对员管理办法》，明确核对员实行“统一派驻、属地管理、分级考核”的管理新模式。

### 1. 实行统一派驻，有效强化核对队伍源头管理

区核对中心根据人员离职、转岗等情况，在确保 28 名核对员未满编的前提下，委托劳务派遣机构在区内招聘网站统一发布招聘启事，统一向社会公开择优招聘，并组织开展应聘人员的统一面试。通过面试人员由劳务派遣机构与之签订两年（含）以上固定期限劳动合同，并由区核对中心开展岗前培训，取得市民政局颁发的核对员岗位培训证书后，根据街镇实际缺员情况统筹派驻，实行属地化管理（图 3）。同时，区核对中心根据各街镇核对工作量的变化以及核对员自身的具体情况，可灵活采取跨街镇交流、调动、临时借调等方式对核对员进行全区统筹安排。

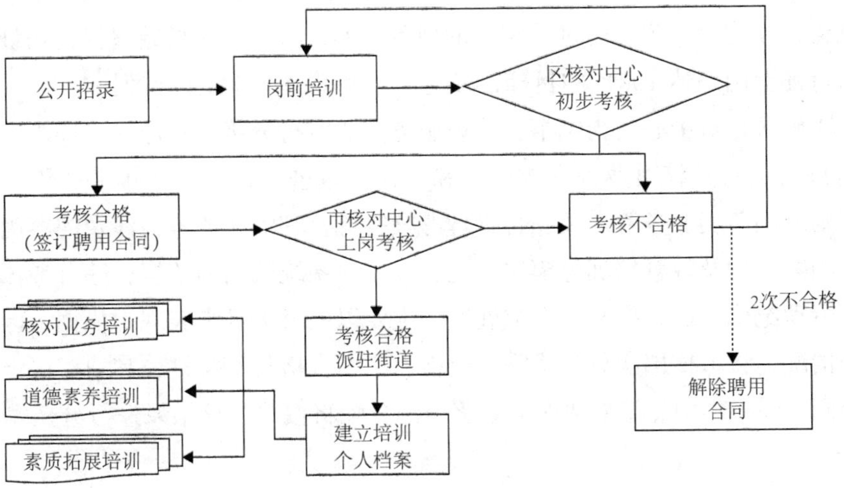


图3　招录程序

目前，区核对中心配置事业编制管理人员6名，以政府购买服务方式按每个街镇2名核对员的标准配备核对员28人，其中张庙、吴淞、淞南业务量较大，分别配置3人，全部派驻至下辖12个街镇开展日常核对工作。另外，区核对中心设有1名机动核对员，根据业务变化等情况便于临时抽调统筹。

**2. 落实属地管理，有效明确核对人员管控目标**

区核对中心与各街镇社区事务受理服务中心就街镇核对员派驻管理有关事项签订派驻管理协议，各街镇与核对员签订岗位责任书，并根据有关规定和相关规章制度，将核对员纳入街镇受理中心管理体系，负责对核对员日常管理，核对员的党、团、工会等组织关系实行街镇属地化管理。同时，明确要求核对员在业务开展过程中落实受理、审核、审批三分离原则，确保职责分工明确，避免发生推诿扯皮，贻误怠工现象。

经过近8年多的探索实践，派驻制管理模式下的宝山核对队伍建设取得了良好的发展，在保质保量完成各类核对任务的基础上，又屡屡在市级、部级各类竞赛活动中取得优异成绩，同时也涌现了一批优秀的核对人才。而对于区核对中心管理上的优势也在不断涌现，主要印证为能及时掌握申请对象第一手信息资料，及时查漏补缺；有利于形成较为有效的激励竞争机制，激发核对员的工作热情；有利于区核对中心全面统筹全区街镇核对工作任务，确保圆满完成。

**3. 抓实分级考核，有效完善核对人员管控维度**

区核对中心始终将培训工作放在重要位置，坚持以专业性为主，多样化为辅，规范化为发展方向的培训路线，从制度、流程、运作等方面着手逐步加强基层核对机构培训体系化建设。扩展培训内容、转变培训方式、完善培训体系和培养师资力量，培训内容由知识中心转变为能力本位，秉承知识传输与能力锻炼并举，突出实践操作能力锻炼，定期和不定期组织开展各类岗前培训、业务培训、素质拓展培训等，全面提升核对员的综合素质及能力。

目前，“不经培训不上岗，不经考核不聘用”的要求，是宝山区培训方式由“零敲碎打”转变为规范化运作的第一步。通过几年来的规范落实，区内核对员始终保持培训参与率、考核合格率和持证上岗率达100%的目标，核对质量和效率居于全市首列。

同时，明确区核对中心与街镇事务受理服务中心实行分级考核原则，即由区核对中心核证管理员对核对员每月核对业务完成情况和工作质量进行评估；在年中及年末两次考核时间节点中，则分别落实业务管理及综合管理考核打分。其中业务考核涉及内容为业务受理、业务审核、档案管理及教育培训等模块，主要以核对系统数据为依据；综合考核涉及内容有工作态度、劳动纪律、信息保密、诉求处置，主要以核对员日常表现为依据。区核对中心根据综合打分情况，将考核档次分为优秀、合格、基本合格与不合格，其中对评定不合格者将解除劳动合同，同时年中、年末两次绩效奖金的分配将按照考核结果进行分档发放（图4）。

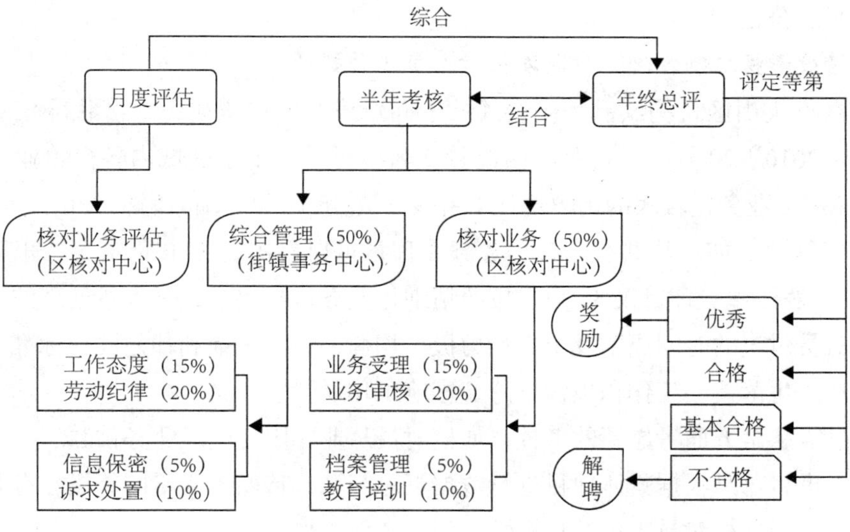


图4　分级考核

此外还建立了每名核对员的个人培训档案、绩效考核档案，全面提升了核对员的责任意识，形成了“争先创优　比学赶帮”的良好氛围。

## 三、存在问题及改进措施

### 1. 完善核对员用工性质，进一步加强核对队伍建设

从宝山区情况来看，当前核对员属于政府购买服务的项目用工性质，在派驻到街镇的过程中，除完成核对工作外，还从事其他民政工作，工作内容、任务量与街镇社区工作者基本一致，但薪酬福利等都不如社区工作者，导致优秀人才离开核对队伍，造成队伍的长期不稳定。同时，由于核对员在日常工作中所从事的核对工作是一种代表政府部门工作的行为，其在工作中导致的行为结果跟正式在编人员是完全一致的，用工性质的区别化、排外性势必会产生许多不利因素，从而引发一些不必要的争端或隐患。

因此，完善核对员的用工性质迫在眉睫，可以参照街镇社区工作者或等同于其编制的用工形式。

### 2. 强化日常管理抽查，进一步加强核对制度建设

由于核对员被派驻在各街镇社区事务受理服务中心，但实际人员归属区核对中心统筹管理，部分街镇社区事务受理服务中心在年中、年末的综合管理评分中打分过高，有失公允。同时，核对员在街镇工作中自我约束力不足，对于精细化审核工作中的一次审核心有余力而力不足，个别人员存在以完成工作数量为目标，忽视工作质量，常以区核对中心会落实二次审核，存在问题会及时退回的心态开展工作，导致二次审核退回率较高。

因此，区核对中心必须要强化日常检查抽查工作，利用电话、下街镇等各种形式定期不定期开展抽查督查工作，及时掌握核对员日常工作动向，并及时开展情况通报，确保综合管

理打分的公平、公正。

**3. 完善绩效考核机制，进一步激发核对人员工作热情**

按照上海市宝山区机构编制委员会《关于同意成立宝山区居民经济状况核对中心的批复》（宝编〔2010〕20 号），每个街镇配置 2 名核对员。由于区域内各街镇业务受理量差异较大，虽然部分业务量较大的街镇增配 1 名核对员，但从每月绩效考核公正公允方面考虑，还是存在一定问题。如：从共有产权房业务受理量可以看出，2010 年至今，张庙街道受理量达 3807 户，罗泾镇受理量仅 30 户。按照精细化业务审核要求，每人所处理的户均数量差异巨大，核对员付出的时间成本及个人精力极不均衡，但薪酬福利却是同一标准，从而会导致核对员心理产生落差，工作积极性下降，影响工作质量。

因此，急需从全方面考虑绩效考核，如核对员从业年限、受理业务件数、一次审核质量等方面综合考虑，每月根据具体项目进行数据汇总统计，从而形成不同等级，有利于绩效薪酬发放，进一步激发核对员工作的积极性，促进核对工作有序发展。